ITALIAN AND ENGLISH IDIOMS

LOCUZIONI ITALIANE E INGLESI

By:

Robert A. Hall, Jr.
Professor Emeritus of Linguistics and Italian
Cornell University

Frances Adkins Hall
Former Staff Member, Council for American Studies
Rome, Italy

and

Susan Z. Garau
Dottoressa in Lingue Moderne
University of Rome

BARRON'S EDUCATIONAL SERIES, INC.

All inquiries should be addressed to:
Barron's Educational Series, Inc.
250 Wireless Boulevard
Hauppauge, New York 11788

Library of Congress Catalog Card No. 81-66403

International Standard Book No. 0-8120-0467-1

PRINTED IN THE UNITED STATES OF AMERICA

123   510   9

SOMMARIO DELLE MATERIE

CONTENTS

PARTE I
ITALIANO-INGLESE

PART I
ITALIAN-ENGLISH

Prefazione

Questo volume è indirizzato primariamente a due gruppi di persone: parlanti inglesi con un interesse nella lingua e cultura italiana, e parlanti italiani con un simile interesse nella lingua inglese. È indicato in particolare come testo di consultazione per gli studenti di entrambe le lingue che hanno già una discreta conoscenza della lingua, ma che a volte si imbattono in frasi sconosciute nelle loro letture e conversazioni; ma potrà anche essere una fonte di conoscenza della lingua e della cultura se verrà sfogliato prestando attenzione a temi e parole ricorrenti, che sono indice di valori, evvenimenti importanti, tradizioni nazionali.

Sia l'inglese che l'italiano contengono più di 2000 modi di dire, che appaiono in ordine alfabetico secondo la loro parola chiave. Ogni modo di dire si presenta in quattro parti: primo, il modo di dire in neretto, seguito dalla sua traduzione nell'altra lingua, in corsivo; terzo, una frase che esemplifica il suo uso in contesto, e quarto, la traduzione nella frase nell'altra lingua, in corsivo. Per l'inglese, sono stati adottati idiomi in uso nel Nord America; per l'italiano, si considera solamente la lingua standard. In entrambe le lingue, la scelta è caduta su modi di dire più comuni e di uso corrente piuttosto che su espressioni di uso regionale o dialettale. Espressioni non-standard, volgari, antiquate, o rare non sono incluse. Per "modo di dire" si intende una frase di due o più parole il cui significato potrebbe essere non chiaro per lo studente, oppure diverso se tradotto parola per parola.

La fonti consultate per il presente volume includono dizionari americani, inglesi ed italiani; dizionari bilingui inglese-italiano e italiano-inglese; dizionari di modi di dire; giornali e riviste, conferenze, TV, radio; e conversazioni amichevoli in entrambe le lingue.

In conclusione, desidero ringraziare i molti amici che mi hanno entusiasticamente assista in questo lavoro, ma soprattutto di ricordare la fu Frances Adkins Hall, che è stata una organizzatrice meravigliosa e una collega di rara bravura ed efficienza e che ha iniziato e ispirato questo volume; e in ultimo, Maria Grazia Calasso e Piero Garau, per il loro aiuto, i suggerimenti, ed il tempo prezioso speso durante la preparazione di questo testo.

Locuzioni Italiane (Italian Idioms)

A

abito–*suit*
L'abito non fa il monaco. *It's not the cowl that makes the monk.*

acca–*the letter H*
non capire un'acca–*not to understand a thing.*
Che dici? Non capisco un'acca. *What are you saying? I don't understand a thing.*

accadere–*to happen*
Accada quel che accada. *Come what may.*

accetta–*hatchet*
tagliato con l'accetta–*uncouth.*
È tagliato con l'accetta, ma è un uomo generoso e onesto. *He's uncouth, but he's a generous, honest man.*

accordo–*accord*
andare d'accordo–*to get along.*
I bambini vanno d'accordo e giocano bene insieme. *The children get along and play well together.*
andare d'accordo–*to hit it off.*
Siamo andati subito d'accordo con Matteo. *We hit it off with Matthew right away.*
essere d'accordo–*to agree with.*
Sono d'accordo con te. *I agree with you.*
prendere accordi per–*to make arrangements for.*
Devo prendere accordi per la cena. *I have to make arrangements for the dinner.*

acqua–*water*
Acqua!–*You're cold! (in childrens' games)*
Acqua! Acqua! Sei ancora lontano. Fuoco! l'hai trovato, finalmente. *You're cold, you're cold! You're still far away. You're hot! You finally found it.*
acqua cheta–*a sly one.*
Sta' in guardia! È un'acqua cheta e potrebbe farti del male. *Watch it! He's a sly one, and could be harmful to you.*
L'acqua cheta rovina i ponti. *Still waters run deep.*
Acqua in bocca! *Mum's the word!*
acqua passata–*water under the bridge.*

Abbiamo litigato ma è tutta acqua passata. *We quarreled, but now it's all water under the bridge.*

Acqua passata non macina più. *Let bygones be bygones.*

all'acqua di rose–*milk and water.*
Sono radicali all'acqua di rose. *They're milk and water radicals.*

avera l'acqua alla gola–*to be in a fix.*
Ho l'acqua alla gola perchè devo consegnare il progetto entro sabato. *I'm in a fix because I have to turn the project in by Saturday.*

della più bell'acqua–*arrant.*
Suo fratello è un furfante della più bell'acqua. *His brother is an arrant scoundrel.*

fare acqua–*to be very shaky.*
La sua teoria fa acqua da tutte le parti. *His theory is very shaky.*

gettare acqua sul fuoco–*to pour oil on troubled waters.*
Gli ha parlato con dolcezza e si è calmato: questo sì che si chiama gettare acqua sul fuoco. *He spoke to him sweetly and he calmed down: that's what pouring oil on troubled waters means.*

Lasciar correre l'acqua per la sua china. *Let matters take their own course.*

lavorare sott'acqua–*to do something underhanded.*
Credo che lavori sott'acqua, ma non ne ho la prova. *I think he's doing something underhanded, but I don't have the proof.*

navigare in cattive acque–*to fall on hard times.*
Da quando il loro padre è stato licenziato, navigano in cattive acque. *Since their father lost his job, they've fallen on hard times.*

pestare l'acqua nel mortaio–*to beat the air.*
Credeva di darci una mano, ma in verità pestava l'acqua nel mortaio. *He thought he was giving a hand, but he was really just beating the air.*

portare l'acqua al mare–*to carry coals to Newcastle.*
Quando si mise in testa di esportare la sua birra in Germania tutti gli dissero che era un po' come portare l'acqua al mare. *When he got the idea of exporting his beer to Germany, everyone told him it was a little like carrying coals to Newcastle.*

tenere l'acqua in bocca–*to keep it to oneself.*
Te lo dico soltanto se sei capace di tener l'acqua in bocca. *I'll only tell you if you can keep it to yourself.*

tirare l'acqua al proprio mulino–*to bring grist to one's mill.*
Quel tipo cercherà sempre di tirare l'acqua al suo mulino, e approfitterà di te. *That guy will always try to bring grist to his own mill, and he'll take advantage of you.*

---

acquolina–*drizzle*
far venire l'acquolina in bocca–*to make one's mouth water.*

Solo a sentire la parola "pasticceria" mi viene l'acquolina in bocca. *Just hearing the word "bakery" makes my mouth water.*

---

acrobazie–*acrobatics*
fare acrobazie per vivere–*to have a devil of a job to make a living.*
Con sei figli da sfamare deve fare acrobazie per vivere. *With six children to feed he has a devil of a job making a living.*

---

addosso–*on*
farsela addosso–*to be scared stiff.*
Quando le pallottole cominciarono a fischiare, se la fece addosso dalla paura. *When the bullets began to fly, he was scared stiff.*

stare addosso–*to breathe down one's neck (to be on one's back).*
Mi stanno addosso e devo finire il lavoro al più presto. *They're breathing down my neck (on my back) so I have to finish the job as soon as possible.*

---

affare–*business*
affare fatto!–*it's a deal!*
Affare fatto! Abbiamo firmato il contratto, e non puoi più tornare in dietro. *It's a deal! We signed the contract and you can't back out.*

bada agli affari tuoi–*Mind your own business.*
Smettila di farmi domande sulle tasse che pago o non pago: bada agli affari tuoi. *Stop asking me questions about what taxes I pay and don't pay: mind your own business.*

bell'affare–*This is a fine state of affairs.*
Avevamo già messo le schede in ordine alfabetico e lui le ha mescolate. Bell'affare! Bisogna ricominciare. *We had already put the cards in alphabetical order, and he mixed them up. This is a fine state of affairs! We'll have to start all over again.*

fare affari d'oro–*to become a gold mine.*
Ha inventato un aggeggio per accendere il gas e ora fa affari d'oro. *He invented a gadget for lighting gas stoves and now it's become a gold mine.*

fare un buon affare–*to get a good deal.*
Abbiamo fatto un buon affare comprando quella macchina. *We got a good deal on that car.*

---

aggiustare–*to mend*
aggiustare qualcuno–*to fix somebody.*
Ti aggiusto io! *I'll fix you!*
Se non mi restituerà il denaro l'aggiusterò io! *If you don't give me back the money I'll fix you!*

---

agio–*ease*
trovarsi a proprio agio–*to feel at ease.*
Non mi trovo mai a mio agio quando sto con loro. *I never feel at ease when I'm with them.*

ago—*needle*
cercare un ago in un pagliaio—*to look for a needle in a haystack.*
È come cercare un ago in un pagliaio. *It's like looking for a needle in a haystack.*

ala—*wing*
far ala—*make way.*
Fate ala a monsignore! *Make way for the monsignor!*
prendere qualcuno sotto le ali—*to take someone under one's wing.*
Ha preso il giovane ragazzo dei vicini sotto le sue ali. *He's taken the young neighbor boy under his wing.*
tarpare le ali—*to clip someone's wings.*
Poteva diventare qualcuno, ma le difficoltà economiche gli hanno tarpato le ali. *He could have become someone, but economic difficulties clipped his wings.*

alba—*dawn*
sul far dell'alba—*at the crack of dawn.*
Partimmo sul far dell'alba. *We left at the crack of dawn.*

allocco—*owl*
fare la figura d'un allocco—*to look like a fool.*
Vestito così fai la figura d'un allocco. *You look like a fool dressed like that.*

alloro—*laurel*
addormentarsi sugli allori—*to rest on one's laurels.*
Ha avuto successo col suo primo romanzo, poi si è addormentato sugli allori. *He had success with his first novel, but now he's resting on his laurels.*

altarini—*little altars*
scoprire gli altarini—*to let the cat out of the bag.*
Per smentire i pettegolezzi, è stato costretto a scoprire gli altarini. *To deny the gossip, he was forced to let the cat out of the bag.*

altezza—*height*
all'altezza—*up to.*
Speriamo che si riveli all'altezza del suo compito. *Let's hope that he'll be up to his task.*

alto—*high*
gli alti e i bassi—*the ups and downs.*
Pensavo di avere provato tutti gli alti e i bassi della vita. *I thought I had experienced all the ups and downs of life.*
guardare dall'alto in basso—*to look down one's nose.*
Mi è sembrato che la sua amica ci guardasse dall'alto in basso. *It seemed to me that his friend was looking down her nose at us.*

altro–*other*
altro che–*you can say that again.*
"Sei soddisfatto di come ti sono andate le cose?" "Altro che!" *"Are you satisfied with the way things have gone?" "You can say that again!"*
Ci mancherebbe altro! *God forbid!*
esserci ben altro–*for there to be a lot more to it.*
La sua spiegazione è tortuosa: c'è ben altro sotto la faccenda. *His explanation is so contorted: there's a lot more to it.*
essere un altro–*to be another person.*
Da quando è tornato è un altro. *Since he came back he's another person.*
fra l'altro–*among other things.*
Fra l'altro, tua figlia non ha ancora mangiato. *Among other things, your daughter hasn't eaten yet.*
mancarci altro–*to be all one needs.*
"Vedi di non sbatterti di nuovo la porta sul dito." "Ci mancherebbe altro!" *"Try not to slam the door on your finger again." "That's all I need."*
più che altro–*above all.*
L'ho detto più che altro per spiegarlo a loro. *I said it above all to explain it to them.*
se non altro–*at least.*
Abbiamo guadagnato poco, ma se non altro, non ci abbiamo rimesso. *We didn't earn much, but at least we didn't lose anything.*
senz'altro–*certainly.*
Lo farò senz'altro. *I'll certainly do it.*
tutt'altro–*quite the contrary.*
Lo trovo tutt'altro che gentile. *I find him quite the contrary of courteous.*

---

amaro–*bitter*
masticare amaro–*to feel bitter.*
Credeva di essere eletto, ma ora che sa di aver perso, mastica amaro. *He thought he had been elected, but now that he knows he's lost, he feels bitter.*

---

amen–*amen (obsolete)*
in un amen–*in the twinkling of an eye.*
Credevo di averlo messo con le spalle al muro con quel compito, ma l'ha finito in un amen. *I thought I'd put him on the spot with that test, but he finished it in the twinkling of an eye.*

America–*America*
scoprire l'America–*to say something obvious.*
Hai scoperto l'America dicendo che Anna e Paolo vanno insieme. *You said something obvious telling us that Ann and Paul are going together.*

---

amico–*friend*
amico del cuore–*bosom (best) friend.*
Anna è la mia amica del cuore. *Ann is my bosom (best) friend.*

amici per la pelle–*great buddies.*
Abbiamo fatto il servizio militare insieme e siamo diventati amici per la pelle.
We were in the service together and have become great buddies.

---

amo–*hook*
abboccare all'amo–*to take the bait.*
Gli abbiamo raccontato una storia assurda, ma ha abboccato all'amo. *We told him a silly story, but he took the bait.*

---

amore–*love*
andare d'amore e d'accordo–*to get along.*
Loro due vanno d'amore e d'accordo. *Those two get along fine together.*
per amor di Dio–*for Pete's sake.*
Per amor di Dio, smettila! *For Pete's sake, stop it!*
per amore o per forza–*by hook or by crook.*
Ci metterò una vita, ma glielo farò fare per amore o per forza. *It will take me forever, but I'll make him do it by hook or by crook.*

àncora–*anchor*
àncora di salvezza–*last hope.*
Giovanni è l'àncora di salvezza della sua famiglia. *John is his family's last hope.*

---

andare–*to go*
andare da sè–*to go without saying.*
Va da sè che se mi darete una mano avrete anche voi il vostro vantaggio. *It goes without saying that if you give me a hand you'll have something to gain from it.*
andare fatto–*to have to be done.*
Quel lavoro non mi piace, ma va fatto. *I don't like that work but it has to be done.*
andarne–*to be at stake.*
Ne va del nostro onore. *Our honor is at stake.*
a lungo andare–*in the long run.*
A lungo andare finiranno per litigare. *In the long run, they'll end up fighting.*
a qualcuno va–*to feel like.*
Ti va di uscire stasera? *Do you feel like going out this evening?*
a tutto andare–*like mad.*
Correva per la strada a tutto andare. *He was running like mad down the street.*
finchè la va, la va–*as long as it lasts, it's fine.*
È un mestiere rischioso, ma finchè la va, la va! *It's a risky job, but as long as it lasts, it's fine!*
ma andiamo (va là)–*come off it.*
Ma andiamo (ma va là), non raccontare storie! *Come off it, don't feed me a line!*

andatura–*pace*
fare l'andatura–*to set the pace.*
Correva davanti a tutti; era lui che faceva l'andatura. *He was running ahead of everyone; he was setting the pace.*

---

angolo–*corner*
dietro l'angolo–*in the near future.*
L'opinione si chiede: che cosa c'è dietro l'angolo? *Public opinion is asking what's coming in the near future.*
i quattro angoli della terra–*the four corners of the earth.*
Ha viaggiato ai quattro angoli della terra. *He's traveled to the four corners of the earth.*
in ogni angolo–*high and low.*
Dove sei stato? Ti ho cercato in ogni angolo! *Where were you? I looked high and low for you!*

---

anima–*spirit*
rodere l'anima–*to prey on one's mind.*
Quel problema mi rode l'anima da giorni. *That problem's been preying on my mind for days.*

---

animo–*courage, mind*
animo!–*Cheer up!*
Animo! Tra poco avrai finito! *Cheer up! You will be finished soon!*
esasperare gli animi–*to exasperate people.*
Interventi di quel tipo servono solo a esasperare gli animi. *That kind of talk only exasperates people.*
farsi animo–*to pluck up one's courage.*
Fatti animo; sono qui per aiutarti. *Pluck up your courage; I'm here to help you.*
perdersi d'animo–*to lose heart.*
Non bisogna perdersi d'animo alla prima difficoltà. *We have to keep from losing heart when the first difficulties arise.*

---

anno–*year*
Anno nuovo, vita nuova. *The new year calls for a new way of life.*
gli anni verdi–*heydays.*
Nei suoi anni verdi è stato un grandissimo giocatore di tennis. *In his heydays he was a great tennis player.*

---

anticamera–*ante-room*
passare per l'anticamera del cervello–*to cross one's mind.*
Non mi è passato nemmeno per l'anticamera del cervello. *It didn't even cross my mind.*

---

antifona–*reprimand*

capire l'antifona–*to take the hint.*
Non ha capito l'antifona. *He didn't take the hint.*

antifona–*antiphon*
sempre la stessa antifona–*it's always the same story.*
È sempre la stessa antifona; se non vince rimane di cattivo umore per una settimana. *It's always the same story; when he loses he is in a bad mood for a whole week.*

apertura–*opening*
apertura mentale–*openmindedness.*
Considerare i problemi femminili senza pregiudizi è una questione di apertura mentale. *To consider the feminine problems without prejudice is a question of openmindedness.*

Aprile–*April*
Aprile, ogni goccia un bacile. *April showers bring May flowers.*

arabo–*Arabic*
parlare arabo–*to be Greek.*
Non ricominciamo con l'elettronica! Sai che per me è arabo. *Let's not start in on electronics again! You know it's Greek to me.*

arca–*ark*
un'arca di scienza–*a walking encyclopedia.*
Mio zio è un'arca di scienza. *My uncle is a walking encyclopedia.*

arco–*bow*
stare con l'arco teso–*to be constantly on the lookout.*
Sta con l'arco teso, pronto a farmi tutte le critiche che può. *He's always on the lookout, waiting to criticize me in any way he can.*

argento–*silver*
avere l'argento vivo addosso–*to be like a cat on hot bricks.*
Siediti un po' e rilassati; oggi sembra che tu abbia l'argento vivo addosso. *Sit down a minute and relax; you're like a cat on hot bricks today.*

aria–*air*
andare all'aria–*to go to pieces.*
Il suo matrimonio è andato all'aria. *His marriage has gone to pieces.*
buttar tutto all'aria–*to mess up everything.*
I ragazzi hanno buttato all'aria tutta la casa. *The children messed up everything in the house.*
campare d'aria–*to live on charity.*
Non so come faccia a non lavorare. Campa d'aria? *I don't know how he manages not to work. Does he live on charity?*

campato in aria–*unrealistic (unsound)*.
Il suo ragionamento è campato in aria. *His reasoning is unrealistic (unsound)*.

darsi delle arie–*to put on airs*.
Se sapesse cosa pensano di lui smetterebbe di darsi tante arie. *If he knew what people think of him he wouldn't put on so many airs*.

mandare all'aria–*to abandon*.
Il costo troppo alto dei materiali ci costrinse a mandare all'aria l'affare. *The excessively high cost of materials forced us to abandon the project*.

nell'aria–*brewing*.
Sento che c'è qualcosa nell'aria oggi. *I feel something brewing today*.

per aria–*(1) in a mess; (2) up in the air*.
(1) Mio figlio ha lasciato la sua stanza tutta per aria di nuovo. *My son left his room in a mess again*.
(2) I miei programmi estivi sono andati tutti per aria da quando mi sono ammalato. *My summer plans are all up in the air since I've been sick*.

saltare in aria–*to blow up*.
Hanno minacciato di far saltare in aria la banca. *They threatened to blow up the bank*.

arma–*weapon*
alle prime armi–*a novice*.
È ancora alle prime armi, ma si vede che ha la stoffa per diventare un campione. *He's still a novice, but you can tell he has the class to become a champion*.

armi e bagagli–*bag and baggage*.
Ha preso armi e bagagli e se n'è andato. *He took bag and baggage and left*.

combattimento ad arma bianca–*hand-to-hand fighting*.
Finite le munizioni si passò al combattimento all'arma bianca. *When they ran out of ammunition, they went to hand-to-hand fighting*.

passare per le armi–*to execute*.
Nei tempi antichi si usava passare i prigionieri per le armi. *In olden times they used to execute prisoners*.

arnese–*tool*
rimettere qualcuno in arnese–*to set someone on his feet again*.
Stavo male da un mese, ma Giorgio mi ha rimesso in arnese. *I had been sick for a month, but George set me on my feet again*.

arrivare– *to arrive*
Dove vuoi arrivare? *What are you getting at?*

non arrivarci–*not to get it*.
Mi dispiace, ma non ci arrivo, puoi ripetere? *I'm sorry but I don't get it; can you repeat what you said?*

arte–*art*

non avere nè arte nè parte–*(to be) a good-for-nothing.*
Sarà difficile per lui che non ha nè arte nè parte trovare lavoro. *It'll be difficult for that good-for-nothing to find a job.*

ascendente–*ascendancy*

avere un ascendente su–*to have pull.*
Ha un ascendente sul capo. *He has pull with the boss.*

asino–*donkey*

fare come l'asino di Buridano–*to be unable to make up one's mind.*
Fra queste due cose non so quale scegliere; farò la fine dell'asino di Buridano. *I don't know which of these two things to choose; I'll end up being unable to make up my mind.*

legar l'asino dove vuole il padrone–*to be a yes man.*
Nel lavoro che faccio mi tocca sempre legare l'asino dove vuole il padrone. *In my work I always have to be a yes man.*

Meglio un asino vivo che un dottore morto. *A live dog is better than a dead lion.*

quando voleranno gli asini–*when hell freezes over.*
Ho paura che mi restituerà quei soldi quando voleranno gli asini. *I'm afraid he'll pay back that debt when hell freezes over.*

(qui) casca l'asino–*(there's) the rub.*
Quando ha dovuto mettere in pratica quello che sapeva è cascato l'asino. *When he had to put what he knew into practice, that was the rub.*

aspettare–*to wait*

aspetta–*just you wait.*
Aspetta, che ti accomodo io! *Just you wait, I'll fix you!*

aspettarselo–*to think (it), (to expect).*
Me l'aspettavo! *That's what I thought (expected)!*
Qui t'aspettavo! *I thought I would catch you on that!*

assenza–*absence*

brillare per la propria assenza–*to be conspicuous by one's absence.*
Ha brillato per la sua assenza. *He was conspicuous by his absence.*

asso–*ace*

un asso nella manica–*an ace up one's sleeve.*
Quel discorso già preparato è stato il suo asso nella manica al congresso del partito. *That prepared speech was the ace up his sleeve at the party congress.*

lasciare (piantare) in asso–*to leave in the lurch.*
Il mio socio è partito e mi ha lasciato (piantato) in asso. *My partner has gone and left me in the lurch.*

attento–*attentive*
stare attento–*to pay attention.*
Sta' attento a quel che dico. *Pay attention to what I say.*

attenzione–*attention*
prestare attenzione–*to pay attention.*
Prestate attenzione a quel che dico. *Pay attention to what I say.*

atto–*act*
dare atto di–*to acknowledge.*
Gli diede atto delle sue buone intenzioni. *He acknowledged his good intentions.*

fare atto di presenza–*to put in an appearance.*
Il sindaco ha fatto atto di presenza al concerto. *The mayor put in an appearance at the concert.*

prendere atto–*to take note of.*
Ho preso atto della sua disponibilità ad aiutarmi e la ringrazio. *I've taken note of your willingness to help me and I would like to thank you.*

avanti–*forward*
mandare avanti la famiglia–*to provide for one's family.*
Lavora anche di notte per mandare avanti la famiglia. *He works nights, too, to provide for his family.*

avanzo–*remnant*
avanzo di galera–*jailbird.*
S'era circondato di una banda di avanzi di galera. *He surrounded himself with a band of jailbirds.*

avere d'avanzo–*to have more than enough.*
Ne ho d'avanzo dei suoi progetti assurdi. *I've had more than enough of his absurd projects.*

avere–*to have*
avercela con–*to have it in for.*
Non capisco proprio perchè ce l'hai con me. *I really don't understand why you have it in for me.*

avvenire–*to happen*
avvenga quel che avvenga–*come what may.*
Avvenga quel che avvenga, ho deciso di andargli a parlare. *Come what may, I have decided to go and talk to him.*

avvicinare–*to approach*
non avvicinare–*to have nothing to do with.*
Io non avvicino quel tipo di persona. *I have nothing to do with that type of person.*

avviso–*notice*
a mio avviso–*as fas as I can see (to my mind, if you ask me).*
A mio avviso, ha ragione. *As far as I can see (to my mind, if you ask me) he's right.*

stare sull'avviso–*to be on one's guard.*
Sta sempre sull'avviso; è difficile prenderlo alla sprovvista. *He's always on his guard; it's difficult to surprise him.*

avvocato–*attorney*
avvocato delle cause perse–*defender of lost causes.*
Michele è combattivo e tenace; peccato che sia un avvocato delle cause perse. *Michael is aggressive and tenacious; too bad he's a defender of lost causes.*

B

baccano–*uproar*
I vicini facevano un baccano del diavolo ieri notte alle due. *Our neighbors were raising an uproar last night at two.*

baffo–*moustache*
farsene un baffo–*not to give a damn.*
Io me ne faccio un baffo! *I don't give a damn!*

leccarsi i baffi–*to lick one's chops.*
Quando abbiamo sentito gli odori meravigliosi che venivano dalla cucina ci siamo leccati i baffi. *When we smelled the wonderful smells coming from the kitchen we licked our chops.*

ridere sotto i baffi–*to laugh up one's sleeve.*
Il campione se la rideva sotto i baffi sentendo le spacconate dello sfidante e sapendo che avrebbe stravinto. *The champion laughed up his sleeve at his challenger's bragging, knowing that he would win hands down.*

bagnare–*to wet*
bagnare (un avvenimento)–*to celebrate (an event).*
Ha invitato tutti gli amici a bagnare la laurea insieme a lui. *He invited all his friends to celebrate his graduation with him.*

bagnato–*wet*
Piove sul bagnato. *1. (indicating good luck) Nothing succeeds like success.
2. (indicating bad luck) It never rains but it pours.*

baleno–*flash*
in un baleno–*in a flash (immediately).*
Ha capito in un baleno. *He understood in a flash (immediately).*

balla–*bundle, bale*

un sacco di balle–*a bunch of lies.*
L'altra sera mi ha raccontato un sacco di balle; non è mai stato nè in Africa nè in Australia. *The other evening he told me a bunch of lies; he's never been in Africa or Australia.*

ballo–*dance*
in ballo–*at stake.*
In questa iniziativa c'è in ballo il futuro della mia impresa. *In this undertaking the future of my company is at stake.*
tirare in ballo–*to bring up something.*
Non tirare in ballo di nuovo quella questione. *Don't bring up that matter again.*

balzo–*leap*
cogliere la palla al balzo–*to seize the opportunity.*
Appena si è liberato quel posto, ha colto la palla al balzo e si è fatto avanti. *As soon as there was an opening for that job, he seized the opportunity and came forward.*

bambagia–*cotton-wool*
tenere nella bambagia–*to coddle.*
È un bambino delicatissimo; l'hanno sempre tenuto nella bambagia, ma è sempre malato. *He's a very delicate child; they've always coddled him, but he's always sick.*
vivere nella bambagia–*to be coddled (to live a sheltered life).*
Ha sempre vissuto nella bambagia; non ha mai affrontato le difficoltà della vita. *He's always been coddled (lived a sheltered life); he's never had to face life's difficulties.*

banco–*bench*
banco di prova–*the acid test.*
Quella strada sarà un banco di prova ideale per le sospensioni. *That road will be the real acid test for the suspensions.*
sotto banco–*on the sly.*
È finito in prigione per aver accettato una percentuale sotto banco. *He ended up in jail for having taken a cut on the sly.*
tener banco contro tutti–*to hold one's own against everybody.*
Ha tenuto banco contro tutti ed ha finito col prevalere. *He held his own against everybody and finally prevailed.*

bandiera–*flag*
portare alta la bandiera–*to do honor to.*
Meno male che lui è riuscito a portare alta la bandiera della nostra squadra. *Thank goodness he managed to do honor to our team.*
voltare bandiera–*to change opinions.*
Tu volti bandiera un po' troppo spesso! *You change opinions a bit too often!*

bandolo–*clue*
trovare il bandolo della matassa–*to find the key to the problem.*
Ragioniamo un po' e forse troveremo il bandolo della matassa. *Let's think it over and maybe we'll find the key to the problem.*

---

baracca–*hut*
aiutare la baracca–*to help things along.*
Non so che fine avrebbe fatto se sua moglie non avesse aiutato la baracca. *I don't know where he would be if his wife hadn't helped things along.*
fare baracca–*to make a row.*
Non fate baracca! *Don't make a row!*
mandare avanti la baracca–*to make both ends meet.*
Stentiamo a mandare avanti la baracca. *We're struggling to make both ends meet.*
piantare baracca e burattini–*to drop everything.*
Sapessi quanta voglia ho di piantare baracca e burattini e di andarmene in vacanza! *If you only knew how much I want to drop everything and go off on vacation!*

---

barba–*beard*
aspettare di avere la barba bianca–*to wait forever.*
Sbrigati, non voglio aspettare di avere la barba bianca per uscire. *Hurry up, I don't want to wait forever to go out.*
che barba!–*what a bore!*
Che barba! Quando finisce questa conferenza? *What a bore! When will this lecture be over?*
far venire la barba–*to bore to death.*
La sua conversazione mi fa venire la barba. *His conversation bores me to death.*
fare la barba a qualcuno–*to get the better of someone.*
Gli ho fatto la barba così bene che quando se n'è accorto non si è neppure offeso. *I got the better of him by so much that when he realized it he didn't even get offended.*
farla in barba a–*to spite.*
È riuscito a farla in barba a tutti e ad entrare nello stadio senza pagare il biglietto. *He managed to spite everyone and get into the stadium without buying a ticket.*
servire qualcuno di barba e capelli–*to fix someone.*
Ti hanno proprio servito di barba e capelli; ormai c'è poco da fare. *They really fixed you; now there's not much to be done about it.*

---

barca–*boat*
nella stessa barca–*in the same boat.*

Ho cercato di convincere gli altri soci che siamo tutti nella stessa barca e che bisogna prendere una decisione comune. *I tried to convince our other associates that we're all in the same boat and that we'll have to make a decision together.*

una barca di–*a lot of.*
Quel vecchietto ha una barca di soldi. *That old man has a lot of money.*

bastian–*nickname for Sebastian*
essere un bastian contrario–*to be opposed to something just for the sake of it.*
Ti dirà di no semplicemente perchè è un bastian contrario. *He'll tell you not to be opposed just for the sake of it.*

---

bastone–*stick*
un bastone fra le ruote–*an obstacle in one's way.*
Sta' attento; è geloso del tuo progetto e farà di tutto per metterti un bastone tra le ruote. *Be careful; he's jealous of your plans and will do anything to put an obstacle in your way.*

---

batosta–*bow*
prendere una batosta–*to take a beating.*
La nostra squadra ha preso una batosta senza precedenti. *Our team took an unprecedented beating.*

---

battente–*shutter*
chiudere i battenti–*to close down.*
La ditta chiuse i battenti dopo essere stata in perdita troppo a lungo. *The company closed down after having been in the red for too long a time.*

---

batteria–*battery*
scoprire le proprie batterie–*to come out in the open.*
Ho l'impressione che tu abbia fatto male a scoprire le tue batterie così presto. *I have the impression that you've made a mistake by coming out in the open so soon.*

---

battuta–*remark, beating, beat, cue*
avere la battuta pronta–*never to be at a loss for an answer.*
Non si riesce mai a metterlo in difficoltà; ha sempre la battuta pronta. *One can never manage to put him in a difficult spot; he's never at a loss for an answer.*

in poche battute–*in a jiffy.*
Si fa in poche battute. *It can be done in a jiffy.*

perdere la battuta–*to miss a beat.*
Ho perso una battuta. Ti spiace rispiegarmi quel passaggio? *I missed a beat. Could you explain that passage to me again?*

una battuta d'arresto–*a standstill.*
I loro affari hanno subito una battuta d'arresto. *Their business has come to a standstill.*

baule–*trunk*
pesare come un baule–*to be as heavy as lead.*
Non posso correre; la mia borsa mi pesa come un baule. *I can't run; my purse is as heavy as lead.*
viaggiare come un baule–*to travel without learning anything.*
Ragazzi, mi raccomando, non viaggiate come bauli. *Boys, watch out that you don't travel without learning anything.*

bavero–*lapel*
prendere qualcuno per il bavero–*to swindle someone.*
Attento a non farti prendere per il bavero nel bazaar. *Watch out that you don't get swindled at the bazaar.*

beato–*lucky*
beato qualcuno–*to be lucky.*
Beato te che vai in Sardegna per l'estate. *You're lucky to be going to Sardinia for the summer.*

becco–*beak*
chiudere il becco–*to shut up.*
Chiudi il becco e lasciaci lavorare. *Shut up and let us work.*
fare il becco all'oca–*to be done.*
Ecco fatto il becco all'oca. *Well, that's done.*
mettere il becco–*to poke one's nose into.*
Mette sempre il becco negli affari degli altri. *She always pokes her nose into other people's affairs.*
non avere il becco di un quattrino–*to be penniless (not to have a red cent).*
Non ha il becco di un quattrino. *He's penniless. (He doesn't have a red cent.)*

bella–*beautiful*
(rac) contarne delle belle–*to exaggerate.*
Ne hanno (rac) contate delle belle sul mio conto. *They've exaggerated about me.*

bellezza–*beauty*
in bellezza–*with a flourish.*
Ha chiuso la partita di scacchi in bellezza con una mossa da campione. *He ended the chess game with a flourish, moving like a champion.*

bello–*beautiful*
andare bel bello–*to go along one's way.*
Gigi se ne andava bel bello verso casa. *Gigi was going along his way toward home.*
bell'e buono–*out-and-out.*
Questo è un ricatto bell'e buono. *This is out-and-out blackmail.*

bell'e fatto–*ready-made.*
Di solito compro i vestiti bell'e fatti. *I usually buy ready-made clothes.*

essere bello–*to be funny.*
Questa è bella! *That's a good one!*

farla bella (grossa)–*to put one's foot in it.*
L'hai fatta bella (grossa)! *You've put your foot in it!*

farsi bello di una cosa–*to take the credit for.*
Luigi si fa bello delle imprese altrui. *Louis takes the credit for other people's work.*

scamparla bella–*to have a close shave.*
L'abbiamo scampata bella; pochi metri in più e saremmo finiti sul burrone. *We had a close shave; a few meters more and we would have ended up in the ravine.*

sul più bello–*just at the right time (right at the crucial moment).*
Sei capitato sul più bello; senti questa! *You've come just at the right time (right at the crucial moment); listen to this!*

venire il bello–*for the fat to be in the fire.*
Ora viene il bello! *Now the fat is in the fire!*

bene–*well*
andare di bene in meglio–*to get worse and worse.*
Andiamo di bene in meglio: è già tardi e ci è finita la benzina. *Things are getting worse; it's already late, and we've run out of gas.*

bene o male–*after a fashion (somehow or other).*
Bene o male, siamo riusciti a finire il lavoro in tempo. *After a fashion (somehow or other) we were able to finish the work on time.*

ben qualcosa–*good and something.*
Prendo il latte ben caldo. *I drink my milk good and hot.*

stare bene a–*to serve one right.*
Ti sta proprio bene; così imparerai a dare fastidio ai cani. *It really serves you right; now you'll learn not to bother dogs.*

voler bene–*to love.*
Chi non vuol bene ai propri figli? *Who doesn't love his own children?*

benedire–*to bless*
andare a farsi benedire–*to go to hell (pieces).*
Anche questo trasformatore è andato a farsi benedire. *This transformer has gone to hell (pieces) too.*

beneficio–*benefit*
con beneficio d'inventario–*benefit of a doubt.*
A quello che ha detto crederei con beneficio d'inventario. *From what he said, I'd believe him giving him the benefit of the doubt.*

bere–*to drink*
berci su–*to forget it.*
Beviamoci su! *Let's forget it!*

darla a bere a qualcuno–*to take someone in (to put something over, across).*
Questa storia non me la dai a bere. *Don't try to take me in with that story (to put that story over, across, on me).*

non lo bere–*not to buy it.*
È una storia interessante, ma non la bevo. *It's an interesting story, but I don't buy it.*

(o) bere o affogare–*to sink or swim.*
Qui si tratta di bere o affogare; se non vendiamo la casa finiremo falliti. *Here it's a matter of sink or swim; if we don't sell the house we'll go bankrupt.*

bestia–*beast*
andare in bestia–*to lose one's temper.*
Va in besta per un nonnulla. *He loses his temper over nothing.*

brutta bestia–*a tough one.*
Questo rebus è una brutta bestia; non riesco proprio a risolverlo. *This puzzle is a tough one; I really can't solve it.*

una bestia rara–*an extraordinary person.*
È proprio una bestia rara; non dimentica mai un favore ricevuto. *He's really an extraordinary person; he never forgets a favor he's received.*

bianco–*white*
andare in bianco–*not to get anywhere.*
È andato in bianco con quella ragazza. *He didn't get anywhere with that girl.*

far vedere bianco per nero–*to mislead (deceive).*
È facile far vedere bianco per nero alla gente quando la si tiene all'oscuro delle cose. *It's easy to mislead (deceive) people when you keep them in the dark about things.*

in bianco–*1. sleepless.*
Ho fatto la notte in bianco per studiare. *I spent a sleepless night studying.*
2. without sauce.
Preferisco gli spaghetti in bianco. *I prefer spaghetti without sauce.*

passare dal bianco al nero–*to change the subject.*
Non passare sempre dal bianco al nero; chiariamo prima questo punto. *Don't always change the subject; let's clarify this point first.*

prendere bianco per nero–*to misunderstand completely.*
Hai preso bianco per nero; non volevo assolutamente dire questo. *You've misunderstood completely; that's not what I meant.*

bicchiere–*glass*
affogarsi (perdersi) in un bicchier d'acqua–*to balk at the slightest difficulty.*

Non possiamo affidargli responsabilità perchè è uno che si affoga in un bicchier d'acqua. *We can't entrust him with the responsibility because he balks at the slightest difficulty.*

essere facile come bere un bicchier d'acqua–*to be as easy as falling off a log.*
Non preoccuparti, vedrai; sarà facile come bere un bicchier d'acqua. *Don't worry; you'll see that it'll be as easy as falling off a log.*

bidone–*tank*
fare (dare) il bidone–*to stand someone up (not to show up).*
Ieri sera il suo ragazzo le ha fatto il bidone. *Her boyfriend stood her up (didn't show up) last night.*

bilancio–*scale*
fare il bilancio–*to evaluate.*
È giunto il momento di fare il bilancio della situazione. *The moment has come to evaluate the situation.*

bile–*bile*
crepare dalla bile–*to be consumed with anger.*
È il tipo di persona che compra una macchina nuova per far crepare dalla bille gli amici. *He's the kind who buys a new car to anger his friends.*

binario–*track*
sul binario morto–*up a blind alley.*
Siamo ad un binario morto; non ci rimane che riesaminare il problema per cercare altre soluzioni. *We're up a blind alley; there's nothing we can do but reexamine the problem and look for other solutions.*

birra–*beer*
a tutta birra–*as fast as one can.*
È scappato a tutta birra. *He ran away as fast as he could.*

dare una birra–*leave in the dust.*
Abbiamo fatto una gara di corsa e gli ho dato una birra. *We had a race and I left him in the dust.*

bivio–*crossroads*
trovarsi davanti ad un bivio–*to be on the horns of a dilemma.*
Siamo davanti ad un bivio; o studiamo di più oppure non riusciremo a superare l'esame. *We're on the horns of a dilemma; either we study more or we won't be able to pass the exam.*

bizza–*naughtiness*
fare le bizze–*to be naughty.*
Non fare le bizze, fa' il bravo bambino. *Don't be naughty, be a good boy.*

bocca–*mouth*
cavato di bocca–*to make someone say something.*

Non volevo dirlo ma me l'hai cavato di bocca. *I didn't want to say it but you made me.*

cucirsi la bocca–*to clam up.*
Te le dirò, ma dovrai cucirti la bocca. *I'll tell you, but you'll have to clam up about it.*

di bocca buona–*a good eater.*
Mio figlio è di bocca buona. *My son is a good eater.*

In bocca al lupo!–*Good luck!*

non aprir bocca–*not to say a word.*
È tutto il giorno che non apre bocca. *He hasn't said a word all day.*

non ricordarsi dalla bocca al naso–*to have a bad memory.*
Non so che mi succede di questi tempi; non mi ricordo dalla bocca al naso. *I don't know what's happening to me these days; I have a bad memory.*

restare a bocca aperta–*to be dumbfounded.*
Quando mi ha dato la notizia sono restata a bocca aperta. *When he told me the news I was dumbfounded.*

rimanere a bocca asciutta–*to be disappointed.*
Era sicuro di vincere il primo premio, e invece è rimasto a bocca asciutta. *He was sure he'd win first prize, but he was disappointed.*

rimanere con la bocca amara–*to be disappointed.*
Sono rimasto con la bocca amara dopo aver saputo che non saresti più arrivata. *I was disappointed when I learned you weren't coming.*

sfuggire (di bocca)–*to blurt out.*
Senza pensarci, la notizia mi è sfuggita (di bocca). *Without thinking, I blurted out the news.*

sulla bocca di tutti–*the talk of the town.*
La sua impresa brillante è sulla bocca di tutti. *His brilliant feat is the talk of the town.*

---

boccata–*mouthful*
  boccata d'aria–*a breath of air.*
  Vado fuori a prendere una boccata d'aria. *I'm going out to get a breath of air.*

---

bocciare–*to hit (bowling)*
  essere bocciato–*to flunk.*
  Ho paura di essere bocciato se non supero questo questionario. *I'm afraid I'll flunk if I don't pass this quiz.*

---

boccone–*mouthful*
  avere il boccone in bocca–*to eat.*
  Non mettermi fretta, ho ancora il boccone in bocca. *Don't rush me, I'm still eating.*

  per un boccone di pane–*for a song.*

Ho comprato questa scrivania per un boccone di pane. *I bought this desk for a song.*

un boccone amaro–*a bitter pill.*
Non vincere la borsa di studio è stato per me un boccone amaro. *Not getting the fellowship was a bitter pill for me.*

boia–*executioner*
fare un qualcosa boia–*to be as something as hell.*
Fa un freddo boia. *It's as cold as hell.*

bomba–*bomb*
scoppiare la bomba–*for the fat to be in the fire.*
È scoppiata la bomba! *The fat is in the fire!*
tornare a bomba–*to get back to the point.*
Torniamo a bomba. Cosa stavi dicendo? *Let's get back to the point. What were you saying?*

bordone–*drone*
tenere bordone–*to act as someone's accomplice.*
Il "cervello" è riuscito a scappare; la polizia ha catturato solo quello che gli teneva bordone. *The brains of the outfit managed to get away; the police captured only the man who was acting as his accomplice.*

borsa–*purse*
avere le borse sotto gli occhi–*to have bags under one's eyes.*
Sono due notti che non dormo bene, e oggi ho le borse sotto gli occhi. *I haven't slept well for two nights, and today I have bags under my eyes.*

botta–*blow*
dare botte da orbi–*to deal out a shower of blows.*
È cominciata come una manifestazione pacifica, ma è degenerata e si sono dati botte da orbi. *It started out as a peaceful demonstration, but it degenerated and showers of blows were dealt out.*

botte–*barrel*
in una botte di ferro–*to be safe.*
Non c'è nulla che mi possa accadere qui; sono in una botte di ferro. *Nothing can happen to me here; I'm safe.*
La botte dà vino che ha. *The proof of the pudding is in the eating.*
Voler la botte piena e la moglie ubriaca. *To have to have one's cake and eat it.*

bottega–*store*
avere la bottega aperta–*to have one's fly open.*
Mi sono sentito imbarazzato quando mi sono accorto che avevo la bottega aperta. *I was embarrassed when I realized I had my fly open.*
chiudere bottega–*to give up (to close down).*

In certe situazioni impossibili come questa, mi viene voglia di chiudere bottega. *In certain impossible situations like this one, I feel like giving up (closing down).*

botto–*blow*
di botto–*suddenly.*
È entrato di botto e io ho fatto un salto per la sorpresa. *He came in suddenly and I jumped from surprise.*

bottone–*button*
attaccare un bottone–*to buttonhole.*
Mi dispiace essere in ritardo; ho incontrato Pasquale che mi ha attaccato un bottone. *I'm sorry to be late; I met Pasquale and he buttonholed me.*

braccio–*arm*
a braccia aperte–*with open arms.*
Abbiamo ricevuto i loro amici a braccia aperte. *We welcomed their friends with open arms.*

cascare (cadere) le braccia–*to lose heart.*
A sentire quelle brutte cose, mi cascano (cadono) le braccia. *Listening to those things makes me lose heart.*

essere il braccio destro–*to be someone's right-hand man.*
Senza il suo braccio destro lui non è nessuno. *He's nothing without his right-hand man.*

incrociare le braccia–*to go on strike.*
I metalmeccanici hanno incrociato le braccia. *The metal workers have gone on strike.*

tendere le braccia a qualcuno–*to ask for help, to help someone.*
Ci tendono le braccia e noi li dobbiamo aiutare. *They're asking for help and we've got to give it to them.*

braghe–*trousers*
calare le braghe–*to give up.*
Non calare le braghe ora che si intravede la fine. *Don't give up now that the end is in sight.*

branco–*herd*
mettersi nel branco–*to follow the crowd.*
Non è certo un leader; è uno che si metterà sempre nel branco per sicurezza. *He's certainly not a leader; he'll always follow the crowd for safety.*

bravaccio–*bully*
fare il bravaccio–*to swagger.*
Non fare il bravaccio! *Don't swagger so much!*

bravo–*clever, good*

Da bravo!–*Be good!*

breccia–*breach*
fare breccia–*to make an impression.*
Il suo racconto ha fatto breccia nei sentimenti di tutti. *His story made an impression on everybody's feelings.*
rimanere sulla breccia–*to keep at it.*
Solo una grande artista come lei rimane sulla breccia per tanti anni. *Only a great artist like her keeps at it for so many years.*

breve–*short*
per farla breve–*to make a long story short.*
Per farla breve, sono andato a vedere quel film, ma non mi è piaciuto. *To make a long story short, I went to see that movie but I didn't like it.*

briciola–*bit, crumb*
non una briciola di–*not a grain of.*
Non c'è una briciola di verità in quello che dici. *There's not a grain of truth in what you're saying.*
ridurre in briciole–*to destroy.*
Dicevi di essere bravo, ma t'ho ridotto in briciole. *You said you were good, but I really destroyed you.*

briga–*trouble*
attaccare briga (lite)–*to pick a quarrel.*
Quel ragazzo attacca briga (lite) con tutti. *That boy picks quarrels with everybody.*

brigata–*company*
Poca brigata, vita beata. *Two's company, three's a crowd.*

briglia–*bridle*
a briglia sciolta–*at full speed.*
Correva a briglia sciolta. *He was going at full speed.*
tenere qualcuno a briglia (a bada)–*to keep a tight rein on someone.*
Deve tenere a briglia (a bada) quel bambino perchè non ci si può prevedere quello che farà. *She has to keep a tight rein on that child because you can't predict what he'll do.*

brivido–*shiver*
far venire i brividi–*to give the creeps.*
Quel film del terrore mi ha fatto venire i brividi. *That horror movie gave me the creeps.*

brodo–*broth*
andare in brodo di giuggiole–*to be overjoyed.*
Ogni volta che riceve una lettera dalla sua ragazza, Marco va in brodo di giug-

giole. *Every time he gets a letter from his girl, Mark is overjoyed.*

lasciar cuocere qualcuno nel suo brodo–*to let someone stew in his own juice.*
Se non vuole partecipare con noi tutti, lasciamolo cuocere nel suo brodo. *If he doesn't want to join in with us, let him stew in his own juice.*

Tutto fa brodo. *Everything is grist to the mill.*

bronzo–*bronze*
la faccia di bronzo–*a lot of nerve.*
Hai una bella faccia di bronzo a chiedermi ancora soldi. *You have a lot of nerve asking me for more money.*

bruciapelo–*suddenly*
a bruciapelo–*point-blank (suddenly).*
Me l'ha chiesto a bruciapelo e non ero preparato a rispondere. *He asked me point-blank (suddenly), and I wasn't prepared to answer.*

brutto–*ugly*
alle brutte–*if worst comes to worst.*
Alle brutte pagheremo i danni. *If worst comes to worst we'll pay the damages.*

brutto come la peste (il peccato, da far paura)–*as ugly as sin.*
È brutto come la peste (il peccato, da far paura), ma è simpatico. *He's ugly as sin, but he's a nice guy.*

passarsela brutta–*to be through the mill.*
Ha tutta l'aria di essersela passata brutta. *He looks as though he's been through the mill.*

vederne di brutte–*to see hard times.*
Ne abbiamo viste di brutte in tanti lunghi anni! *We've seen hard times in these long years!*

vedersela brutta–*to look death in the face.*
Se l'è vista brutta, ma grazie all'intervento, ora guarirà. *He looked death in the face, but thanks to the operation, he'll be all right now.*

buchino–*little hole*
Chi non cuce buchino cuce bucone. *A stitch in time saves nine.*

buco–*hole*
fare un buco nell'acqua–*to be useless.*
Non illuderti, farai un buco nell'acqua. *You'll see, it'll be useless.*

tappare un buco–*to pay a debt.*
Ho finalmente tappato tutti i buchi con i creditori. *I finally paid all my debts to my creditors.*

budella–*guts*
cavar le budella a qualcuno–*to stick someone in the guts.*
Zorro cava le budella solo ai cattivi. *Zorro only sticks bad guys in the guts.*

riempirsi le budella–*to stuff oneself.*
Mi sono riempito le budella e ora mi sento male. *I stuffed myself and now I feel sick.*

sentirsi rimescolare le budella–*to have butterflies in the stomach.*
Prima di parlare davanti a un gruppo, mi sento sempre rimescolare le budella. *Before addressing a group I always have butterflies in my stomach.*

bufalo–*buffalo*
mangiare come un bufalo–*to eat like a horse.*
Mangia come un bufalo e non ingrassa di un etto. *He eats like a horse and never gains an ounce.*

buffone–*clown*
fare il buffone–*clown around.*
Non fare il buffone; vieni subito qui e mettiti a fare i compiti. *Stop clowning around; come here immediately and start doing your homework.*

bugia–*lie*
Le bugie hanno le gambe corte. *Truth will out.*

buio–*dark*
al buio (all'oscuro)–*in the dark.*
Non ne so niente; sono completamente al buio (all'oscuro) della vicenda. *I don't know anything about it; I'm completely in the dark about that matter.*

buono–*good*
alla buona–*simply (informally, without ceremony).*
A casa nostra si mangia alla buona. *At our house we eat simply (informally, without ceremony).*

andare con le buone–*to go about something in a friendly way.*
Bisogna andarci con le buone. *We have to go about it in a friendly way.*

Buon pro vi faccia! *Much good may it do you!*

buono come il pane–*as good as gold.*
La nonna è buona come il pane. *Grandmother is as good as gold.*

con le buone e con le cattive–*by hook or by crook.*
Con le buone e con le cattive, convincerò mio figlio a venire a casa. *By hook or by crook, I'll get my son to come home.*

prendere il buono con il cattivo–*to take the rough with the smooth.*
Devi imparare a prendere il buono con il cattivo; non tutto può andare come vuoi tu. *You have to learn to take the rough with the smooth; you can't always have things your own way.*

Questa è buona, e buonissima. *That's a good one.*

tornare in buona–*to make up.*
Finalmente ci siamo spiegati con Giovanni e siamo tornati in buona. *We finally talked things over and made up with John.*

un poco di buono–*dishonest.*
Quel ragazzo è un poco di buono. *That boy is dishonest.*

vivere alla buona–*to rough it.*
È bello vivere alla buona per un po' in campeggio, ma ogni tanto un letto vero e una doccia calda ci vogliono. *It's great to rough it camping, but every so often you need a real bed and a hot shower.*

burro–*butter*
dare un po' di burro a qualcuno–*to butter up somebody.*
Diamogli un po' di burro e poi scommetto che ci dirà di sí. *Let's butter him up a little, and then I bet he'll say yes.*

Diventare un burro–*to turn quite sweet.*
Quando gli ho promesso di portarlo al circo è diventato tutto un burro. *When I promised to take him to the circus he turned quite sweet.*

busca–*search*
vivere alla busca–*to live off other people.*
Lui intende le vacanze come occasione di viaggiare e di vivere a busca dagli amici. *He thinks of vacations as a chance to travel and live off his friends.*

bussola–*compass*
perdere la bussola–*to lose one's bearings.*
Ho perso la bussola e non riesco a finire questo ragionamento. *I've lost my bearings and can't finish this reasoning.*

bustarella–*bribe*
dare la bustarella–*to bribe.*
Per avere la licenza è sufficiente dare la bustarella a qualche funzionario. *To get a license it's enough to bribe a civil servant.*

buzzo–*paunch*
di buzzo buono–*in earnest (to set one's mind to).*
Voglio proprio mettermi a studiare di buzzo buono. *I really want to start (set my mind to) studying in earnest.*

C

caccia–*hunt*
dare la caccia–*to hunt for.*
Ti ho dato la caccia per tutta la città. *I hunted for you all over town.*

cacio–*cheese*
come il cacio sui maccheroni–*just what the doctor ordered.*
Questo assegno arriva proprio come il cacio sui maccheroni. *This check is just what the doctor ordered.*

caffettiera–*coffeepot*
una vecchia caffettiera–*an old rattletrap.*
Sono affezionato alla mia macchina, anche se è una vecchia caffettiera. *I'm fond of my old car, even if it's an old rattletrap.*

calcagno–*heel*
stare alle calcagna–*to dog one's steps.*
Non starmi sempre alle calcagna! *Don't dog my steps all the time!*

calcio–*kick*
dare il calcio dell'asino–*to hit someone when he's down.*
Non criticarlo adesso; non è da te dare il calcio dell'asino. *Don't criticize him now; it's not like you to hit someone when he's down.*

caldo–*hot*
non fare nè caldo nè freddo–*to leave one indifferent (to be six of one, half a dozen of the other).*
Non mi fa nè caldo nè freddo. *It leaves me indifferent. (To me it's six of one, half a dozen of the other.)*
prendersela calda–*to take to heart.*
Non prendertela calda; stavo solo scherzando. *Don't take it to heart; I was only joking.*

calende–*calends*
rimandare alle calende greche–*to put off indefinitely.*
Sembra che il governo voglia rimandare la riforma alle calende greche. *It seems the government wants to put off the reform indefinitely.*

calibro–*caliber*
essere dello stesso calibro–*to be at the same level.*
Non sono dello stesso calibro, ma lavorano benissimo insieme. *They're not at the same level, but they work really well together.*
i grossi calibri–*the big shots.*
I grossi calibri hanno deciso tutto, e noi altri dobbiamo fare quello che dicono. *The big shots decided everything, and the rest of us have to do as they tell us.*

callo–*corn*
fare il callo–*to be hardened to.*
Ci ho fatto il callo. *I'm hardened to it.*
pestare i calli a qualcuno–*to tread on someone's toes.*
Sta' attento a non pestare i calli a un tipo pericoloso come quello. *Be careful not to tread on the toes of a dangerous person like that.*

calma–*calm*
calma e sangue freddo–*calm and collected.*
Lui sì che ha calma e sangue freddo. *He's really calm and collected.*

con calma–*at an easy pace.*
Possiamo finire il lavoro senza difficoltà anche se ce la prendiamo con calma.
We can finish the work with no trouble even if we take it at an easy pace.
prendersela con calma–*to take it easy.*
Prenditela con calma; non c'è nessuna fretta. *Take it easy; there's no hurry.*

calzoni–*pants*
portare i calzoni–*to wear the pants.*
Chiedere chi porta i calzoni in famiglia è una domanda che è meglio non fare oggi giorno. *Asking who wears the pants in the family is a question that's better unasked nowadays.*

cambiare–*change*
tanto per cambiare–*for a change.*
Andiamo in autobus oggi tanto per cambiare. *Let's go by bus today for a change.*

camicia–*shirt*
essere nato con la camicia–*to be born with a silver spoon in one's mouth.*
È nato con la camicia, sì, ma questo non gli dà il diritto di trattare noi altri con sufficienza. *Sure, he was born with a silver spoon in his mouth, but that doesn't give him the right to treat everyone else like dirt.*
rimetterci la camicia–*to lose the shirt off one's back.*
Ha fatto un investimento sbagliato e ora rischia di rimetterci la camicia. *He made a wrong investment and now risks losing the shirt off his back.*

campana–*bell*
sentire l'altra campana–*to hear the other side.*
Vorrei sentire l'altra campana prima di decidere. *I'd like to hear the other side before deciding.*
stare in campana–*to watch out.*
Sta' in campana che questo è un posto pericoloso di notte. *Watch out, this is a dangerous place at night.*

campanile–*bell tower*
il proprio campanile–*one's own town.*
Non vede più in là del suo campanile. *He won't look any further than his own town.*

candela–*candle*
a candela–*perpendicularly.*
Ha tirato la palla a candela e gli è tornata in testa. *He threw the ball up perpendicularly and it came down on his head.*
alla candela–*dying*
La giornata è alla candela e guardiamo gli ultimi raggi del sole. *The day is dying and we're watching the sun's last rays.*

ridurre qualcuno alla candela–*to reduce someone to poverty.*
Con i tempi che corrono, presto ci ridurremo tutti alla candela. *With the way things are going, soon we'll all be reduced to poverty.*

struggersi come una candela–*to pine away.*
Non ti struggere come una candela; tornerà presto. *Don't pine away; he'll be back soon.*

---

cane–*dog*
Can che abbaia non morde. *Barking dogs don't bite.*

Cane non mangia cane. *There's honor among thieves.*

come il cane nella mangiatoia–*a dog in the manger.*
Porta fuori i bambini oggi; dopo tre giorni chiusi in casa con la pioggia sono come il cane nella mangiatoia. *Take the children outside; after three rainy days in the house they're like the dog in the manger.*

un cane–*a soul.*
Ho cercato ma non ho trovato un cane. *I looked, but didn't find a soul.*

---

cantare–*to sing*
cantarla chiara–*to speak one's mind.*
Gliela canto chiara e così non ci saranno equivoci. *I'll speak my mind to him so there won't be any misunderstandings.*

---

cantiere–*yard*
avere qualcosa in cantiere–*to have something in preparation.*
Abbiamo un nuovo articolo in cantiere, ma dobbiamo ancora leggere parecchio prima di trarre le conclusioni. *We have a new article in preparation, but we still have to read a lot before we can come to any conclusions.*

---

cantilena–*sing-song*
essere sempre la stessa cantilena–*to be the same old story.*
È sempre la stessa cantilena: "ho dimenticato." *It's always the same old story: "I forgot."*

---

canto–*song*
dal canto mio–*as for me (as far as I'm concerned).*
Dal canto mio, glielo lascerei presentare così. *As for me (As far as I'm concerned) I'd let him present it as it is.*

d'altro canto–*on the other hand.*
D'altro canto, sarebbe più giusto che lo facesse come l'hanno fatto tutti gli altri. *On the other hand, it would be fairer if he did it the same way the others have.*

---

cantonata–*corner*
prendere una cantonata–*to make a blunder.*
Ho proprio preso una cantonata; l'ho scambiato per il postino. *I really made a blunder; I mistook him for the postman.*

canzone–*song*
cantare sempre la stessa canzone–*to keep harping on the same string.*
Perchè canti sempre la stessa canzone? Ti ho già detto che lo farò quando avrò
il tempo. *Why do you keep harping on the same string? I already told you I'll
do it when I have time.*

capello–*hair*
a capello–*to a tee.*
Questa sciarpa mi sta a capello, grazie. *Thank you, this scarf suits me to a tee.*
avere fin sopra i capelli–*to be fed up with.*
Ne ho fin sopra i capelli di te e dei tuoi amici. *I'm fed up with you and your
friends.*
non spostarsi di un capello–*not to budge an inch.*
Non si vuol spostare di un capello dalla sua idea assurda. *He won't budge an
inch from his absurd idea.*
perdere i capelli–*to lose one's temper.*
Non perdere i capelli per una schiocchezza! *Don't lose your temper over such a
silly thing!*
prendere la fortuna per i capelli–*to seize fortune by the forelock.*
Ha comprato un biglietto della lotteria proprio all'ultimo minuto; questo sì che
si chiama prendere la fortuna per i capelli! *He bought a lottery ticket at the last
minute; that's what's called seizing fortune by the forelock!*
prendersi per i capelli–*to come to blows.*
La loro discussione era diventata troppo animata e rischiavano di prendersi per
i capelli. *Their conversation was getting too heated, and they risked coming to
blows.*
rizzarsi i capelli–*to have one's hair stand on end.*
Mi si sono rizzati i capelli a sentire il suo racconto. *My hair stood on end when I
heard his story.*
spaccare un capello in quattro–*to split hairs.*
Perchè spaccare un capello in quattro per una questione così marginale? *Why
split hairs over such a marginal problem?*
tirato per i capelli–*far-fetched.*
I suoi metodi non sono molto ortodossi, ma la soluzione non è per niente tirata
per i capelli. *His methods aren't very orthodox, but his solution is not at all
far-fetched.*

capitare–*to happen*
Siamo proprio capitati bene! *This is a fine kettle of fish!*

capo–*head*
alzare il capo–*to rebel.*
Questa situazione non può reggere; i giovani stanno già alzando il capo. *This
situation can't continue; the young people are already rebelling.*

avere altro per il capo (per la testa)–*to have other things to think of.*
Scusa se non mi va di chiacchierare oggi; ho altro per il capo (per la testa). *Sorry I don't feel like chatting today; I have other things to think of.*

capitare tra capo e collo–*to be saddled with.*
Come se non avessi già abbastanza da fare, mi è capitata anche questa tra capo e collo. *As if I didn't already have enough to do, I got saddled with this too.*

chinare il capo–*to eat humble pie.*
Mi rifiuto di chinare il capo; insisto che ho ragione io. *I refuse to eat humble pie; I insist that I'm right.*

col capo in sacco–*recklessly.*
Hai fatto le cose col capo in sacco. *You acted recklessly.*

da capo–*from the beginning (from scratch).*
Ora dobbiamo ricominciare da capo. *We have to start over again from the beginning (from scratch).*

da capo a dodici–*back where one started.*
Pensavo che questo problema fosse già superato, ma ora siamo da capo a dodici. *I thought this problem had already been solved, but now we're back where we started.*

da capo a piedi–*from head to toe.*
Ho lasciato il bambino solo un momento in cucina, e l'ho ritrovato infarinato da capo a piedi. *I left the baby alone for a minute in the kitchen and found him covered with flour from head to toe.*

in capo al mondo–*the end of nowhere.*
Mi dispiace che si siano trasferiti in capo al mondo; è così lontano che ora non li vedremo più spesso come prima. *I'm sorry they moved out to the end of nowhere; it's so far that now we won't see them as often as before.*

nè capo nè coda–*neither heads nor tails.*
Secondo me il suo discorso non ha nè capo nè coda. *I couldn't make heads or tails of what he said.*

non sapere dove battere il capo (la testa)–*not to know which way to turn.*
È un dilemma; non so dove battere il capo (la testa). *It's a dilemma; I don't know which way to turn.*

rompersi il capo–*to rack one's brains.*
Mi sto rompendo il capo da stamattina e non riesco a ricordarmelo. *I've been racking my brains since this morning, and I just can't remember it.*

venire a capo di qualcosa–*to get to the bottom of something.*
Non smetto di farti domande finchè non vengo a capo della situazione. *I'm not going to stop asking you questions until I get to the bottom of this.*

---

capocchia–*head*
parlare a capocchia–*to speak at random.*
Non ti aspettare una conclusione da lui; parla solo a capocchia. *Don't expect a*

conclusion from him; he's just speaking at random.

capolino–*little head*
far capolino–*to peep.*
Faceva ancora freddo ma il sole già faceva capolino. *It was still cold but the sun was already peeping out.*

cappa–*chimney*
(essere) sotto una cappa di piombo–*(to feel) oppressed.*
Devo uscire a divertirmi un po'. Mi sento come sotto una cappa di piombo. *I have to get out and have some fun. I feel oppressed.*
sotto la cappa del sole–*in the whole world.*
O grazie, questo è il più bel regalo sotto la cappa del sole. *Oh, thanks, this is the best gift in the whole world.*

cappello–*hat*
far tanto di cappello o qualcuno–*to take one's hat off to.*
Ti faccio tanto di cappello; hai giocato bene e hai meritato di vincere. *I take off my hat to you; you played well and deserved to win.*
prendere cappello–*to fly into a rage.*
Non prendere cappello; stavamo solo scherzando. *Don't fly into a rage; we were only joking.*

cappero–*caper*
Capperi! *Good heavens!*

cappotto–*overcoat*
fare cappotto a qualcuno–*to wipe the floor with someone.*
Pensavamo di perdere ma ci hanno fatto proprio cappotto. *We thought we'd lose, but they really wiped the floor with us.*

capra–*goat*
cavalcar la capra–*to deceive oneself.*
Puoi raccontare quello che vuoi, ma con le tue scuse fai solo cavalcar la capra. *You can say whatever you want, but with your excuses you're only deceiving yourself.*
salvar capra e cavoli–*to have one's cake and eat it too.*
So che la situazione è difficile ma ci deve essere la soluzione che ci fa salvar capra e cavoli. *I know it's a difficult situation, but there's got to be a solution that will let us have our cake and eat it too.*

carbone–*coal*
trovarsi sui carboni ardenti–*to be on tenterhooks.*
Ho offerto di aiutarlo senza pensare che poi mi sarei trovato anch'io sui carboni ardenti. *I offered to help him without thinking that then I'd be on tenterhooks too.*

carcassa–*carcass*
la mia vecchia carcassa–*my old bones.*
La mia vecchia carcassa non è più quella di una volta. *My old bones aren't what they used to be.*

---

carica–*charge*
tornare alla carica–*to keep insisting.*
Nonostante il mio rifiuto è tornato alla carica. *Notwithstanding my refusal he kept insisting.*

---

carità–*charity*
Per carità! *Not on your life! (God forbid!)*

---

carne–*meat*
essere fatto di carne ed ossa–*to be human.*
È fatto di carne ed ossa, e non ha potuto resistere. *He's only human, and couldn't resist.*

essere in carne–*to look flourishing.*
Come sei in carne oggi. Che hai fatto? *How flourishing you look today. What have you done?*

in carne ed ossa–*in the flesh (as big as life, in person).*
Ho visto la squadra di tennis in carne ed ossa all'aereoporto. *I saw the tennis team in the flesh (as big as life, in person) at the airport.*

nè carne nè pesce–*neither fish nor fowl.*
Questo tema non è nè carne nè pesce; discuti intorno al problema senza prendere mai posizione. *This paper is neither fish nor fowl; you talk around the problem without ever taking a position.*

troppa carne al fuoco–*too many irons in the fire.*
Ha troppa carne al fuoco; non può prendere le vacanze ora. *He has too many irons in the fire; he can't take a vacation now.*

---

carota–*carrot*
piantare carote–*to tell lies.*
È ovvio dalla sua espressione che sta piantando carote. *It's obvious from his expression that he's telling lies.*

---

carreggiata–*cart-track*
rimettersi in carreggiata–*to come back to the right path.*
Essere stato arrestato proprio al primo furto è stata la sua salvezza; si è rimesso subito in carreggiata. *Having gotten arrested at his very first theft was what saved him; he came right back to the right path.*

---

carretta–*cart*
tirare la carretta–*to be the real breadwinner.*
Sto tirando la carretta; sono l'unico che lavora in famiglia e meriterei un po' più di rispetto. *I'm the real breadwinner; I'm the only one who works in the family*

and I merit a little more respect.

---

carro–*cart*
Non metter il carro davanti ai buoi. *Don't put the cart before the horse.*

---

carta–*card*
alzare le carte–*to cut the cards.*
Ho mescolato le carte; tocca a te alzarle. *I shuffled the cards; it's your turn to cut them.*

avere le carte in regola–*to have one's papers in order.*
Ha tutte le carte in regola; non mi sorprenderebbe se scegliessero proprio lui. *He has all his papers in order; I wouldn't be surprised if they chose him.*

cambiare le carte in tavola–*to shift one's ground.*
Non ti puoi fidare di lui perchè ti cambia sempre le carte in tavola. *You can't trust him because he's always shifting his ground.*

dare carta bianca a qualcuno–*to give someone a free hand.*
Mi hanno dato carta bianca per sviluppare i programmi. *They've given me a free hand in developing the programs.*

fare carte false–*to go to any lengths.*
Farebbe carte false pur di diventare suo amico. *He'd go to any lengths to become his friend.*

mandare a carte quarantotto–*to send to the devil.*
Non è venuto e così manda tutti i miei programmi a carta quarantotto. *He didn't come and that sends all my plans to the devil.*

mettere le carte in tavola–*to come into the open.*
Ha fatto tutto di nascosto senza informarci ma lo obbligheremo a mettere le carte in tavola. *He did everything on the sly without telling us, but we'll make him come into the open.*

puntare su una carta sola–*to put all one's eggs in one basket.*
È meglio non puntare tutto su una carta sola. *It's better not to put all your eggs in one basket.*

---

cartuccia–*cartridge*
una mezza cartuccia–*a shrimp.*
Quella mezza cartuccia non ce la farà mai a sollevare il baule; è troppo pesante. *That shrimp will never manage to lift the trunk; it's too heavy.*

sparare l'ultima cartuccia–*to play one's last card.*
Offrendoci del denaro per lavorare con noi, ha sparato la sua ultima cartuccia, ma non l'accetteremo lo stesso. *Offering us money to work with him, he's played his last card, but we won't accept anyway.*

---

casa–*house*
A casa del ladro non si ruba. *There's honor among thieves.*

abitare a casa del diavolo–*to live in an out-of-the-way place.*

Giovanna e Paolo abitano a casa del diavolo. *Joanne and Paul live in an out-of-the-way place.*

di casa–*one of the family.*
Maria Grazia è di casa. *Maria Grazia is one of the family.*

grande come una casa–*enormous.*
Si è comprato una macchina grande come una casa; come farà a girare per Siena? *He's bought an enormous car; how will he ever drive around in Siena?*

metter su casa–*to set up housekeeping.*
Si sono fidanzati e stanno mettendo su casa. *They're engaged and are setting up housekeeping.*

non sapere neanche dove stia di casa–*not to know the slightest thing about something.*
La voglia di lavorare? Non sa neanche dove stia di casa e non fa niente tutto il giorno. *Willingness to work? He doesn't know the slightest thing about it, and he doesn't do a thing all day long.*

tutto casa e famiglia–*a stay-at-home sort.*
Suo marito è tutto casa e famiglia e non esce mai la sera. *Her husband is a stay-at-home sort, and never goes out evenings.*

---

casaccio–*at random*
parlare a casaccio–*to speak at random (to speak for the sake of speaking).*
Non prenderla sul serio e controlla tutto; parla sempre a casaccio, non ci si può fidare. *Don't take her seriously and check everything; she always speaks at random (for the sake of speaking) and you can't trust what she says.*

---

cascamorto–*languishing lover*
fare il cascamorto–*to make (sheep's) eyes (at).*
Pensa di dover sempre fare il cascamorto tutte le volte che vede una ragazza. *He thinks he has to make (sheep's) eyes every time he sees a girl.*

---

cascar male–*to be unlucky.*
Son cascato male; credevo di vedere un bello spettacolo, ma mi sono annoiato a morte. *I was unlucky; I thought I'd see a good show, but I was bored to death.*

---

cascare–*to fall*
cascare bene–*to be lucky.*
Son cascato bene; la traduzione è difficile, ma tu sei bilingue e mi aiuterai. *I was lucky; the translation is difficult, but you're bilingual and can help me.*

---

caso–*chance*
caso mai–*if by chance.*
Ti telefonerò; caso mai dovessi uscire lascia detto dove vai. *I'll call you; if by chance you should go out, leave a message where you're going.*

fare al caso–*to be right.*
La tua penna fa proprio al caso mio; me la regali? *Your pen is just right for me; can I have it?*

fare caso–*to notice.*
Facci caso; tutte le volte che parli del tuo stipendio le brillano gli occhi. Forse è invidiosa. *Notice it; every time you talk about your salary her eyes glisten. Maybe she's envious.*

guarda caso–*oddly enough.*
Siamo uscite per commissioni e guarda caso l'abbiamo incontrato tre volte; forse ci ha pedinate. *We went out to do errands, and oddly enough we ran into him three times; maybe he was following us.*

si dà il caso che–*it so happens that.*
Adesso accetti la mia proposta, ma si dà il caso che mi sia già rivolta ad un altro. *You're accepting my proposal now, but it so happens that I've already turned to someone else.*

---

cassetta–*box*
lavorare per la cassetta–*to work just for the money.*
Non farà mai un film impegnato perchè non farebbe soldi e lui lavora solo per la cassetta. *He'll never do a serious intellectual film because it wouldn't earn anything and he works just for the money.*

---

castagna–*chestnut*
cavare le castagne dal fuoco–*to pull someone's chestnuts out of the fire.*
Lo pagano bene perchè cava le castagne dal fuoco per il principale e gli evita ogni noia. *They pay him well because he pulls the boss's chestnuts out of the fire and avoids nuisances for him.*

prendere qualcuno in castagna–*to catch someone in the act.*
Ti avevo detto di non bere ma ti ho preso in castagna. Ora chiuderò l'armadio a chiave. *I told you not to drink but I caught you in the act. Now I'm going to lock the cabinet.*

---

castello–*castle*
fare castelli in aria–*to build castles in the air.*
Ha vinto un bel po' di soldi alla lotteria e ora fa castelli in aria dal mattino alla sera. *He won a lot of money in the lottery and now he's building castles in the air all day long.*

---

catafascio–*topsy-turvy*
andare a catafascio–*to go to pieces.*
Avevo programmato le lezioni con cura, ma c'è stato lo sciopero dei mezzi, molti ragazzi non sono venuti, e tutto è andato a catafascio. *I had planned the lessons carefully but there was a bus strike, lots of students didn't come, and everything went to pieces.*

---

catena–*chain*
spezzare le catene–*to free oneself.*
Avrebbe bisogno di libertà, eppure non riesce a spezzare le catene della fam-

iglia, del lavoro e degli impegni di studio. *He needs his freedom, but he can't manage to free himself from his family, work, and office responsibilities.*

cateratta–*cataract*
piovere a cateratte–*to rain cats and dogs.*
Piove a cateratte da due giorni e il fiume è ormai in piena. *It's been raining cats and dogs for two days and the river is at flood stage.*

catinella–*basin*
piovere a catinelle–*to rain cats and dogs.*
Il tempo è bruttissimo e piove a catinelle. *The weather is terrible and it's raining cats and dogs.*

Catone–*Cato*
fare il Catone–*to take a high moral tone.*
Quando è di cattivo umore comincia a fare il Catone e non la smette più di dare consigli. *When he's in a bad mood he starts taking a high moral tone and never stops giving advice.*

cattedra–*desk*
in cattedra–*on one's high horse.*
Invece di parlare con semplicità, monta in cattedra e pontifica. *Instead of talking simply he gets on his high horse and pontificates.*

causa–*cause, case*
dare causa vinta a qualcuno–*to throw in the sponge (to grant someone the point).*
Ne avevo abbastanza di discutere e gli ho dato causa vinta. *I'd had enough of the argument and I threw in the sponge (granted him the point).*

cavalleria–*cavalry*
passare in cavalleria–*to be long gone.*
Il mio bel vestito di seta à passato in cavalleria perchè era tutto strappato. *My pretty silk dress is long gone because it was all torn.*

cavallina–*young mare*
correre la cavallina–*to sow one's wild oats.*
È giovane ma non giovanissimo, eppure corre ancora la cavallina e non manca un'occasione per divertirsi. *He's young, but not that young, but he still sows his wild oats and doesn't pass up chances for fun.*

cavallo–*horse*
campa cavallo che l'erba cresce–*keep on waiting.*
Dici che studierai poi! Campa cavallo che l'erba cresce; quando ti deciderai sarà troppo tardi. *You say you'll study later! Keep on waiting; when you decide to do it it'll be too late.*
il cavallo di S. Francesco–*shank's mare.*

Il traffico in centro è tale che non si può andare nè in autobus nè in macchina; preferisco il cavallo di S. Francesco. È più veloce. *The traffic downtown is so heavy that you can't go by bus or car; I prefer shank's mare. It's faster.*

puntare sul cavallo perdente–*to back the wrong horse.*
Hai fiducia in lui, ma punti sul cavallo perdente, perchè non è in grado di fare ciò che gli hai chiesto. *You trust him, but you're backing the wrong horse, because he won't be able to do what you asked.*

cavalluccio–*small horse*
a cavalluccio di qualcuno–*on someone's shoulders.*
La bimba non cammina ancora bene e le piace andare a cavalluccio di suo padre. *The baby doesn't walk well yet, and she likes to ride on her father's shoulders.*

cavolo–*cabbage*
come i cavoli a merenda–*to have nothing to do with.*
Quella cornice sta col quadro come i cavoli a merenda perchè non s'accorda nè con lo stile nè col colore del dipinto. *That frame has nothing to do with the painting because it doesn't go with the style or with the colors.*

ceffone–*slap*
affibbiare un ceffone–*to slap one's face.*
Se non taci, ti affibbio un ceffone. *If you don't shut up, I'll slap your face.*

cencio–*rag*
ridursi a un cencio–*to become the shadow of one's former self.*
Ha lavorato tanto che si è ridotta a un cencio. *She's worked so much that she's become the shadow of her former self.*

centro–*center*
far centro–*to hit the mark.*
Non sapevo come fare a chiedere l'aumento, ma gli ho parlato dei programmi e ho fatto centro. Gli sono piaciuti e l'aumento me lo darà. *I didn't know how to ask for a raise, but I talked to him about the programs and hit the mark. He liked them and is going to give me the raise.*

cera–*wax*
avere una brutta cera–*to look bad (sick).*
Hai una brutta cera oggi. Ti senti bene? *You look bad (sick) today. Do you feel all right?*

far buona cera (buon viso) a qualcuno–*to give someone a hearty welcome.*
Non lo posso soffrire, ma gli ho fatto buona cera (buon viso) perchè non posso fare a meno di lui. *I can't stand him, but I gave him a hearty welcome because I need him.*

cero–*candle*
accendere un cero–*to thank one's lucky stars.*

Devo accendere un cero per aver deciso di giocare al totocalcio. *I have to thank my lucky stars for deciding to play the lottery.*

---

cervello–*brain*
agire con poco cervello–*to act without thinking.*
Non riesce a combinare niente di buono, perchè agisce con poco cervello. *He can't accomplish anything because he acts without thinking.*

arrovellarsi il cervello–*to rack one's brain.*
Mi arrovello il cervello per trovare una soluzione. *I'm racking my brain to find a solution.*

avere il cervello a posto–*to have one's head screwed on the right way.*
Non ha mica il cervello a posto! Ha speso l'intero stipendio al casinò. *He doesn't have his head screwed on right! He spent his whole salary at the casino.*

avere il cervello di una gallina–*to be harebrained.*
Non ce la farà mai a dirigere l'azienda; ha il cervello di una gallina. *He'll never be able to manage the company; he's harebrained.*

avere il cervello fine–*to be sharp-witted.*
Per fare un lavoro così difficile bisogna avere il cervello fine e giocare d'astuzia. *To do such a difficult job you have to be sharp-witted and play it cleverly.*

bruciarsi (farsi saltare) le cervella–*to blow one's brains out.*
Se parli, ti brucio (faccio saltare) le cervella. *If you talk, I'll blow your brains out.*

dare al cervello (alla testa)–*to bother one.*
Non far troppo rumore; mi dà al cervello (alla testa). *Don't make too much noise; it bothers me.*

mettere il cervello a partito–*to settle down.*
Hai 20 anni; è ora che tu metta la testa a partito e ti decida a lavorare sul serio. *You're 20; it's about time you settled down and decided to work seriously.*

---

che–*what*
checchè–*whatever (no matter what).*
Checchè ne diciate è una gran bella figliola. *Whatever (no matter what) you say about her, she's a really beautiful girl.*

---

chiacchiere–*gossip*
Le chiacchiere non fan farina. *Talking gets you nowhere.*

---

chiaro–*clear*
chiaro e tondo–*clearly.*
Me lo ha detto chiaro e tondo, senza giri di parole; non gli sono simpatico. *He told me clearly without mincing words; he doesn't like me.*

chiaro come la luce del sole–*as plain as day (as plain as the nose on one's face).*

Era l'unico che poteva aiutarci e non è venuto. Ci ha traditi; è chiaro come la luce del sole. *He was the only one who could help us and he didn't come. He let us down; it's as plain as day (plain as the nose on your face).*

con questi chiari di luna–*in these difficult times.*
È meglio non spendere troppi soldi con questi chiari di luna. *You'd better not spend too much money in these difficult times.*

parlare chiaro–*to be frank.*
Smettila di fare discorsi; parla chiaro e ci metteremo d'accordo più infretta. *Stop lecturing; be frank and we'll come to an agreement sooner.*

vederci chiaro–*to see clearly into.*
Vorrei saperne di più sugli affari che combina; non ci vedo chiaro e non capisco. *I'd like to know more about what he's up to; I don't see very clearly into it, and I don't understand it.*

china–*slope*
mettersi su una brutta china–*to start going wrong.*
Si è messo su una brutta china; scommette somme enormi alle corse. *He's started going wrong; he bets heavily at the racetrack.*

chiodo–*nail*
battere sullo stesso chiodo–*to harp on.*
È tutto il giorno che batti sullo stesso chiodo. *You've been harping on it all day.*

magro come un chiodo–*thin as a rail.*
Ha fatto la dieta e ora è magro come un chiodo. *He went on a diet and now he's thin as a rail.*

ciambello–*doughnut*
Non tutte le ciambelle riescono col buco. *Things can't always be expected to turn out well.*

cicca–*cigarette butt*
non valere una cicca–*not to be worth a damn.*
Ho pagato un sacco per quel cappotto, e non vale una cicca; si stropiccia tutto. *I paid a lot for that coat and it's not worth a damn; it gets all wrinkled.*

cielo–*sky*
al settimo cielo–*in seventh heaven.*
Non potrei essere più felice di così; sono al settimo cielo. *I couldn't be happier than this; I'm in seventh heaven.*

muovere cielo e terra–*to do everything in one's power.*
Ha mosso cielo e terra per farsi presentare a lei. *He did everything in his power to get introduced to her.*

non stare nè in cielo nè in terra–*to be utter nonsense.*
La tua spiegazione non ha senso; non sta nè in cielo nè in terra. *Your explanation doesn't make sense; it's utter nonsense.*

portare ai sette cieli–*to praise to the skies.*
È innamorato di lei; la porta ai sette cieli e non riesce più a vedere i suoi difetti.
He's in love with her; he praises her to the skies and can't see her defects any more.
toccare il cielo con un dito–*to be as pleased as Punch.*
Ha vinto il primo premio; ora sì che tocca il cielo con un dito. *He won the first prize; now he's as pleased as Punch.*

ciglio–*eyelash*
non battere ciglio–*not to bat an eye.*
Ha un ottimo controllo di sè; anche se lo provocano non batte ciglio. *He has very good self-control; even when provoked he doesn't bat an eye.*

cilecca–*broken promise*
far cilecca–*to fail.*
Credeva di farcela senza studiare, ma ha fatto cilecca e dovrà ripetere l'esame.
He thought he'd get by without studying, but he failed and will have to repeat the exam.

ciliegia–*cherry*
Una ciliegia tira l'altra. *One thing leads to another.*

cima–*top*
da cima a fondo–*(1) from top to bottom.*
La casa è stata inondata dall'acqua e ho dovuto farla ripulire da cima a fondo.
The house was flooded with water, and I had to have it cleaned from top to bottom.
(2) from cover to cover.
Ho letto il libro da cima a fondo; lo so a memoria. *I read the book from cover to cover; I know it by heart.*
(3) inside out.
Conosco questo edificio da cima a fondo; ci lavoro da vent'anni. *I know this building inside out; I've worked here for twenty years.*

cinghia–*belt*
stringere la cinghia–*to bite the bullet.*
Se si può convincerli che il sacrificio è necessario, stringeranno la cinghia. *If they can be convinced that sacrifice is necessary, they will bite the bullet.*

circolo–*circle*
circolo vizioso–*vicious circle.*
Dici che non sa niente perchè non studia, ma forse non studia perchè non lo sa fare. È un circolo vizioso. *You say he doesn't know anything because he doesn't study, but maybe he doesn't study because he doesn't know how to. It's a vicious circle.*

coda–*tail*

avere la coda di paglia–*to have a guilty conscience.*
Ci ha ingannati e sa che ce ne siamo accorti; per questo non si fa più vedere, perchà ha la coda di paglia. *He fooled us and he knows that we know it; that's why he doesn't show his face around here, because he has a guilty conscience.*

con la coda dell'occhio–*out of the corner of one's eye.*
Non potevo guardarlo in faccia perchè stavo scrivendo, ma potevo vederlo con la coda dell'occhio. *I couldn't look at him directly because I was writing, but I could see him out of the corner of my eye.*

con la coda fra le gambe–*with one's tail between one's legs.*
Credeva di farla da padrone, ma abbiamo reagito e se ne è dovuto andare con la coda fra le gambe. *He thought he was the boss, but we reacted and he had to go off with his tail between his legs.*

fare la coda–*to queue up.*
Il negozio aveva dei saldi favolosi, ma bisognava fare la coda per ore. *The store had fabulous sales, but you had to queue up for hours.*

tirare la coda al gatto–*to go too far.*
Non gli dare più disturbi; è meglio non tirare la coda al gatto. *Don't bother him any more; it's better not to go too far.*

collo–*neck*

allungare il collo–*to crane one's neck.*
La folla circondava l'oratore; allungavo il colo ma non riuscivo a vederlo. *The crowd surrounded the orator; I craned my neck but couldn't manage to see him.*

fino al collo–*up to one's ears (neck, chin).*
È dentro ai guai fino al collo. *He's in trouble up to his ears (neck, chin).*

colmo–*height*

essere il colmo–*to be the limit.*
Gli ho sempre imprestato denaro e non me lo ha mai reso. Ora dice che gliene devo io. È il colmo! *I've always lent him money and he never returned it; now he says I owe him. It's the limit!*

colonna–*column*

la colonna della famiglia–*the mainstay of the family.*
È l'unico che guadagna; è la colonna della famiglia. *He's the only breadwinner; he's the mainstay of the family.*

colore–*color*

combinarne di tutti i colori–*to be up to mischief.*
L'ho lasciato andare in gita coi compagni, ma ne ha combinate di tutti i colori. *I let him go on the trip with his friends, but he was up to mischief the whole time.*

dirne di tutti i colori–*to cover with insults.*
Credevo che mi ringraziasse e invece me ne ha dette di tutti i colori. *I thought*

he'd thank me, but instead he covered me with insults.

---

colpo–*blow*
  a colpo d'occhio–*at a glance.*
  Si vede a colpo d'occhio che tu sei più alto; è inutile misurare. *One can see at a glance that you're taller; there's no use measuring.*
  attenuare il colpo–*to soften the blow.*
  La sua morte è una tragedia; non sarà possibile attenuare il colpo. *His death is a tragedy; it won't be possible to soften the blow.*
  avere un colpo di fortuna–*to have a stroke of luck.*
  C'è crisi di alloggi, ma ha avuto un colpo di fortuna, e ne ha trovato uno a poco prezzo. *There's a housing shortage, but he had a stroke of luck, and found a house at a low price.*
  dare un colpo al cerchio e uno alla botte–*to have a foot in both camps.*
  Ha troppi impegni e non fa niente come dovrebbe; dà un colpo al cerchio e uno alla botte, ma non soddisfa nessuno. *He has too much to do and doesn't do anything as he should; he has a foot in both camps, but doesn't satisfy anyone.*
  dare un colpo di telefono–*to give a ring.*
  Se non posso venire ti do un colpo di telefono. *If I can't come I'll give you a ring.*
  di colpo–*all of a sudden.*
  Si è fermato di colpo e l'ho tamponato. *He stopped all of a sudden and I ran into him.*
  far prendere un colpo–*to scare the daylights out of.*
  Credevo che non ci fosse nessuno in casa, quando sei comparso all'improvviso; mi hai fatto prendere un colpo. *I thought there wasn't anyone at home; when you appeared suddenly you scared the daylights out of me.*
  un colpo di testa–*a rash act.*
  Suo padre ha minacciato di buttarlo fuori di casa se la sposava, ma lui ha fatto un colpo di testa e l'ha sposata lo stesso. *His father threatened to throw him out of the house if he married her, but he did a rash act and married her just the same.*
  un colpo gobbo–*a smart move.*
  Trovare un impiego tranquillo e sicuro con uno stipendio da direttore generale; questo sì che è un colpo gobbo. *Find a quiet secure job with a manager's salary; that's a smart move.*

---

coltello–*knife*
  aver il coltello per il manico–*to have the upper hand.*
  È inutile opporsi, tanto il coltello per il manico ce l'ha lui. *It's useless to resist; anyway, he has the upper hand.*

---

combattimento–*battle*
  fuori combattimento–*done in.*

Ho lavorato troppo oggi; sono fuori combattimento. *I worked too hard today; I'm done in.*

combattuto—*fought*
essere combattuto—*to be torn.*
Sono combattuto tra stare a casa e accettare l'invito. *I'm torn between staying home and accepting the invitation.*

come—*how*
come mai—*how come.*
Non hai fatto vacanze quest'anno. Come mai? *You didn't go on vacation this year. How come?*

commedia—*comedy*
fare la commedia—*to put it on.*
Stai facendo la commedia per convincermi, ma non ti credo. *You're putting it on to convince me, but I don't believe you.*

comodo—*comfortable*
fare i propri comodi—*to do as one pleases.*
È un ospite insopportabile. Fa i suoi comodi dal mattino alla sera. *He's an unbearable guest. He does as he pleases all day long.*

compagnia—*company*
e compagnia bella—*and the others.*
Alla manifestazione ho visto Marco e campagnia bella. *I saw Mark and the others at the demonstration.*

compito—*duty*
assolvere il proprio compito—*to do one's duty.*
Se oguno assolve il suo compito, andrà tutto liscio. *If everyone does his duty, everything will go smoothly.*

complesso—*combination*
nel complesso—*on the whole (all in all).*
La casa non è l'ideale, ma nel complesso mi piace. *The house isn't perfect, but on the whole (all in all) I like it.*

complimento—*compliment*
fare complimenti—*to stand on ceremony.*
Se il dolce non ti piace, lascialo; non fare complimenti. *If you don't like the cake, leave it; don't stand on ceremony.*

condizione—*condition*
essere in condizione—*(1) to be able.*
Ti è passata la febbre, ma non sei ancora in condizione di uscire. *Your fever is gone, but you aren't able to go out yet.*
(2) to be in a position to.

Ora che guadagnerò di più sono in condizione di aiutarti. *Now that I earn more I'm in a position to help you.*

mettere in condizione–*to enable.*
La sue spiegazioni sono state chiarissime; mi hanno messo in condizione di usare la macchina immediatamente. *His explanations were very clear; they enabled me to use the machine immediately.*

confronto–*comparison*
nei confronti di qualcuno–*with someone.*
Nei miei confronti si è comportato benissimo; non ho niente da rimproverargli. *He's always behaved himself very well with me; I don't have anything to say against him.*

non reggere al confronto–*not to bear comparison with.*
Sono abbastanza bravo ma non reggerei al confronto con lui. *I'm pretty good, but I couldn't bear comparison with him.*

connotato–*personal characteristic*
cambiare i connotati a qualcuno–*to beat to a pulp.*
Ha minacciato di dargli tante botte da fargli cambiare i connotati. *He threatened to beat him to a pulp.*

contare– *to count*
contarci–*to count on.*
Vengo sicuramente da te; contaci! *I'll certainly come; you can count on it!*

contare su qualcuno–*to count on someone.*
Se hai bisogno di aiuto, puoi contare su di me. *If you need help, you can count on me.*

conto–*account*
a conti fatti–*when all is said and done.*
Non ci ho guadagnato molto a lasciare la città per la compagna, però a conti fatti sono contento; almeno respiro aria buona. *I didn't gain much by leaving the city for the country, but when all is said and done, I'm happy; at least I breathe good air.*

ad ogni buon conto–*in any case.*
D'accordo, la relazione la farai tu; ad ogni buon conto la firmeremo tutti e due. *OK, you'll write the paper; in any case, we'll both sign it.*

essere un altro conto–*to be another matter.*
Avevo rifiutato il lavoro perché mi sembrava troppo difficile, ma ora che ti sei spiegato meglio è un altro conto. *I turned down the job because it seemed too hard, but now that you've explained yourself more clearly, it's another matter.*

far tornare i conti–*to balance the account.*
Vuoi far tornare i conti a tutti i costi, ma è evidente che ti sei sbagliato. *You want to balance the account at all costs, but it's clear that you've made a mistake.*

fare conto di–*to suppose.*
Facciamo conto di aver già finito il lavoro. *Let's suppose that we've already finished the job.*

fare i conti in tasca–*to consider one's financial situation.*
Non sappiamo che cosa faccia, come possiamo fargli i conti in tasca? Può darsi che non guadagni una lira. *We don't know what he does; how can we consider his financial situation? Maybe he doesn't even earn a penny.*

non rendere conto a nessuno–*to account to no one.*
Sono libero e guadagno quanto basta. Sono contento di non dover render conto a nessuno di ciò che faccio o non faccio. *I'm free and I earn enough to get by. I'm happy not to have to account to anyone for what I do or don't do.*

per conti di–*on behalf of (for).*
Vendiamo macchine da scrivere per conto della Olivetti. *We sell typewriters on behalf of (for) Olivetti.*

per conto proprio–*on one's own.*
Preferisco andare in vacanza per conto mio. È troppo faticoso mettersi d'accordo con loro. *I prefer to vacation on my own. It's too hard to reach an agreement with them.*

regolare i conti con qualcuno–*to settle with someone.*
Vuoi fare a modo tuo? Fallo, ma poi regoleremo i conti. *You want to do it your way? Go ahead, but then we'll settle with you.*

rendere conto di–*to account for.*
Per fortuna non sempre siamo chiamati a rendere conto delle nostre azioni. *Luckily we aren't always asked to account for our actions.*

rendersi conto di qualcosa–*to realize something.*
Mi spiace di aver detto che sei arrivato; non mi sono reso conto che volevi rimanere in incognito. *I'm sorry I said you had arrived; I didn't realize you wanted to be incognito.*

tenere conto di–*to remember.*
Bisogna tener conto del fatto che non abbiamo tempo per studiare, se lavoriamo a tempo pieno. *You have to remember that we don't have study time if we work full time.*

tenere qualcuno in conto–*to treat someone with respect.*
Lo tengono in gran conto, perchè è furbo, ma in realtà non vale niente. *They treat him with a lot of respect because he's sly, but he really isn't worth anything.*

tornare i conti–*for there to be something wrong.*
I conti non tornano; dici di aver fatto questo e quest'altro, ma in realtà non hai fatto niente. *There's something wrong; you say you've done this and that, but you really haven't done anything.*

un vecchio conto da regolare (un conto in sospeso)–*a score to settle.*
Se ho finito con lui? No! Abbiamo ancora un conto da regolare (un conto in

sospeso); deve riconoscere il suo torto. *Have I finished with him? No, we still have an old score to settle; he has to admit he was wrong.*

---

controcorrente–*countercurrent*
andare controcorrente–*to swim against the tide.*
Non è una sovversiva! Semplicemente, le piace andare controcorrente, e dire sempre la sua. *She's not a subversive! She simply likes to swim against the tide, and say what she thinks.*

---

contropiede–*counterattack*
prendere in contropiede–*to catch someone at the wrong moment.*
Puoi ottenere da lui ciò che vuoi, ma non prenderlo in contropiede. Quando è contrariato, non ascolta più nessuno. *You can get what you want from him, but don't catch him at the wrong moment. When he's angry he won't listen to anyone.*

---

convento–*convent*
quello che passa il convento–*pot luck.*
Durante la guerra bisognava accontentarsi di ciò che passava il convento; si mangiava quel che si trovava. *During the war one had to take pot luck; you ate what you could find.*

---

coraggio–*courage*
con coraggio e sangue freddo–*in a calm and collected way.*
La situazione va affrontata con corragio e sangue freddo, senza perdere il controllo. *The situation should be faced in a calm and collected way, without losing control.*

farsi coraggio–*to screw up one's courage.*
È tutto da rifare; fatti coraggio e ricomincia. *It's all got to be redone; screw up your courage and start over.*

prendere il coraggio a due mani–*to screw up one's courage.*
Lo so che è difficile parlargli, ma conviene prendere il coraggio a due mani e farlo. *I know it's difficult to talk to him; but it's worth screwing up one's courage to do it.*

---

corda–*rope*
avere la corda al collo–*to be like a rat in a hole.*
Ho tanti debiti che mi sembra già di avere la corda al cotto. *I have so many debts that I feel like a rat in a hole.*

Corda troppo tesa spezza se stessa e l'arco. *Don't go too far.*

dare corda–*to give rein to (to encourage).*
Non dargli corda, se no, non smette più di parlare. *Don't encourage him or he'll never stop talking.*

giù di corda–*(1) in bad shape.*
È giù di corda dopo l'influenza, ma si metterà in sesto presto. *He's in bad*

shape after the flu, but he'll be back in shape soon.
(2) downhearted.
Da quando l'hanno bocciato all'esame, Enzo è molto giù di corda. *Since they failed him in his exam, Enzo has been very downhearted.*

mostrare la corda–*to be threadbare.*
È un tappeto antico, ma mostra la corda. È da buttare. *It's an antique carpet, but it's threadbare. It should be thrown out.*

tagliare la corda–*to cut out.*
Andrò al dibattito, ma se mi annoio taglio la corda e torno a casa. *I'll go to the discussion, but if I get bored, I'll cut out and go home.*

tenere sulla corda–*to keep on tenterhooks.*
Non siamo riusciti a sapere niente; ci ha tenuti sulla corda per ore, ma poi non ci ha rilasciato nessuna dichiarazione. *We weren't able to learn anything; he kept us on tenterhooks for hours, and then didn't make any statement.*

tirare troppo la corda–*to go too far.*
Puoi insistere, ma non tirare troppo la corda, perchè altrimenti ti manderò al diavolo. *You can keep insisting, but don't go too far, because otherwise I'll send you to the devil.*

toccare la corda giusta–*to play it right.*
È un tipo difficile, ma ti verrà incontro se saprai toccare la corda giusta. *He's difficult to get along with, but he'll meet you halfway if you play it right.*

cordone–*cord*
stringere i cordoni della borsa–*to tighten the pursestrings.*
Stiamo spendendo troppo; dovremo stringere i cordoni della borsa. *We're spending too much; we'll have to tighten our pursestrings.*

corno–*horn*
avere qualcuno sulle corna–*to dislike someone.*
Mi è antipatico; mi è sempre stato sulle corna. *I don't like him; I've always disliked him.*

fare le corna–*to touch wood.*
Fa' le corna! Porta fortuna. *Touch wood! It brings good luck.*

mettere le corna–*to be unfaithful.*
(1) Ha messo le corna a sua moglie dal giorno in cui l'ha sposata. *He's been unfaithful to his wife since the day he got married.*
(2) Ho detto al parrucchiere che non gli avevo mica messo le corna! I capelli me li sono lavati da sola. *I told the hairdresser I hadn't been unfaithful to him. I washed my hair myself!*

rompersi le corna–*to come up against a brick wall.*
Fare una traduzione del genere è al di sopra delle sue forze; ci si romperà le corna e non gliene daranno più. *Doing a translation like that is more than he can do; he'll come up against a brick wall and they won't give him any more.*

corpo–*body*

passare sul corpo di–*over someone's dead body.*
Da qui non passerai mai; devi passare sul mio corpo prima! Piuttosto mi faccio ammazzare. *You'll never get past here; it'll be over my dead body! I'd rather get killed.*

corrente–*current*

al corrente–*(1) in the know (informed).*
Tienimi al corrente della situazione; voglio seguirlo il più da vicino possibile. *Keep me in the know about (informed of) the situation; I want to follow it as closely as possible.*
(2) up to date.
Non si tiene al corrente nel suo campo, e infatti, non è molto considerato dai colleghi. *He doesn't keep up to date in his field and, in fact, he isn't very highly considered by his colleagues.*

corsa–*dash*

di gran corsa–*in a hurry.*
L'ho visto passare di gran corsa mentre andava al suo appuntamento con l'avvocato. *I saw him go by in a hurry on his way to his meeting with the lawyer.*

corso–*course*

in corso–*under way.*
I lavori sulla metropolitana sono in corso da anni, ma vanno così a rilento che pare che non terminino mai. *Work on the subway has been under way for years, but it's going so slowly it seems it'll never be finished.*

corto–*short*

farla corta–*to make it short.*
È una storia complicata, ma per farla corta, ti risparmio i dettagli e ti dico come si è risolta. *It's a complicated story, but to make it short, I'll skip the details and tell you how it ended.*

cosa–*thing*

come si mettono le cose–*how things shape up.*
Non so se potrò venire; vedremo come si mettono le cose. *I don't know whether I'll be able to come; we'll see how things shape up.*

come stanno le cose–*the lay of the land.*
Prima di esprimere un'opinione, vorrei vedere come stanno le cose. *Before expressing an opinion, I'd like to get the lay of the land.*

Cosa fatta capo ha. *What's done is done.*

Da cosa nasce cosa. *One thing leads to another.*

Tante cose! *All the best!*

costare–*to cost*
costi quel che costi–*come hell or high water.*
Mi importa moltissimo farlo; la farò costi quel che costi. *It's very important to me to do it, and I'll do it come hell or high water.*

costo–*cost*
a nessun costo–*by no means.*
Non lo farò a nessun costo; è troppo difficile. *I won't do it by any means; it's too difficult.*

costola–*rib*
stare alle costole–*to follow like a shadow.*
È un nuovo insegnante e deve imparare il mestiere. Mi sta alle costole dalla mattina alla sera e comincio ad averne abbastanza. *He's a new teacher and has to learn the trade. He follows me like a shadow all day long and I've had about enough of it.*

cotta–*crush*
farne di cotte e di crude–*to paint the town red.*
Quando era giovane ne ha fatte di cotte e di crude; credo che sia persino stato in prigione. *When he was young he painted the town red; I think he even went to prison.*

prendersi una cotta per qualcuno–*to fall head over heels in love with somebody.*
Non avrei mai pensato di vedere mio fratello prendersi una cotta, e per una ragazza come lei! *I never thought I'd see my brother fall head over heels in love, and with a girl like her!*

crepare–*to die*
crepare dal ridere–*to die laughing.*
È un ottimo film comico; fa crepare dal ridere. *It's a great comic film; it makes you die laughing.*

cresta–*crest*
far abbassare la cresta a qualcuno–*to take someone down a peg.*
Ha tutta l'aria di sentirsi superiore a tutti, ma gli faremo abbassare la cresta. *He certainly acts as if he's superior to everyone, but we'll take him down a peg.*

crisma–*holy oil*
con tutti i sacri crismi–*with all the rites and rituals (according to the rules).*
È un vecchio artigiano; ha riparato i mobili per bene con tutti i sacri crismi, usando la colla, i chiodi, il legno, la vernice dell'epoca. *He's an old artisan; he's repaired the furniture well with all the rites and rituals (according to the rules), using glue, nails, wood, and paint from the period.*

Cristo–*Christ*
non c'è Cristo che tengo–*there are no buts about it.*

Non c'è Cristo che tenga; se ha deciso di partire, partirà. *There are no buts about it; if he's decided to leave, he'll leave.*

---

croce–*cross*

fare una croce su qualcosa–*to forget about something.*
Non ci vedevamo da dieci anni; ormai ci avevo fatto la croce su. *We hadn't seen each other for ten years; I had long forgotten about him*

mettere qualcuno in croce–*to put someone through it.*
La povera supplente; i ragazzi l'hanno proprio messa in croce all'inizio. Ma ora vedo che si stanno affezionando a lei. *The poor substitute teacher; the kids really put her through it at first. But now I see that they're getting to like her.*

stare in croce–*to be distressed.*
Questa preoccupazione mi fa stare in croce; bisogna che trovi il modo di sapere che cosa ha fatto in realtà. *This worry distresses me; I'll have to find a way to learn what really happened.*

---

cuore–*heart*

allargarsi il cuore–*for one's heart to lighten.*
Gli si allargò il cuore quando vide suo figlio; non era successo niente di grave. *His heart lightened when he saw his son; nothing serious had happened.*

col cuore in mano–*in all sincerity.*
Sono venuto da te col cuore in mano per chiederti scusa per quello che ho fatto. *I've come in all sincerity to say I'm sorry for what I did.*

di buon cuore–*tender-hearted.*
È una persona di buon cuore; è sempre pronto ad aiutare gli altri. *He's a tender-hearted person; he's always ready to help others.*

fare male al cuore–*to sadden someone.*
Mi fa male al cuore vederti in questo stato. *It saddens me to see you in this state.*

farsi coraggio–*to take heart.*
Fatti coraggio. Tra un mese tornerà il tuo amico e dopo non penserai più a questi giorni solitari. *Take heart. Your friend will be back in a month and you won't think about these lonely days any longer.*

mettersi il cuore in pace–*to set one's mind at rest.*
Prima di mettermi il cuore in pace devo sapere chi ha cominciato a diffondere queste notizie. *Before setting my mind at rest, I have to know who started spreading this news.*

D

dado–*die*
giocarsi qualcosa ai dadi–*to risk frivolously.*

Si è giocato la carriera ai dadi; dopo quello che ha fatto nessuno si fida più di lui. *He risked his career frivolously; after what he did nobody trusts him any more.*

dannato—*damned*
lavorare come un dannato—*to slave away.*
Perchè devo lavorare come un dannato per capire la matematica quando tu invece riesci a risolvere tutti gli esercizi subito? *Why do I have to slave away to understand math when you can work the exercises right away?*

dare—*to give*
darci dentro—*to pitch in.*
Diamoci dentro e finiamo una buona volta. *Let's pitch in and finish once and for all.*

dare contro a qualcuno—*to contradict someone.*
Non gli sono simpatico; è sempre pronto a darmi contro. *He doesn't like me; he's always ready to contradict me.*

darsi da fare—*to get busy.*
Cerchiamo di darci da fare, perchè sennò, non riusciremo mai a finire questo lavoro. *Let's get busy, because if we don't, we'll never finish this work.*

darsi dattorno—*to do everything one can.*
Si è dato dattorno per farci avere il visto. *He did everything he could to get us the visas.*

darsi un gran da fare—*to put on a big show (to act busy and important).*
Si dà un gran da fare in ufficio, ma in realtà, le cose che fa sono di minima importanza. *He puts on a big show (acts busy and important) in the office, but the work he does is of little importance.*

può darsi—*maybe.*
Può darsi che venga domani; non lo so ancora. *Maybe I'll come tomorrow; I don't know yet.*

data—*date*
di lunga data—*of long standing.*
Siamo amici di lunga data, e penso di poter parlare anche a nome suo. *We're friends of long standing, and I think I can speak for him.*

debito—*debt*
affogare nei debiti—*to be up to one's ears in debt.*
Stanno affogando nei debiti. *They're up to their ears in debt.*

denaro—*money*
avere il denaro contato—*to have no extra money.*
Mi piacerebbe comprare quel quadro ma ho il denaro contato e non me lo posso permettere. *I'd like to buy that painting but I have no extra money and I can't afford it.*

denaro liquido–*ready cash.*
Hanno dovuto vendere dei terreni perchè non avevano abbastanza denaro liquido per coprire il debito. *They had to sell some land because they didn't have enough ready cash to cover the debt.*

denaro sonante–*hard cash.*
Vogliono tutto il pagamento in denaro sonante. *They want the whole payment in hard cash.*

fare denaro a palate–*to coin money.*
Non farò denaro a palate, ma almeno con questo lavoro potrò vivere bene senza fare debiti. *I won't be able to coin money, but at least with this job I'll be able to live well without going into debt.*

---

dente–*tooth*

a denti stretti–*through great effort.*
Ce l'ho fatto a denti stretti; se non avessi studiato tutta la notte non avrei superato l'esame. *I managed to do it through great effort; if I hadn't studied all night I wouldn't have passed the exam.*

al dente–*slightly undercooked.*
Ci piacciono gli spaghetti al dente. *We like our spaghetti slightly undercooked.*

armato fino ai denti–*armed to the teeth.*
I terroristi erano armati fino ai denti, ma la polizia è riuscita a prenderli lo stesso. *The terrorists were armed to the teeth, but the police managed to capture them just the same.*

avere i denti lunghi–*to be greedy.*
I suoi fratelli hanno i denti lunghi e vorranno anche la sua parte. *His brothers are greedy and will be after his share too.*

avere il dente avvelenato contro qualcuno–*to have a grudge against someone.*
Non gli ho mai fatto niente e non capisco proprio perchè ha il dente avvelenato contro me. *I never did anything to him and I just don't understand why he's got a grudge against me.*

battere i denti–*for one's teeth to chatter.*
Si gelava e tutti battevano i denti. *It was freezing and everyone's teeth were chattering.*

cavare il dente–*to get it over with.*
Ho ancora da finire i compiti; fammi cavare il dente, e poi usciamo un po'. *I still have to finish my homework; let me get it over with and then let's go out for a while.*

fuori dai denti–*bluntly.*
Se non glielo dici fuori dai denti continuerà a far finta di non capire e ad approfittare di te. *If you don't tell him bluntly, he'll keep pretending not to understand and taking advantage of you.*

mettere qualcosa sotto i denti–*to grab a bite.*

Ho un buco nello stomaco; devo mettere qualcosa sotto i denti. *I'm really hungry; I have to grab a bite to eat.*

mostrare i denti–*to give a threatening look.*
Mostragli i denti e scapperà come una lepre. *Give him a threatening look and he'll run off like a frightened rabbit.*

parlare tra i denti–*to mumble.*
Non ti capisco se parli tra i denti. *I don't understand you if you mumble.*

stringere i denti–*to pitch in.*
È difficile, lo so, ma stringi i denti e ce la farai. *It's hard, I know, but pitch in, and you'll be able to do it.*

tirato coi denti–*unconvincing.*
Non è un lavoro ben fatto; è tirato coi denti. *That's not a job well done; it's unconvincing.*

deriva–*drift*
andare alla deriva–*to go downhill.*
Quella ragazza ha dei grossi problemi personali e sta andando alla deriva a scuola; dobbiamo cercare di aiutarla. *That girl has lots of personal problems and is going downhill at school; we've got to try to help her.*

destra–*right*
a destra e sinistra–*all over.*
Dove eri? T'ho cercato a destra e sinistra per un'ora. *Where were you? I looked all over for you for an hour.*

porgere la destra–*to help.*
È un uomo generoso; è sempre pronto a porgere la destra al prossimo. *He's a generous man; he's always ready to help his neighbor.*

destro–*opportunity*
presentarsi il destro–*a favorable occasion presents itself.*
Gli ho detto quello che pensavo quando si è presentato il destro. *I told him what I thought when a favorable occasion presented itself.*

detta–*something said*
a detta di tutti–*by all accounts.*
A detta di tutti sei il migliore della squadra. *By all accounts you're the best player on the team.*

detto–*said*
come non detto–*I take it all back.*
Non sei stato tu a farmi quello scherzo? Scusa, come non detto. *Didn't you play that trick on me? Sorry, I take it all back.*

dì–*day*
da quel dì–*ages ago.*
È da quel dì che ho prenotato i biglietti. *I reserved the tickets ages ago.*

diavolo–*devil*

avere un diavolo per capello–*to be absolutely furious.*
L'impiegata ha il diavolo per capello oggi, perchè la collega è malata e le hanno affibbiato il doppio del lavoro. *The clerk is absolutely furious today because her co-worker is sick and they've stuck her with a double amount of work.*

dove diavolo–*where the devil.*
Dove diavolo sei stato? Ti ho cercato dappertutto. *Where the devil were you? I looked everywhere for you.*

essere come il diavolo e l'acqua santa–*to be like cats and dogs.*
I due bambini sono come il diavolo e l'acqua santa; non vanno d'accordo. *Those two children are like cats and dogs; they can't get along.*

fare il diavolo a quattro–*to make a racket.*
I bambini fanno il diavolo a quattro oggi; vorrei farli uscire ma piove. *The children are making a racket today; I'd like to have them go outside, but it's raining.*

fare patto col diavolo–*to come to every kind of compromise.*
Riesce sempre in tutto; deve aver fatto un patto col diavolo. *He always succeeds in everything; he must come to every kind of compromise.*

Il diavolo ci ha messo la coda. *Something has gone wrong.*

Il diavolo fa le pentole ma non i coperchi. *The devil teaches us how to do wrong; he doesn't teach us how to cover it up.*

Il diavolo non è così brutto come lo si dipinge. *The devil isn't as black as he's painted.*

saperne uno più del diavolo–*to have something up one's sleeve.*
Ne sa sempre uno più del diavolo. *He's always got something up his sleeve.*

venire a patti col diavolo–*to have to come to a compromise and be humiliated.*
È diventato presidente ma per farlo è venuto a patti col diavolo. *He became president but he had to come to a compromise and be humiliated in the process.*

---

dietro–*behind*

fare dietro front–*to do an about face.*
Inizialmente ha insistito per farlo tutto da solo, ma quando ha capito quanto c'era da fare, ha fatto dietro front e ha chiesto aiuto. *At first he insisted on doing it all himself, but when he realized how much there was to do, he did an about face and asked for help.*

star dietro a qualcuno–*(1) to satisfy.*
Sarebbe impossibile stare dietro tutte le sue esigenze; così, non tento neanche. *It would be impossible to satisfy him, so I don't even try.*

(2) to be after.
Devo sempre stargli dietro perche faccia i compiti. *I always have to be after him to do his homework.*

dimenticatoio–*(imaginary) place for forgotten things*
mettere qualcosa nel dimenticatoio–*to forget all about something.*
Ora che hai passato l'esame, non mettere tutto nel dimenticatoio. *Now that you've passed the exam, don't forget all about everything you've learned.*

dio–*God*
Dio ce la mandi buona! *Let's hope for the best!*
Dio ce ne scampi e liberi! *God help us!*
Dio li fa e poi li accoppia! *Those two were made for each other.*

dire–*to say*
a dir poco–*to say the least (to put it mildly).*
Il suo comportamento è inqualificabile, a dir poco. *His behavior is disgraceful, to say the least (to put it mildly).*

avere a che dire con qualcuno–*to have words with someone.*
Ho avuto a che dire con lui per una questione di principio. *I had words with him over a question of principles.*

come si suol dire–*as the saying goes.*
Il diavolo fa le pentole ma non i coperchi, come si suol dire. *As the saying goes, the devil teaches us how to do wrong, but not how to cover it up.*

detto fatto–*no sooner said than done.*
Avevo paura di non finire il lavoro in tempo, ma è venuta Grazia e detto fatto, abbiamo finito in un'ora. *I was worried I wouldn't finish the work in time, but Grace came over, and no sooner said than done, we finished in an hour.*

Dimmi con chi vai e ti dirò chi sei. *Birds of a feather flock together.*

dire la propria–*(1) to shoot off one's mouth.*
Non so come faccia la gente a dire la sua anche quando non capisce l'argomento di cui si parla. *I don't know why people shoot off their mouths even when they don't understand the subject that's being discussed.*

(2) to speak one's mind.
Non essere così timido; dì la tua se vuoi difenderti. *Don't be timid; speak your mind if you want to defend yourself.*

per meglio dire–*rather.*
Sono venuto, o per meglio dire, sono qui! *I came, or rather, I'm here!*

tra il dire e il fare c'è di mezzo il mare–*easier said than done.*
Potremmo organizzare un viaggio di tre mesi quest'estate, ma tra il dire e il fare c'è di mezzo il mare. *We could organize a three-month trip for this summer, but it's easier said than done.*

disagio–*discomfort*
mettere a disagio–*to make uneasy.*
Le sue maniere scostanti ci hanno messi tutti a disagio. *Her cold manner made us all uneasy.*

disarmare–*to disarm*
un tipo che non disarma facilmente–*one who doesn't give up easily.*
Puoi contare su di lui al dibattito; è un tipo che non disarma facilmente, e starà dalla tua parte. *You can count on him at the debate; he's one who doesn't give up easily, and he'll be on your side.*

disgrazia–*accident*
Le disgrazia non vengono mai sole. *It never rains but it pours.*

disparte–*apart*
starsene in disparte–*to keep aloof.*
Non capisco quale sia il suo problema o perchè se ne sta sempre in disparte. *I don't understand his problem or why he always keeps aloof.*

desiderare–*to wish*
farsi desiderare–*to keep someone waiting.*
Mi dispiace di essermi fatto desiderare; ora sono a vostra disposizione. *I'm sorry I kept you waiting; now I'm at your disposal.*

dito–*finger*
alzare un dito–*to lift a finger.*
Cosa si aspetta da noi? Non ha mai alzato un dito per aiutarci quando ne avevamo bisogno. *What does he expect from us? He never lifted a finger to help us when we needed it.*

contarsi sulle dita–*to be very few (a handful).*
Ci contavamo sulle dita ma siamo riusciti lo stesso a ottenere quello che volevamo. *There were just a few (a handful) of us but we managed to get what we wanted just the same.*

darsi il dito nell'occhio–*to hurt oneself.*
Non ti conviene agire così; ti dai solo il dito nell'occhio. *You shouldn't act that way; you're only hurting yourself.*

Dategli un dito e si prenderà un braccio. *Give him an inch and he'll take a mile.*

essere segnato a dito–*to have a bad reputation.*
Per le malefatte che ha commesso è segnato a dito da tutto il paese. *For the bad deeds he's done he has a bad reputation in the whole country.*

leccarsi le dita–*to smack one's lips.*
C'è da leccarsi le dita oggi; abbiamo fatto una patè di crema, cioccolata e panna. *You can smack your lips today; we've made a paté of vanilla, chocolate and whipped cream.*

legarselo al dito–*to bear a grudge.*
Lei è pronta con le critiche, ma quando è lei a riceverle, se le lega al dito. *She's quick to criticize, but when she's criticized she bears a grudge.*

mettere il dito nella piaga–*to touch on a sore point.*
Se gli parli di carriera, metti il dito nella piaga. Non riesce ad andare avanti. *If*

you talk to him about careers, you'll touch on a sore point. He can't manage to get ahead.

mordersi le dita–*to be sorry.*
Non intendevo assolutamente insultarlo; mi mordo le dita per aver aperto bocca. *I certainly didn't intend to insult him; I'm sorry I opened my mouth.*

non muovere un dito a favore di qualcuno–*not to lift a finger to help someone.*
Quando ne avevo bisogno non ha mosso un dito a mio favore. *When I needed him he didn't lift a finger to help me.*

sapere le cose sulla punta delle dita–*to know thoroughly.*
So che andrà bene all'esame perchè sa le cose sulla punta delle dita. *I know he'll do well on the exam because he knows his subject thoroughly.*

dritto–*straight*
   tira dritto per la propria strada–*do what you think is right.*
Non prestare ascolto a cattivi consiglieri ma tira dritto per la tua strada. *Don't listen to bad advice but do what you think is right.*

doccia–*shower*
   una doccia fredda–*a slap in the face.*
Eravamo felici e spensierati; quando è entrato a darci la brutta notizia, è stata una doccia fredda. *We were happy and carefree; when he came in to tell us the bad news, it was a slap in the face.*

donde–*whence*
   averne ben donde–*to have good reason.*
Protesto, e ne ho ben donde; non mi avete ancora pagato lo stipendio! *I'm protesting, but I have good reason; you haven't paid my salary yet!*

dono–*gift*
   il dono della parlantina–*the gift of gab.*
Riesce a convincere tutti; ha il dono della parlantina. *He manages to convince everyone; he has the gift of gab.*

dose–*dose*
   caricare la dose–*to lay it on thick.*
Non caricare la dose; si è sbagliato ma non l'ha fatto intenzionalmente. *Don't lay it on too thick; he made a mistake but didn't do it intentionally.*

dosso–*back*
   togliersi un peso di dosso–*to take a weight off one's mind.*
Devi toglierti un peso di dosso e dire quello che pensi veramente. *You have to take a weight off your mind and say what you really think.*

dove–*where*
   per ogni dove–*high and low.*
L'ho cercato per ogni dove ed era dietro l'angolo. *I looked high and low for him*

and he was around the corner.

dovere–*must, duty*
  a dovere–*properly.*
  Si è preparato a dovere e ha superato la prova senza difficoltà. *He prepared properly and passed the test easily.*
  chi di dovere–*the person responsible.*
  Non è di mia competenza, me lo farò presente a chi di dovere. *It's not my job, but I'll refer it to the person responsible for it.*
  come si deve–*decent.*
  È un uomo come si deve e penso che ci si può fidare. *He's a decent man and I think we can trust him.*
  Prima il dovere, poi il piacere. *Work (Business) before pleasure.*

dritto–*straight*
  rigar dritto–*to toe the line.*
  Ce n'è voluto prima di far rigar dritto quei ragazzi! Adesso, sono docili come agnelli. *It took a long time to get those children to toe the line! Now they're as meek as lambs.*

due–*two*
  contare come il due di briscola–*not to count for anything.*
  Non so perchè chiedete il mio parere; tanto, qui dentro conto come il due di briscola. *I don't know why you ask my opinion; I don't count for anything here.*
  Non c'è due senza tre. *It never rains but it pours.*
  piegarsi in due–*to double up (from laughter).*
  Mi sono piegato in due dalle risate quando ho sentito questa barzelletta. *I doubled up from laughter when I heard this joke.*

dunque–*therefore*
  venire al dunque–*to come to the point.*
  Sì, ho capito quello che stai dicendo; ora vieni al dunque, decidiamo sul da farsi. *Yes, I understand what you're saying; now come to the point, let's decide what to do.*

duro–*hard*
  tener duro–*to stick to one's guns.*
  Se pensi di aver ragione, tieni duro. *If you think you're right, stick to your guns.*

E

eco–*echo*
  fare eco–*to approve what someone says.*
  L'assemblea fece eco alle sue affermazioni. *The assembly approved his affirmations.*

farsi eco di–*to refer to someone else's opinion.*
Il giornale della città si è fatto eco delle opinioni del governo. *The city newspaper referred to the government's opinions.*

sollevare molta eco–*to cause a stir.*
Il discorso che ha fatto ha sollevato molta eco. *His speech caused a stir.*

---

effetto–*effect*
a tutti gli effetti–*in every respect.*
Ora che hai pagato l'iscrizione, sei un membro del circolo a tutti gli effetti. *Now that you've paid the membership fee, you're a club member in every respect.*

in effetti–*as a matter of fact.*
In effetti, quello che stai dicendo è vero; l'ho verificato anch'io. *As a matter of fact, what you're saying is true; I've verified it too.*

---

elemosina–*alms*
ridursi all'elemosina–*in total poverty.*
Con i suoi investimenti sbagliati si è ridotto all'elemosina. *With his unwise investments he's reduced himself to total poverty.*

---

embrione–*embryo*
distruggere in embrione–*to nip in the bud.*
Bisogna distruggere in embrione le cattive abitudini. *One has to nip bad habits in the bud.*

---

entrare–*to enter*
non entrarci–*to be no business of someone's.*
Voi non c'entrate! *It's none of your business!*

non entrarci per niente–*to have nothing to do with.*
Il tuo ragionamento non c'entra per niente in quello che discutiamo. *Your reasoning has nothing to do with what we're discussing.*

---

epoca–*epoch*
fare epoca–*to be a landmark.*
La loro ricerca farà epoca nel campo della medicina. *Their research will be a landmark in the medical field.*

---

equivoco–*misunderstanding*
a scanso di equivoci–*to avoid any misunderstanding.*
A scanso di equivoci, chiariamo le cose fin dall'inizio. *To avoid any misunderstanding, let's clarify things right from the beginning.*

---

erba–*grass*
erba del proprio orto–*one's own work.*
So che ha presentato un bellissimo tema, ma sei sicuro che è erba del suo orto? *I know he handed in a very good theme, but are you sure it's his own work?*

fare d'ogni erba un fascio–*to put together without distinction.*

Dite che non vale niente ma fate d'ogni erba un fascio. Anche lei ha le sue qualità. *You say she's worthless, but you're putting things together without distinction. She has her qualities, too.*

in erba–*budding*.
Maria è uno scrittore in erba. *Maria is a budding author.*

L'erba "voglio" cresce solo nel giardino del re. *"I want" never gets.*

erta–*steep ascent*
all'erta–*on the lookout.*
State all'erta; se vedete una 500 blu potrebbe essere papà che arriva. *Be on the lookout; if you see a blue 500 (Fiat), it could be Dad arriving.*

esca–*bait*
asciutto come l'esca–*broke.*
Dopo aver pagato l'affitto è rimasto asciutto come l'esca. *After paying the rent he was broke.*

dare esca al fuoco–*to add fuel to an argument.*
Col suo comportamento dà esca al fuoco di chi gli vuole male. *With his behavior he adds fuel to the arguments of people who don't like him.*

escandescenza–*outburst*
dare in escandescenze–*to lose one's temper.*
So che è nervoso, ma non mi aspettavo certo che desse in escandescenze per una cosa di pochissima importanza. *I know he's nervous, but I certainly didn't think he'd lose his temper over something of such little importance.*

esempio–*example*
un esempio calzante–*a case in point.*
La tua teoria mi sembra valida, ma dovresti illustrarla con un esempio calzante. *Your theory seems valid, but you should illustrate it with a case in point.*

espediente–*expedient*
cavarsela con un espediente–*to find a way out.*
Non sapevo cosa fare, ma me la son cavata con un espediente. *I didn't know what to do, but somehow I managed to find a way out.*

vivere di espedienti–*to live by one's wits.*
Non ha un lavoro fisso; vive di espedienti. *He doesn't have a steady job; he lives by his wits.*

essere–*to be*
Ci sei? *Did you understand?*
Ci siamo! *We've come to a conclusion! (We've got it!)*
essere altrove–*to be distracted.*
Non è possibile parlarle perchè è altrove col pensiero. *It's impossible to talk to her because she's distracted.*

estate–*summer*
L'estate di S. Martino dura tre giorni e un pocolino. *A good thing doesn't last long.*

età–*age*
di una certa età–*rather old.*
È una signora di una certa età e non può più fare tante scale. *She's a rather old woman and she can't walk up many stairs any more.*

eternità–*eternity*
metterci un'eternità–*to take ages.*
Preferisco non prestargli i libri perchè ci mette un'eternità a ridarmeli. *I prefer not to lend him books because he takes ages to give them back to me.*

ette–*the Latin word "et" (and)*
mancare un ette–*to just barely avoid.*
C'è mancato un ette che scivolasse con le bottiglie in mano. *He just barely avoided slipping with the bottles in his hands.*

non capire un ette–*not to understand a thing.*
Parla così infretta che non capisco un ette. *He talks so fast that I don't understand a thing.*

evenienza–*event*
in ogni evenienza–*in any case.*
Lei faccia come ho detto io; in ogni evenienza, se avrà dei problemi, mi telefoni. *Do as I've told you; in any case if you have any problems, call me.*

pronto ad ogni evenienza–*ready for anything.*
Tieniti pronto ad ogni evenienza; potremmo aver bisogno di te. *Be ready for anything; we may need you.*

evidenza–*evidence*
sottrarsi all'evidenza–*to gloss over something.*
Non sottrarti all'evidenza; il pasticcio l'hai fatto tu. *Don't gloss over it; you caused this mess.*

F

fabbrica–*factory*
la fabbrica di San Pietro–*a never-ending job.*
Questo lavoro non finirà mai; è una fabbrica di San Pietro. *This work will never end; it's a never-ending job.*

una fabbricca di menzogne–*a pack of lies.*
Non credere a una parola che dice; lui è una fabbrica di menzogne. *Don't believe a word he says; it's all a pack of lies.*

facchino–*porter*
avere un linguaggio da facchino–*to swear like a trooper.*
Non è piacevole parlare con lui; ha un linguaggio da facchino. *It's not pleasant to speak with him; he swears like a trooper.*
come un facchino–*like a slave.*
In ufficio ho lavorato tutta la settimana come un facchino. *In the office I worked all week like a slave.*

---

faccia–*face*
alla faccia di–*in spite of.*
Mi son fatta una bella vacanza alla faccia del direttore. *I had myself a great vacation in spite of the boss.*
avere la faccia da Madonnina–*to be demure-looking.*
Ha una faccia da Madonnina ma in realtà non è quel che vuol far credere. *She's demure-looking but she's really not what she wants to make people think.*
avere la faccia di fare qualcosa–*to have the cheek.*
Non posso farlo io; non ne ho la faccia. *I can't do it; I don't have the cheek.*
avere una faccia da schiaffi–*to have a brazen face.*
Quel ragazzo ha proprio una faccia da schiaffi. *That boy really has a brazen face.*
cambiar faccia–*to change.*
Nonostante tutto non riuscirai a cambiar faccia alla realtà. *No matter what, you won't be able to change reality.*
dire le cose in faccia–*to tell someone to his face.*
Sono molto sincero; io dico le cose in faccia. *I'm very sincere; I tell things to people to their faces.*
faccia a faccia–*face-to-face.*
Ho voltato l'angolo e me lo sono trovato faccia a faccia. *I came around the corner and found myself face-to-face with him.*
faccia di bronzo–*to have a lot of nerve.*
Hai una bella faccia di bronzo a chiedermi ancora soldi in prestito. *You have a lot of nerve asking me to lend you money again.*
guardare bene in faccia–*to treat frankly.*
Guardami bene in faccia e dimmi quello che è veramente successo. *Treat me frankly and tell me what really happened.*
guardare in faccia la realtà–*face up to things.*
Non sognare, guarda in faccia la realtà. *Don't dream, face up to things.*
la faccia all'acqua e sapone–*clean-cut, un-made-up face.*
È molto carina; ha una faccia all'acqua e sapone. *She's really cute; she's got a clean-cut, un-made-up face.*
leggerlo in faccia a qualcuno–*to see it all over someone's face (to look it).*
Glielo si legge in faccia che è preoccupato. *You can see it all over his face that*

he's worried. (He looks worried.)

mostrar la faccia–*to expose oneself to criticism.*
Non ha più osato mostrar la faccia dopo quello che è successo. *He didn't dare expose himself to criticism after what happened.*

non guardare in faccia nessuno–*not to bother about what anyone else thinks.*
Fai quello che devi fare; non guardare in faccia nessuno. *Do what you have to do; don't bother about what anyone else thinks.*

non poter guardare qualcuno in faccia–*to be unable to look someone in the face.*
Dopo quello che è successo non posso più guardarlo in faccia. *After what happened I can't look him in the face.*

perdere la faccia–*to lose face.*
In quell'occasione ho perso la faccia. *I lost face on that occasion.*

salvare la faccia–*to save face.*
L'ho detto giusto per salvare la faccia. *I just said it to save face.*

una faccia tosta–*a lot of nerve.*
Hai una bella faccia tosta dirmi quelle cose. *You have a lot of nerve telling me those things.*

vedere le due facce di ogni medaglia–*to see both sides of the question.*
Non essere parziale; cerca di vedere le due facce di ogni medaglia. *Don't be prejudiced; try to see both sides of the question.*

viva la faccia di–*hooray for.*
Viva la faccia della sincerità; almeno ha detto quello che pensava. *Hooray for sincerity; at least he said what he thinks.*

voltare la faccia–*not to keep one's word.*
Non ci si può fidare del suo carattere; volta faccia in continuazione. *You can't trust his character; he doesn't keep his word.*

fagiolo–*bean*
andare a fagiolo–*to be just the . . .*
Questo lavoro mi va proprio a fagiolo. *This is just the job for me.*

capitare proprio a fagiolo–*to turn up at the right moment.*
Capiti proprio a fagiolo. Puoi aiutarmi a spostare questo tavolo? *You turned up just at the right moment. Can you help me move this table?*

fagotto–*bundle*
far fagotto–*to pack up and get out.*
Mi hai stufato; fa' fagotto. *I'm fed up with you; pack up and get out.*

fallo–*fault*
cogliere in fallo–*to catch in the act.*
Questa volta ti ho colto in fallo; non dire di no. *This time I've caught you in the act; don't deny it.*

fame–*hunger*
  brutto come la fame–*as ugly as sin.*
  È una ragazza interessante; peccato che sia brutta come la fame. *She's an interesting girl; too bad she's as ugly as sin.*
  lungo (alto e magro) come la fame–*tall and thin.*
  Ha solo sedici anni, ma è cresciuto moltissimo; è lungo come la fame. *He's only sixteen but he's grown a lot; he's tall and thin.*
  un morto di fame–*a poor devil.*
  Non ha mai avuto fortuna nel lavoro; è sempre stato un morto di fame. *He's never been lucky at work; he's always been a poor devil.*
  una fame da lupi–*to be so hungry one could eat a horse.*
  Ho una fame da lupi; mi mangerei un bue intero. *I'm so hungry I could eat a horse.*

famiglia–*family*
  di famiglia–*(1) a family matter.*
  Preferiamo non discuterne con te; è un affare di famiglia. *We prefer not to discuss it with you; it's a family matter.*
  (2) to run in the family.
  I capelli rossi sono una caratteristica di famiglia. *Red hair runs in the family.*

fanalino–*tail-light*
  essere il fanalino di coda–*to bring up the rear.*
  Non è un tipo molto brillante; è il fanalino di coda di tutta la comitiva. *He's not very brilliant; he brings up the rear in our group.*

fardello–*bundle*
  portare un fardello–*to carry a burden (to have a rough row to hoe).*
  Porta un fardello troppo grosso per la sua età. *He carries too big a burden (has a rough row to hoe) for someone his age.*

fare–*to make, to do*
  Chi fa per sè per tre. *If you want something done, do it yourself.*
  Chi la fa l'aspetti. *We reap as we sow.*
  farcela–*to make it.*
  Speravo di venire ma non ce l'ho fatta. *I hoped to come but didn't make it.*
  fare e disfare–*to domineer.*
  Fa e disfa come meglio crede. *He domineers people as he wants.*

farfalla–*butterfly*
  andare a caccia di farfalle–*to waste one's time.*
  Non concluderà mai niente; va sempre a caccia di farfalle. *He'll never get anywhere; he's always wasting his time.*

farina–*flour*
farina del diavolo–*things bought dishonestly.*
Quell'orologio è costato troppo poco; mi sa che è farina del diavolo. *That watch cost too little; I think it was bought dishonestly.*
La farina del diavolo va tutta in crusca. *The wicked never prosper.*
Non è farina del tuo sacco. *This is not your own work.*

fase–*phase*
essere fuori fase–*to feel down.*
Oggi non faccio una cosa giusta; sono fuori fase. *I'm not doing anything right today; I'm feeling down.*

fatto–*fact*
badare ai fatti propri–*to mind one's own business.*
Non ti impicciare; bada ai fatti tuoi. *Don't be nosy; mind your own business.*
cogliere sul fatto–*to catch redhanded.*
Stava rubando la marmellata e l'ho colto sul fatto. *He was filching the jelly and I caught him redhanded.*
dire a qualcuno il fatto suo–*to give someone a piece of one's mind.*
L'ho incontrato l'altro giorno e gli ho detto il fatto suo. *I met him the other day and I gave him a piece of my mind.*
I fatti son maschi e le parole son femmine. *Actions speak louder than words.*
sapere il fatto proprio–*to know one's business.*
È un ragazzo in gamba; sa il fatto suo. *He's a clever boy; he knows his business.*
venire al fatto–*to come to the point.*
Lascia perdere i preamboli; vieni al fatto. *Stop beating around the bush and come to the point.*

favola–*story*
diventare la favola della città–*to become the talk of the town.*
Dopo la storia con quella ragazza è diventato la favola della città. *After the episode with that girl he's become the talk of the town.*

favore–*favor*
col favore della notte–*under cover of darkness.*
Col favore della notte si eclissarono e nessuno trovò le loro tracce. *They disappeared under cover of darkness and no one found a trace of them.*

fede–*faith*
prestare fede a–*to trust.*
Non è un tipo a cui prestar fede. *He's not the kind you can trust.*

fegato–*liver*
aver fegato–*to have guts.*

Non ho avuto il fegato di dire di no. *I didn't have the guts to say no.*

mangiare il fegato–*to kick oneself.*

Dopo aver perso quella occasione mi sono mangiato il fegato. *I kicked myself for missing that chance.*

---

fermo–*still*

fermo restando–*it being understood.*

Fermo restando il fatto che ciascuno ha le sue opinioni, non puoi però pretendere di vincerla sempre tu. *It being understood that everyone has his own opinions, you can't insist on always having the last word yourself.*

tener per fermo–*to rest assured.*

Tieni per fermo che ti sarò sempre vicino. *Rest assured that I'll always be near you.*

tenere fermo–*to keep in mind.*

Tieni fermo il fatto che io e te siamo amici. *Keep in mind that we're friends.*

---

ferro–*iron*

batter il ferro finchè è caldo–*to strike while the iron's hot.*

Se vuoi ottenere quel posto, batti il ferro finchè è caldo. *If you want to get that job, strike while the iron's hot.*

toccare ferro–*to cross one's fingers (knock on wood).*

Speriamo che non capiti a noi; tocchiamo ferro. *Let's hope it doesn't happen to us; cross your fingers (knock on wood).*

venire ai ferri corti–*to be at loggerheads.*

Siamo venuti ai ferri corti a causa di una ragazza. *We are at loggerheads over a girl.*

---

festa–*party*

a festa finita–*a day after the fair.*

Sei arrivata a festa ormai finita. *You got here a day after the fair.*

conciare per le feste–*to knock the stuffing out of (to fix) someone.*

Se ti trovo ancora qui ti concio per le feste. *If I find you're still here I'll knock the stuffing out of (fix) you.*

fare la festa a qualcuno–*kill someone.*

Se lo incontriamo gli facciamo la festa. *If we find him we'll kill him.*

guastare la festa–*to spoil.*

Col suo atteggiamento ha guastato la festa. *With his attitude he spoiled everything.*

---

fiamma–*flame*

una vecchia fiamma–*an old flame.*

Ho incontrato per caso una mia vecchia fiamma e mi sono innamorato di nuovo. *I met an old flame of mine by chance and fell in love again.*

fiato–*breath*

col fiato grosso–*exhausted.*
Sono arrivato alla fine degli esami col fiato grosso. *I got to the end of the exams exhausted.*

dar fiato alle trombe–*to brag about.*
Per una volta che sapeva una cosa cominciava dar fiato alle trombe. *For one time that he knew something he began to brag about it.*

mozzare il fiato a qualcuno–*to take someone's breath away.*
È bella da mozzare il fiato. *She's so beautiful it takes your breath away.*

tutto d'un fiato–*in one gulp.*
È amarissimo; bevilo tutto d'un fiato. *It's really bitter; drink it all down in one gulp.*

---

fico–*fig*

importarsene un fico (secco)–*to give a damn.*
Non me ne importa un fico (secco). *I don't give a damn.*

---

fifa–*funk*

una fifa nera–*scared stiff.*
Quando viene la sera ho una fifa nera. *When evening comes I'm scared stiff.*

---

figlio–*son*

degno figlio del proprio padre–*a chip off the old block.*
È un genio, degno figlio del proprio padre. *He's a genius, a chip off the old block.*

figlio di nessuno–*second-class citizen (nobody).*
E che sono, il figlio di nessuno? *And who do you think I am, a second-class citizen (a nobody)?*

figlio di papà–*spoiled.*
Ha la macchina, ha soldi; è proprio un figlio di papà. *He's got a car, he's got money; he's really spoiled.*

figlio di primo letto–*a child of the first marriage.*
Al contrario di suo fratello è figlio di primo letto. *Contrary to his brother he's a child of the first marriage.*

figlio d'un cane–*son of a gun (bastard).*
Dov'è andato quel figlio d'un cane? *Where has that son of a gun (bastard) gone?*

---

figura–*figure*

fare una bella figura–*to cut a fine figure.*
Con quel regalo ho fatto una bella figura. *I cut a fine figure with that gift.*

fare una brutta figura–*to cut a poor figure (make a poor showing).*
Dando quella risposta ho fatto una brutta figura. *Giving that answer I cut a poor figure (made a poor showing).*

figura 69 **finta**

figura retorica–*figure of speech.*
Invece di parlare semplicemente parla con figure retoriche. *Instead of speaking simply he uses figures of speech.*

figuro–*character*
un losco figuro–*a shady character.*
Sul portone ho incontrato un losco figuro. *I met a shady character in the doorway.*

fila–*line*
di fila–*running.*
Ha parlato al telefono per tre ore di fila. *She spoke on the telephone for three hours running.*

in fila indiana–*in single file.*
Gli anatroccoli camminano dietro la madre in fila indiana. *The ducklings walked behind their mother in single file.*

filo–*thread*
filo d'aria–*a breath of air.*
Apri la finestra, non c'è un filo d'aria qui dentro. *Open the window, there's not a breath of air in here.*

filo da torcere–*a lot of trouble.*
Non era un problema facile; mi da dato del filo da torcere. *It wasn't an easy problem; it gave me a lot of trouble.*

per filo e per segno–*word-by-word.*
Gliel'ho descritto per filo e per segno. *I gave him a word-by-word description.*

fine–*end*
in fin dei conti–*after all.*
In fin dei conti ho avuto ragione io. *I was right after all.*

la fine del mondo–*out of this world.*
Aveva una giacca che era la fine del mondo. *He had a jacket that was out of this world.*

finestra–*window*
entrare per la finestra–*by hook or by crook.*
Se non posso entrare per la porta, entrerò per la finestra, e mi farò eleggere lo stesso. *By hook or by crook, I'll get myself elected.*

finire–*to finish*
farla finita–*cut it out.*
Falla finita, mi hai seccato. *Cut it out, I've had enough.*

finta–*pretense*
far finta di niente–*to pretend not to notice.*
Fa' finta di niente; sta arrivando quel tipo noioso. *Pretend not to notice; that*

boring guy is coming.

fare finta–*(1) to make believe.*
Facciamo finta di essere indiani. *Let's make believe we're Indians.*

(2) to go through the motions.
Faceva finta di interessarsi al loro problema. *He went through the motions of handling their problem.*

---

fio–*penalty*
pagare il fio–*to pay the consequences.*
Ho pagato il fio degli errori di mio padre. *I paid the consequences of my father's errors.*

---

fiocco–*bow*
coi fiocchi–*gala.*
Ha preparato un pranzo coi fiocchi in suo onore. *She prepared a gala dinner in his honor.*

---

fiore–*flower*
a fior d'acqua–*on the surface of the water.*
Guarda quell'insetto che scivola a fior d'acqua. *Look at that insect skimming on the surface of the water.*

a fior di labbra–*confidentially.*
Me lo disse una sera a fior di labbra. *He told it to me confidentially one evening.*

a fior di pelle–*superficial.*
Sembrava grave, ma era solo una ferita a fior di pelle. *It seemed serious, but it was only a superficial wound.*

avere i nervi a fior di pelle–*to be a bundle of nerves.*
Ho i nervi a fior di pelle; è meglio che tu non mi faccia arrabbiare. *I'm a bundle of nerves; you'd better not make me angry.*

fior di quattrini–*a pretty penny.*
Ha fior di quattrini ma è avarissimo. *He has a pretty penny but he's very stingy.*

il fior fiore–*the cream.*
Il fior fiore del mondo giornalistico era presente alla rassegna. *The cream of the world of journalism was present at the review.*

nel fiore degli anni–*in the prime of life.*
Un male l'ha stroncato nel fiore degli anni. *An illness cut him down in the prime of life.*

un fior di . . .–*a downright . . . .*
Quell'uomo è un fior di mascalzone. *That man is a downright scoundrel.*

---

fischio–*whistle*
prendere fischi per fiaschi–*to get hold of the wrong end of the stick.*

Ha letto il libro, ma ha preso fischi per fiaschi, se ha scritto una simile recensione; non ha capito niente. *He read the book, but he got hold of the wrong end of the stick if he wrote a review like that; he didn't understand a thing.*

foglia–*leaf*
mangiare la foglia–*to get wise.*
Volevamo fargli uno scherzo, ma ha mangiato la foglia appena ha visto le nostre facce. *We wanted to play a joke on him, but he got wise as soon as he saw our faces.*

folla–*crowd*
fendere la folla–*to elbow one's way through the crowd.*
L'abbiamo visto all'uscita dello stadio, ma per avvicinarlo avremmo dovuto fendere la folla. *We saw him coming out of the stadium, but to get near him we would have had to elbow our way through the crowd.*

fondello–*seat of the trousers*
prendere per i fondelli–*to be made fun of.*
Guarda che ti hanno preso per i fondelli; domani non c'è nessuna festa. *Look, they're making fun of you; there's no party tomorrow.*

fondo–*bottom*
a fondo–*completely.*
Ogni tanto bisogna pulire la casa a fondo, comprese le pareti. *Every so often you have to clean the house completely, including the walls.*

andare a fondo–*to be ruined.*
Se continueremo a far debiti, andremo a fondo e bisognerà dichiarare fallimento. *If we keep making debts we'll be ruined and will have to declare bankruptcy.*

andare a fondo di–*to get to the bottom of.*
Intendo andare a fondo di questa questione. *I intend to get to the bottom of this matter.*

fino in fondo–*to the bitter end.*
Ho sbagliato, ma sopporterò le conseguenze fino in fondo. *I made a mistake, but I'll take the consequences to the bitter end.*

in fondo–*at heart.*
Forse non lo sembra a prima vista, ma in fondo è una brava persona. *Maybe she doesn't seem it at first, but at heart she's a good person.*

toccare il fondo–*to hit bottom.*
Pensavo di stare male prima, ma ora abbiamo veramente toccato il fondo. *I thought we were badly off before, but now we've really hit bottom.*

fontana–*fountain*
piangere come una fontana–*to cry like a fountain.*
Quando ha saputo che eri partito, si è messo a piangere come una fontana.

When he heard you'd left, he started crying like a fountain.

forca–*gallows*
    fare la forca a qualcuno–*to get the better of someone by trickery.*
    Non lasciarti far la forca da quei politicanti. *Don't let those politicians get the better of you by trickery.*
    passare sotto le forche caudine–*to run the gauntlet.*
    Bisogna passare sotto le forche caudine dell'esame per ottenere il diploma. *One has to run the gauntlet of the exam to get a diploma.*

forma–*form*
    in forma–*in good shape.*
    Bravo, hai vinto una partita difficilissima; sei proprio in forma smagliante. *Good for you, you've won a difficult game; you're really in great shape.*

forse–*maybe*
    in forse–*in doubt.*
    La sua premiazione è in forse; parte della giuria è contraria. *His winning the prize is in doubt; part of the jury is against it.*
    metter in forse–*in doubt.*
    Nessuno mette in forse quel che dici. *No one doubts what you say.*

forte–*strong point*
    il proprio forte–*right up one's alley.*
    La matematica è il suo forte. *Mathematics is right up his alley.*

fortuna–*fortune*
    fare fortuna–*to make good.*
    Dopo la guerra è emigrato in Australia e ha fatto fortuna. *After the war he emigrated to Australia and made good.*

forza–*strength*
    a forza di–*by dint of.*
    A forza di sentire inglese per anni, l'ha imparato anche lei. *By dint of hearing English for years, she's learned it herself.*
    forza maggior–*circumstances beyond one's control.*
    Per cause di forza maggiore il sindaco non potrà intervenire. *Because of circumstances beyond his control the mayor will not be able to participate.*
    per forza–*anyway (against one's will).*
    Non ho nessuna voglia di andare dal dentista, ma dovrò farlo per forza; mi sta venendo un ascesso. *I have no desire to go to the dentist, but I'll have to go anyway (against my will); I'm getting an abscess.*

fosso–*ditch*
    saltare il fosso–*to take the plunge (to burn one's bridges).*

Restare in Italia o emigrare? Bisogna fare la scelta e saltare il fosso, anche se è difficile decidere. *Stay in Italy or emigrate? One has to choose and take the plunge (burn one's bridges), even if it's a difficult choice.*

franco—*free*
farla franca—*to get away with.*
Non pensare di farla franca! Aspetta che metto al corrente tuo padre! *Don't think you'll get away with it—wait until I tell your father!*

freccia—*arrow*
un'altra freccia al proprio arco—*another string to one's bow.*
Se imparerai un'altra lingua, avrai un'altra freccia al tuo arco quando cercherai lavoro. *If you learn another language you'll have another string to your bow when you look for a job.*

freno—*brake*
mordere il freno—*champing at the bit (getting restless).*
Gli studenti stanno mordendo il freno; lasciamoli fare questa assemblea. *The students are champing at the bit (getting restless); let's let them have this assembly.*

stringere i freni—*to clamp the lid on (to tighten the reins).*
C'è troppa speculazione e ora tenteranno di stringere i freni. *There's too much speculation and now they'll try to clamp the lid on (tighten the reins).*

tenere a freno—*to keep a tight rein on.*
Non è mica facile tenere a freno i ragazzi in una situazione così difficile. *It's not very easy to keep a tight rein on the children in a difficult situation like this.*

fresco—*cool*
stare al fresco—*to be in prison.*
Se sarà condannato starà al fresco per un bel po'. *If he's convicted he'll be in prison for a long time.*

stare fresco—*to be in for it.*
Se osi toccarlo stai fresco; ti prenderai almeno un paio di sberle. *If you dare to touch him you'll be in for it; you'll get at least a spanking.*

fretta—*hurry*
in fretta e furia—*carelessly.*
Si vede che questo lavoro è stato fatto in fretta e furia; è pieno di errori. *You can tell this work was done carelessly; it's full of mistakes.*

friggere—*to fry*
andare a farsi friggere—*to get lost.*
Va' a farti friggere! *Get lost!*

frittata—*omelet*
fare la frittata—*to make a mess of.*
Quando ho visto la sua faccia stupita, ho capito di aver fatto la frittata. Non

doveva essere messo sull'avviso, e io invece gli ho raccontato tutto. *When I saw the surprise on his face I knew I'd made a mess of it. He shouldn't have been informed, and I went and told him everything.*

fritto–*fried*
essere fritto–*to be done for.*
Se sanno cosa abbiamo combinato siamo fritti. *If they find out what we did, we're done for.*

frottola–*tall tales*
raccontar frottole–*to tell tall tales.*
Di lui ci si può fidare; non racconta mai frottole. *You can trust him; he never tells tall tales.*

frutto–*fruit*
dare dei frutti–*to show results.*
Dopo tanti anni il suo lavoro comincia a dare dei frutti. *After many years his work is beginning to show results.*

fulmine–*lightning*
come un fulmine–*like a shot.*
Corse via come un fulmine. *He ran off like a shot.*

un fulmine a ciel sereno–*out of the clear blue sky.*
Le sue accuse sono state un fulmine a ciel sereno; nessuno se le aspettava. *His accusations came out of the clear blue sky; no one expected them.*

fumo–*smoke*
andare in fumo–*to go up in smoke.*
Lei si è ammalata e i nostri piani sono andati in fumo. *She got sick and our plans went up in smoke.*

come il fumo negli occhi–*not to stand.*
I cani vedono i gatti come il fumo negli occhi. *Dogs can't stand cats.*

Molto fumo e poco arrosto. *All show and little substance.*

Non c'è fumo senz'arrosto. *Where there's smoke there's fire.*

fuoco–*fire*
appiccare il fuoco a–*to set on fire.*
I bambini hanno appiccato il fuoco alla vecchia stalla. *The children set the old barn on fire.*

un fuoco di paglia–*a flash in the pan.*
Il suo successo nel campo letterario è stato un fuoco di paglia; è durato un paio d'anni. *His success in the literary field was only a flash in the pan; it lasted just a couple of years.*

fuori–*out*
fare fuori qualcuno–*(1) to kill.*

I terroristi lo hanno fatto fuori. *The terrorists killed him.*
(2) to finish (off).
Ha fatto fuori tutta la torta. *He finished (off) the whole cake.*

fuori di sè–*(1) beside oneself.*
Era fuori di sè dalla paura. *She was beside herself with fear.*
(2) fit to be tied.
La mamma era fuori di sè perchè ha dovuto aspettarci un'ora al freddo. *Mother was fit to be tied because she had to wait for us an hour in the cold.*
venirne fuori–*to come out of it.*
È stato gravissimo per due mesi ma ora sembra venirne fuori; sono riusciti a trovare la cura giusta. *He was very ill for two months but now he seems to be coming out of it; they were able to find the right treatment.*

---

furia–*fury*
andare su tutte le furie–*to fly into a rage.*
Quando lo saprà la mamma andrà su tutte le furie. *When mother learns about it she'll fly into a rage.*

---

fusa–*purring*
fare le fusa–*to purr.*
Mi fa tenerezza sentire il gatto che fa le fusa. *I'm touched when I hear the cat purring.*

G

gabbia–*cage*
una gabbia di matti–*a madhouse.*
Non vedevo l'ora di andarmene da quella casa; mi sembrava di essere in una gabbia di matti. *I couldn't wait to get out of that house; I seemed to be in a madhouse.*

galateo–*book of etiquette*
non conoscere il galateo–*to have no manners.*
Signorina, lei è maleducata; non conosce il galateo? *Young lady, you are rude; have you no manners?*

---

galla–*very light thing*
tenersi a galla–*to keep one's head above water.*
Non so come si tengano a galla senza che la moglie lavori. *I don't know how they keep their heads above water since his wife doesn't work.*
tornare a galla–*to come up again.*
Pensavo che quella storia fosse finita, ma ora è tornata a galla. *I thought that story was over with, but now it's come up again.*

venire a galla–*to surface.*
Mario confessò tutto e così vennero a galla le sue male fatte. *Mario confessed everything and so all his bad deeds surfaced.*

galletto–*young cock*
   fare il galletto–*to strut around.*
   Si diverte a fare il galletto senza immaginare quanto è ridicolo. *He enjoys strutting around and doesn't imagine how ridiculous he is.*

gallina–*hen*
   Chi di gallina nasce convien che razzoli. *Like father, like son.*
   Hanno ammazzato la gallina dalle uova d'oro. *They killed the goose that laid the golden eggs.*

gamba–*leg*
   a gambe all'aria–*head over heels.*
   Sono scivolata sulla scala e sono finita a gambe all'aria. *I slipped on the stairs and fell head over heels.*

   avere le gambe a pezzi–*to walk one's feet off.*
   Siamo andati in centro a piedi e ora ho le gambe a pezzi. *We went downtown on foot, and I really walked my feet off.*

   darsela a gambe–*to take to one's heels.*
   Quando ha sentito le sirene se l'è data a gambe. *When he heard the sirens he took to his heels.*

   in gamba–*clever.*
   È un ragazzo in gamba. *He's a clever boy.*

   prendere sotto gamba–*not to take seriously.*
   Ha avuto varie minacce ma le ha prese sotto gamba. *He's had various threats, but hasn't taken them seriously.*

ganascia–*jaw*
   mangiare a quattro ganasce–*to eat like a horse.*
   Non ha più febbre, e dopo tre giorni senza cibo, sta mangiando a quattro ganasce. *His fever is gone, and after three days without food, he's eating like a horse.*

ganghero–*hinge*
   fa uscire dai gangheri–*to get someone's goat.*
   Frasi come quelle mi fanno uscire dai gangheri. *Phrases like that really get my goat.*

   uscire dai gangheri–*to lose one's temper.*
   Quando l'insegnante ha capito che copiavano, è uscita dai gangheri. *When the teacher realized they were cheating, she lost her temper.*

garganella–*a spout of water poured into the mouth*

bere a garganella–*to gulp down.*
Aveva tanta sete che ha bevuto l'intera bottiglia a garganella. *He was so thirsty he gulped down the whole bottle.*

---

gatta–*she-cat*
avere altre gatte da pelare–*to have other fish to fry.*
A lui non interessa perchè ha altre gatte da pelare. *He's not interested because he has other fish to fry.*

aver una gatta da pelare–*to get in a fix (to have a hard nut to crack).*
Ho accettato un lavoro difficile e adesso ho una gatta da pelare. *I accepted a difficult job and now I'm in a fix (I have a hard nut to crack).*

fare la gatta morta–*to be a hypocrite (to play up to).*
È riuscita a dirmi delle cose terribili; e pensare che faceva la gatta morta. *She managed to tell me some terrible things; and to think that she was such a hypocrite (played up to people so much).*

Gatta ci cova. *There's more to this than meets the eye (There's something fishy going on; I smell a rat).*

la gatta nel sacco–*a pig in a poke.*
Finalmente ha messo la gatta nel sacco; è riuscito ad avere il posto che gli interessava. *He finally put the pig in the poke; he managed to get the job he was interested in.*

Tanto va la gatta al lardo che ci lascia lo zampino. *The pitcher went to the well once too often.*

---

gatto–*cat*
Quando non c'è il gatto i topi ballano. *When the cat's away the mice will play.*
quattro gatti–*only a few people.*
Doveva essere una riunione importante ma eravamo solo quattro gatti. *It was supposed to be an important meeting but there were only a few people there.*

---

gavetta–*mess-tin*
venire dalla gavetta–*to be a self-made man.*
Ora è direttore generale, ma è venuto dalla gavetta. *He's director general now, but he's a self-made man.*

---

gelo–*frost*
mettere il gelo addosso–*to make one shiver.*
Quel racconto del terrore mi mette il gelo addosso ogni volta che lo sento. *That horror story makes me shiver every time I hear it.*

---

genio–*genius*
andare a genio–*to be to one's liking.*
Questo libro non mi va a genio. *This book is not to my liking.*

---

ghiaccio–*ice*
rimanere di ghiaccio–*to be completely unmoved.*

Speravo che mi compatisse ma è rimasto di ghiaccio. *I hoped he would sympathize with me but he was completely unmoved.*

rompere il ghiaccio–*to break the ice.*
Per aiutare a rompere il ghiaccio hanno fatto fare dei giochini ai bambini. *To help break the ice they had the children play games.*

ghirba–*leather flask*
salvare la ghirba–*to save someone's skin.*
In una situazione come quella, bisogna pensare prima di tutto a salvare la ghirba. *In a situation like that you first of all have to think of saving your skin.*

ghiro–*dormouse*
dormire come un ghiro–*to sleep like a log.*
Quali rumori? Non ho sentito niente; dormivo come un ghiro. *What noises? I didn't hear anything; I was sleeping like a log.*

già–*already*
già che ci + essere–*since one is at it.*
Potevi prenderne uno anche per me, già che c'eri. *You could have gotten one for me too, since you were at it.*

ginepraio–*juniper thicket*
cacciarsi in un ginepraio–*to be in trouble.*
Per risolvere i problemi degli altri finisce sempre per cacciarsi in un ginepraio. *For trying to solve other people's problems he always ends up being in trouble.*

giocare–*to play*
giocarsi–*to risk.*
Mi gioco la mia riputazione, però lo voglio fare lo stesso. *I'm risking my reputation, but I want to do it anyway.*

gioco–*game*
avere buon gioco–*to have a good chance of winning.*
Pensavo di avere buon gioco e allora ho tentato. *I thought I had a good chance of winning so I tried.*

conoscere il gioco–*to be expert.*
Chiedi a lui; conosce il gioco. *Ask him; he's an expert.*

entrare in gioco–*to have a part in.*
Da quando è entrato in gioco anche lui, le cose si fanno più difficili. *Since he's had a part in things, things have gotten more difficult.*

fare il doppio gioco–*to play both ends against the middle (to be a double-crosser).*
Riccardo non è un ragazzo leale; fa il doppio gioco. *Richard isn't a loyal boy; he plays both ends against the middle (he's a double-crosser).*

fare il gioco di–*to serve someone else's needs.*
Con le sue affermazioni fa il gioco degli avversari. *With his affirmations he's*

serving the needs of the adversaries.
gioco da ragazzi–*child's play.*
È semplice! È un gioco da ragazzi! *That's simple! It's child's play!*
Gioco di mano gioco di villano. *It's not nice to use one's fists.*
Il gioco non vale la candela. *The game is not worth the candle (It's not worth do-ing).*
in gioco–*at stake.*
È in gioco il mio onore. *My honor is at stake.*
Ogni buon gioco dura poco. *No joke is funny if it goes on too long.*
prendersi gioco di–*to make fun of.*
Quel bambino si è preso gioco della amichetta. *That child made fun of his friend.*

---

giogo–*yoke*
scuotersi il giogo di dosso–*to throw off the yoke.*
Il popolo si è ribellato al tiranno e così si è scosso il giogo di dosso. *The people rebelled against the tyrant and so threw off the yoke.*

---

giornata–*day*
vivere alla giornata–*to live from hand to mouth.*
Io non penso al futuro; preferisco vivere alla giornata. *I don't think about the future; I prefer to live from hand to mouth.*

---

giorno–*day*
al giorno d'oggi–*nowadays.*
Al giorno d'oggi tutte le cose sono permesse. *Nowadays everything is permit-ted.*
avere i giorni contati–*to have one's days numbered.*
Mio marito ha i giorni contati. *My husband has his days numbered.*
in pieno giorno–*in broad daylight.*
I ladri hanno agito in pieno giorno. *The thieves acted in broad daylight.*
sul far del giorno–*at daybreak.*
Sono andata al mare sul far del giorno per vedere l'alba. *I went to the seaside at daybreak to see the dawn.*
tutti i santi giorni–*day in and day out.*
Mia suocera mi telefona tutti i santi giorni. *My mother-in-law telephones day in and day out.*

---

girare–*to turn*
gira e rigira–*after a long time.*
Gira e rigira, siamo sempre sullo stesso argomento. *After a long time, we're still on the same subject.*

girarla come uno vuole–*any way one looks at it.*
Girala come vuoi, è sempre un fallito. *Any way you look at it, he's still a failure.*

giro–*turn*
in giro–*around.*
Sono andato in giro per la città. *I went around town.*

nel giro di–*in a (certain amount of) time.*
Nel giro di tre mesi, conto di finire questo lavoro. *In three months' time, I think I'll have finished this work.*

prendere in giro–*to pull someone's leg.*
Lo zio mi prende sempre in giro. *My uncle is always pulling my leg.*

un giro d'orizzonte–*panorama (idea).*
Con questa passeggiata cercherò di darti un giro d'orizzonte della città. *On this walk I'll try to give you a panorama (an idea) of the city.*

un giro di vite–*a turn of the screw.*
Il preside è molto severo; ha dato un giro di vite a tutta la scolaresca. *The principal is very severe; he gave a turn of the screw to the whole student body.*

giù–*down*
andare giù–*not to be able to take.*
Quello che ha detto mia suocera non mi va giù. *I can't take what my mother-in-law said.*

buttarsi giù–*to lose heart.*
Non ti buttare giù per un fatto così banale. *Don't lose heart over such a silly thing.*

giù di lì–*thereabouts.*
Siamo andati a pranzo alle cinque o giù di lì. *We went to dinner at five or thereabouts.*

mandare giù–*to stand for.*
Questa offesa non la mando giù. *I won't stand for this offense.*

giunta–*addition*
per giunta–*on top of that.*
Non ho dormito, e per giunta sono dovuto andare a lavorare. *I didn't sleep and on top of that I had to go to work.*

gloria–*glory*
lavorare per la gloria–*to be paid little or nothing for one's work.*
Non mi pagano affatto; lavoro per la gloria. *They pay me little or nothing for my work.*

gnorri–*ignorant one*
fare lo gnorri–*to pretend not to understand.*
Non fare lo gnorri; sai benissimo di cosa sto parlando. *Don't pretend not to un-*

derstand; you know very well what I'm talking about.

goccia–*drop*
assomigliarsi come due gocce d'acqua–*to be as alike as two peas in a pod.*
Le gemelle si assomigliano come due gocce d'acqua. *The twins are as alike as two peas in a pod.*

la goccia che fa traboccare il vaso–*the last straw.*
Questa è proprio la goccia che fa traboccare il vaso. *This is really the last straw.*

una goccia nel mare–*a drop in the bucket.*
È talmente ricco che per lui un milione è come una goccia nel mare. *He's so rich that for him a million is just a drop in the bucket.*

gola–*throat*
fare gola–*to tempt.*
Questo melone mi fa gola. *This melon tempts me.*

rimanere in gola–*to stick in the throat.*
Era tanto sorpreso che la risposta gli è rimasta in gola. *He was so surprised that his answer stuck in his throat.*

gomito–*elbow*
alzare il gomito–*to drink.*
Quel vecchietto alza troppo il gomito. *That old man drinks too much.*

trovarsi gomito a gomito–*to rub shoulders with.*
Ci troviamo gomito a gomito con tutti i tipi di persone nel nostro lavoro. *We rub shoulders with all kinds of people in our work.*

gonnella–*skirt*
attaccato alle gonnelle della madre–*tied to one's mother's apronstrings.*
Quell'uomo è ancora attaccato alle gonnelle della madre. *That man is still tied to his mother's apronstrings.*

correre dietro alle gonnelle–*to be always after some woman.*
Marcello corre dietro a tutte le gonnelle. *Marcel is always after some woman.*

gozzo–*gullet*
avere sul gozzo–*to be unable to stand.*
Quella tua amica mi sta proprio sul gozzo. *I can't stand your friend.*

grado–*degree*
essere in grado–*to be up to.*
Non sono in grado di fare sforzi fisici dopo la mia malattia. *I'm not up to doing physical exertion after my illness.*

mettere in grado–*to put in a position to be able to.*
Il professore deve mettere gli alunni in grado di superare l'esame. *The professor has to put his students in a position to be able to pass the exam.*

gramigna–*weed*

come la gramigna–*like weeds.*
Gente da poco come lui è come la gramigna; se ne trova in ogni ambiente. *Petty-people like him are like weeds; you find them everywhere.*

grana–*grain (of wood), trouble*
piantare una grana–*to raise a stink (to make a fuss).*
Ho piantato una grana perchè il negoziante mi ha venduto della merce avariata. *I raised a stink (made a fuss) because the shopkeeper sold me spoiled goods.*

grancassa–*bass drum*
battere la grancassa–*to make a big deal out of.*
Le poche volte che ha ragione comincia a battere la grancassa. *The few times he's right about something he starts making a big deal out of it.*

granchio–*crab*
prendere un granchio–*to make an embarrassing mistake.*
Ho accusato lui di aver preso la cioccolata, ma ho preso un granchio. *I accused him of having taken the chocolate, but I made an embarrassing mistake.*

grande–*big*
fare il grande–*to show off.*
Mia cognata fa sempre la grande su ogni cosa. *My sister-in-law shows off about everything.*

grandioso–*grand*
fare il grandioso–*to act big.*
Nella vita non fare mai il grandioso, ma comportati semplicemente. *Don't act big in life, but behave simply.*

grasso–*fat*
grasso che cola–*it's a lot.*
Ho comprato delle patate; se sono un kilo è grasso che cola. *I bought some potatoes; if they're a kilogram, it's a lot.*

grattacapo–*trouble*
dare grattacapi–*to give someone problems.*
Il mio bambino è capriccioso; mi dà sempre dei grattacapi. *My child is naughty; he's always giving me problems.*

grazia–*grace*
nelle grazie di–*in good standing with.*
È stato assunto per questo lavoro perchè è nelle grazie del direttore. *He was hired for this work because he's in good standing with the director.*

grembo–*lap*
in grembo alla famiglia–*back home.*
Per sfuggire i problemi che incontra nella vita, si rifugia spesso in grembo alla famiglia. *To escape from his problems in life, he often goes back home.*

greppia–*crib*
mangiare a più di una greppia–*to have more than one string to one's bow.*
È un opportunista; mangia a più di una greppia. *He's an opportunist; he has more than one string to his bow.*

grido–*cry*
all'ultimo grido–*the last word.*
Ho comprato un vestito all'ultimo grido. *I bought a dress that's the last word.*

grillo–*cricket*
avere qualche grillo per la testa–*to have strange ideas.*
Di questi tempi Paolo ha qualche grillo per la testa; che cosa gli è successo? *Paul has strange ideas lately; what's happened to him?*
saltare il grillo–*to get a whim.*
Se mi salta il grillo, domenica vado al mare. *If I get a whim, Sunday I'll go to the seashore.*

grinza–*wrinkle*
non fare una grinza–*to be watertight.*
Il suo ragionamento non fa una grinza. *His reasoning is watertight.*

groppo–*knot*
un groppo alla gola–*a lump in one's throat.*
Mi è venuto un groppo alla gola dalla commozione. *I got a lump in my throat from the emotion.*

grosso–*big*
contarle grosse–*to tell tall stories.*
Quando parla della sua vita le conta sempre grosse. *When he talks about his life he tells tall stories.*
dormire della grossa–*to sleep like a log.*
Andai da lui verso le dieci e dormiva ancora della grossa. *I went to see him at around ten o'clock and he was still sleeping like a log.*
grosso come una capocchia di spillo–*the size of a pinhead.*
Ha un cervello grosso come una capocchia di spillo. *He has a brain the size of a pinhead.*

guadagnare–*to earn*
tanto di guadagnato–*so much the better.*
Se ci vai tu, tanto di guadagnato! *If you go, so much the better!*

guaio–*trouble*
combinare un bel guaio–*to make a mess of things.*
Pensava di essermi utile, invece ha combinato un bel guaio. *He thought he was helping me, but he made a mess of things.*
guai a–*the worse for.*

Guai a te se mi rompi il vetro. *The worse for you if you break my window.*

passare un brutto guaio–*to have a bad time (to suffer for).*
Ho fatto quello che voleva lui ed ho passato un brutto guaio. *I did what he wanted and I had a bad time (suffered for it).*

guanciale–*pillow*
dormire tra due guanciali–*to have no worries.*
Non mi preoccupo di niente; dormo tra due guanciali. *Nothing bothers me; I have no worries.*

guanto–*glove*
calzare come un guanto–*to fit like a glove.*
Ho comprato un paio di pantaloni che mi calzano come un guanto. *I bought a pair of pants that fit like a glove.*
raccogliere il guanto–*to take up the gauntlet.*
Mi voleva sfidare ma non ho raccolto il guanto. *He wanted to challenge me but I didn't take up the gauntlet.*

guardare–*to look*
Guarda un pò! *That's odd. (How about that!)*

guardia–*guard*
stare in guardia–*to beware.*
Sta' in guardia! È un'acqua cheta, ma potrebbe farti del male. *Beware! He's a sly one, and could hurt you.*

gusto–*taste, gusto*
prendere gusto–*to take a liking to.*
Questo nuovo gioco di carte è molto bello; e ci ho preso gusto. *This new card game is really fun; I've taken a liking to it.*

I

idea–*idea*
avere un'idea fissa in testa–*to have a one-track mind.*
È sempre distratto; e come se avesse un'idea fissa in testa. *He's always distracted; it's as if he had a one-track mind.*
Nemmeno per idea! *Not on your life!*
non avere la più pallida idea–*not to have the faintest idea.*
Dov'è il mio libro? Non ne ho la più pallida idea. *Where's my book? I don't have the faintest idea.*

imbarazzo–*embarrassment*
l'imbarazzo della scelta–*a pick.*
Non hai che l'imbarazzo della scelta. *Just take your pick.*

mettere in imbarazzo–*to embarrass.*
Si diverte sempre a mettere in imbarazzo gli altri. *He always has a good time embarrassing others.*

impalato–*stiff as a ramrod.*
starsene impalato–*to just stand there.*
Perchè non giochi con gli altri bambini invece di startene lì impalato? *Why don't you play with the other children instead of just standing there?*

---

importanza–*importance*
darsi importanza–*to try to look big.*
Invece di darsi importanza dovrebbe imparare ad ascoltare gli altri. *Instead of trying to look big he should learn to listen to others.*

---

impronta–*print*
lasciare la propria impronta–*to leave one's mark.*
Dove passa, lascia la propria impronta. *Wherever he goes he leaves his mark.*

---

incomodo–*inconvenience*
fare da terzo incomodo–*to play the odd man out.*
Non voglio più uscire con loro due perchè faccio sempre da terzo incomodo. *I don't want to go out with the two of them because I always have to play the odd man out.*

---

incontro–*towards*
venire incontro a qualcuno–*to meet someone halfway.*
È impossibile fare un compromesso con lui; non ti verrà mai incontro. *It's impossible to compromise with him; he'll never meet you halfway.*

---

incudine–*anvil*
fra l'incudine e il martello–*between the devil and the deep blue sea.*
Da quando sono andato ad abitare con mia succera mi trovo tra l'incudine e il martello. *Since I've been living with my mother-in-law I'm between the devil and the deep blue sea.*

---

indiano–*Indian*
fare l'indiano–*to turn a deaf ear.*
Non fare l'indiano; sai benissimo di cosa sto parlando. *Don't turn a deaf ear; you know very well what I'm talking about.*

---

infarinatura–*dusting with flour*
avere un'infarinatura–*to have a smattering.*
Sembra un profondo conoscitore dell'argomento, ma in verità ha solo un'infarinatura. *He seems like a real connoisseur on that subject, but he really only has a smattering of it.*

---

inglese–*English*
svignarsela all'inglese–*to take French leave.*

Per paura di far notare la loro assenza se la sono svignata all'inglese. *For fear of having their absence noticed, they took French leave.*

ingranaggio–*gear*
lasciarsi prendere nell'ingranaggio–*to get caught up in the wheels.*
Devo cercare di non farmi prendere nell'ingranaggio; altrimenti perderò la mia libertà di azione. *I have to try not to get caught up in the wheels; otherwise I'll lose my freedom of action.*

innocentino–*little innocent person*
fare l'innocentino–*to look as though butter wouldn't melt in one's mouth.*
Va' la, non fare l'innocentino; spesso anche tu ti comporti da mascalzone. *Come on; don't look as though butter wouldn't melt in your mouth; you often act like a rascal yourself.*

intendere–*to comprehend*
dare ad intendere–*to try to fool.*
Non è vero; a chi la vuoi dare ad intendere? *It's not true; who are you trying to fool?*

intenditore–*expert*
A buon intenditor poche parole. *A word to the wise is sufficient.*

intenzione–*intention*
avere una mezza intenzione di–*to have a good mind to.*
Avrei una mezza intenzione di piantare lì tutto e prendermi un giorno di vacanza. *I have a good mind to drop everything and take a day off.*

inteso–*understood*
darsene per inteso–*to take the hint.*
L'ho pregato più volte di andarsene ma non se n'è dato per inteso. *I asked him to leave several times but he didn't take the hint.*

ipoteca–*mortgage*
porre una seria ipoteca su–*to lay a strong claim to.*
Con l'ultima vittoria la nostra squadra ha posto una seria ipoteca sulla conquista dello scudetto. *With the last victory our team has laid a strong claim to winning the championship.*

ippica–*horse-racing*
darsi all'ippica–*to change one's trade.*
Il flauto non è per te; datti all'ippica. *The flute's not for you; change your trade.*

ira–*anger*
l'iradiddio–*an incredible amount.*
Quella notte ha piovuto l'iradiddio. *That night it rained an incredible amount.*

L

là–*there*
essere più di là che di qua–*to be more dead than alive.*
Quando l'hanno ricoverato era più di là che di qua. *When they admitted him to the hospital he was more dead than alive.*

laccio–*lace*
mettere il laccio al collo–*to catch someone.*
Era deciso a rimanere scapolo, ma s'è fatto mettere anche lui il laccio al collo. *He was determined to stay a bachelor, but someone caught him, too.*

lacrima–*tear*
avere le lacrime in tasca–*to be easily moved to crying.*
Non è il caso di impressionarsi; è una persona che ha le lacrime in tasca. *Don't bother to get upset; she's one who's easily moved to crying.*
lacrime di coccodrillo–*crocodile tears.*
È inutile che piangi lacrime di coccodrillo; quando l'hai detto sapevi quello che sarebbe successo. *It's useless for you to cry crocodile tears; when you said it you knew what would happen.*

lana–*wool*
lana caprina–*details.*
Non facciamo questione di lana caprina; consideriamo solo gli aspetti importanti. *Let's not get lost in details; let's consider just the important aspects.*

lancia–*spear*
spezzare una lancia a favore di–*to take up the cudgels for.*
Mi trovo mio malgrado a spezzare una lancia a tuo favore. *I find myself taking up the cudgels for you in spite of myself.*

lanterna–*lantern*
andare a cercare con la lanterna–*to go looking for.*
Dove l'hai trovato? Te lo sei proprio andato a cercare con la lanterna. *Where did you find it? You really went looking for it.*

lanternino–*little lantern*
cercare col lanternino–*to look high and low for.*
Un lavoro come lo vuoi tu lo puoi anche cercare col lanternino ma non lo troverai. *You can look high and low for a job like the one you want, but you'll never find it.*

largo–*width, wide*
fare largo–*to make way.*
Fate largo; arriva la carrozza della regina! *Make way; the queen's carriage is coming!*

farsi largo–*to elbow one's way.*
Si fa largo tra la folla con violenza per raggiungerci. *He's elbowing his way violently through the crowd to reach us.*
prendere il largo–*to take off.*
Ha preso il largo con tutti i soldi della società. *He took off with all the company's money.*
stare alla larga–*to steer clear of.*
È meglio stare alla larga da quel locale. *It's better to steer clear of that place.*

lasciare–*to leave*
lasciar correre (perdere)–*forget it.*
Lascia correre (perdere); non vale la pena di arrabbiarsi per così poco. *Forget it; it's not worth getting angry over such a little thing.*
lasciar stare–*to let alone.*
Lascia stare quello strumento; è molto delicato. *Leave that instrument alone; it's very delicate.*

lastrico–*pavement*
gettare qualcuno sul lastrico–*to turn someone out into the street.*
Per raggiungere la sua posizione, ha gettato più di una persona sul lastrico. *To get where he is today he's turned more than one person out into the street.*
trovarsi sul lastrico–*to be down and out.*
Mi son trovato sul lastrico quando le azioni della Chester and Perry sono cadute così in basso. *I found myself down and out when my shares in Chester and Perry went so low.*

latte–*milk*
far venire il latte alle ginocchia–*to be a real bore.*
Con i suoi discorsi fa venire a tutti il latte alle ginocchia. *With all his talk he's a real bore.*
sapere di latte–*to be still wet behind the ears.*
Fa l'uomo vissuto ma sa ancora di latte. *He acts like a man of the world but he's still wet behind the ears.*
succhiare col latte–*to learn at one's mother's knee.*
Il figlio del senatore la politica l'ha succhiato col latte. *The senator's son learned politics at his mother's knee.*

lavata–*washing*
una buona lavata di capo–*a scolding.*
La terza volta che è arrivato in ritardo, il principale gli ha dato una buona lavata di capo. *The third time he came late the boss gave him a good scolding.*

legare–*to bind*
legato come un salame–*bound up.*
L'hanno derubato di tutti i suoi soldi e l'hanno lasciato imbavagliato e legato come un salame. *They robbed him of his money and left him gagged and bound.*

legge–*law*
dettar legge–*to be the law.*
Nel vecchio west la pistola dettava legge. *In the Old West guns were the law.*

leggero–*light*
agire alla leggera–*to act irresponsibly.*
Non affidargli questo incarico perchè agisce sempre alla leggera. *Don't give him this job because he always acts irresponsibly.*
prendere alla leggera–*to make light of.*
Non prendere alla leggera le mie parole; te ne potresti pentire. *Don't take what I say lightly; you could be sorry.*

legno–*wood*
aggiungere legno sul fuoco–*to fan the flames.*
Con le tue insistenze non fai altro che aggiungere legno sul fuoco. *With all your insistence all you do is fan the flames.*

lettera–*letter*
alla lettera–*literally.*
Non prendere alla lettera quello che ho detto; esagero sempre. *Don't take everything I say literally; I always exaggerate.*

letto–*bed*
andare a letto con le galline–*to go to bed early.*
In campagna vanno tutti a letto con le galline. *In the country everybody goes to bed early.*
buttare giù dal letto–*to get up with the birds.*
Stamattina presto è arrivato il postino e mi ha buttato giù dal letto per aprirgli. *Early this morning the postman came and I had to get up with the birds to open the door for him.*

levata–*rising*
una levata di scudi–*oppositon.*
C'è stata una levata di scudi contro di lui; non è più stato rieletto. *There was a lot of opposition to him; he wasn't reelected.*

lì–*there*
essere sempre lì–*to be back where one started.*
Siamo sempre lì; se non troviamo la soluzione è inutile continuare. *We're right back where we started; if we don't find the solution it's useless to go on.*
lì lì per–*on the point of.*
È stato lì lì per suicidarsi. *He was on the point of committing suicide.*
lì per lì–*on the spur of the moment.*
Lì per lì, non sapevo cosa rispondere. *On the spur of the moment, I didn't know what to answer.*

libertà–*freedom*

mettersi in libertà–*to make oneself at home*.
Mettiti in libertà; a casa nostra non badiamo a formalismi. *Make yourself at home; at our house we don't care about formality.*

libro–*book*
il libro bianco–*the official report*.
Il governo ha pubblicato il libro bianco sull'energia. *The government published the official report on energy.*
parlare come un libro stampato–*to speak like a book*.
È noiosissimo; parla sempre come un libro stampato. *He's so boring; he always speaks like a book.*
sul libro nero–*in one's black book*.
Non avresti dovuto farle quello sgarbo; sei finito sul suo libro nero. *You shouldn't have slighted her; you ended up in her black book.*

limone–*lemon*
spremere come un limone–*to milk dry*.
Dopo essere stato spremuto come un limone, sono stato licenziato. *After being milked dry, I was fired.*

linea–*line*
in linea d'aria–*as the crow flies*.
Dista circa dieci chilometri in linea d'aria. *It's about ten kilometers as the crow flies.*
in linea di massima–*tentatively*.
In linea di massima ci vediamo domani per il thè. *Tentatively, let's meet tomorrow for tea.*

lingua–*tongue*
sentirsi prudere la lingua–*itching to say something*.
A sentire questi discorsi inutili mi prude la lingua. *After hearing all these useless speeches I'm itching to say something.*
una lingua lunga–*a gossip*.
Sta' attento a non fargli sapere queste cose perchè è una lingua lunga. *Be careful not to let her know these things because she's a gossip.*
una mala lingua–*a backbiter*.
È evitata da tutti perchè è una mala lingua. *Everyone avoids her because she's a backbiter.*

lira–*lira*
non avere una lira–*to be broke*.
Non ho una lira. *I'm broke.*
non valere una lira–*to be worthless*.
Non ha importanza che l'hai rotta; non vale una lira. *It doesn't matter that you've broken it; it's worthless.*

liscio–*smooth*
passarla liscia–*to get away with it.*
Non credere di passarla liscia anche questa volta. *Don't think you'll get away with it this time too.*

lite–*quarrel*
attaccare lite–*to pick a quarrel.*
È un tipo litigioso; attacca lite con tutti. *He's quarrelsome; he picks a quarrel with everybody.*

lodare–*to praise*
Chi si loda si imbroda. *Those who praise themselves become ridiculous.*

lontano–*far*
andare lontano–*to go far.*
Quel giovane andrà lontano. *That young man will go far.*

lotta–*struggle*
fare una lotta all'ultimo sangue–*to fight to the death.*
Vincere con lui sarà una lotta all'ultimo sangue. *Winning against him will be a fight to the death.*
una lotta a coltello–*an all-out fight.*
La successione alla presidenza si è risolta solo dopo una lotta a coltello fra i due candidati. *The presidential succession was resolved only after an all-out fight between the two candidates.*

lucciola–*glowworm*
prendere lucciole per lanterne–*to misunderstand completely.*
Avevo capito che abitava qua ma evidentemente ho preso lucciole per lanterne. *I had understood that he lived here, but evidently I misunderstood completely.*

luce–*light*
alle luce del sole–*openly.*
Queste cose ormai si fanno alla luce del sole. *By now these things are done quite openly.*
dare alla luce–*to give birth to.*
Ha dato alla luce un bel bambino. *She gave birth to a fine baby boy.*
luce degli occhi–*pride and joy.*
Quella macchina nuova è la luce dei suoi occhi. *That new car is his pride and joy.*
venire alla luce–*to come to light.*
Lo scandalo venne alla luce in maniera del tutto casuale. *The scandal came to light quite by chance.*

lume–*lamp*
a lume di naso–*by rule of thumb.*
Non andare a lume di naso ma basati su dati concreti. *Don't go by rule of*

thumb, but stick to concrete facts.
chiedere lumi–*to ask for explanations.*
Non ho capito nulla della lezione di matematica; dovrò chiedere lumi al professore. *I didn't understand a thing in the math lesson; I'll have to ask the professor for explanations.*
perdere il lume della ragione–*to fly off the handle.*
Quando mi parli di queste cose perdo il lume della ragione. *When you tell me things like this I fly off the handle.*
spegnersi come un lume–*to fade away.*
Il mio interesse per quell'argomento s'è spento come un lume. *My interest for that subject faded away.*

---

lumicino–*small lamp*
ridotto al lumicino–*on one's last legs.*
Si è ridotto al lumicino correndo apresso a quella ragazza. *He's on his last legs after chasing after that girl.*

---

luna–*moon*
abbaiare alla luna–*to exert oneself for nothing.*
Protestare in questo caso non serve a niente; è come abbaiare alla luna. *Protesting in this case is useless; you'd be exerting yourself for nothing.*
avere la luna–*to be in a bad mood.*
Lasciala perdere; oggi ha la luna. *Leave her alone; she's in a bad mood today.*
fare vedere la luna nel pozzo–*to string someone along.*
Non credere alla sua promessa; ti sta facendo vedere la luna nel pozzo. *Don't believe his promise; he's just stringing you along.*

---

lunario–*almanac*
sbarcare il lunario–*to make both ends meet.*
Col suo stipendio riesce a malapena a sbarcare il lunario. *With his salary he's barely able to make both ends meet.*

---

lungo–*long*
alla lunga–*in the long run.*
Vedrai che alla lunga riuscirai nel tuo intento. *You'll see in the long run you'll succeed in your intention.*
andare per le lunghe–*to drag on.*
Andiamo via; questa riunione sta andando per le lunghe. *Let's leave; this meeting is dragging on.*
cercare in lungo e in largo–*to search far and wide.*
L'ho cercato in lungo e in largo ma non sono riuscito a trovarlo. *I searched far and wide for him but wasn't able to find him.*
di gran lunga–*by far.*
È di gran lunga il miglior whiskey che abbia mai bevuto. *It's by far the best whiskey I've ever drunk.*

farla lunga–*to go on and on.*
Come la fai lunga! *How you go on!*
saperla lunga–*to know what's what.*
La sa lunga su quell'argomento; se n'è occupato per anni. *He knows what's what on that subject; he's been working on it for years.*

luogo–*place*
dare luogo a –*to give rise to.*
La sua intromessione ha dato luogo a una lunga seria di rappresaglie. *His interference gave rise to a long series of reprisals.*

lupo–*wolf*
Il lupo perde il pelo ma non il vizio. *The leopard never changes his spots.*

lusco–*sinister*
tra il lusco e il brusco–*unexpectedly.*
Capitò a casa nostra una sera tra il lusco e il brusco. *He showed up at our house one evening unexpectedly.*

M

macchia–*bush, spot*
alla macchia–*clandestinely.*
Dopo essere evaso dalla prigione ha vissuto alla macchia per anni. *After escaping from prison he lived clandestinely for years.*
darsi alla macchia–*to go underground (to take to the woods).*
È stato colpito da mandato di cattura e si è dato alla macchia per non essere arrestato. *He was served a warrant of arrest and he went underground (took to the woods) so he wouldn't be arrested.*
una macchia sull'onore–*a blot on one's honor.*
Il figlio in prigione è una macchia sul loro onore. *Their son's being in prison is a blot on their honor.*

macchina–*machine*
battere a macchina–*to type.*
Batte a macchina tutte le sue lettere. *She types all her letters.*

macello–*slaughterhouse*
che macello!–*what a mess!*
Il temporale ha allagato la casa! Che macello! Bisognerà rifare la moquette. *The storm flooded the house! What a mess! We'll have to redo the carpeting.*

maggiore–*greater*
andare per la maggiore–*to be popular.*
Si è messo a fabbricare borse di cuoio; vanno per la maggiore e sta facendo un

sacco di soldi. *He started making leather purses; they're popular and he's making tons of money.*

---

magro–*thin*
magro come un chiodo–*thin as a rail.*
Dovresti mangiare di più; sei magro come un chiodo. *You should eat more; you're thin as a rail.*

---

male–*bad, evil, badly*
andare a finir male–*(1) for one to be sorry.*
Sta' attento o andrà a finir male per te. *Be careful or you'll be sorry.*
(2) to go to the dogs.
Se l'inflazione continuerà ad aumentare, le cose andranno a finir male. *If inflation continues to rise, things will go to the dogs.*
di male in peggio–*from bad to worse.*
Ha cambiato lavoro, ma dice che va di male in peggio. Lavora di più e guadagna di meno. *He changed jobs, but says things are going from bad to worse. He works more and earns less.*
masticare male qualcosa–*not to be very good at.*
Mastica male la matematica. *He's not very good at math.*
meno male–*thank goodness.*
Meno male che sei venuto ad aiutarmi! Non ce la farei mai da sola. *Thank goodness you came to help me! I could never manage by myself.*
mettersi male–*to look bad.*
Le cose si mettono male; gli ordini sono diminuiti e i magazzini sono pieni di merci invendute. *Things look bad; orders are down and the warehouses are full of unsold goods.*
non c'è male–*not bad.*
Non è una meraviglia questa casa ma non c'è male; avremmo portuto trovare di peggio. *This house isn't great but it's not bad; we could have done worse.*
Non tutto il male vien per nuocere. *Every cloud has a silver lining.*
prendersela a male–*to be offended.*
Gli ho detto la verità e se l'è presa a male. *I told him the truth and he was offended.*
rimanerci male–*to be disappointed.*
Quando gli ho detto che non c'era più posto in macchina c'è rimasto male. *When I told him there was no room in the car he was disappointed.*
sentirsi male–*to feel sick.*
È rimasto a casa perchè si sentiva male. *He stayed home because he felt sick.*
star male–*(1) not right.*
Sta male che tu vada in giro a dire quelle cose. *It's not right that you go around saying those things.*
(2) to look bad.
Quel vestito ti sta male. *That dress looks bad on you.*

malora—*ruin*
andare in malora—*to go to ruin (pot).*
In poche settimane la società è andata in malora. *In a few weeks the business went to ruin (pot).*
mandare alla malora—*to tell someone to go to blazes.*
Se ti chiede ancora soldi in prestito, mandalo alla malora. *If he asks to borrow money from you again, tell him to go to blazes.*

mamma—*mommy*
come mamma l'ha fatto—*stark naked.*
S'è ubriacato al punto che andava in giro come mamma l'ha fatto. *He got so drunk that he went around stark naked.*

mancanza—*lack*
sentire la mancanza di—*to miss someone.*
Ho sentito moltissimo la mancanza di mia figlia quando per la prima volta è andata via da sola. *I really missed my daughter when she went away alone for the first time.*

mancare—*to be missing.*
mancarci altro—*to be the last straw.*
Ci mancherebbe altro! *That would be the last straw!*
non mancarci che questo—*to be the last straw (to be all one needs).*
Non ci mancava che questo! *This is the last straw! (This is all we need!)*

manco—*not even*
manco a dirlo—*of course.*
Avevamo appuntamento per le 10 e, manco a dirlo, lui è arrivato in ritardo. *We had an appointment at 10, and of course, he came late.*

manica—*sleeve*
avere qualcuno nella manica—*to have a soft spot for.*
L'insegnante di scienze ha Daniele Conti nella manica; gli dà sempre dei bei voti. *The science teacher has a soft spot for Daniele Conti; he always gives him good grades.*
di manica larga—*easy (indulgent).*
È di manica larga; non l'ho mai visto dare un quattro. *He's easy (indulgent). I've never seen him give a failing grade.*
di manica stretta—*strict.*
È di manica stretta; dà sempre quattro a tutti le prime volte. *He's strict; he always gives everyone failing grades at first.*

manico—*handle*
ciurlare nel manico—*to break one's word (to let someone down).*
Ci ha ciurlati nel manico; invece di venire ad aiutarci se n'è andato al mare. *He broke his word (let us down); instead of coming to help us he left for the beach.*

manna–*manna*
aspettare la manna dal cielo–*to wait for a miracle.*
Perché aspetti la manna dal cielo invece di reagire e cercar di fare da solo? *Why are you waiting for a miracle instead of reacting and trying to handle it by yourself?*

---

mano–*hand*
a portata di mano–*within reach.*
Preferisco tenere una torcia a portata di mano nel caso che manchi di nuovo la luce. *I prefer to keep a flashlight within reach in case the lights go off again.*
alla mano–*simple.*
Nonostante l'incarico che ricopre, è una persona alla mano. *Even with the position he holds, he's a simple person.*
allungare le mani–*(1) to be light-fingered.*
È un cleptomane; appena può, allunga le mani e ruba qualcosa. *He's a kleptomaniac; whenever he can he's light-fingered and steals things.*
(2) to make passes at.
Quel ragazzo non mi piace; allunga le mani con tutte le ragazze che trova. *I don't like that boy; he makes passes at all the girls he finds.*
alzare le mani su qualcuno–*to lay hands on.*
Non sopporto che si alzino le mani su un bambino che non sa difendersi. *I can't stand people who lay hands on a child who doesn't know how to defend himself.*
avere le mani bucate–*for money to burn a hole in one's pockets.*
Non gli basterebbero due stipendi; ha le mani bucate. *Two salaries wouldn't be enough for him; money burns a hole in his pocket.*
avere le mani d'oro–*to have gifted hands.*
Riesce a fare di tutto; ha le mani d'oro. *He can do everything; he's got gifted hands.*
avere le mani in pasta–*to know what's what.*
Chiedi spiegazioni a lui che ha le mani in pasta! *Ask him for explanations since he knows what's what!*
avere le mani legate–*to have one's hands tied.*
Non posso farci niente; ho le mani legate. *I can't do anything about it; my hands are tied.*
avere le mani lunghe–*(1) to be long-armed.*
Se vuoi aiuto chiedi a lui; ha le mani lunghe e conosce gente dappertutto. *If you want help ask him; he is long-armed and knows people everywhere.*
(2) to be light-fingered.
Se sparisce qualcosa sappiamo chi ruba; lui è qui e ha le mani lunghe. *If something is missing we know who steals; he's here, and is light-fingered.*
avere le mani pulite–*to have nothing to be ashamed of.*
È l'unico che può dire di avere le mani pulite in questo affare. *He's the only one who can say he has nothing to be ashamed of in this business.*

capitare fra le mani–*to come across.*

Non riesco più a trovare il libro; e pensare che ieri mi era capitato fra le mani. *I can't find the book; and to think that I just came across it yesterday.*

caricare la mano–*to overdo it (to exaggerate).*

Puniscilo, ma non caricare la mano; potresti ottenere l'effetto contrario. *Punish him, but don't overdo it (exaggerate); you could get the opposite result.*

cavare di mano un ceffone anche a un santo–*to try the patience of a saint.*

È così indisponente che caverebbe di mano un ceffone anche a un santo. *He's so annoying that he'd try the patience of a saint.*

col lavoro delle proprie mani–*with one's own exertions.*

L'ho fatto con le mie proprie mani. *I made it myself.*

contro mano–*the wrong way.*

È andata contro mano e si è preso una multa. *He went the wrong way (on a one-way street), and got a ticket.*

dare una mano–*to give a hand.*

Non stare lì impalato! Dammi una mano a trasportare questo baule! *Don't stand there like a jerk! Give me a hand to move this trunk!*

darsi la mano–*to help out.*

Lui e quell'altro si danno la mano quando si tratta di combinare qualcosa di poco pulito. *He and the other guy help each other out when it comes to playing dirty tricks.*

di prima mano–*first-hand.*

È una notizia di prima mano; me l'ha detto la persona direttamente interessata. *It's first-hand news; the person involved told it to me personally.*

di seconda mano–*second-hand.*

Sono libri di seconda mano, ma sono ben tenuti. *They're second-hand books, but they're in good condition.*

essere alla mano–*to be affable.*

È una persona alla mano; puoi parlargli tranquillamente. *He's an affable person; you can talk to him easily.*

farci la mano–*to get used to.*

È un lavoro difficile, ma ci farai la mano e diventerai sveltissimo. *It's difficult work, but you'll get used to it, and will get to be quick at it.*

fare man bassa–*(1) to grab everything (all).*

Quando si è reso conto che volevo disfarmi dei libri, ha fatto man bassa di tutto e se li è portati via. *When he noticed that I wanted to get rid of my books he grabbed them all and took them away.*

(2) to pillage.

Aveva talmente fame che ha fatto man bassa di tutto; non c'è più niente da mangiare. *He was so hungry that he pillaged everything; there's nothing left to eat.*

fuori mano–*out-of-the-way.*

È una bella casa ma è un po' fuori mano; non c'è nessun mezzo pubblico che arrivi fino là. *It's a nice house but it's a little out-of-the-way; no public trans-*

portation goes out there.

largo di mano–*generous.*

È stato troppo largo di mano con il figlio; adesso è uno spendaccione. *He was too generous with his son; now he's a spendthrift.*

lavarsene le mani–*to wash one's hands of.*

Sono stanca di occuparmi della questione per niente; d'ora in poi me ne laverò le mani. *I'm tired of following this matter for nothing; from now on I'm washing my hands of it.*

lesto di mano–*light-fingered.*

È simpatico, ma lesto di mano; se non stai attento ti porterà via qualcosa. *He's nice, but light-fingered; if you're not careful he'll steal something from you.*

mani di burro–*butter-fingers.*

Ha rotto l'unico bel vaso che avevo, con quelle sue mani di burro. *He broke the only vase I had, that butter-fingers.*

mani di fata–*(1) beautiful fingers.*

Non ha bisogno di portare gioielli, con quelle mani di fata; sono bellissime così. *She doesn't have to wear jewelry; she has beautiful fingers; they're just fine the way they are.*

(2) to do beautiful work with one's hands.

Fa dei ricami meravigliosi con quelle sue mani di fata. *She does beautiful embroidery with her hands.*

menare le mani–*to beat up.*

Grande e grosso com'è, va giusto bene per menare le mani; è un picchiatore invincibile. *Big and strong as he is, he's just made for beating up people; he's an unbeatable fighter.*

metter mano a–*to start.*

Mettiamo mano a un nuovo vasetto di marmellata; sono stufo di mangiare questo qui. *Let's start a new jar of jelly; I'm tired of eating this one.*

mettere la mano sul fuoco–*to speak for someone.*

Lo conosco bene; è una onesta persona e metterei la mano sul fuoco per lui. *I know him well; he's an honest person, and I can speak for him.*

mettere le mani avanti–*to safeguard oneself.*

Se fossi te metterei le mani avanti; e chiederei più tempo per fare quel lavoro. *If I were you, I'd safeguard myself; I would ask for more time to complete that job.*

mettersi le mani nei capelli–*to throw up one's hands (not to know which way to turn).*

Quando ho visto tutti i vetri rotti mi sono messo le mani nei capelli; a parte il danno ci toccava passare la notte così. *When I saw all the broken glass, I threw up my hands (I didn't know which way to turn); besides the damage, we were forced to spend the night like that!*

mettersi nelle mani di qualcuno–*to place one's trust in someone.*

Non sappiamo più di chi fidarci, e perciò ci mettiamo nelle tue mani! *We don't know who to turn to anymore, so we're placing our trust in you!*

nelle mani di Dio–*in God's hands.*
Il dottore ha fatto quello che ha potuto; ora il suo destino è nelle mani di Dio. *The doctor has done what he could; now his destiny is in the hands of God.*
perdere la mano–*to lose one's touch.*
Sapevo fare la maglia molto bene, ma è tanto che non lavoro più e ho perso la mano. *I knew how to knit well, but I haven't done it for a long time, and I've lost my touch.*
prendere con le mani nel sacco–*to catch someone red-handed.*
Abbiamo preso il ragazzo con le mani nel sacco; stava scavalcando il muro per entrare in casa dei vicini. *We caught the boy red-handed; he was climbing over the wall to get into the neighbors' house.*
prendere in mano–*to take charge of.*
Mi sono decisa a prendere in mano il lavoro presonalmente perchè mio padre non era più in grado di farlo. *I decided to take charge of the work personally because my father was no longer able to do it.*
prendere la mano–*to get out of hand.*
Cerco di trattenere mio figlio, ma spesso mi prende la mano e finisce per fare quello che vuole. *I try to control my son, but he often gets out of hand and ends up doing whatever he wants.*
rimanere a mani vuote–*to be left without anything.*
Tutti hanno guadagnato; solo lui è rimasto a mani vuote. *Everybody earned something; only he was left without anything.*
sfuggire di mano–*(1) to slip through one's fingers.*
L'affare mi è sfuggito di mano perchè mi son troppo fidato di voi. *The deal slipped through my fingers because I trusted you too much.*
(2) go by.
Non mi lascerò sfuggire di mano questa occasione. *I won't let this occasion go by.*
sotto mano–*on the sly.*
Mi ha passato i numeri della rivista sotto mano, ma in realtà non avrebbe dovuto darli in prestito. *He gave me the issues of the magazine on the sly, but he really wasn't supposed to.*
sporcarsi le mani–*to be corrupted.*
In questo ambiente è difficile non sporcarsi le mani. *In this environment it's difficult not to be corrupted.*
stare con le mani in mano–*to twiddle one's thumbs.*
Non fa niente dal mattino alla sera; se ne sta con le mani in mano a guardare la gente che passa. *He doesn't do anything all day long; he twiddles his thumbs and watches the people going by.*
toccare con mano–*(1) to see something with one's own eyes.*
Non ci credo se non tocco con mano. *I won't believe it if I don't see it with my own eyes.*
(2) to realize.
Sposala e potrai toccare con mano cosa vuol dire vivere in due. *Marry her and*

you'll be able to realize what it means to live with somebody.
venire alle mani–*to come to blows.*
Avevo paura che venissero alle mani tanto erano arrabbiati. *I was afraid they'd come to blows they were so angry.*
vincere a mani basse–*to win hands down.*
Ha vinto il torneo a mani basse. *He won the tournament hands down.*

---

marcia–*march*
mettersi in marcia–*to start out.*
Mettiamoci in marcia, altrimenti faremo tardi. *Let's start out, or we'll be late.*

---

mare–*sea*
cercare per mare e per monti–*to look high and low for.*
Ho cercato quella cravatta per mare e per monti, ed eccola qui appesa nell'armadio. *I looked high and low for that tie, and here it is right in my closet.*
essere in alto mare–*to be at sea.*
Sono in alto mare da quando il mio socio è partito per le vacanze. *I'm at sea since my partner went away on vacation.*
promettere mare e monti–*to promise the moon and the stars.*
Mi promise mari e monti purchè lo sposassi. *He promised me the moon and the stars if I married him.*
smuovere mare e monti–*to move heaven and earth.*
Ha dovuto smuovere mari e monti per poter ottenere quella pensione. *He had to move heaven and earth to get that pension.*
un mare di guai–*a sea of troubles.*
S'è cacciato in un mare di guai. *He's gotten himself into a sea of troubles.*

---

maschera–*mask*
parere una maschera–*to look funny.*
Si è truccata in modo così pesante che pare una maschera. *She made herself up so much that she looks funny.*

---

mascherina–*half-mask*
Ti conosco, mascherina!–*You can't fool me!*
Ti conosco, mascherina! La marmellata la puoi aver finita solo tu. *You can't fool me! You and only you can be the one who finished the jam.*

---

massimo–*maximum*
sfruttare al massimo–*to make the most of.*
Ha sfruttato al massimo le sue conoscenze per costruirsi una solida posizione economica. *He made the most of his connections to create a sound position for himself.*

---

masticare–*to chew*
masticare qualcosa–*(1) to mumble something.*
Non ho capito che cosa volesse; ha masticato qualcosa tra i denti e poi se ne è

andato sbattendo la porta. *I didn't get what he wanted; he mumbled something and then went out slamming the door behind him.*
(2) to have a smattering of something.
Mastico un po' d'inglese ma non lo capisco bene. *I have a smattering of English, but I don't understand it very well.*

matassa–*coil*
arruffare la matassa–*to confuse the issue.*
Non mi piace il suo modo di fare; arruffa la matassa perchè così nessuno capisce le sue intenzioni. *I don't like his way of doing things; he confuses the issue so that nobody understands his intentions.*

matematica–*mathematics*
La matematica non è un'opinione. *Facts are facts.*
La matematica non è un'opinoine. Se continuiamo a spendere più di quello che guadagniamo, saranno guai. *Facts are facts. If we keep on spending more than we earn, we'll be in trouble.*

mattatore–*slaughterman*
fare il mattatore–*to steal the show.*
Chissà perchè, ad ogni riunione con più di tre persone si sente in dovere di fare il mattatore. *I wonder why he feels the urge to steal the show whenever three or more people are gathered.*

mattina–*morning*
una bella mattina–*one fine day.*
Una bella mattina scoprii che il mio vicino se n'era andato per sempre. *One fine day I found out that my neighbor had left for good.*
Il mattino ha l'oro in bocca. *The early bird gets the worm.*

matto–*mad*
come un matto–*like anything (like mad).*
Corre sempre come un matto. *He's always running like anything (like mad).*
matto da legare–*mad as a hatter.*
Non gli puoi mai credere, è matto da legare. *You can never believe him; he's mad as a hatter.*
sgobbare come un matto–*to work like a beaver.*
È una bella casa, ma tocca sgobbare come un matto per tenerla in ordine. *It's a nice house, but one has to work like a beaver to keep it clean.*

mattone–*brick*
che mattone!–*What a bore!*
Che mattone! Quando finisce questo spettacolo? *What a bore! When will this show be over?*
un vero mattone–*a perfect nuisance.*
Sarà colto e intelligente, ma è un vero mattone. *He may be cultured and intelligent, but he's a perfect nuisance.*

medaglia–*medal*
Ogni medaglia ha il suo rovescio. *Every coin has its flip side.*
Ti pagano poco, ma è un impiego sicuro; ogni medaglia ha il suo rovescio. *They pay you little, but it's a steady job; every coin has its flip side.*

meglio–*best*
alla meglio–*somehow.*
Ho rimesso a posto la barca alla meglio; tornati a riva la dovremo fare riparare. *I fixed the boat somehow; once back to shore we'll have to have it repaired.*
andare per il meglio–*to go well.*
Ero molto preoccupato, ma tutto è andato per il meglio. *I was very worried, but everything went well.*
avere la meglio–*to get the best of.*
È stato un incontro molto equilibrato, ma alla fine il pugile più esperto ha avuto la meglio. *It was a very balanced match, but in the end the more expert boxer got the best of the other.*
fare del proprio meglio–*to do one's best.*
Farò del mio meglio per poterti aiutare. *I'll do my best to help you.*
tanto meglio–*so much the better.*
Preferisco portarmi dietro l'ombrello; e se non piove, tanto meglio. *I'd rather take my umbrella; so much the better if it doesn't rain.*

menadito–*perfectly*
conoscere a menadito–*to know like a book.*
Vieni con me; conosco questo quartiere a menadito. *Come with me; I know this neighborhood like a book.*

meno–*less*
fare a meno di–*to do without.*
I distributori sono tutti chiusi; vuol dire che dovremo fare a meno dell'automobile. *All the gas stations are closed; I guess we'll have to do without our car.*
in men che non si dica–*in less than no time.*
Sarò pronto in men che non si dica. *I'll be ready in less than no time.*

mente–*mind*
a mente fredda–*considering something indifferently.*
A mente fredda, devo dire che mi hanno giocato con molta abilità. *Considering it indifferently, I must admit that I was very ably fooled.*
dare mente a–*to pay attention to.*
Avrei dovuto dare mente a quell'incrocio; forse ora non saremmo persi. *I should have paid attention to that crossroad; maybe we wouldn't be lost now.*
ficcarsi in mente–*to get into one's head.*
Ficcati bene in mente che qui comando io. *I'm the boss here; get it into your head.*
saltare in mente–*to get a sudden urge to.*

Cosa ti è saltato in mente di invitare Paola alla festa? Non la voglio fra i piedi. *Why did you get a sudden urge to invite Paula to the party? I don't want her around.*

sano di mente–*in one's right mind.*
Nessuna persona sana di mente avrebbe detto tutte quelle sciocchezze. *No one in his right mind would have said all those absurdities.*
venire in mente–*to cross one's mind.*
L'idea non mi è mai venuta in mente. *The thought never crossed my mind.*

mentre–*while*
in quel mentre–*at that very moment.*
In quel mentre le nubi si scostarono ed apparve il sole. *At that very moment the clouds moved away and the sun reappeared.*

meraviglia–*wonder*
dirsela a meraviglia–*to get along well.*
Se la dicono a meraviglia. *They get along well.*

mercato–*market*
a buon mercato–*cheap.*
Ho comprato un bel paio di scarpe a buon mercato. *I bought a good pair of shoes at a cheap price.*

merito–*merit*
in merito a–*regarding.*
Non hanno parlato in merito alla questione delle spese di riscaldamento, ma la faranno alla prossima riunione. *They didn't say anything regarding the question of heating expenses, but they will at the next meeting.*

messo–*put*
mal messo–*down at the heels, badly off.*
Era talmente mal messo che ho fatto fatica a riconoscerlo. *He was so down at the heels that I could hardly recognize him.*

metà–*half*
fare a metà–*to go 50-50.*
Facciamo a metà e non parliamone più. *Let's go 50-50 and settle it once and for all.*
la propria metà–*one's better half.*
Non posso prendere impegni senza chiedere prima alla mia metà; mio marito è sempre così occupato! *I can't make a date without asking my better half first; my husband is always so busy!*

mettere–*to put*
mettercela tutta–*to bend over backward.*
Ce l'hanno messa tutta per aiutarlo. *They bent over backward to help him.*

mezzo–*means, way, half, middle*
andarci di mezzo–*(1) to be at stake.*
Bisogna impegnarsi al massimo; ne va di mezzo il nostro futuro. *We have to do our very best; our future is at stake.*
(2) to suffer the consequences.
È meglio che tu non ti immischi in questa faccenda, se non vuoi andarci di mezzo. *You'd better not get involved in this matter, if you don't want to suffer the consequences.*
gettare in mezzo a una strada–*to abandon.*
Si è innamorato di un'altra e ha gettato moglie e figli in mezzo a una strada, senza una lira per mangiare. *He fell in love with another woman and abandoned his wife and children, without a cent.*
il giusto mezzo–*a happy medium.*
Non devi mangiare troppo, nè troppo poco; per stare in buona salute devi scegliere il giusto mezzo. *You mustn't eat too much nor too little; to stay healthy you have to find a happy medium.*
levarsi di mezzo–*to get out of the way.*
Si levi di mezzo con quella macchina; non vede che intralcia il traffico? *Get that car out of the way; can't you see you're blocking traffic?*

Michelaccio–*Michael (vagabond in a story)*
la vita del Michelaccio–*the life of Riley.*
Non fa niente tutto il giorno; gli piace la vita del Michelaccio. *He doesn't do a thing all day long; he likes the life of Riley.*

midollo–*marrow*
fino al midollo–*to the bone.*
Il ragazzo si è bagnato fino al midollo nella pioggia. *The boy got soaked to the bone in the rain.*

miglio–*mile*
lontano mille miglia–*miles apart.*
I nostri punti di vista sono lontani mille miglia. *Our points of view are miles apart.*

mille–*thousand*
cose da mille e una notte–*extraordinary things.*
Per la festa aveva preparato più di dieci antipasti, vini prelibati, pesci di ogni tipo: cose da mille e una notte. *For the party he had prepared more than 10 hors d'oeuvre, excellent wines, every kind of fish: extraordinary things.*

minestra–*soup*
È sempre la stessa minestra! *It's always the same old story.*
O mangiare questa minestra o saltare dalla finestra. *Beggars can't be choosers.* (*Take it or leave it*).

minuto–*minute*
spaccare il minuto–*very precise.*
È un orologio di marca; spacca il minuto. *It's a name-brand watch; it's very precise.*

mira–*aim*
prendere di mira–*to be after.*
Da quando il mio professore mi ha preso di mira devo essere sempre preparato; mi interroga tutte le mattine. *Since my professor is after me I always have to be prepared; he quizzes me every morning.*

mistero–*mystery*
non fare mistero–*to make no bones.*
Credevo che si vergognasse perchè non gli è andata bene, ma non ne fa mistero con nessuno. *I thought he would be ashamed because it didn't go well for him, but he makes no bones about it with anyone.*

misura–*measure*
fatto su misura–*made to order.*
Era destino che si sposassero; sono fatti su misura l'uno per l'altro. *They were bound to get married; they are made to order for each other.*

moccolo–*candle-end*
tirare moccoli–*to swear a blue streak.*
Quando perde la calma tira moccoli che è un piacere. *When he loses his temper he invariably swears a blue streak.*

moda–*fashion*
alla moda–*in fashion, all the rage.*
Che noia le persone che vogliono essere alla moda ad ogni costo! *How boring all those people who have to be in fashion (all the rage) at all costs!*
fuori moda–*out of fashion.*
I suoi vestiti sono fuori moda. *Her clothes are out of fashion.*

modestia–*modesty*
modestia a parte–*in all modesty.*
Modestia a parte, non è stata una cosa da poco. *In all modesty, it wasn't an everyday thing.*

modo–*way*
a modo–*well-mannered.*
Come invidio i tuoi figli; sono così a modo! *I really envy you your children; they are so well mannered!*
c'è modo e modo–*there are better ways.*
C'è modo e modo di dire no. *There are better ways of saying no.*
fare in modo–*to manage to.*
È riuscito a fare in modo da rovinarmi le vacanze con quel maledetto giradi-

schi. *He managed to wreck my vacation with that blasted record player.*
in malo modo–*discourteously.*
Mi ha cacciato di casa in malo modo. *He threw me out discourteously.*
in ogni modo–*anyway*
Non so se potrò venire; in ogni modo ti avviserò per tempo. *I don't know if I'll be able to come; anyway I'll let you know in due time.*
vederla allo stesso modo–*to see eye-to-eye.*
È inutile; non la vedremo mai allo stesso modo. *It's useless; we'll never see eye-to-eye.*

---

moglie–*wife*
la moglie della mano sinistra–*common-law wife.*
Vivono insieme ma non sono sposati; lei è la moglie della mano sinistra. *They live together but they're not married; she's his common-law wife.*

---

molla–*spring*
prendere con le molle–*to handle with kid gloves.*
Le sue previsioni così ottimistiche vanno prese con le molle. *His optimistic forecasts should be handled with kid gloves.*

---

momento–*moment*
da un momento all'altro–*any time now.*
Non te ne andare; tuo fratello dovrebbe arrivare da un momento all'altro. *Don't go away; your brother should be here any time now.*

---

mondo–*world*
andare all'altro mondo–*to kick the bucket.*
Gli hanno sparato e il vecchio cowboy se n'è andato subito all'altro mondo. *They shot him and the old cowboy kicked the bucket.*
caschi il mondo–*no matter what.*
Caschi il mondo, stasera ti vengo a prendere ed andiamo a teatro. *No matter what, tonight I'll pick you up and take you to the theatre.*
cose dell'altro mondo!–*unbelievable!*
Siamo a giugno e fa ancora freddo; cose dell'altro mondo! *It's June and it's still cold; unbelievable!*
il bel mondo–*high society.*
Non mi interessa il bel mondo. *I'm not interested in high society.*
vivere nel mondo dei sogni–*to have one's head in the clouds.*
Non ha nessun senso pratico; vive nel mondo dei sogni e non realizzerà mai niente. *He has no practical sense; he has his head in the clouds and will never amount to anything.*
vivere nel mondo della luna–*(1) to live in a nonexistent world.*
Ha 20 anni ma è immaturo; vive ancora nel mondo della luna. *He's 20 but he's immature; he still lives in a nonexistent world.*
(2) a gleam in one's father's eye.

Quando papà e mamma fecero quel viaggio eri ancora nel mondo della luna. *When daddy and mommy went on that trip you were still a gleam in your father's eye.*

moneta—*money*
batter moneta—*to make a touch (ask for a loan).*
Ha cercato di nuovo di batter moneta questo mese. *He tried to make a touch (ask for a loan) again this month.*

monte—*mount*
mandare a monte—*to mess up.*
Lo sapevo! Hai detto a Giovanni dei nostri programmi ed è riuscito a mandare a monte tutto! *I knew it! You told John about our plans, and he managed to mess up everything!*

morire—*to die*
da morire—*terribly.*
Sono stanco da morire, ma ti accompagno al cinema se vuoi. *I'm terribly tired, but I'll take you to the movies if you want.*
morir dal ridere—*to die laughing.*
Il suo modo di raccontare mi fa morir dal ridere. *His way of telling stories makes me die laughing.*

morte—*death*
avercela a morte con qualcuno—*to hate someone's guts.*
Non sono mai riuscito a capire perchè ce l'ha a morte con me; non gli ho mai fatto niente. *I've never understood why he hates my guts; I've never done anything to him.*
ogni morte di papa—*once in a blue moon.*
Ci consideriamo buoni amici anche se ci vediamo ogni morte di papa. *We consider ourselves good friends even if we see each other once in a blue moon.*

morto—*dead*
bell'e morto—*dead as a doornail.*
Quella povera pianta è bell'e morta. *That poor plant is as dead as a doornail.*
morto e sotterrato—*dead and buried.*
L'unico che conosceva la verità era suo nonno, ma ormai è morto e sotterrato, e non la sapremo mai. *The only one who knew the truth was his grandfather, but now he's dead and buried, and we'll never find out.*

mosca—*fly*
noioso come una mosca—*a deadly bore.*
È noioso come una mosca; non so come fai a sopportare i suoi monologhi. *He's a deadly bore; I don't know how you can stand his monologues.*
Non farebbe male a una mosca. *He wouldn't hurt a fly.*
saltare la mosca al naso—*to get upset.*

Le salta la mosca al naso per un nonnulla. *She gets upset over nothing.*

sentire volare una mosca–*to hear a pin drop.*

Quando Piero si alzò per parlare tutti tacquero; non si sentiva volare una mosca. *When Peter stood up to speak everyone was silent; you could have heard a pin drop.*

una mosca bianca–*a great rarity.*

Una persona buona e gentile come lei è rara come una mosca bianca. *A good, gentle person like her is a great rarity.*

mostra–*show*

mettersi in mostra–*to show off.*

Non perde una occasione per mettersi in mostra. *She doesn't miss a chance to show off.*

moto–*motion*

mettere qualcosa in moto–*to get something going.*

Una volta messo in moto, l'ufficio funzionerà da sè. *Once we get it going, the office will work by itself.*

mucchio–*heap*

mettere tutti in un mucchio–*to treat everybody the same way.*

Non è giusto mettere tutti in un mucchio e giudicare alla stessa stregua gli onesti e i disonesti. *It's not right to treat everybody the same way and judge the honest and dishonest by the same standard.*

mulino–*mill*

parlare come un mulino a vento–*to talk the hind leg off a donkey.*

Se vai di fretta non fermarti per chiacchierare con lei; parla come un mulino a vento. *If you're in a hurry don't stop to chat with her; she'll talk the hind leg off a donkey.*

sbattere contro i mulini a vento–*to tilt at windmills.*

Non c'è niente da fare; opporti sarebbe come sbattere contro i mulini a vento. *You can't do anything about it; opposing it would be like tilting at windmills.*

muro–*wall*

parlare al muro–*to speak to a brick wall.*

Dovrei aver capito prima che era inutile; parlare con lui e come parlare al muro. *I should have realized sooner that it was useless; talking to him is like speaking to a brick wall.*

musica–*music*

cambiare musica–*to change one's tune.*

Brontola sempre; vorrei che cambiasse musica. *He's always complaining; I wish he'd change his tune.*

la solita musica–*the same old story.*

Ogni volta è la solita musica: scuse, scuse, scuse. *Every time it's the same old story: excuses, excuses, excuses.*

muso–*muzzle*
fare il muso–*to make a face.*
Quando non le piace qualcosa fa subito il muso. *When she doesn't like something she makes a face.*

muto–*mute*
muto come un pesce–*not to speak a word.*
Non lo invito più; si siede a tavola e poi sta muto come un pesce. *I won't invite him anymore; he sits down at the table and doesn't speak a word.*

N

nascosto–*hidden*
di nascosto–*on the sly.*
Quei ragazzi fumano di nascosto al parco. *Those boys smoke on the sly in the park.*

naso–*nose*
arricciare il naso–*to turn up one's nose.*
Forse non è una proposta ideale, ma in mancanza di meglio, non arriccerei certo il naso. *Maybe it's not an ideal offer, but for the lack of anything better, I certainly wouldn't turn up my nose at it.*
avere buon naso–*to know the score (to have a keen judgment).*
Ti puoi fidare di lui; ha buon naso. *You can trust him; he knows the score (has a keen judgment).*
farle sotto il naso–*right out from under.*
Sapevo che avrebbe tentato di rubarmi il posto, e me l'ha fatta sotto il naso, senza che me ne accorgessi. *I knew he'd try to steal my place, and he did it right out from under me without my noticing it.*
ficcare il naso–*(1) to nose around.*
Non ficcare il naso nei miei affari! *Don't nose around in my business!*
(2) to mind.
Ficca il naso negli affari tuoi. *Mind your own business.*
menare per il naso–*to lead around by the nose.*
Lui è innamorato di lei, e non capisce che lei lo sta menando per il naso. *He's in love with her, and doesn't realize she's leading him around by the nose.*
non vedere più in là del proprio naso–*not to see beyond the end of one's nose.*
Non chiederle consigli; non vede più in là del suo naso. *Don't ask her for advice; she can't see beyond the end of her nose.*
proprio sotto il naso–*right in front of one's nose.*
Ma guarda! L'ho cercato dappertutto e stava proprio qui sotto il naso. *How about that! I've hunted high and low for it and it was right in front of my nose.*
sbattere il naso in qualcuno–*to bump into somebody.*

Indovina in chi ho sbattuto il naso stamattina. Nel presidente in persona! *Guess who I bumped into today. The president in person!*

nato–*born*
  nato e sputato–*the spitting image.*
Il bambino è suo nonno nato e sputato. *The baby is the spitting image of his grandfather.*

nero–*black*
  essere nero–*to be in a bad mood.*
Chissà perchè è così nero oggi; non ha nessuna ragione per esserlo. *Who knows why he's in a bad mood today; he doesn't have any reason to be.*
  mettere nero su bianco–*to put in black and white (in writing).*
Nel contratto abbiamo messo nero su bianco. *In the contract we put everything in black and white (in writing).*
  nero come la pece–*pitch black.*
I suoi capelli sono neri come la pece. *Her hair is pitch black.*

nervo–*nerve*
  aver i nervi a corda di violino–*to be uptight.*
Ha lavorato giorno e notte per due mesi; non mi sorprende che abbia i nervi a corda di violino. *He worked day and night for two months; I'm not surprised he's uptight.*
  dare ai nervi–*to get on one's nerves.*
Il suo continuo chiacchierare mi dà ai nervi. *Her constant chatting gets on my nerves.*

nesci–*one who doesn't know*
  fare il nesci–*to play dumb.*
Dice di non saperne niente, ma secondo me, fa il nesci. *He says he doesn't know anything about it, but I think he's playing dumb.*

nido–*nest*
  abbandonare il nido–*to leave home.*
Era ora che abbandonasse il nido; ha trentacinque anni. *It was about time he left home; he's thirty-five years old.*

niente–*nothing*
  da niente–*(1) not important.*
Lascia perdere, è una cosa da niente. *Forget it, it's not important.*
  (2) big.
Ti ha fatto un favore da niente! *He really did you a big favor!*
  non aver niente da ridire–*to have no flies on.*
Sono contento di lui; non ho niente da ridire sul suo conto. *I'm satisfied with him; there are no flies on him.*
  non far niente–*not to matter.*
Non ti preoccupare se non puoi venire; non fa niente. *Don't worry if you can't make it; it doesn't matter.*

per niente–*at all.*
Scusa, ti disturbo? No, per niente. *Excuse me, am I disturbing you? No, not at all.*

nocciolo–*pit*
il nocciolo della questione–*the crux of the matter.*
Invece di parlare a vanvera, andiamo al nocciolo della questione! *Instead of talking at random, let's get to the crux of the matter!*
venire al nocciolo–*to come to the point.*
È mezz'ora che mi spieghi; vieni al nocciolo della questione. *You've been explaining it to me for half an hour; come to the point.*

nodo–*knot*
Tutti i nodi vengono al pettine. *Truth will out.*
un nodo alla gola–*a lump in one's throat.*
Quando ho sentito della tragedia mi è venuto un nodo alla gola. *When I heard about the tragedy I felt a lump in my throat.*

noia–*bother*
dare noia–*to bother.*
Questo golf col collo alto mi dà noia. *This sweater with a high collar bothers me.*

nome–*name*
farsi un nome–*to make one's mark.*
Ha appena cominciato, ma quel ragazzo è bravo, e si farà un nome. *He's just begun, but that boy is talented, and he'll make his mark.*

norma–*norm*
a norma di–*in accordance with.*
Questo prodotto non è confezionato a norma di legge. *This product is not packaged in accordance with regulations.*

notare–*to notice*
farsi notare–*to make oneself conspicuous.*
Si fa notare per le sue assenze. *He makes himself conspicuous by his absence.*

nottata–*long night*
fare la nottata–*to burn the midnight oil.*
Ho dovuto fare la nottata per finire di correggere i compiti. *I had to burn the midnight oil to finish correcting tests.*

notte–*night*
a notte alta–*in the depth of night.*
I ladri si sono introdotti in casa a notte alta. *The thieves entered the house in the depth of night.*
buona notte–*that's all.*

Non posso accettare tutto in blocco, e buona notte; devo dire anche le mie ragioni. *I can't just accept everything and that's all; I have to give my reasons
too.*

Buona notte al secchio! *That's that!*

Di notte tutti i gatti sono grigi. *You can't see a black cat on a dark night.*

peggio che andar di notte–*worse than ever.*

L'autostrada era bloccata e siamo passati per una strada di campagna, ma è
stato peggio che andar di notte. *The superhighway was jammed and we turned
off on a country road, but it was worse than ever.*

una notte bianca–*a sleepless night.*

Abbiamo passato una notte bianca perchè eravamo preoccupati della febbre
alta del bambino. *We spent a sleepless night because we were worried about
the baby's high fever.*

---

nozze–*wedding*

essere come andare a nozze–*to be the easiest thing in the world.*

Un esame difficile? Con un insegnante come il Prof. Del Buono è come andare a
nozze. *A difficult exam? With a teacher like Professor Del Buono it's the
easiest thing in the world.*

---

nudo–*nude*

mettere a nudo–*to expose.*

Abbiamo messo reciprocamente a nudo i nostri piani e siamo riusciti a trovare
un accordo. *We reciprocally exposed our plans and were able to reach an
agreement.*

nudo e crudo–*plain.*

Lo so che non è una bella storia, ma è la verità nuda e cruda. *I know it's not a
nice story, but it's the plain truth.*

---

nulla–*nothing*

buono a nulla–*good for nothing.*

È un buono a nulla; non è neppure riuscito a prendere la maturità! *He's a good
for nothing; he didn't even manage to graduate from high school!*

non aver nulla a che vedere con–*to have nothing to do with.*

Ha lo stesso cognome di Piero ma non ha niente a che vedere con lui. *He has
the same last name as Peter, but it has nothing to do with him.*

non aver nulla da ridire–*to have no objections to.*

Non ho nulla da ridire a che i ragazzi vadano in gita, però voglio che rincasino
presto. *I have no objections to the kids' going on the trip, but I want them to
get home early.*

non saper nulla di nulla su–*not to know beans about.*

Non sa nulla di nulla sull'insegnamento. *He doesn't know beans about teaching.*

sfumare nel nulla–*to go up in a cloud of smoke.*

Eravamo sicuri di ottenere il contratto, ma poi tutto è sfumato nel nulla. *We

were sure we'd get the contract, but it all went up in a cloud of smoke.
venire su dal nulla–*to be a self-made man.*
È venuto su dal nulla ed è diventato un grosso industriale. *He's a self-made man and he's become an important industrialist.*

---

numero–*number*
avere i numeri per fare qualcosa–*to have what it takes.*
Ha tutti i numeri per aver successo. *He has what it takes to be successful.*
dare i numeri–*to go mad.*
Non ha senso quel che dice; credo proprio che dia i numeri. *What he's saying doesn't make sense; I think he's gone mad.*
di numero–*exactly.*
Sono quattro paste di numero; mi rincrese ma i bambini hanno fatto man bassa! *There are exactly four pastries; I'm sorry, but the children grabbed them all up!*
passare nel numero dei più–*to die.*
Ha vissuto a lungo e bene; è inevitable che passi nel numero dei più. *He's lived long and well; it's inevitable that he's going to die.*
un bel numero–*a funny guy.*
Sei proprio un bel numero! Non ho mai riso tanto! *You're really a funny guy! I've never laughed so much!*

---

nuovo–*new*
giungere nuovo–*to be new to.*
L'ho già sentito dire; non mi giunge nuovo. *I've already heard it; it's not new to me.*

---

nuvola–*cloud*
cadere dalle nuvole–*to be taken aback.*
Quando gli ho dato la notizia, è caduto dalle nuvole. *When I told him the news, he was taken aback.*
essere nelle nuvole–*to daydream.*
È sempre fra le nuvole e bisogna sempre ripetere i discorsi due volte, perchè non sta a senire. *He's always daydreaming, and you have to repeat everything twice because he doesn't listen.*
vivere tra le nuvole–*to be absent-minded.*
Vive sempre tra le nuvole e non ha il minimo senso della realtà. *He's absent-minded and doesn't have the slightest sense of reality.*

O

oca–*goose*
un'oca giuliva–*silly.*
È carina ma è un'oca giuliva; non capisce niente e ride a sproposito. *She's cute but silly, she doesn't understand anything, and always laughs at the wrong time.*

occhiata–*glance*
  dare un'occhiata–*to glance at.*
  Non l'ho ancora letto. Gli ho solo dato un'occhiata. *I haven't read it yet. I just glanced at it.*

occhio–*eye*
  a occhio–*approximation.*
  Non ho il centimetro; bisogna prendere le misure a occhio. *I don't have a tape measure; we'll have to measure it by approximation.*
  a occhio e croce–*more or less.*
  Costerà sulle 10.000 lire, ad occhio e croce. *It will cost about 10,000 lire, more or less.*
  avere un buon occhio–*to have an eye for.*
  Tuo fratello ha un buon occhio per le antichità; ne trova sempre a buon prezzo. *Your brother has an eye for antiques; he always finds them at good prices.*
  chiudere gli occhi alla realtà–*to bury one's head in the sand.*
  Se chiudi gli occhi alla realtà, non riuscirai mai a superare questo momento difficile. *If you bury your head in the sand, you'll never be able to get over this difficult time.*
  chiudere un occhio–*to ignore.*
  Questa volta il vigile ha chiuso un occhio all'infrazione; la prossima volta però, dovrò pagare. *This time the policeman ignored the infraction; next time I'll have to pay.*
  ci vuole occhio–*you need to have your wits about you.*
  Per trovare il cliente ricco ci vuole occhio. *To find the rich client you have to have your wits about you.*
  con tanto d'occhio–*longingly.*
  Mia figlia guardava il catalogo dei giocattoli con tanto d'occhio. *My daughter was looking longingly at the toy catalog.*
  costare un occhio della testa–*to cost a fortune.*
  Quella villa gli è costata un occhio della testa. *That house cost him a fortune.*
  dare nell'occhio–*to be flashy.*
  Cerca di non farsi notare, ma con quel vestito dà troppo nell'occhio. *He's trying not to be conspicuous, but with that suit he's too flashy.*
  dare un occhio della testa–*to give one's right arm.*
  Darei un occhio della testa per poterci venire. *I'd give my right arm to be able to come.*
  fare l'occhio–*to become accustomed to.*
  La stoffa delle poltrone è troppo sgargiante, ma ora ci ho fatto l'occhio. *The cloth of the armchair is too garish, but I've become accustomed to it.*
  fare l'occhio di triglia–*to make eyes at.*
  Mio marito ha fatto l'occhio di triglia a un'altra donna. *My husband made eyes at another woman.*
  in un batter d'occhio–*in a wink (in no time).*

In un batter d'occhio fu fatto. *In a wink (in no time) it was done.*
leggere negli occhi–*to read someone's mind.*
Cerca di non pensare alla fuga di sua figlia, ma gli si legge la pena negli occhi. *She tries not to think about her daughter's running away, but you can read her mind.*
l'occhio vuole le sua parte–*appearances count.*
Mettiti un bel vestito e fatti bella; anche l'occhio vuole la sua parte. Non basta essere intelligenti. *Put on a nice dress and pretty yourself up; appearances count. It's not enough to be intelligent.*
Lontano dagli occhi, lontano dal cuore. *Out of sight, out of mind.*
non chiudere occhio–*not to sleep a wink.*
Ieri sera non ho chiuso occhio. *Last night I didn't sleep a wink.*
non vedere di buon occhio–*to take a dim view of.*
Non vede di buon occhio il fidanzato della figlia. *He takes a dim view of his daughter's boyfriend.*
occhi di falco–*penetrating gaze.*
Quei suoi occhi di falco mi mettono in imbarazzo. *His penetrating gaze embarrasses me.*
pagare un occhio della testa–*to pay through the nose.*
Questo tavolo l'ho pagato un occhio della testa. *I paid through the nose for this table.*
perdere d'occhio–*to lose sight of.*
Non perdere d'occhio la valigia; potrebbero rubarla. *Don't lose sight of the suitcase; it might be stolen.*
saltare agli occhi–*to stick out a mile.*
Ha sostituito la sedia antica con una imitazione, ma salta subito all'occhio. *He substituted the antique chair with an imitation, but it sticks out a mile.*
saper fare qualcosa ad occhi chiusi–*to know how to do something blindfolded.*
È sicurissimo di sè e ha ragione; sa fare il suo mestiere ad occhi chiusi. *He's very sure of himself and he's got reason to be; he knows how to do this job blindfolded.*
sognare ad occhi aperti–*to daydream.*
È inutile sognare ad occhi aperti; tanto tu non partirai. *It's useless to daydream; anyway you're not going to go.*
tenere d'occhio–*to keep tabs on (to keep an eye on).*
Ti dispiacerebbe tener d'occhio l'arrosto mentre io preparo la verdura? *Would you mind keeping tabs (an eye) on the roast while I prepare the vegetables?*
tenere gli occhi bene aperti–*to keep one's eye on the ball.*
Va' pure al mercatino, ma tieni gli occhi bene aperti se non vuoi farti truffare. *Go to the market if you want, but keep your eye on the ball if you don't want to be cheated.*

occhiolino–*small eye*
fare l'occhiolino–*to wink.*

È inutile che tu mi faccia l'occhiolino; non mi lascerò lusingare. *It's useless to wink at me; I won't let myself be flattered.*

odore–*odor*
in odore di santità–*in the odor of sanctity.*
È talmente buono che scommetto che è in odore di santità. *He's so good that I bet he's in the odor of sanctity.*
sentire odore di bruciato–*to smell a rat.*
Sento odore di bruciato; devo controllare la situazione. *I smell a rat; I'd better check things out.*

offesa–*offense*
aggiungere l'offesa al danno–*to add insult to injury.*
Non gli ha restituito il prestito e poi va ancora dicendo che è un cretino; questo sì che è aggiungere l'offesa al danno. *He hasn't returned the loan, and goes around saying he's an idiot; that's really adding insult to injury.*

oggi–*today*
dall'oggi al domani–*overnight.*
Abbiamo deciso di partire dall'oggi al domani. *We decided overnight that we would leave.*
oggi a otto–*a week from now.*
Ne abbiamo cinque e partiremo il dodici, oggi a otto. *Today's the 5th, and we'll leave the 12th, a week from now.*
oggi come oggi–*as matters now stand.*
Oggi come oggi, non lo potrei fare. *As matters now stand, I couldn't do it.*

olio–*oil*
liscio come l'olio–*smoothly.*
Non ti hanno interrogato; ti è andata liscia come l'olio. *They didn't test you; it went smoothly for you.*
olio di gomito–*(1) elbow grease.*
Come l'hai lucidata questa macchina? Con l'olio di gomito! *How did you polish this car? Elbow grease!*
(2) serious studying.
Per arrivare alla laurea ci vuole pazienza e olio di gomito. *To get your degree you need patience and serious studying.*

ombra–*shade, shadow*
l'ombra di se stesso–*to be the shadow of one's former self.*
Dopo quella delusione è diventata l'ombra di se stessa. *After that disappointment she's become the shadow of her former self.*
non vedere neanche l'ombra–*not to see hide nor hair of.*
Hai visto il mio portachiavi? No, non ne ho visto neanche l'ombra. *Have you seen my key chain? No, I haven't seen hide nor hair of it.*
seguire come un'ombra–*to stick to like a shadow.*

La bambina ti segue come un'ombra oggi. Ha paura di qualcosa? *The baby is sticking to you like a shadow today. Is she afraid of something?*
senza ombra di dubbio–*beyond the shadow of a doubt.*
Te lo posso assicurare, senza ombra di dubbio. *I can assure you beyond the shadow of a doubt.*
tenersi nell'ombra–*to keep out of the limelight.*
Non ha avuto successo perchè si è sempre tenuto nell'ombra, ma è un grande artista. *He wasn't successful because he always kept himself out of the limelight, but he's a great artist.*

ombrello–*umbrella*
inventare l'ombrello–*to do something everyone knows.*
Non hai scoperto niente, hai inventato l'ombrello. *You didn't discover anything, you've done something everyone knows.*

onda–*wave*
andare in onda–*to go on the air.*
Il telegiornale va in onda alle 8.30. *The TV news goes on the air at 8:30.*

onere–*burden*
gli oneri ma non gli onori–*to work without getting credit for it.*
In ufficio mi danno sempre gli oneri ma non gli onori. *In the office I work without getting credit for it.*

onore–*honor*
ad onor del vero–*to tell the truth.*
La faccenda non è andata così, ad onor del vero. *It didn't happen that way, to tell the truth.*
con tutti gli onori–*the red carpet.*
Sono andata a casa sua e mi ha ricevuto con tutti gli onori. *I went to his house and he put the red carpet out for me.*
fare onore a–*to do justice to.*
Non potrei fare onore a un altro pasto abbondante oggi. *I couldn't do justice to another big meal today.*
farsi onore–*to distinguish oneself.*
A scuola vedi di farti onore. *Try to distinguish yourself at school.*
tornare a proprio onore–*to do someone credit.*
Hai avuto successo, e ciò torna a tuo onore. *You were successful, and it does you credit.*

onta–*shame*
ad onta di–*in spite of.*
È riuscito in tutto, ad onta di tutte le difficoltà. *He succeeded in everything in spite of all the difficulties.*

opera–*work*

per opera di–*through.*
Per opera di sua madre, è entrata al ministero. *Through her mother, she got a job in the ministry.*

ora–*hour*
alla buon'ora!–*At last!*
Sei arrivato finalmente! Alla buon'ora! Credevo fossi rimasto addormentato. *You've finally come! At last! I thought you had fallen asleep.*

ordine–*order*
richiamare all'ordine–*to take someone to task.*
La maestra ci ha richiamati all'ordine perchè facevamo confusione. *The teacher took us to task because we were goofing around.*

orecchio–*ear*
allungare le orecchie–*to prick up one's ears.*
Sta' attenta a quello che dici perchè i vicini allungano le orecchie. *Be careful of what you say because the neighbors will prick up their ears.*
dire all'orecchio–*to whisper.*
Vieni qui che ti voglio dire una cosa all'orecchio. *Come here, I want to whisper something to you.*
fare orecchio da mercante–*to turn a deaf ear.*
Io ti ho avvisata, ma tu continui a fare orecchio da mercante. Peggio per te. *I warned you, but you keep turning a deaf ear. All the worse for you.*
fischiare le orecchie–*one's ears are burning.*
Qualcuno mi pensa; mi fischiano le orecchie. *Someone is thinking about me; my ears are burning.*
non sentirci da quell'orecchio–*not to listen.*
Ho cercato di dirglielo ma da quell'orecchio non ci sente. *I tried to tell him but he wouldn't listen.*
stare con le orecchie tese–*to be all ears.*
Stava con le orecchie tese per sentire tutto ciò che diceva suo padre. *He was all ears listening to everything his father said.*
tenere le orecchie aperte–*to keep an ear to the ground.*
Se non vuoi farti abbindolare tieni le orecchie aperte; riuscirai certamente a sentire qualche cosa di utile. *If you don't want to be duped, keep an ear to the ground; you'll certainly manage to learn something useful.*
tutt'orecchie–*all ears.*
Dimmi, sono tutt'orecchie. *Tell me, I'm all ears.*

orlo–*edge*
essere sull'orlo di un precipizio–*to be on the brink of disaster.*
Roberto è sull'orlo di un precipizio; se continua a drogarsi finirà proprio male. *Robert is on the brink of disaster; if he keeps taking drugs he's going to be in big trouble.*

orma–*footstep*
seguire le orme–*to follow in one's footsteps.*
Francesca seguirà le orme del fratello maggiore. *Frances will follow in her older brother's footsteps.*

---

oro–*gold*
carico d'oro come una madonna–*loaded with jewelry.*
Non capisco perchè quella signora esce sempre carica d'oro come una madonna; è ridicola e pacchiana. *I don't understand why that woman always goes out loaded with jewelry; she looks ridiculous and vulgar.*
comprare a peso d'oro–*to pay a king's ransom for.*
Oggi il caffè si compra a peso d'oro; il prezzo è triplicato. *Today you pay a king's ransom for coffee; the price has tripled.*
Non è oro tutto quel che luce. *All that glitters is not gold.*
non per tutto l'oro nel mondo–*not on your life (not for love nor money, not for all the tea in China).*
Non ti sposerei per tutto l'oro del mondo. *I wouldn't marry you, not on your life (not for love nor money, not for all the tea in China).*
nuotare nell'oro–*to be rolling in money.*
La sua famiglia nuota nell'oro. *Her family is rolling in money.*
prendere per oro colato–*to take for Gospel truth.*
Prende per oro colato tutto quello che dici; non ha il minimo senso di critico. *He takes everything you say for Gospel truth; he doesn't have the slightest critical sense.*
valere tanto oro quanto pesa–*to be worth one's weight in gold.*
Angelo è una persona buona; vale tanto oro quanto pesa. *Angelo is a good person; he's worth his weight in gold.*

---

osso–*bone*
avere le ossa rotte–*to feel like a wreck.*
Dopo aver preso quattro autobus questo pomeriggio ho le ossa rotte. *After having taken four buses this afternoon I feel like a wreck.*
fare le ossa–*to get accustomed to.*
Non è un lavoro antipatico una volta che ci fai le ossa. *It's not bad work once you get accustomed to it.*
rimettere l'osso del collo–*to ruin oneself.*
In affari rischiosi come questi uno ci può rimettere l'osso del collo. *In risky matters like these you can really ruin yourself.*
un osso duro–*a hard row to hoe (a hard nut to crack).*
La matematica è un osso duro per me. *Mathematics is a hard row to hoe (a hard nut to crack) for me.*

---

otre–*leather bag for drinking water*
essere pieno come un otre–*to be stuffed with food.*
Ho mangiato troppo; mi sento pieno come un otre. *I ate too much; I'm stuffed*

with food.

---

ovile–*sheep pen*
ritornare all'ovile–*to return to the fold.*
Mio marito mi tradisce, ma torna sempre all'ovile. *My husband is unfaithful to me, but he always returns to the fold.*

ozio–*idleness*
L'ozio è il padre dei vizi. *The devil finds work for idle hands.*

P

pace–*peace*
dare la pace–*to make up with.*
Ho fatto la pace con Carlo dopo la discussione. *I made up with Charles after the argument.*
in santa pace–*in peace and quiet.*
Lasciami finire di leggere questo libro in santa pace. *Let me finish reading this book in peace and quiet.*
lasciare in pace–*to leave alone.*
Lasciatemi in pace, che ho molto lavoro da fare. *Leave me alone, because I have a lot of work to do.*
non darsi pace–*not to be able to resign oneself.*
Da quando le è morto il fratello non si dà pace. *Since her brother died she hasn't been able to resign herself.*

---

padella–*pan*
dalla padella nella brace–*out of the frying pan and into the fire.*
Pensavamo che questa strada fosse migliore, ma siamo caduti dalla padella nella brace. *We thought this street was better, but we've jumped out of the frying pan into the fire.*

---

padrone–*boss*
farla da padrone–*to act as if one owns the place.*
Da quando ha comprato quelle terre ha cominciato a farla da padrone nel paese. *Since he bought that land he acts around town as if he owns the place.*

---

padronissimo–*absolutely free*
essere padronissimo di–*to be absolutely free to.*
Sei padronissimo di smettere sei vuoi; nessuno ti costringe a continuare. *You're absolutely free to quit if you want to; no one's forcing you to continue.*

---

paese–*country*
mandare qualcuno a quel paese–*to send someone to hell.*
Quando entrai in ritardo mi mandò a quel paese. *When I came in late he told me to go to hell.*

Paese che vai usanze che trovi. *When in Rome, do as the Romans do.*

paglia–*straw*
mettere paglia al fuoco–*to tempt fate.*
Per il momento non dirgli nient'altro; è meglio non mettere troppa paglia al fuoco. *Don't tell him anything else for now; it's better not to tempt fate.*

paio–*pair*
un altro paio di maniche–*a horse of a different color (quite another matter).*
La faccenda e molto diversa da come m'avevano detto; è tutto un altro paio di maniche. *The story is much different from what they told me; it's a horse of a different color (quite another matter).*

palata–*shovelful*
fare soldi a palate–*to make loads of money.*
Con la sua nuova rappresentanza sta facendo soldi a palate. *With his new agency he's making loads of money.*

palato–*palate*
il palato fine–*a delicate palate.*
Solo chi ha il palato fine sarà in grado di apprezzare le mie polpette. *Only someone with a delicate palate will be able to appreciate my meatballs.*

palio–*prize*
mettere in palio–*to stake.*
Il campione mette in palio il suo titolo in questo incontro. *The champion is staking his title in this match.*

palla–*ball*
essere la palla al piede di qualcuno–*hindrance.*
Una casa di proprietà è una palla al piede; è meglio vivere in albergo. *A house is a real hindrance; it's better to live in a hotel.*
prendere la palla al balzo–*to seize an opportunity.*
Faresti bene a prendere la palla al balzo. *You'd do well to seize this opportunity.*

pallino–*small ball*
avere il pallino di–*to be crazy about.*
Maurizio ha il pallino della fotografia. *Maurice is crazy about photography.*

pallone–*big ball*
un pallone gonfiato–*a stuffed shirt.*
Suo cognato è un pallone gonfiato. *His brother-in-law is a stuffed shirt.*

palma–*palm*
portare qualcuno in palma di mano–*to hold someone in great esteem.*
Il direttore ha molta stima di lui; lo porta in palma di mano. *The director has a lot of respect for him; he holds him in great esteem.*

palmento–*millstone*
mangiare a quattro palmenti–*to gorge oneself.*
Mangiava a quattro palmenti; sembrava fosse a digiuno da un mese. *He gorged himself; it looked as if he'd been fasting for a month.*

palmo–*palm*
a palmo a palmo–*(1) inch by inch.*
Hanno esaminato i ruderi a palmo a palmo. *They examined the ruins inch by inch.*
(2) like the back of one's hand.
Conosco questa zona a palmo a palmo. *I know this area like the back of my hand.*
non cedere di un palmo–*not to budge an inch.*
La battaglia è stata molto dura ma non abbiamo ceduto di un palmo. *It was a rough battle but we didn't budge an inch.*
rimanere con un palmo di naso–*to be badly disappointed.*
Quando ho perso il treno sono rimasto con un palmo di naso. *When I missed the train I was badly disappointed.*

palo–*pole*
saltare di palo in frasca–*to jump from one subject to another very easily.*
È difficile parlare di un argomento con lui; salta di palo in frasca con molta facilità. *It's difficult to talk about a subject with him; he jumps from one subject to another very easily.*

pancia–*belly*
grattarsi la pancia–*to twiddle one's thumbs.*
È un fannullone; si gratta sempre la pancia invece di darsi da fare. *He's a loafer; he twiddles his thumbs instead of busying himself.*

panciolle–*idly*
stare in panciolle–*to loll about.*
Piuttosto che stare in panciolle, perchè non vieni con me a fare delle commissioni? *Instead of lolling about, why don't you come with me on some errands?*

pandemonio–*pandemonium*
scatenare un pandemonio–*to raise Cain.*
Quando ha visto il conto ha scatenato un pandemonio. *When he saw the bill he raised Cain.*

pane–*bread*
dire pane al pane–*to call a spade a spade.*
È una persona sincera che dice sempre pane al pane. *He's a sincere person who always calls a spade a spade.*
essere pane e cacio–*to be hand-in-glove.*
Posso chiederlo a Giorgio; siamo pane e cacio con lui. *I can ask George; we're hand-in-glove with him.*

guadagnarsi il pane–*to bring home the bacon.*
Non è uno scherzo guadagnarsi il pane per una famiglia numerosa come la sua. *It's no joke to bring home the bacon for a large family like his.*
mangiar pane e cipolle–*to live on bread and water.*
È un tipo di poche pretese; gli basta mangiar pane e cipolle. *He's an unpretentious fellow; he lives on bread and water.*
mangiare il pane a tradimento–*not to be worth one's keep.*
Sei un mangia pane a tradimento; da domani cominci a lavorare. *You're not worth your keep; starting tomorrow you're going to get a job.*
rendere pan per focaccia–*to give someone what's coming to him.*
Intendo rendergli pan per focaccia alla prima occasione. *I intend to give him what's coming to him the first chance I get.*
togliersi il pane di bocca–*to give the shirt off one's back.*
È così generoso che si toglierebbe il pane di bocca. *He's so generous he'd give you the shirt off his back.*
trovare pane per i propri denti–*to meet one's match.*
Finalmente ha trovato pane per i suoi denti. *He's finally met his match.*

panna–*breakdown*
essere in panne–*to have a breakdown.*
Non posso venire da te; ho la macchina in panne. *I can't come to see you; my car had a breakdown.*

panno–*cloth*
lavare i panni sporchi in famiglia–*not to wash dirty linen in public.*
I panni sporchi si lavano in famiglia. *Don't wash your dirty linen in public.*
nei panni di–*in someone's shoes.*
Non vorrei essere nei suoi panni oggi. *I wouldn't want to be in his shoes today.*
tagliare i panni addosso a qualcuno–*to speak ill of someone.*
È una maligna; taglia i panni addosso a tutti. *She's really malicious; she speaks ill of everyone.*

pantaloni–*pants*
portare i pantaloni–*to wear the trousers.*
In quella casa è sua moglie che porta i pantaloni. *In that house the wife wears the trousers.*

papa–*pope*
È meglio star da papa che da canonico. *The more comfortably you can live the better it is.*
Morto un papa se ne fa un altro. *No one is indispensable.*
stare come un papa–*to live like a king.*
Oggi non andrei a lavorare per tutto l'oro del mondo; sto come un papa. *Today I wouldn't go to work for the world; I'm living like a king.*
stare da papa–*to be in clover.*

Sta da papa quando torna a casa dei genitori. *He's in clover when he goes back to his parents' house.*

---

papavero–*poppy*
alto papavero–*bigwig.*
Gli alti papaveri della zona si trovano al bar ogni sera per l'aperitivo. *The bigwigs meet at the bar every evening for an aperitif.*

---

pappa–*mush*
mangiare la pappa in testa a qualcuno–*(1) to stand head and shoulders above.*
Giovanni è talmente alto che mangia la pappa in testa a tutti. *John is so tall he stands head and shoulders above everybody.*
(2) to have the whip-hand over someone.
È il figlio maggiore, ma si fa sempre mangiare la pappa in testa dai fratelli. *He's the oldest son but his brothers hold the whip-hand over him.*
pappa e ciccia–*hand-in-glove.*
Lui e il suo compagno di banco sono pappa e ciccia. *He and his schoolmate are hand-in-glove.*
pappa molla–*mollycoddle.*
È una pappa molla; si fa sempre imporre le decisioni dagli altri. *He's a mollycoddle; everybody bosses him around.*
scodellare la pappa a qualcuno–*to iron out someone's difficulties for him.*
È un incapace; bisogna sempre scodellargli la pappa. *He's incapable; he always needs someone to iron out his difficulties for him.*
volere la pappa fatta–*to expect to be waited on hand and foot.*
È talmente pigro che vuole sempre la pappa fatta. *He's so lazy he expects to be waited on hand and foot.*

---

parentesi–*parenthesis*
fra parentesi–*by the way.*
Fra parentesi, questa è la casa di cui ti dicevo. *By the way, this is the house I was talking about.*

---

pari–*equal*
alla pari–*au pair.*
Hanno una ragazza alla pari che aiuta in casa. *They have an au pair girl who helps with the housework.*
andare in pari–*to break even.*
Con questa vincita sono andato in pari con tutto quello che ho perso la scorsa settimana. *With this win I break even after all that I lost last week.*
da pari a pari–*man-to-man.*
Me lo ha detto da pari a pari. *He told it to me man-to-man.*
pari e patta–*even.*
Adesso che ti ho restituito il favore siamo pari e patta. *Now that I've returned the favor we're even.*

pariglia–*pair*

rendere la pariglia–*to give tit for tat.*
Lui mi ha trattato male, ma io gli ho reso la pariglia. *He treated me badly, but I gave him tit for tat.*

parlantiva–*talkativeness*

aver la parlantiva sciolta–*to have the gift of gab.*
Non si fa intimidire da nessuno; ha sempre la parlantiva sciolta. *No one intimidates him; he has the gift of gab.*

parlare–*to speak*

avere un bel parlare–*to talk until one is blue in the face.*
Avete un bel parlare, ma non riuscirete a convincermi. *You can talk until you're blue in the face, but you'll never convince me.*

un gran parlare–*a lot of talk.*
Si è fatto un gran parlare recentemente del problema dell'inquinamento. *Lately there has been a lot of talk about the pollution problem.*

parola–*word*

avere la parola facile–*to have a ready tongue.*
Ha la parola facile; dovrebbe fare l'avvocato. *He has a ready tongue; he should be a lawyer.*

dire due parole a–*to have a word with.*
Se vieni in là ti dico due parole. *If you'll come over here I'd like to have a word with you.*

dire una parola–*to say the word.*
Non lasciare che lo condannino così; dì una parola in suo favore. *Don't let them condemn him like that; say the word for him.*

È una parola! *It's easier said than done!*

essere di parola–*to be as good as one's word.*
Se sarai di parola con me non avrai di pentirtene. *If you're as good as your word with me you won't be sorry.*

in parola–*negotiating with.*
Non posso prendere in considerazione la tua offerta; sono già rimasto in parola con altri. *I can't consider your offer; I'm already negotiating with someone else.*

. . . in parola–*. . . in question.*
Il direttore si è preso la libertà di usare portare il documento in parola. *The director took the liberty of using the document in question.*

in parole povere–*in words of one syllable.*
Spiegami tutto questo in parole povere. *Explain everything to me in words of one syllable.*

in poche parole–*in a nutshell.*
È pigro, è trasandato, non gli piace lavorare; in poche parole, è un cattivo soggetto. *He's lazy, slovenly, doesn't like to work; in a nutshell, he's a bad one.*

mangiare le parole–*to mumble.*
Parla così infretta che si mangia le parole. *He speaks so low he mumbles.*
mantenere la parola–*to keep one's word.*
Non ci si può fidare di lui; non mantiene mai la parola. *You can't trust him; he doesn't keep his word.*
non dire mezza parola–*not to say anything.*
Non dire mezza parola in giro di quello che ti ho detto. *Don't say anything to anyone about what I told you.*
non mancare di parola–*to keep one's word.*
È un uomo onesto; se te lo ha promesso, non mancherà di parola. *He's an honest man; if he promised you, he'll keep his word.*
Non sempre le parole s'accompagnano ai fatti. *Actions speak louder than words.*
parlare a mezze parole–*to mince words.*
Non parlare a mezze parole; dimmi francamente cosa è successo. *Don't mince words; tell me frankly what happened.*
parole d'oro–*something important.*
Ascoltatemi bene ragazzi; queste sono parole d'oro. *Listen to me carefully children; this is something important.*
prendere la parola–*to take the floor.*
Alla fine del banchetto ha preso la parola. *At the end of the banquet he took the floor.*
prendere qualcuno in parola–*to take someone at his word.*
Ti prendo in parola; dimostrami ciò che sai fare. *I take you at your word; show me what you can do.*
rimangiarsi la parola–*to eat one's words.*
Mi sono accorto che non meriterebbe il mio appogggio ma non posso rimangiarmi la parola. *I realize he's not worthy of my support but I can't eat my words.*
senza dire una parola–*without speaking.*
È stato tutta la sera in un angolo senza dire una parola. *He stayed in the corner all evening without speaking.*
Tutte parole! *It's all hot air!*
venire a parole–*to have words with.*
È venuto a parole con Giovanni per una questione di soldi. *He had words with John about money.*

parte–*part*
a parte di–*in on.*
Mettimi a parte dei tuoi segreti. *Let me in on your secrets.*
d'altra parte–*on the other hand.*
D'altra parte non si può dimenticare ciò che di buono ha fatto. *On the other hand, we can't forget about all the good things he did.*
da . . . a questa parte–*(1) in the past.*
Da un mese a questa parte non frequenta più la scuola. *In the past month he*

hasn't come to school.

(2) for . . .

Non ci vediamo da un po' di tempo a questa parte. *We haven't seen each other for some time.*

da parte–*aside.*

Spero di mettere da parte abbastanza soldi per potermi comprare un terreno. *I hope to set aside enough money to be able to buy some land.*

da tutte le parti–*from far and wide.*

La gente è accorsa da tutte le parti per assistere allo spettacolo. *People came from far and wide to see the show.*

da una parte . . . dall'altra–*on the one hand . . . on the other.*

Da una parte è una prospettiva interessante; dall'altra, c'è molto da lavorare. *On the one hand it's an interesting proposition; on the other, there's a lot of work to do.*

fare le parti–*to divide.*

La mamma prese la pizza e fece le parti per tutti. *Mother took the pizza and divided it among everyone.*

in gran parte–*largely.*

I loro soldi vengono in gran parte dalla famiglia di lei. *Their money comes largely from her family.*

in parte–*partly.*

Quello che dici e giusto solo in parte. *What you're saying is only partly right.*

la maggior parte–*the majority.*

Sono sicuro che la sua proposta non passerà: la maggior parte è contraria. *I'm sure that his proposal won't pass: the majority is against it.*

la parte del leone–*lion's share.*

È un uomo autoritario—ed è abituato a fare la parté del leone. *He's an authoritarian man—and he's used to having the lion's share.*

per la maggior parte–*for the most part.*

Per la maggior parte le cose che dice non sono interessanti. *For the most part what he says isn't interesting.*

---

partire–*to leave*

a partire da–*starting from.*

A partire da domani gli autobus costeranno più cari. *Starting from tomorrow it will cost more to ride the bus.*

---

partita–*batch*

essere una partita chiusa–*to be all over now.*

È una partita chiusa, non ne parliamo più. *It's all over now, let's not discuss it further.*

---

partito–*party, choice*

per partito preso–*deliberately.*

Non importa se abbia ragione o torto, mi critica per partito preso. *No matter if I'm right or wrong, he criticizes me deliberately.*

prendere partito–*to take sides.*
Fate come volete; non voglio prendere partito in questa vicenda. *Do as you wish; I don't want to take sides in this matter.*

ridursi a mal partito–*to be in a bad way.*
Si è ridotto a mal partito a causa dell'alcool. *He's in a bad way because of alcohol.*

---

pasqua–*Easter*
felice (contento) come una pasqua–*tickled pink.*
Quando l'ha saputo era felice (contento) come una pasqua. *When he learned it, he was tickled pink.*

---

passare–*to pass*
farsi passare per–*to pass oneself off as.*
Si fece passare per giornalista. *He passed himself off as a journalist.*

passarci sopra–*to ignore something.*
Puo sembrare un dettaglio minimo, ma non possiamo passarci sopra. *It might seem like a minor detail, but we can't ignore it.*

passarsela bene–*to be well off.*
L'ho incontrato l'altro giorno dopo tanto tempo; ora se la passa bene. *I met him the other day after a long time; he's well off now.*

---

passo–*step*
a due passi–*nearby.*
Casa mia è qui a due passi. *My house is right nearby.*

a passi felpati–*stealthily.*
A passi felpati mi sono avvicinato senza farmi sentire. *I crept up stealthily without being heard.*

allungare il passo–*to hurry.*
Allunghiamo il passo, non vorrei arrivare in ritardo. *Let's hurry, I wouldn't want to be late.*

andare a passi d'uomo–*to inch along.*
È una strada molto trafficata; bisogna guidare a passo d'uomo. *It's a busy street; you have to inch along when you drive.*

andare di pari passo–*to go along with.*
La cultura va di pari passo con la diffusione dei quotidiani. *Culture goes along with the diffusion of newspapers.*

di buon passo–*at a good clip.*
Ci avviammo di buon passo verso il ristorante. *We went at a good clip toward the restaurant.*

Fai il passo secondo la gamba. *Cut the garment to fit the cloth.*

fare due passi–*to take a walk.*
Ti va di fare due passi? *Would you like to take a walk?*
fare un passo avanti–*to make progress.*
Finche non capirò questo problema non farò un passo avanti nella preparazione dell'esame. *Until I understand this problem I won't make progress in my preparation for the exam.*
Non fare il passo più lungo della gamba. *Don't bite off more than you can chew.*
segnare il passo–*to mark time.*
Le ricerche sul cancro segnano il passo. *Cancer research is marking time.*
un passo falso–*a "faux pas."*
In questo mestiere un passo falso può costare caro. *In this trade a "faux pas" can be costly.*

pasta–*dough*
di pasta buona–*good-natured.*
È una ragazza di pasta buona. *She's a good-natured girl.*
essere della stessa pasta–*to be cast in the same mold.*
È della stessa pasta di sua madre; è una donna generosa. *She's cast in the same mold as her mother; she's a generous woman.*

pasticcio–*mess*
un bel pasticcio (nei pasticci)–*in a pickle.*
Ti sei messo in un bel pasticcio (nei pasticci). E adesso come ne verrai fuori? *You're in a pickle. And how are you going to get out of it now?*

pasto–*meal*
dare qualcosa in pasto al pubblico–*to make something common knowledge.*
I rotocalchi per vendere devono sempre dare nuove notizie in pasto al pubblico. *To sell, magazines have to make something common knowledge to the public.*

patata–*potato*
spirito di patata–*poor sense of humor.*
Non mi piacciono le sue battute; ha uno spirito di patata. *I don't like his jokes; he has a poor sense of humor.*
un sacco di patate–*a clumsy person.*
Nonostante le lezioni di ballo, è sempre un sacco di patate. *Notwithstanding dancing lessons, she's still a clumsy person.*

paternostro–*paternoster*
sapere come il paternostro–*to know by heart.*
Sapeva la lezione di chimica come il paternostro. *He knew the chemistry lesson by heart.*

patto–*pact*
Patti chiari amicizia lunga. *Clear agreements make good friends.*

paura–*fear*
avere paura d'una mosca–*to be afraid of one's shadow.*
È meglio non mandar lui; avebbe paura anche di una mosca. *We'd better not send him; he'd be afraid of his shadow.*
brutto da far paura–*as ugly as sin.*
È brutto da far paura ma è molto simpatico. *He's as ugly as sin but he's really nice.*
La paura fa novanta. *Fear makes people do strange things.*

pazzo–*crazy*
andare pazzo per . . . –*to be mad about . . .*
Mio cugino va pazzo per i cavalli. *My cousin is mad about horses.*
pazzo da legare–*mad as a hatter.*
Non lasciategli toccare niente; è pazzo da legare. *Don't let him touch anything; he's as mad as a hatter.*

pecora–*sheep*
pecora nera–*black sheep.*
È la pecora nera della famiglia. *He's the black sheep of the family.*

peggio–*worse*
Il peggio non è mai morto. *The worst is yet to come.*
Peggio di cosi si muore. *Things couldn't be worse.*

pelle–*skin*
Far accapponare la pelle–*to make one's flesh creep.*
Storie come queste mi fanno accapponare la pelle. *Stories like this make my flesh creep.*
Fare la pelle a–*to bump off.*
I banditi fecero la pelle al poliziotto. *The bandits bumped off the policeman.*
la pelle d'oca–*goose flesh.*
Quel film e paurosa; mi ha fatto venire la pelle d'oca. *That film is frightening; it gave me goose flesh.*
lasciarci la pelle–*to lose one's life.*
Durante le scalate in questa stagione, qualcuno ci lascia sempre la pelle. *During mountain climbing in this season, someone always loses his life.*
non stare piu nella pelle dalla gioia–*to be beside oneself with joy.*
Quando ha saputo di aver vinto, non stava piu nella pelle dalla gioia. *When he found out he had won, he was beside himself with joy.*
vendere la pelle dell'orso prima di averle ucciso–*to count one's chickens before they're hatched.*
Aspetta i risultati; non vendere la pelle dell'orso prima di averle ucciso. *Wait for the results; don't count your chickens before they're hatched.*

pelo–*hair, surface*
cercare il pelo nell'uovo–*to split hairs.*
Non andiamo a cercare il pelo nell'uovo. *Let's not split hairs over it.*
di primo pelo–*a greenhorn.*
È ancora inesperto; è un avvocato di primo pelo. *He's still inexpert; he's a greenhorn lawyer.*
fare il pelo e il contropelo–*(1) to speak ill of someone.*
Con i giudisi che ha dato di lui gli ha fatto il pelo e il contropelo. *With the judgments he gave of him, he really spoke ill of him.*
(2) to give someone a good dressing down.
Quando sgrida i figli fa il pelo e il contropelo. *When she scolds the children she gives them a good dressing down.*
lisciare il pelo e–*to soft-soap.*
È inutile che mi lisci il pelo; non ottennai il permeso. *It's useless soft-soaping me; you won't get permission.*
mancare un pelo–*to be within a hair's breadth.*
Ho mancato un pelo che perdersi la vita. *I was within a hair's breadth of losing my life.*
non avere peli sulla lingua–*not to mince words.*
Non ha peli sulla lingua e dice sempre quello che pensa. *He doesn't mince words and he always says what he thinks.*
per un pelo–*by a nose.*
Ha vinto per un pelo. *He won by a nose.*
stare a pelo d'acqua–*to stay on the surface of the water.*
Il sughero non va a fondo; sta sempre a pelo d'acqua. *Cork doesn't sink; it always stays on the surface of the water.*

---

pena–*punishment*
a mala pena–*barely.*
Sono riuscito a mala pena a finire in tempo. *I barely managed to finish on time.*
darsi pena–*to take pains.*
Non darti pena per un individuo simile. *Don't take pains for a person like that.*
far pena perfino ai sassi–*to make the very stones weep.*
Ha raccontato una storia talmente patetica che ha fatto pena perfino ai sassi. *He told such a pathetic story that he made the very stones weep.*
le pene dell'inferno–*the pains of hell.*
Ti farò passare le pene dell'inferno. *I'll put you through the pains of hell.*
stare in pena–*to worry.*
Non partire troppo tardi, altrimenti sarò in pena per te. *Don't leave too late, otherwise I'll worry about you.*
valere la pena–*to be worth the trouble.*
Non vale la pena che mi aiuti; lo faccio da solo. *It's not worth your trouble to help me; I'll do it myself.*

penna–*feather*
lasciarci le penne–*to get one's wings clipped.*
Sia prudente, attento a non lasciarci le penne. *Be careful, watch out not to get your wings clipped.*
saper tenere la penna in mano–*to know how to write.*
Nonostante non abbia studiato, sa tenere la penna in mano molto bene. *Even though he hasn't studied, he knows how to write.*

pennello–*brush*
andare (stare) a pennello–*a good fit.*
Il vestito nuovo mi va (sta) a pennello. *The new dress is a good fit.*

pensiero–*thought*
affacciarsi il pensiero–*for the thought to strike one (to occur to someone).*
Mi si affacciò il pensiero che barava. *The thought struck me (it occurred to me) that he might be cheating.*
sopra pensiero–*lost in thought.*
Ero sopra pensiero e non ti ho sentito arrivare. *I was lost in thought and didn't hear you come in.*
stare in pensiero–*to worry.*
È tornato tardi e la mamma stava in pensiero. *He came back late and his mother was worried.*

pentola–*pot*
qualcosa bolle in pentola–*something's brewing.*
Fanno troppo i misteriosi; qualcosa bolle in pentola. *They're acting too mysteriously; something's brewing.*
sapere ciò che bolle in pentola–*to know what's cooking.*
Gli tengono nascosto tutto; non sa mai ciò che bolle in pentola. *They hide everything from him; he never knows what's cooking.*

pera–*pear*
cascare come una pera cotta–*to be tripped up.*
Voleva fare il sapiente, ma su un argomento facile è cascato come una pera cotta. *He wanted to act the wise man, but on an easy subject like that one he was tripped up.*
Non vale una pera cotta. *It's not worth a cent.*

perdita–*loss*
a perdita d'occhio–*as far as the eye can see.*
Le sue proprietà si estendono a perdita d'occhio. *His property stretches as far as the eye can see.*

perla–*pearl*
una perla di–*a model.*
Dà tante soddisfazioni; è una perla di ragazza. *She gives us a lot of satisfaction;*

she's a model girl.

---

perso–*lost*
perso per perso–*no matter if it's a hopeless attempt.*
Perso per perso, propongo di provarci lo stesso. *No matter if it's a hopeless attempt, I suggest we try just the same.*

---

pesce–*fish*
Chi dorme non piglia pesci. *The early bird catches the worm.*
muto come un pesce–*as close as an oyster.*
Durante l'interrogazione rimase muto come un pesce. *During the interrogation he was as close as an oyster.*
non sapere che pesci pigliare–*to be at a loss.*
Quando ci si trova in situazioni inaspettate spesso non si sa che pesci pigliare. *When you find yourself in unexpected situations, you can often be at a loss.*
Pesce d'Aprile! *April Fool!*
trattare a pesci in faccia–*to treat like dirt.*
Sono stato trattato a pesci in faccia; non entrerò più in quella casa. *I was treated like dirt; I won't go to that house again.*
un pesce d'aprile–*an April Fool trick.*
Oggi a scuola abbiamo fatto un pesce d'aprile al professore. *Today at school we played an April Fool trick on the teacher.*
un pesce fuor d'acqua–*a fish out of water (a square peg in a round hole).*
È come un pesce fuor d'acqua in quell'ambiente. *He's like a fish out of water in that group. (He fits into that group like a square peg in a round hole.)*

---

peso–*weight*
dare peso a–*to set store by.*
Non dare peso a quel che dice. *Don't set store by what he says.*
levarsi un peso dallo stomaco–*to get it off one's chest.*
Gli ho raccontato finalmente la verità e mi sono levato un peso dallo stomaco. *I finally told him the truth and got it off my chest.*
usare due pesi e due misure–*to be partial.*
È famoso nei suoi giudizi; usa due pesi e due misure. *He's famous for his judgments; he's partial.*

---

pesta–*track*
essere nelle peste–*to be in a mess.*
Sono nelle peste con tutte le schede di valutazione da dare ai ragazzi. *I'm in a mess with all the evaluation cards I have to give to the children.*
lasciare nelle peste–*to leave in the lurch.*
È stato scorretto da parte sua lasciarmi nelle peste ieri sera. *It was wrong on his part to leave me in the lurch last night.*

---

peste–*plague*
dire peste e corna di qualcuno–*to paint in very black colors.*

Non è gentile da parte tua dire peste e corna di Maria. *It's not nice of you to paint Mary in black colors.*

---

petto–*breast*
battersi il petto–*to beat one's breast.*
Non è stata colpa tua; basta batterti il petto. *It wasn't your fault, so stop beating your breast over it.*
prendere di petto–*to face up to something.*
Aveva paura, ma ha preso di petto la situazione. *He was afraid, but he faced up to the situation.*

---

pezza–*patch*
una pezza da piedi–*a nonentity.*
In famiglia è trattata come una pezza da piedi. *At home she's treated like a nonentity.*

---

pezzo–*price*
a pezzi e bocconi–*in bits and pieces.*
L'autore ha scritto il suo libro a pezzi e bocconi. *The author wrote his book in bits and pieces.*
averne per un pezzo–*to be busy for some time.*
Questo lavoro è difficile; penso che ne avrò per un pezzo. *This work is hard; I think I'll be busy for some time.*
comprare per un pezzo di pane–*to buy for a song.*
Ho comprato questa macchina per un pezzo di pane. *I bought this car for a song.*
tutto di un pezzo–*of impeccable character.*
Nelle sue azioni si è dimostrato di essere una persona tutta di un pezzo. *In his actions he's shown himself to be a person of impeccable character.*
un pezzo grosso–*a big shot.*
È un pezzo grosso nella sua azienda. *He's a big shot in his company.*

---

piaga–*sore*
girare il dito nella piaga–*to rub salt on a wound.*
È un sadico; gli piace dire cose cattive e girare il dito nella piage. *He's a sadist; he likes to say nasty things and rub salt on a wound.*

---

piano–*slow*
Chi va piano va sano e va lontano. *Slow but sure.*
in secondo piano–*in the background.*
La sua intelligenza passa in secondo piano rispetto alla sua avidità. *His intelligence goes in the background compared to his greediness.*
mettere sullo stesso piano–*to compare.*
Non si possono mettere i due eventi sullo stesso piano. *You can't compare the two events.*

pianta–*plant*
in pianta stabile–*on a regular basis.*
Si è trasferito nella casa dei suoceri in pianta stabile. *He moved in with his in-laws on a regular basis.*

piazza–*square*
andare in piazza–*to go bald.*
Roberto e Francesco sono andati in piazza molto giovani. *Robert and Francis went bald very young.*
fare piazza pulita–*to clean out.*
Ho fatto piazza pulita di tutte le cose inutili che ho trovato in casa. *I cleaned out all the useless things I found in the house.*
gridare in piazza–*to shout from the housetops.*
È inutile che gridi in piazza il tuo insuccesso; cerca di far meglio la prossima volta. *It's useless that you shout your failure from the housetops; try to do better the next time.*

picche–*spades*
rispondere picche–*to say no.*
Speravo di ottenere il suo permesso per farlo ma mi ha risposto picche. *I hoped to get his permission to do it, but he said no.*

piccione–*pigeon*
prendere due piccioni con una fava–*to kill two birds with one stone.*
Bravo, così sei riuscito a prendere due piccioni con una fava. *Good for you! That way you managed to kill two birds with one stone.*

picco–*peak*
a picco–*down.*
Il capitano andò a picco con la sua nave. *The captain went down with his ship.*

piccolo–*small*
da piccolo–*as a child.*
Da piccolo andavo a giocare in quel giardino. *As a child I used to play in that yard.*
nel proprio piccolo–*in one's small way.*
Nel mio piccolo, cerco sempre di aiutare il prossimo. *In my small way, I always try to help my neighbor.*

piè–*foot*
a piè fermo–*resolutely.*
Attese a piè fermo i suoi nemici. *He waited resolutely for his enemies.*
saltare a piè pari–*to skip altogether.*
Il conferenziere ha saltato a piè pari l'argomento più importante. *The speaker skipped the most important subject altogether.*

piede–*foot*

a piede libero–*at large.*
La polizia in tutto il mondo lo sta cercando, ma rimane sempre a piede libero. *The police throughout the world are looking for him, but he's still at large.*

andare con i piedi di piombo–*to be very cautious.*
Non sapendo che cosa aspettarsi, andava con i piedi di piombo. *Not knowing what to expect, he was very cautious.*

avere un piede nella bara (fossa)–*to have one foot in the grave.*
Aveva già un piede nella bara (foosa), ma si è ripreso molto bene. *He already had one foot in the grave, but he recovered well.*

cominciare con il piede sbagliato–*to get off to the wrong start.*
Se cominci con il piede sbagliato puoi pregiudicare il risultato finale. *If you get off to the wrong start you can compromise the final result.*

Fuori dai piedi! *Get out of my hair!*

mettere in piedi–*to start.*
È merito tuo se abbiamo messo in piedi questo gruppo. *It's to your merit that we got this group started.*

mettere piede–*to set foot.*
Non ho mai messo piede lì dentro e mai ce lo metterò. *I never set foot in there and I never will.*

non reggersi in piedi–*not to hold water.*
Il suo ragionamento non si regge in piedi. *His reasoning doesn't hold water.*

pestare i piedi–*(1) to tread on someone's toes.*
Per riuscire nei miei intenti dovró pestare i piedi a molte persone. *To get where I want to I'll have to tread on a lot of toes.*
(2) to stamp one's feet.
Quel bambino è capriccioso; gli basta pestare i piedi per ottenere ciò che vuole. *That child is so capricious; he just stamps his feet and gets what he wants.*

prendere piede–*to take hold (catch on).*
La moda dei tacchi alti he preso piede dopo l'estate. *The fad for high heels took hold (caught on) after the summer.*

puntare i piedi–*to be obstinate.*
C'è riuscito solo puntando i piedi. *He succeeded only by being obstinate.*

sui due piedi–*then and there.*
Lo licenziarono sui due piedi. *They fired him then and there.*

tenere il piede in due staffe–*to run with the hare and hunt with the hounds.*
È un uomo ambiguo e opportunista; tiene sempre i piedi in due staffe. *He's an ambiguous opportunist; he runs with the hare and hunts with the hounds.*

togliere dai piedi–*to send someone packing.*
Toglietemi dai piedi quest'uomo; non lo sopporto. *Send this man packing; I can't stand him.*

un lavoro fatto con i piedi–*a very poor piece of work*.
Va rifatto subito! È un lavoro fatto con i piedi. *This has to be redone immediately! It's a very poor piece of work.*

piedistallo–*pedestal*
mettere sul piedistallo–*to put on a pedestal*.
Ti ho messo sul piedistallo ma mi accorgo di aver commesso un errore. *I put you on a pedestal but I realize I've made a mistake.*

piega–*fold*
non fare una piega–*to be flawless*.
La sua spiegazione non fa una piega. *His explanation is flawless.*
prendere una buona piega–*to shape up well*.
Le cose prendono una buona piega per noi. *Things are shaping up well for us.*

pieno–*full*
pieno di sè–*full of oneself*.
È talmente pieno di sè; che non si accorge neppure di diventare maleducato; che crede d'essere? *He's so full of himself that he doesn't even notice how rude he gets; who does he think he is?*

pietra–*stone*
avere un cuore di pietra–*to have a heart of stone*.
Non conosce il significato di pietà; ha un cuore di pietra. *He doesn't know the meaning of pity; he has a heart of stone.*
mettere una pietra su–*to let bygones be bygones*.
Mettiamo una pietra sul passato. *Let's let bygones be bygones.*

pillola–*pill*
indorare la pillola–*sugarcoat the pill*.
Glielo dirò io cercando di indorare la pillola. *I'll try to sugarcoat the pill when I tell him.*

pinza–*pliers*
prendere con le pinze–*to handle with kid gloves*.
È suscettibile e bisogna prenderlo con le pinze. *He's touchy, so you have to handle him with kid gloves.*

piovere–*to rain*
Piove sul bagnato–*(to indicate good luck)* Nothing succeeds like success.
(to indicate bad luck)It never rains but it pours.

pisolino–*nap*
schiacciare un pisolino–*to take a nap*.
Mi piace schiacciare un pisolino dopo pranzo. *I like to take a nap after lunch.*

più–*more*
a più non posso–*for all one is worth*.

Correva a più non posso. *He was running for all he was worth.*

chi più ne ha più ne metta!–*to go on and on about.*
È generoso, simpatico, buono; chi più ne ha più ne metta. *He's generous, nice, good; you could go on and on about him.*

parlare del più e del meno–*to pass the time of day.*
Abbiamo preso un caffè insieme parlando del più a del meno. *We had coffee together and passed the time of day.*

per di più–*to top it off.*
Era antipatico e per di più sgradevole di aspetto. *He was disagreeable, and to top it off, unpleasant to look at.*

per lo più–*for the most part.*
C'era molta gente, per lo più americani. *There were a lot of people, for the most part Americans.*

più . . . meglio è–*the more the merrier.*
Porta anche tua sorella; più siamo meglio è. *Bring your sister too; the more the merrier.*

più o meno–*more or less.*
Mi ha detto più o meno le stesse cose. *He told me more or less the same things.*

piva–*bagpipe*
tornarsene con le pive nel sacco–*to return empty-handed.*
È partito con la speranza di fare fortuna, ma se n'è tornato con le pive nel sacco. *He left with the hope of finding fortune, but he returned empty-handed.*

poco–*little*
a dir poco–*to put it mildly.*
A dir poco, vorrei che non fosse venuto. *To put it mildly, I wish he hadn't come.*

gaurdare un po'–*to get a load of.*
Guarda un po' chi si vede! *Get a load of who's here!*

pollo–*chicken*
conoscere i propri polli–*to know with whom one has to deal.*
I suoi studenti si credono più furbi di lui, ma quell'insegnante conosce i suoi polli. *His students think they can outsmart him, but that teacher knows with whom he has to deal.*

far ridere i polli–*to have a bad sense of humor.*
Credi di essere spiritoso ma fai ridere i polli. *You think you're funny but you have a bad sense of humor.*

polpetta–*meatball*
far polpette di–*to mop the floor with (to make mincemeat of).*
La squadra ospite fece polpette della squadra di casa. *The visiting team mopped the floor (made mincemeat of) the home team.*

polso–*pulse*
aver polso–*to be firm.*
È un uomo buono ma sa avere polso. *He's a good man but he knows how to be firm.*
sentire il polso della situazione–*to see the lay of the land.*
Penso di partecipare, ma prima voglio sentire il polso della situazione. *I think I'll come, but first I want to see the lay of the land.*

---

polvere–*dust*
gettare polvere negli occhi–*to pull the wool over someone's eyes.*
È inutile che getti polvere negli occhi; si accorgeranno che individuo sei. *It's useless trying to pull the wool over their eyes; they'll find out what kind of person you are.*
mordere la polvere–*to bite the dust.*
Non si accontentò di vincere ma fece mordere la polvere all'avversario. *He wasn't content with winning but he made his opponent bite the dust.*

---

pomo–*apple*
il pomo della discordia–*the bone of contention.*
La nuova legge sugli affitti è il pomo della discordia al consiglio comunale. *The new rent law is a bone of contention in the city council.*

---

ponte–*bridge*
fare il ponte–*to take an extra long weekend.*
Martedì è vacanza. Lunedì non andrò a lavorare, farò il ponte. *Tuesday is a vacation. Monday I won't go to work, I'll take an extra long weekend.*
fare ponti d'oro–*to offer advantageous terms.*
La ditta ha fatto ponti d'oro a Riccardo. *The firm has offered advantageous terms to Richard.*
tagliare i ponti–*to burn one's bridges.*
Ha dato le dimissioni ed ha tagliato i ponti con la società. *He resigned and burned his bridges with the firm.*

---

porca–*sow*
Porca miseria! *Dammit!*

---

poro–*pore*
sprizzare . . . da tutti i pori–*to be bursting with.*
Il giorno del matrimonio sprizzava gioia da tutti i pori. *The day of his wedding he was bursting with joy.*

---

porta–*door*
accompagnare una porta–*to close a door gently.*
Per favore, accompagna la porta, se no sbatte. *Please, close the door gently, or it'll slam.*

aprire le porte al nemico–*to give in.*
Ha lottato tanto ma alla fine ha dovuto aprire le porte al nemico. *He fought hard, but at the end he had to give in.*

bussare a molte porte–*to pound the pavements.*
Ho dovuto bussare a molte porte prima di trovare qualcuno che fosse disposto ad aiutarmi. *I had to pound the pavements to find someone willing to help me.*

chiudere la porta sul naso–*to slam the door in one's face.*
Sono stati molto scortesi; mi hanno chiuso la porta sul naso. *They were very discourteous; they slammed the door in my face.*

mettere alla porta–*to throw someone out.*
Si è comportato male ed ho dovuto metterlo alla porta. *He behaved rudely and I had to throw him out.*

prendere la porta–*to leave.*
Mi sono arrabbiato ed ho preso la porta. *I got angry and left.*

sfondare una porta aperta–*to do something useless.*
Non hai scoperto niente di nuovo; hai sfondato una porta aperta. *You didn't discover anything; you did something useless.*

---

porto–*port*
condurre in porto–*to conclude successfully.*
Hanno condotto in porto l'affare con la City Bank. *They successfully concluded the deal with City Bank.*

un vero porto di mare–*like Grand Central Station.*
La nostra casa è sempre piena di gente; è un vero porto di mare. *Our house is always full of people; it's like Grand Central Station.*

---

possibile–*possible*
fare il possibile–*to do one's best.*
Farò il possibile per aiutarti a trovare lavoro. *I'll do my best to help you find a job.*

---

posto–*place*
mettere a posto qualcuno–*to put someone in his/her place.*
Non fare il gradasso o ti metto a posto. *Don't be a braggart or I'll put you in your place.*

mettere le cose a posto–*to set things straight.*
Quando verrà la mamma metterà le cose a posto. *When mother comes she'll set things straight.*

---

potere–*to be able*
non poterne più–*to have had it.*
Non ne posso più di questa vita noiosa. *I've had it with this boring life.*

---

pozzo–*well*
il pozzo di San Patrizio–*the widow's purse.*

Non pensare di vivere in eterno alle mie spalle; non sono il pozzo di San Patrizio. *Don't think you can live off me forever; I'm not the widow's purse.*

un pozzo di soldi–*a pile of money.*

Ogni domenica milioni di persone sperano di vincere un pozzo di soldi al totocalcio. *Every Sunday millions of people hope to win a pile of money betting on soccer games.*

pratica–*practice*
Vale più la pratica della grammatica. *Practice makes perfect.*

preambolo–*preamble*
fare tanti preamboli–*to beat about the bush.*
Non fare tanti preamboli; vieni al sodo. *Don't beat about the bush; come to the point.*

preda–*prey*
in preda a . . .–*in a fit of . . .*
Quando la soccorsero era in preda a una crisi di nervi. *When they came to help her she was in a fit of nerves.*

predicare–*to preach*
Predicare bene e razzolare male. *Practice what you preach. (To preach one thing and practice another.)*

pregare–*to pray*
farsi pregare–*to stand on ceremony.*
Non farti pregare; vieni con noi. *Don't stand on ceremony; come along with us.*

prendere–*to take*
Che ti prende? *What's the matter with you?*
O prendere o lasciare. *Take it or leave it.*
prenderla allegramente–*to take something easy (not to take something seriously).*
Prendila allegramente! *Take it easy! (Don't take it seriously!)*

presa–*grip*
alle prese–*wrestling with.*
Sono alle prese con questo problema da tempo. *I've been wrestling with this problem for some time.*

presente–*present*
far presente–*to inform.*
Faccio presente alla presidenza che nessuno dei congressisti conosce l'inglese. *I inform the chairman that none of the participants knows English.*

tenere presente–*to bear in mind.*
Tieni presente che sono già le undici. *Bear in mind that it's already eleven o'clock.*

presenza–*presence*
presenza di spirito–*presence of mind.*
Si è salvato solo per la sua presenza di spirito. *He was saved only by his presence of mind.*

prezioso–*precious*
far il prezioso–*to wait to be asked.*
Vieni con noi Stefano; non fare il prezioso. *Come with us Stephen; don't wait to be asked.*

prezzemolo–*parsley*
essere come il prezzemolo–*to have a finger in every pie.*
È come il prezzemolo; lo si trova dappertutto. *He's got a finger in every pie; you run into him everywhere.*

prezzo–*price*
prezzo di favore–*a reduced price.*
Mi ha fatto un prezzo di favore. *He gave me a reduced price.*

prima–*first, before*
quanto prima–*as soon as possible.*
Ti farò sapere quanto prima. *I'll let you know as soon as possible.*

principessa–*princess*
la principessa sul pisello–*the princess and the pea.*
È viziata come la principessa sul pisello. *She's as spoiled as the princess and the pea.*

probabilità–*probability*
con tutta probabilità–*no doubt.*
Con tutta probabilità verrà domenica. *No doubt he'll come Sunday.*

procinto–*space*
in procinto di–*about to.*
Il treno è in procinto di partire. *The train is about to leave.*

prontezza–*readiness*
prontezza di spirito–*ready wit.*
La sua prontezza di spirito lo ha salvato molte volte. *His ready wit has saved him many times.*

proprio–*one's own*
dire la propria–*to have one's say.*
Avete parlato tutti; fatemi dire la mia. *You've all spoken; let me have my say.*
stare sulle proprie–*to keep to oneself.*
Preferisce stare sulle sue. *He prefers to keep to himself.*

prova–*test*
la prova del nove–*the proof.*
La prova del nove che hai ragione verrà fuori della sua testimonianza. *The proof that you're right will come from his testimony.*
mettere alla prova–*to put through one's paces (to put to the test).*
Ti assumerò solo dopo averti messo alla prova. *I'll hire you only after having put you through your paces (to the test).*
prova del fuoco–*crucial test.*
La partita di giovedi sarà la prova del fuoco. *Thursday's game will be the crucial test.*
reggere alla prova–*to stand the test.*
Reggerai alla prova definitiva? *Will you stand the final test?*

---

pubblicità–*publicity*
farsi pubblicità–*to blow one's own horn.*
Non perde occasione per farsi pubblicità. *He doesn't miss a chance to blow his own horn.*

---

pugnalata–*stab*
una pugnalata alla schiena–*a stab in the back.*
Non me lo aspettavo proprio di lui; è stata una pugnalata alla schiena. *I didn't expect it from him; it was a stab in the back.*

---

pugno–*first*
di proprio pugno–*in one's own hand.*
L'autore ha firmato di proprio pugno tutte le copie del libro. *The author signed all the copies of the book with his own hand.*
in pugno–*all sewed up.*
Ha la vittoria in pugno. *He has the victory all sewed up.*
rimanere con un pugno di mosche–*to be left empty-handed.*
Si aspettava di prendere quell'eredità ma è rimasto con un pugno di mosche. *He expected to get that inheritance but he was left empty-handed.*
tenere qualcuno in pugno–*to have someone in one's power.*
È molto potente; tiene tutti in pugno. *He's very powerful; he has everyone in his power.*
un pugno in un occhio–*garish.*
Il colore della sua camicia è un pugno in un occhio. *The color of his shirt is garish.*

---

pulce–*flea*
una pulce nell'orecchio–*a flea in one's ear (a nagging suspicion).*
Con quel che hai detto mi hai messo una pulce nell'orecchio. *What you said put a flea in my ear (gave me a nagging suspicion).*

pulcinella–*Punch*
il segreto di pulcinella–*open secret.*
La sanno tutti ormai; è il segreto di pulcinella. *Everyone knows it by now; it's an open secret.*

pulcino–*chick*
essere un pulcino nella stoppa–*not to know which way to turn.*
Si trova in difficoltà; è un pulcino nella stoppa. *He's in difficulty; he doesn't know which way to turn.*

pulito–*clean*
lasciare qualcuno pulito–*to clean someone out.*
Mi ha vinto tutti i soldi a carte e mi ha lasciato pulito. *He won all my money at cards and cleaned me out.*

pulpito–*pulpit*
montare in pulpito–*to preach.*
Anche se deve dire due sciocchezze monta sempre in pulpito. *Even if he has to say silly things, he preaches.*
Senti da che pulpito viene la predica! *It's the pot calling the kettle black!*

punta–*point*
fino alla punta dei capelli–*up to one's eyes (ears) (to have had it).*
Ne ho fin sopra la punta dei capelli delle tue schiocchezze. *I'm up to my eyes (ears) (I've had it) with your silliness.*
sulla punta della lingua–*on the tip of one's tongue.*
Non mi vengono le parole ma l'ho sulle punta della lingua. *I can't say it, but it's on the tip of my tongue.*

puntino–*dot*
a puntino–*to a turn.*
L'arrosto è cotto a puntino. *The roast is done to a turn.*
mettere i puntini sugli i–*to be meticulous.*
È un tipo meticoloso; mette i puntini sugli i. *He's meticulous.*

punto–*point, stitch*
a un brutto punto–*at a pretty pass.*
Le cose sono giunte a un brutto punto. *Things have come to a pretty pass.*
di punto in bianco–*all of a sudden.*
Stavo tranquillamente quando, di punto in bianco, entrò mio figlio. *I was resting quietly when, all of a sudden, in came my son.*
fare il punto su–*to sum up.*
Nel suo discorso ha fatto il punto sulla situazione. *In his speech he summed up the situation.*
farsi un punto d'onore di–*to make a point of.*

Si fa un punto d'onore di vestire elegante. *He makes a point of dressing elegantly.*

in punto–*on the dot.*
Ci vediamo alla stazione alle 4 in punto. *We'll see you at the station at 4 on the dot.*

Per un punto Martin perse la cappa. *A miss is as good as a mile. (For the want of a nail the house was lost.)*

punto e basta–*period.*
Non lo voglio fare, punto e basta. *I don't want to do it, period.*

punto morto–*dead end.*
Siamo arrivati a un punto morto. *We've come to a dead end.*

stare al punto–*to stick to the point.*
Non divagare, sta' al punto. *Don't be distracted, stick to the point.*

Un punto in tempo ne salva cento. *A stitch in time saves nine.*

---

pupilla–*pupil*
la pupilla degli occhi–*the apple of one's eye.*
Mia figlia è la pupilla dei miei occhi. *My daughter is the apple of my eye.*

---

puro–*pure*
puro come un giglio–*pure as a lily.*
È una ragazza semplice e pura come un giglio. *She's a simple girl and pure as a lily.*

---

puzzo–*stick*
sentir puzzo d'imbroglio–*to smell a rat.*
È un'ora che parlottano tra di loro; sento puzzo d'imbroglio. *They've been talking secretively for an hour; I smell a rat.*

sentire puzzo di bruciato–*to smell a rat.*
C'è qualcosa che non va; sento puzzo di bruciato. *There's something wrong; I smell a rat.*

Q

quadratura–*spring*
la quadratura del cerchio–*the question with no answer.*
Trovare una soluzione a questa crisi è come trovare la quadratura del cerchio. *Finding a solution to the crisis is like finding a question with no answer.*

---

quadro–*picture*
fuori quadro–*ill at ease.*
Mi sento proprio fuori quadro in un ambiente del genere. *I feel ill at ease in that*

kind of place.
il quadro della situazione–*the way things stand.*
Dammi il quadro della situazione se vuoi che ti aiuti. *Tell me the way things stand if you want me to help you.*

---

quando–*when*
da quando in quando–*every so often.*
Vado al cinema di quando in quando. *I go to the movies every so often.*

---

quanto–*how much*
per quanto mi riguarda–*as far as I'm concerned.*
Per quanto mi riguarda, va benissimo. *As far as I'm concerned, it's fine.*

---

quarantotto–*forty-eight*
fare un quarantotto–*to raise Cain.*
Quando ha visto che non riusciva a ottenere ciò che voleva, ha fatto un quarantotto. *When he saw that he couldn't get what he wanted, he raised Cain.*

---

quaresima–*Lent*
lungo come la quaresima–*tall and skinny.*
È cresciuto troppo in fretta; è lungo come la quaresima. *He grew too fast; he's tall and skinny.*

---

quarta–*fourth gear (of an automobile)*
partire in quarta–*to take off like a bat.*
Si è offeso; è partito in quarta e non l'abbiamo più visto. *He got offended; he took off like a bat and we haven't seen him since.*

---

quattro–*four*
a quattr'occhi–*in private.*
Mi ha voluto parlare a quattr'occhi. *He wanted to speak with me in private.*

dirne quattro–*to give a piece of one's mind.*
Ero così arrabbiato che gliene ho dette quattro. *I was so angry that I gave him a piece of my mind.*

fare quattro passi–*(1) to take a walk.*
Sono stufa di star seduta; andiamo a fare quattro passi. *I'm tired of sitting; let's take a walk.*
(2) nearby.
Non è lontano; sta a quattro passi da qui. *It's not far; it's nearby.*

farsi in quattro–*to knock oneself out.*
Si è fatta in quattro per aiutarti. *She knocked herself out to help you.*

in quattro e quattr'otto–*in short order (right away).*
Avrai molta fame; ti preparo qualcosa in quattro e quattr'otto. *You must be very hungry; I'll make you something to eat in short order (right away).*

Non dire quattro se non l'hai nel sacco! *Don't count your chickens before they're* *hatched!*

Quattro occhi vedono meglio di due. *Two minds work better than one.*

---

quinta – *wing*
dietro le quinte – *behind the scenes.*
Mi piacerebbe sapere chi sta dietro le quinte; c'è qualcosa di strano qui. *I'd certainly like to know who's working behind the scenes; there's something strange going on.*

---

quota – *height*
riprendere quota – *to be flying high again.*
Le mie azioni hanno ripreso quota; mi sento benissimo. *My shares are flying high again; I feel fine.*

R

rabbia – *anger*
bollire dalla rabbia – *to boil over with anger.*
C'è da bollire di rabbia a sentirlo; non dice una parola di vero. *You boil over with anger listening to him; not a word he says is true.*
crepare dalla rabbia – *to turn green with envy.*
È invidioso; quando i suoi amici hanno successo, lui crepa dalla rabbia. *He's envious; when his friends are successful he turns green with envy.*

---

raccapezzare – *to find*
raccapezzarcisi – *to make heads or tails of.*
Non mi ci raccapezzo affatto. *I can't make heads or tails of it.*

---

raccomandare – *to recommend*
raccomandare qualcuno – *to put in a good word for.*
È una brava persona e merita di essere raccomandato. *He's a good person and it's worth putting in a good word for him.*

---

raccomandarsi – *to implore*
mi raccomando – *please.*
Mi raccomando, non dire niente a nessuno. *Please, don't tell anyone anything about it.*

---

raccomandato – *recommended*
raccomandato di ferro – *to have friends in high places.*
È un raccomandato di ferro; è il figlio del sottosegretario del Ministro della Pubblica Istruzione. *He's got friends in high places; he's the son of the Undersecretary of the Ministry of Education.*

raccontare–*to tell*
raccontarla a qualcuno–*to tell (a tall story).*
A chi la racconti? *Tell it to the marines!*

---

raddrizzato–*straightened*
dare una raddrizzata–*to pull oneself together.*
Ti è andata male, ma non vuol dire; datti una raddrizzata e ricomincia a lavorare. La prossima volta ti andrà bene. *It didn't go well for you, but it doesn't mean anything. Pull yourself together and start working; next time it will go better.*

---

radice–*root*
mettere radici–*to settle.*
Sono nata a Torino, ma poi mi sono trasferita a Roma e ci ho messo le radici. *I was born in Turin, but then I moved to Rome and settled down there.*

---

rado–*thin*
di rado–*rarely.*
Mi piacciono gli asparagi, ma ne mangio di rado. *I like asparagus, but I rarely eat it.*

---

raggio–*ray*
raggio d'azione–*far-reaching.*
Le sue mansioni sono precise, ma hanno un raggio d'azione molto vasto. *His orders are precise but are far-reaching.*

---

ragione–*reason*
a chi di ragione–*to the competent sources.*
Le tue malefatte saranno riferite a chi di ragione. *Your misdeeds will be made known to the competent sources.*

a maggior ragione–*all the more reason.*
È andata male, ma a maggior ragione dobbiamo ricontrollare tutto e provare ancora. *It went badly, but all the more reason for us to check it out and try again.*

a ragione–*rightly.*
A ragione o a torto si è impegnato; è giusto che vada fino in fondo. *Rightly or wrongly he's gotten involved; it's right that he see it through to the end.*

a ragion veduta–*after due consideration.*
Non voglio decidere subito. Ho bisogno di tempo per fare le cose a ragion veduta. *I don't want to decide right away. I have to have time to do things after due consideration.*

aver ragione–*to be right.*
Ha sempre ragione. *He's always right.*

aver ragione di qualcuno–*to get the better of.*
Sono ben allenati e avranno ragione di qualsiasi difficoltà. *They're well trained*

and will get the better of any difficult situation.

avere ragione da vendere–*to be absolutely right.*
Ha protestato energicamente e ha ragione da vendere. *He protested strongly, and he's absolutely right.*

dare ragione a–*to admit that someone is right.*
Ti dò ragione; mi ero sbagliato. *I admit that you're right; I was wrong.*

darle di santa ragione–*to give a beating.*
Suo padre si è arrabbiato e gliele ha date di santa ragione. *His father got angry and gave him a beating.*

farsi una ragione di–*to resign oneself to.*
Finalmente si è fatto una ragione della morte di sua madre. *At last he's resigned himself to his mother's death.*

non esserci ragione che tenga–*for nothing to be done about it.*
Non c'è ragione che tenga; non mi sento di esaminare una persona se non conosco bene la materia e l'intera situazione. *There's nothing to be done about it; I don't feel I can test a person if I don't know the subject and the whole situation well.*

non sentir ragione–*not to listen to reason.*
Tutti gli davano contro, ma non voleva sentire ragione e insisteva nel suo punto di vista. *Everyone was against him, but he wouldn't listen to reason, and he insisted on his point of view.*

rendere di pubblica ragione–*to make public.*
Intendo rendere di pubblica ragione quello che ho sentito qui oggi. *I intend to make public what I heard here today.*

raglio–*bray*
Raglio d'asino non sale al cielo. *A fool's words carry no weight.*

ragno–*spider*
non cavare un ragno del buco–*to get nowhere.*
Senza un esperto che ci guida non potremo mai cavare un ragno dal buco. *Without an expert to help us, we'll get nowhere.*

rallentatore–*slow-motion camera*
procedere al rallentatore–*to go slowly.*
Bisogna fare molta attenzione e procedere al rallentatore; qualsiasi errore nel montaggio renderebbe l'apparecchio inutilizzabile. *You have to be very careful and go slowly; any error in the assembly would keep us from using the machine.*

ramo–*branch*
un ramo di pazzia–*a streak of madness.*
C'è un ramo di pazzia nella famiglia. *There's a streak of madness in the family.*

rana-*frog*
gonfio come una rana-*conceited.*
Non lo posso soffrire; è gonfio come una rana e non vale niente. *I can't stand him; he's conceited and worthless.*

rancore-*grudge*
serbare rancore-*to bear a grudge.*
Le direi di stare attenta a suo figlio, ma ho paura che si offenda e mi serbi rancore. *I'd tell her to watch out for her son, but I'm afraid she'd get offended and bear a grudge.*

rango-*rank*
rientrare nei ranghi-*to return to the ranks.*
Hai voluto fare di testa tua e sei rimasto senza lavoro; rientra nei ranghi e vedrai che ti troverai bene! *You wanted to do as you pleased and you're left without a job; return to the ranks and you'll see you'll be fine!*

rapporto-*report*
mettersi in rapporto-*to get in touch with.*
Si metta in rapporto con questo mio vecchio amico, mentre sta in città; l'aiuterà. *Get in touch with my old friend while you're in town; he'll help you.*

rasoio-*razor*
camminare sul filo del rasoio-*to walk on a razor's edge.*
Non ti preoccupare; ha sempre camminato sul filo del rasoio con quel suo mestiere. Anche questa volta se la caverà. *Don't worry; he's always walked on a razor's edge with his job. He'll make out fine this time too.*

razza-*race*
che razza di?-*what kind of?*
Che razza di scherzo è questo? Non lo trovo per niente divertente! *What kind of joke is this? I don't find it one bit funny!*

fare razza a sè-*to be standoffish.*
I Brunialti non si mescolano alla folla, fan razza a sè. Mi dici perchè si danno tante arie? *The Brunialti's don't mix with the crowd, they're standoffish. Why do they put on so many airs?*

vederne di tutte le razze-*to see them in all shapes and sizes.*
Ne ho viste di tutte le razza, nella mia vita, ma una carogna come quella non l'avevo ancora incontrata. *I've seen them in all shapes and sizes in my life, but I'd never met a rotten person like that before.*

razzo-*rocket*
come un razzo-*like a shot.*
È partito come un razzo; ha ricevuto una brutta notizia? *He went off like a shot; did he get some bad news?*

re–*king*
da re–*fit for a king.*
Mi son fatta un pranzo da re; dopo venti giorni di dieta ne avevo proprio bisogno. *I had a dinner fit for a king; after twenty days of dieting I really needed it.*

realtà–*reality*
venire alla realtà dei fatti–*to get down to brass tacks.*
Dopo l'ennesimo insuccesso, sarà costretto a venire alla realtà dei fatti. *After the zillionth failure he'll have to get down to brass tacks.*

recitare–*to act*
recitare–*to play a part.*
Recita sempre la parte dell'intellettuale per attirare l'attenzione. *He always plays the part of the intellectual to attract attention.*

reggere–*to bear*
non reggere–*not to stand up to.*
I tuoi argomenti non reggono a una critica serrata. *Your arguments don't stand up to strong criticism.*

regola–*rules*
a regola d'arte–*perfectly.*
Antonio il falegname è caro, ma fa i lavori a regola d'arte. *Anthony the carpenter is expensive, but he does his job perfectly.*

essere in regola con qualcuno–*to be even with someone.*
Ho pagato tutti i debiti; adesso sono in regola con tutti. *I've paid all the debts; now I'm even with everyone.*

in regola–*in order.*
I documenti sono in regola; possiamo partire. *The papers are in order; we can leave.*

per tua norma e regola–*for your information.*
Per tua norma e regola, qui tutti lavorano e ciascuno fa la sua parte. *For your information, everybody here pitches in and does his share.*

regolamento–*settlement*
regolamento di conti–*settling of old scores.*
È stato ucciso per un regolamento di conti; è un delitto mafioso. *He was killed in a settling of old scores; it was a Mafia murder.*

regolare–*to regulate*
essere regolare–*to be punctual.*
È regolare come un orologio; non sgarra mai di un minuto. *He's as punctual as a clock; he's never off by a minute.*

relativamente–*relatively*

relativamente a–*in regard to.*
Sono state prese le decisioni opportune relativamente a quanto stabilito nella seduta della settimana scorsa. *Opportune decisions have been made in regard to what was established at last week's meeting.*

relativo–*relative*
tutto è relativo–*everything is relative.*
Muori di fame per la dieta? Tutto è relativo; con quel che mangi tu un poveraccio campa due giorni! *Starving because of your diet? Everything is relative; with what you eat a poor man could live for two days!*

religione–*religion*
Non c'è più religione! *Nothing is sacred!*

relitto–*wreck*
un relitto della società–*an outcast of society.*
Era un famoso architetto, ma è fallito; ora non è più che un relitto della società. *He was a famous architect but he failed; now he's just an outcast of society.*

remo–*oar*
tirare i remi in barca–*to draw in one's horns.*
Ho settant'anni e ho lavorato tutta la vita; è ora che tiri i remi in barca e vada in pensione. *I'm seventy and I've worked all my life; it's time I drew in my horns and retired.*

rendere–*to render*
A buon rendere! *My turn next time!*

rendita–*revenue*
vivere di rendita–*(1) to live off one's interest.*
È ricchissimo; vive di rendita e non fa un cavolo dal mattino alla sera. *He's really rich; he lives off his interest and doesn't do a thing all day long.*
(2) to coast.
Ha studiato molto l'anno scorso; ora vive di rendita e non apre più un libro. *He studied a lot last year; this year he's coasting and hasn't opened a book.*

rene–*kidney*
avere le reni rotte–*to be very tired.*
Ho le reni rotte dalla stanchezza. *I'm dead tired.*

renitente–*reluctant*
essere renitente alla leva–*to fail to register for military service.*
È stato arrestato perchè è renitente alla leva. *He was arrested for failing to register for military service.*

reo–*guilty*
reo confesso–*confessed criminal.*

Non può dichiararsi innocente; è reo confesso. È stato lui stesso ad andare alla polizia. *He can't declare himself innocent; he's a confessed criminal. He went to the police himself.*

requie–*rest*

non dare requie–*to give no peace.*
Non mi ha dato un minuto di requie. Voleva che mi occupassi solo di lei e smettessi di lavorare. *She didn't give me a minute's peace. She wanted me to just take care of her and to stop working.*

senza requie–*incessantly.*
È stato un continuo andirivieni di gente, senza requie per tutta la mattina. Volevano tutti congratularsi con te. *It was an incessant coming and going of people all morning long. Everyone wanted to congratulate you.*

resa–*rendering*

venire la resa dei conti–*for the score to be settled.*
Presto verrà la resa dei conti. *Soon the score will be settled.*

respiro–*breath*

di ampio respiro–*unrestricted.*
È un lavoro di ampio respiro; potrà organizzarsi come più gli piace. *It's an unrestricted job; he can organize himself as he likes.*

lavorare senza respiro–*to work without stopping.*
Abbiamo lavorato senza respiro per tre mesi di seguito. *We worked without stopping for three months in a row.*

un attimo di respiro–*a moment's rest.*
Abbiamo lavorato senza un attimo di respiro, e siamo riusciti a finire appena in tempo. *We worked without a moment's rest, and we managed to finish just in time.*

resto–*remainder*

del resto–*(1) after all.*
Lui contava su di me e l'ho aiutato. Del resto, è il mio migliore amico. *He was counting on me and I helped him. After all, he's my best friend.*
(2) on the other hand.
Gliel'ho detto che non potevo aiutarlo; del resto lui lo sapeva che non sono un esperto nel campo. *I told him that I couldn't help him; on the other hand, he knew I'm not an expert in the field.*

rete–*net*

essere preso nelle proprie reti–*to be caught in one's own trap.*
Ha teso tranelli a tutti, ma è stato preso nelle sue proprie reti. *He played tricks on everybody, but he was caught in his own trap.*

incappare nella rete–*fall into a trap.*
Sapeva benissimo che lo stavano osservando, ma è incappato nella rete e

l'hanno arrestato. *He knew they were watching him, but he fell into the trap and they arrested him.*

tendere la rete a–*to fool someone.*
Gli hanno teso la rete e ci è cascato come un fesso! *They fooled him and he was taken in!*

retro–*behind*
Vedi retro. *See overleaf. (Please turn over.)*

retroguardia–*defense*
stare nella retroguardia–*to hang back.*
Preferiva stare nella retroguardia e fare un lavoro di tipo organizzativo. *He preferred to hang back and do an organizational type of work.*

retta–*to support (past participle)*
dare retta a–*to listen to.*
Da' retta a tuo padre; ti consiglia bene. *Listen to your father; he gives you good advice.*

ribalta–*front of the stage*
alla ribalta–*in the limelight.*
È venuto da poco alla ribalta, ma è già famoso come cantautore. *He's just come into the limelight but he's already famous as a singer-songwriter.*

tornare alla ribalta–*to come up again.*
Questo problema torna sempre alla ribalta; bisogna risolverlo. *This problem always comes up again; it must be solved.*

ribasso–*fall*
essere in ribasso–*to be on the decline.*
L'ho vista dopo tanto tempo; è piuttosto in ribasso. Quasi non la riconoscevo. *I saw her after a long time; she's rather on the decline. I almost didn't recognize her.*

ribollimento–*boiling*
sentire un gran ribollimento–*to be boiling.*
A sentire i suoi discorsi, sentivo un gran ribollimento. Non vedevo l'ora di passare all'azione. *From what he said I was boiling. I couldn't wait for the action to begin.*

ribrezzo–*disgust*
far ribrezzo–*to revolt, disgust.*
È così sporco che fa ribrezzo. *It's so dirty it's revolting (disgusting).*

ricamare–*to embroider*
ricamare molto–*to exaggerate.*
La sua idea era una cretinata, ma ci ha ricamato sopra talmente che tutti lo

ascoltavano approvando. *His idea was stupid, but he exaggerated so much that everybody was listening approvingly.*

ricamo–*embroidery*
ricamo–*frills.*
La sua casa era tutta pizzi e ricami: troppo delicato. *His house was all frills: too delicate.*

ricco–*rich*
ricco sfondato–*rolling in money.*
Lui può permettersi di non lavorare; suo padre è ricco sfondato. *He can afford not to work; his father is rolling in money.*

ricoprire–*to re-cover (cover again)*
ricoprire di–*to overwhelm (to load with honors).*
L'ha ricoperto di insulti (onori). *He was overwhelmed with insults (loaded with honors).*

ridere–*to laugh*
farsi ridere dietro–*to be a laughingstock.*
Se continuerai a parlare di argomenti che conosci poco, finirai di farti ridere dietro da tutti. *If you keep talking about subjects you know nothing about, you'll be the laughingstock of town.*
per ridere–*for fun.*
L'ho fatto solo per ridere. *I only did it for fun.*
Ride bene chi ride ultimo. *He laughs best who laughs last.*
tutto da ridere–*good for a laugh.*
È tutto da ridere! *That's good for a laugh!*

riffa–*lottery*
di riffe o di raffe–*by hook or by crook.*
Vuol arrivare sempre primo, di riffe o di raffe. *He always wants to be first, by hook or by crook.*

rifiuto–*rubbish*
un rifiuto della società–*the dregs of society.*
Dopo una carriera di fallimenti, ormai non è altro che un rifiuto della società. *After a career of failures, he's just the dregs of society.*

riflesso–*reflection*
di riflesso–*automatically.*
Il problema riguardava lei, ma anche suo marito di riflesso. *The problem was hers, but automatically also her husband's.*

rifritto–*refried*
qualcosa rifritta–*something stale, rehashed.*

Sono le solite idee fritte e rifritte; non c'è niente di nuovo. *They're the same old rehashed ideas; there's nothing new.*

---

riga–*line*
leggere tra le righe–*to read between the lines.*
Si legge benissimo tra le righe che non è affatto contenta. Finge di esserlo per non darti delle preoccupazioni. *You can easily read between the lines that's she's not happy at all. She pretends to be so as not to worry you.*

mandare due righe–*to drop a line.*
Mandami due righe appena puoi; non mi piace stare senza notizie. *Drop me a line as soon as you can; I don't like to be without news.*

---

rigare–*to rule*
rigare dritto–*to toe the line.*
È arrivato tuo padre; ti insegnerà a rigare dritto. *Your father's come; he'll teach you how to toe the line.*

---

rigore–*rigor*
a rigor di termini–*strictly speaking.*
A rigor di termini, la risposta che Lei ha dato non è completa. *Strictly speaking, the answer you've given is not complete.*

---

riguardo–*care, regard*
a questo riguardo–*on that score.*
L'oratore ha parlato della crisi economica, ma non ha saputo dare consigli precisi a questo riguardo. *The speaker talked about the economic crisis, but he wasn't able to give precise advice on that score.*

aver riguardo di–*to take care of.*
Abbi riguardo della tua salute; sei ancora troppo debole. *Take care of your health; you're still weak.*

di riguardo–*very important.*
Personalmente non mi è molto simpatico, ma è una persona di riguardo. *I don't like him very much personally, but he's a very important person.*

usar riguardo a–*to show respect for.*
È buona educazione usar riguardo alle persone anziane. *It's good manners to show respect for older people.*

---

rilievo–*relief*
di rilievo–*significant.*
Le sue ricerche non hanno prodotto dei risultati di rilievo. *His research didn't produce any significant results.*

mettere in rilievo–*to underline (to show up).*
La sconfitta di ieri ha messo in rilievo i difetti della squadra. *Yesterday's defeat underlined (showed up) the team's defects.*

rima–*rhyme*
rispondere a qualcuno per le rime–*to give a sharp answer to someone.*
Ha provato a darmi contro, ma gli ho risposto per le rime. *He tried to go against me but I gave him a sharp answer.*

rimanere–*to remain*
rimanere–*to leave off.*
Dove siamo rimasti? *Where did we leave off?*
Rimanga fra noi. *Don't breathe a word of it.*

rimedio–*remedy*
non esserci rimedio–*can't be helped.*
Sei un'idiota e ti credi furbo; non c'è rimedio. Farai sempre la figura del fesso. *You're an idiot and you think you're smart; it can't be helped. You'll always act like a fool.*

rinascere–*be reborn*
sentirsi rinascere–*to be relieved.*
Grazie per la buona notizia; mi sento rinascere. *Thanks for the good news; I'm really relieved.*

riparo–*remedy*
correre ai ripari–*to do something about something else.*
Se l'inflazione continua di questo passo bisognerà correre ai ripari. *If inflation continues at this rate, something will have to be done about it.*
metter riparo a un inconveniente–*to put a stop to a nuisance.*
C'è stato un corto circuito ma l'elettricista ha messo riparo all'inconveniente ed è tornata la luce. *There was a short circuit, but the electrician put a stop to the nuisance, and the light went back on.*

ripetere–*to repeat*
Paganini non ripete. *I never plant my cabbage twice.*

risata–*laugh*
scoppiare dalle risate–*to crack up.*
C'è da scoppiar dalle risate a vederlo in cucina a far da mangiare; è così maldestro! *You crack up watching him cook in the kitchen; he's so clumsy!*

rischio–*risk*
correre il rischio–*to run the risk.*
Chiudi la finestra. Non voglio correre il rischio di farli prendere un raffreddore prima delle vacanze. *Close the window. I don't want to run the risk of having them catch colds before vacation.*

risicare–*to risk*
Chi non risica, non rosica. *Nothing ventured, nothing gained.*

risma–*ream*
essere della stessa risma–*to be all of a kind.*
Vanno d'accordo perchè sono della stessa risma. *They get along because they're all of a kind.*
gente d'ogni risma–*all kinds of people.*
È il quartiere più pericoloso della città; ci vive gente d'ogni risma. *It's the most dangerous area in town; all kinds of people live there.*

riso–*laughter*
Buon riso fa buon sangue. *Laugh and grow fat.*
passare dal riso al pianto–*to laugh out of the other side of one's mouth.*
Pensava che fosse uno scherzo, ma presto passò dal riso al pianto. *He thought it was a joke, but soon found himself laughing out of the other side of his mouth.*
sbellicarsi dalle risa–*to split one's sides with laughter.*
Cercavano di far le persone serie ma c'era da sbellicarsi dalle risa. *They tried to act seriously, but it was a situation to split your sides with laughter.*

risorsa–*resource*
come ultima risorsa–*as a last resort.*
Ci rimane il campeggio come ultima risorsa, caso mai non trovassimo posto in albergo. *Camping is a last resort if we can't find a place in the hotel.*

rispetto–*respect*
con rispetto parlando–*excuse me for mentioning it.*
Con rispetto parlando, ho vomitato tutta la notte. *Excuse me for mentioning it, but I threw up all night long.*
i propri rispetti–*to pay one's respects.*
I miei rispetti alla sua signora. *Pay my respects to your wife.*
rispetto a–*compared to.*
Rispetto a quello che facevamo prima, questo è un lavoro da niente. *Compared to what we were doing before, this work is simple.*

risultato–*result*
E questo è il bel risultato! *And this is what it led to!*

ritaglio–*cutting*
un ritaglio di tempo–*a free moment (spare time).*
Cercherò di finire questo lavoro nei ritagli di tempo. *I'll try to finish this work in my free moments (spare time).*

ritirata–*retreat*
battere in ritirata–*to leave in a big hurry.*
Fa tanto il coraggioso, ma appena vede un pericolo batte in ritirata. *He acts courageous, but as soon as there's danger, he leaves in a big hurry.*

fare una ritirata strategica–*to cover a failure with invalid excuses.*
S'è impegnato al di sopra delle sue forze; poi è stato costretto a fare una ritirata strategica. *He got too involved and couldn't handle it, so he had to cover his failure with invalid excuses.*

ritornello–*refrain*
ripetere sempre lo stesso ritornello–*to keep harping on the same subject.*
Non ripetere sempre lo stesso ritornello; parla di qualcos'altro. *Don't keep harping on the same subject; talk about something else.*

rivangare–*to dig up again*
Non rivangare il passato. *Let bygones be bygones.*

rivedere–*to meet again*
Chi non muore si rivede. *How strange to see you again.*
Chi si rivede! *Look who's here!*

roba–*stuff*
bella roba!–*a fine thing!*
Bella roba; ci ha lasciato la macchina senza chiave! *A fine thing; he's left the car with no key!*
roba da matti–*crazy.*
Roba da matti. Era il peggiore di tutti ed ha vinto il concorso. *It's crazy. He was the worst of all and he won the contest.*
Senti che roba! *Get a load of this!*

roccia–*rock*
duro come una roccia–*hard as nails.*
Che razza di carattere! È duro come una roccia; non l'ho mai visto ridere o piangere. *Some character! He's as hard as nails; I've never seen him laugh or cry.*

rogna–*itch*
cercare rogna–*to look for trouble.*
Il tuo atteggiamento è quello classico di uno che cerca rogna. *Your attitude is the classic one of someone who's looking for trouble.*
grattare la rogna–*to be sore.*
Hanno perso e se lo sono meritato; è giusto che si grattino la rogna ora. *They lost and they deserved it; it's right that they're sore about it.*

Roma–*Rome*
andare a Roma e non vedere il papa–*to fail to see the forest for the trees.*
Studiare psicologia e non leggere Piaget è come andare a Roma e non vedere il papa. *To study psychology and not read Piaget is like failing to see the forest for the trees.*
capire Roma per toma–*to misunderstand completely.*

Hai capito Roma per toma; l'appuntamento era per martedì 15, non martedì 8. *You've misunderstood completely; the appointment was for Tuesday the 15th, not Tuesday the 8th.*

romano–*Roman*
alla romana–*Dutch.*
Facciamo alla romana. *Let's go Dutch.*

rondine–*swallow*
Una rondine non fa primavera. *One swallow does not make a summer.*

rosa–*rose*
Non c'è rosa senza spine. *There's no rose without a thorn.*
Se son rose fioriranno. *The proof of the pudding is in the eating.*

rosa–*pink*
veder rosa–*to see through rose-colored glasses.*
Beato il tuo ottimismo; vedi sempre rosa tu. *You lucky optimist; you always see the world through rose-colored glasses.*

roseo–*rosy*
veder tutto roseo–*to see the bright side of everything.*
È un ottimista per natura; vede sempre tutto roseo. *He's an optimist by nature; he sees the bright side of everything.*

rospo–*toad*
inghiottire il rospo–*to swallow one's pride.*
Non mi piace questo lavoro, ma devo inghiottire il rospo se voglio far carriera. *I don't like this work, but I have to swallow my pride if I want to get ahead.*

rosso–*red*
rosso come un peperone–*(as) red as a beet.*
Quando ha capito che non le credevamo, è diventata rossa come un peperone. *When she realized we didn't believe her, she turned as red as a beet.*
Rosso di mattina brutto tempo s'avvicina. *Red sky in the morning, sailors take warning.*
Rosso di sera bel tempo si spera. *Red skies at night, sailor's delight.*
vedere rosso–*to see red.*
Non puoi credere quanto mi faccia rabbia. Vedo rosso tutte le volte che lo vedo montare in cattedra, quell'ignorante! *You can't believe how angry it makes me. I see red every time I see him get on his high horse, that ignoramus!*

rotella–*small wheel*
avere una rotella che manca–*to have a screw loose.*
Non ti puoi fidare di quel che dice; ha una rotella che manca. *You can't trust what he says; he has a screw loose.*

rotolo–*roll*

andare a rotoli–*to go downhill (to the dogs).*
Sono tempi duri; i miei affari stanno andando a rotoli. *These are bad times; my business is going downhill (to the dogs).*

rotta–*course*

a rotta di collo–*at breakneck speed.*
Appena arrivati in cima al colle è scoppiato un temporale e siamo ridiscesi a rotta di collo. *As soon as we got to the top of the hill a storm broke and we raced down at breakneck speed.*

far rotta per–*to sail for.*
La nave ha fatto rotta per il porto più vicino perchè era in avaria. *The ship sailed for the nearest port because it had broken down.*

in rotta con–*at odds with.*
Sono in rotta con mia sorella; se non mi chiede scusa per prima, non la perdonerò. *I'm at odds with my sister; if she doesn't apologize first, I won't forgive her.*

rotto–*broken*

per il rotto della cuffia–*by the skin of one's teeth.*
È stato promosso per il rotto della cuffia; se non avesse fatto bene l'ultimo compito lo avrebbero bocciato. *He passed by the skin of his teeth; if he hadn't done well on the last test, he would have failed.*

rottura–*break*

una rottura–*a drag.*
Quell'uomo è una rottura; è sempre tra i piedi. *That man is a drag; always underfoot.*

rovescio–*supine*

a rovescio–*the wrong way.*
Oggi mi va tutto a rovescio; è una giornata storta. *Today everything's going the wrong way; it's a bad day.*

il rovescio della medaglia–*the other side of the picture.*
La casa è fresca d'estate, ma c'è il rovescio della medaglia. D'inverno si gela. *The house is cool in the summer, but there's the other side of the picture. In the winter it's freezing.*

mandare tutto a rovescio–*to mess up everything.*
L'impegno era troppo per lui; è finito per mandare tutto a rovescio. *The commitment was too much for him; he ended by messing up everything.*

rovina–*ruin*

andare in rovina–*to go to rack and ruin.*
Ha giocato il tutto per tutto ed è andato in rovina; le sue previsioni economiche

erano del tutto sballate. *He played all his cards and went to rack and ruin; his economic forecasts were all wrong.*

ruba–*robbery*
andare a ruba–*to sell like hotcakes.*
I biglietti per il balletto vanno a ruba. *The tickets for the ballet are selling like hotcakes.*

ruggine–*rust*
avere della ruggine con qualcuno–*to bear a grudge against someone.*
Non andremo mai veramente d'accordo; c'è della vecchia ruggine tra di noi. *We'll never really get along; we bear old grudges against each other.*

ruota–*wheel*
fare la ruota–*to show off.*
Appena si è sentito osservato ha cominciato a fare la ruota; non ho mai visto un uomo tanto vanitoso. *As soon as he felt he was being watched, he began to show off; I've never seen such a vain man.*

l'ultima ruota del carro–*a fifth wheel.*
Chi comanda è la moglie; lui è l'ultima ruota del carro. *It's the wife who's in charge; he's only a fifth wheel.*

seguire a ruota–*to follow right behind.*
I bambini sono già qui e i grandi seguono a ruota. *The children are already here and the adults are following right behind.*

ungere le ruote–*to grease palms.*
Per essere eletto sindaco ha dovuto ungere molte ruote. *To get elected mayor he had to grease a lot of palms.*

S

sabbia–*sand*
fabbricare sulla sabbia–*to build on sand.*
Cominciare un progetto complesso senza pianificare ogni passo è come fabbricare sulla sabbia; tutto crollerà prima ancora della fine. *Beginning an involved project without planning every step is like building on sand; everything will crumble even before it's completed.*

sacco–*sack*
colmare il sacco–*to overstep the mark.*
Ora il sacco è colmo. Restituiscimi la macchina o ti denuncio. *Now you've overstepped the mark. Give me back the car or I'll turn you in.*

dirne un sacco e una sporta–*to give someone a dressing down.*
È stato veramente cattivo e suo padre gliene ha dato un sacco e una sporta. *He was really naughty and his father gave him a dressing down.*

mettere nel sacco qualcuno–*to cheat someone.*
Credevi di essere più bravo tu, ma ti ha messo nel sacco e ha vinto due volte.
You thought you were the clever one, but he cheated you and won twice.

rovesciare il sacco–*to make a clean breast of.*
Sfogati. Rovescia il sacco e poi vedremo il da farsi. *Get it off your chest. Make a clean breast of it and then we'll see what's to be done.*

Sacco vuoto non sta in piedi. *If you want to live you must eat.*

un sacco di–*a lot of.*
Ci hanno causato un sacco di grane. *They caused us a lot of trouble.*

vuotare il sacco–*(1) to own up.*
Vuota il sacco e dimmi dove l'hai presa; si vede benissimo che non è tua! *Own up and tell where you got it; it's obviously not yours.*
(2) to speak one's mind.
Da'! Vuota il sacco. Bisogna pure sfogarsi un po'. *Go on! Speak your mind. You've got to blow off steam.*

---

sacramento–*sacrament*
con tutti i sacramenti–*with all due ceremony.*
Bisogna legarlo con tutti i sacramenti questo pacco; altrimenti alle poste non l'accetteranno. *You've got to tie up this package with all due ceremony; otherwise the post office won't accept it.*

---

saetta–*arrow*
partire come una saetta–*to go off like a shot.*
Quando ha saputo la notizia è partito come una saetta e non si è più visto. *When he heard the news he went off like a shot and hasn't been seen since.*

---

salato–*salted*
pagarla salata–*to pay very dearly for something.*
Per questa volta è riuscito a sfuggirmi, ma la pagherà salata. *This time he succeeded in escaping me, but he'll pay very dearly for it.*

una risposta salata–*a sharp retort.*
Credevo di essere riuscita a rabbonirla, ma mi ha dato una risposta salatissima. *I thought I had succeeded in winning her over but she made a very sharp retort.*

---

sale–*salt*
non avere sale in zucca–*not to be very intelligent.*
Quel ragazzo non ha sale in zucca. *That boy isn't very intelligent.*

rimanere di sale–*to be spellbound.*
Quando gli ho detto che ero riuscito a passare, è rimasto di sale. *When I told him that I had gotten by successfully, he was spellbound.*

sapere di sale–*to taste bitter.*
Non può più lavorare ora che capirà quanto sa di sale il pane altrui. *Now that he can no longer work, he'll find out how hard it is to ask for charity.*

tutto sale e pepe–*lively.*
Era una ragazza allegrissima, tutta sale e pepe. *She was a very cheery, lively girl.*

salmo–*psalm*
Tutti i salmi finiscono in gloria. *It's always the same story. (All's well that ends well.)*

salsa–*sauce*
in tutte le salse–*in all ways.*
Ce lo dice in tutte le salse ma è sempre la stessa storia. *He tells us in all ways but it's always the same story.*

saltare–*to jump*
far saltare–*(1) to jump.*
È entrato all'improvviso e mi ha fatto saltare dalla paura. *He came in suddenly and made me jump with fear.*
(2) to blow up.
Hanno fatto saltare la sede del M.S.I.; non è rimasta pietra su pietra. *They blew up the headquarters of the M.S.I. and not a stone was left standing.*

salto–*jump*
a saltelloni–*by fits and starts.*
La bicicletta andava a saltelloni giù per il sentiero sassoso. *The bicycle was going by fits and starts down the rocky path.*

fare i salti mortali–*to bend over backwards.*
Ho fatto i salti mortali per arrivare in tempo. *I bent over backwards to arrive on time.*

fare quattro salti–*to go dancing.*
Di solito il sabato sera andiamo a fare quattro salti al "Barracuda." *We usually go dancing at the "Barracuda" on Saturday night.*

fare un salto da–*to stop by.*
Facciamo un salto dal giornalaio a prendere il giornale. *Let's stop by the news-stand to pick up the paper.*

un salto nel buio–*a shot in the dark.*
Una simile politica economica è un vero salto nel buio. *An economic policy such as that is a real shot in the dark.*

salute–*health*
guastarsi la salute–*to lose one's mind over.*
C'è da guastarsi la salute con gli studenti del giorno di oggi. *Nowadays the students are enough to make you lose your mind.*

salvabile–*salvageable*
salvare il salvabile–*to salvage all that one can.*
Non c'è più niente da fare ormai; salviamo il salvabile e andiamocene. *There's*

nothing we can do about it at this point; let's salvage all that we can and get out of here.

---

salvare–*to save*
  Si salvi chi può! *Every man for himself!*

---

sangue–*blood*
  a sangue freddo–*straight off.*
Bisogna che glielo dico a sangue freddo, senza arrabbiarmi. *I'll have to tell him straight off, without getting angry.*

  al sangue–*rare.*
Preferisco le bistecche al sangue. *I prefer my steak rare.*

  aver nel sangue–*to have an inborn aptitude.*
È un vero artista. Ha la pittura nel sangue. *He's a true artist. He's got an inborn aptitude for painting.*

  avere sangue freddo–*to have guts.*
Bisogna avere sangue freddo per affrontare un compito simile. *You have to have guts to take on a job like that.*

  battersi a sangue–*(1) to kick oneself.*
Mi batterei a sangue per aver fatto quella sciocchezza. *I'm kicking myself for having done that stupid thing.*
(2) to beat up.
È mezzo morto; l'hanno picchiato a sangue nella rissa. *He's half dead; they beat him up in the fight.*

  bollire il sangue nelle vene–*to get angry (for one's blood to boil).*
Dopo il loro rifiuto mi sono sentito bollire il sangue nelle vene. *After their refusal I got angry (I could feel my blood boil).*

  cavar sangue da una rapa–*to get blood out of a stone.*
Che cosa vuoi farci; è mezzo scemo. Non si può cavar sangue da una rapa. *What do you want to do about it; he's half crazy. You can't get blood out of a stone.*

  guastarsi il sangue–*make oneself sick.*
Non t'arrabbiare, non vale la pena; ti guasterai il sangue se continui così. *It's not worth getting angry about; you'll make yourself sick if you keep on like that.*

  Il sangue non è acqua. *Blood is thicker than water.*

  non aver sangue nelle vene–*to have no guts.*
Manca di coraggio; quel ragazzo non ha sangue nelle vene. *He's not courageous; that boy has no guts.*

  sentirsi gelare il sangue–*to panic.*
Quando mi sono reso conto che l'acqua ormai arrivava al primo piano, mi sono sentito gelare il sangue nelle vene. *When I realized that water had reached the first floor, I panicked.*

sano–*healthy*
sano e salvo–*safe and sound.*
Dopo essersi persi nel bosco i bambini sono stati trovati sani e salvi. *After being lost in the woods the children were found safe and sound.*

santarellina–*little saint*
fare la santarellina–*butter wouldn't melt in one's mouth.*
Fa la santarellina, ma ne sa una più del diavolo; altro che ingenua! *Butter wouldn't melt in her mouth, but she's a little devil; anything but innocent!*

santo–*saint*
avere i santi in paradiso–*to know influential people.*
Ho anch'io i miei santi in paradiso! *I know some influential people too!*
avere qualche santo dalla propria parte–*to have a guardian angel.*
Gli van sempre tutte dritte; deve avere qualche santo dalla sua parte. *He's always lucky; he must have a guardian angel.*
non c'è santo che tenga–*at all costs.*
Tu questo lavoro lo devi fare; non c'è santo che tenga. *You must do this work at all costs.*
non saper a che santo voltarsi–*not to know which way to turn.*
Ero sola tra quei delinquenti; non sapevo più a che santo voltarmi per chiedere aiuto. *I was alone with those delinquents. I didn't know which way to turn for help.*

saputo–*known*
fare il saputo–*to show off one's knowledge.*
Fa il saputo, ma è un ignorantone. *He shows off his knowledge, but he's an ignoramus.*

sardina–*sardine*
pigiati come sardine–*packed in like sardines.*
Siamo riusciti a salire sull'autobus, ma eravamo pigiati come sardine. *We managed to get on the bus, but we were packed in like sardines.*

sasso–*stone*
far piangere i sassi–*to make the very stones weep.*
Le sue poesie fanno piangere i sassi; non ho mai sentito niente di più pietoso. *His poems make the very stones weep; I never heard anything so pitiful.*
restare di sasso–*to stand aghast.*
Alla brutta notizia sono restata di sasso. *I stood aghast at the bad news.*
tirare sassi in piccionaia–*to cut off one's nose to spite one's face.*
Fare un commento del genere è come tirare sassi in piccionaia; avremo grane a non finire. *Making a comment like that is like cutting off one's nose to spite one's face; we'll have lots of trouble.*

sbandata–*skid*
prendersi una sbandata per–*to fall head over heels in love with.*
Ha preso una sbandata per quella ragazza. *He fell head over heels in love with that girl.*

sbaraglio–*root*
buttarsi allo sbaraglio–*to expose oneself to danger.*
Si è buttato allo sbaraglio e ha rischiato forte, ma ce l'ha fatta. *He exposed himself to danger and risked a lot, but he made it.*
essere allo sbaraglio–*to be in danger.*
Senz'armi nè munizioni, eravamo allo sbaraglio. *Without arms or ammunition, we were in danger.*

sbrogliare–*to disentangle*
sbrogliarsela da sè–*to get out of a difficulty.*
Sbrogliatela da solo, per favore; ormai sei grande! *Get yourself out of the difficulty; you're a big boy now!*

scacco–*check*
subire uno scacco–*to suffer a defeat.*
È stata una partita strana. L'Italia ha subito uno scacco, ma si riprenderà. *It was a strange game. Italy suffered a defeat, but she'll come back!*
tenere in scacco–*to hold in check.*
È riuscito a tenerli in scacco per più di due giorni da solo, poi si è arreso. *He managed to hold them in check for two days by himself, then he surrendered.*

scalino–*step*
cominciare dal primo scalino–*to start on the lowest rung.*
Devi cominciare dal primo scalino se vuoi imparare il mestiere come si deve. *You have to start on the lowest rung if you want to learn the trade the way you should.*
raggiungere lo scalino più alto–*to reach the highest rung.*
Ha raggiunto lo scalino più alto; è al massimo della carriera. *He's reached the highest rung; he's at the peak of his career.*

scalpore–*fuss*
fare scalpore–*to make the fur fly.*
La notizia ha fatto scalpore; nessuno se l'aspettava. *The news made the fur fly; no one expected it.*

scandalo–*scandal*
gridare allo scandalo–*to cry shame.*
È inutile gridare allo scandalo ora; bisognava pensarci prima. *It's useless crying shame now; we should have thought of it before.*

scappare–*to escape*

non la si scappa–*not to get around it.*
Per certe materie non la si scappa; bisogna studiarle secondo i programmi tradizionali. *For certain subjects there's no getting around it; they have to be studied according to traditional programs.*

scaramanzia–*superstitious practice*
per scaramanzia–*for luck.*
Oggi ne abbiamo 17. Per scaramanzia comincerò domani, non oggi. *Today is the 17th. Eor luck I'll start tomorrow, not today.*

scaricabarile–*barrel unloader*
giocare a scaricabarile–*to pass the buck.*
Era colpevole come gli altri, ma ha giocato a scaricabarile. *He was as much to blame as the others, but he passed the buck.*

scarpa–*shoe*
essere una scarpa–*to be a dead loss.*
Come pianista è proprio una scarpa; non riesce neanche a fare le scale. *As a pianist he's really a dead loss; he can't even play the scales.*

fare le scarpe a–*to get rid of.*
Mi hanno fatto le scarpe e mi son trovato licenziato in tronco. *They got rid of me and I found myself fired.*

lustrare le scarpe–*to flatter.*
È riuscito a far carriera a forza di lustrare le scarpe al direttore. *He managed to get ahead by flattering the director.*

rimetterci anche le scarpe–*to have all one's trouble for nothing.*
Ho cercato di aiutarli e ci ho rimesso anche le scarpe. *I tried to help them and I had all my trouble for nothing.*
Scarpe grosse cervello fino. *A peasant has big boots but sharp wits.*

scatola–*can (for food)*
a scatola chiusa–*sight unseen.*
Stimo molto quelle persone, e quindi ho accettato di partecipare al loro progetto a scatola chiusa. *I respect those people so I agreed to participate in their project sight unseen.*

rompere le scatole–*to bother.*
Ho da fare; non mi rompere le scatole. *I'm busy; don't bother me!*

scempio–*havoc*
fare scempio di qualcosa–*to ruin something.*
Quando i nazisti sono arrivati hanno fatto scempio di tutto. *When the Nazis arrived they ruined everything.*

scenata–*scene*
fare una scenata–*to make a scene.*

Quando le ho detto che dovevo di nuovo partire ha fatto una scenata; era fuori di sè dalla gelosia. *When I told her I had to leave again, she made a scene; she was beside herself with jealousy.*

scherzo–*joke*
fare un brutto scherzo–*to play a cruel trick on.*
Il mare delle volte fa dei brutti scherzi; sembra tranquillo e poi s'ingrossa nel giro di un quarto d'ora. *Sometimes the sea plays cruel tricks on you; it seems calm and then it gets rough in a quarter of an hour.*

schiappa–*splinter*
essere una schiappa–*to be a washout.*
È una tal schiappa! Non riesce a mandare la palla al di là della rete. *He's such a washout! He can't even get the ball over the net.*

schiena–*back*
curvare la schiena–*to lower one's sights.*
Dopo il terzo fallimento ha capito che deve curvare la schiena. *After his third failure he's realized that he has to lower his sights.*
pugnalare alla schiena–*to be a traitor.*
Ha pugnalato il suo paese alla schiena. *He was a traitor to his country.*

schiuma–*foam*
avere la schiuma alla bocca–*to be foaming at the mouth with rage.*
Era talmente fuori di sè che aveva la schiuma alla bocca. *He was so angry that he was foaming at the mouth with rage.*

scia–*wake*
seguire la scia di qualcuno–*to follow in someone's footsteps.*
Segue la scia del suo maestro, che è famoso, ma lui non è un pittore molto bravo. *He's following in his famous maestro's footsteps, but he's not a very good painter.*

Scilla–*Scilla*
tra Scilla e Cariddi–*between the devil and the deep blue sea.*
Non sapevamo come tirarci fuori dei guai. Eravamo tra Scilla e Cariddi e qualsiasi decisione comportava dei pericoli. *We didn't know how to get out of trouble. We were between the devil and the deep blue sea, and any decision would have been dangerous.*

scongiuro–*exorcism*
fare gli scongiuri–*to knock on wood.*
L'esame è difficilissimo; facciamo gli scongiuri e speriamo che vada bene. *The exam is really difficult; we'll knock on wood and hope it goes well.*

sconquasso–*shattering*
fare uno sconquasso–*to ruin everything.*

Quando ha visto che avevamo fatto di testa nostra, ha fatto uno sconquasso e ha disfatto tutto. *When he saw we had done as we pleased, he ruined everything.*

scontato–*discounted*
dare per scontato–*to take for granted.*
Non si può dare per scontato il suo consenso. *You can't take his consent for granted.*

scornare–*to dishorn (to put to shame)*
scornarsi–*to fail miserably.*
Credeva di farcela ma è rimasto scornato. *He thought he'd make it but he failed miserably.*

scorpacciata–*bellyful*
fare una scorpacciata di–*to stuff oneself.*
Abbiamo raccolto fragole nei boschi e la sera ne abbiamo fatta una scorpacciata. *We picked strawberries in the woods and that evening we stuffed ourselves.*

scorza–*peel*
avere la scorza dura–*to have a tough hide.*
Ha la scorza dura, e riuscirà facilmente a superare questo momento difficile. *He has a tough hide, and will get over this difficult moment easily.*

scottatura–*burn*
prendere una scottatura–*to be disappointed.*
S'è preso una tal scottatura con i progetti strampalati del suo amico che non lavorerà mai più con lui. *He was so disappointed with his friend's incoherent projects that he'll never work for him again.*

scrocco–*sponging*
mangiare a scrocco–*to sponge.*
Sfido che riesce a sbarcare il lunario! Mangia sempre a scrocco e non spende una lira. *Of course he gets by! He always sponges and doesn't spend a cent.*

scudo–*shield*
alzata di scudi–*protest.*
Quando ha proposto di eleggere lui come segretario, c'è stata una generale alzata di scudi e tutti si sono rifiutati. *When he proposed electing him secretary, there was a general protest and everyone refused.*

scuola–*school*
marinare la scuola–*to play hookey.*
Non hanno voglia di studiare; marinano la scuola un giorno sì e uno no. *They don't want to study; they play hookey every other day.*

scura–*hatchet*
tagliato con la scura–*rough-hewn.*
È un uomo tagliato con la scura; forte e coraggioso. *He's a rough-hewn man: tough and courageous.*

scuro–*dark*
essere all'oscuro–*to be in the dark about.*
Ero all'oscuro di tutto; nessuno mi diceva niente per paura di offendermi. *I was in the dark about everything; no one told me anything for fear of offending me.*

sè–*self*
Chi fa da sè fa per tre. *If you want something done, do it yourself.*
parlare fra sè e sè–*to talk to oneself.*
Quando lavora, parla spesso fra sè e sè. *He often talks to himself while he works.*
rientare in sè–*to regain consciousness (to come to).*
Dopo il colpo in testa ci sono voluti cinque minuti perchè rientrasse in sè. *After the blow to his head it took him five minutes to regain consciousness (to come to).*

secca–*shoal*
lasciare qualcuno nelle secche–*to leave someone in the lurch.*
Dopo averlo sfruttato l'hanno lasciato nelle secche. È una vergogna. *After taking advantage of him they left him in the lurch. What a shame.*

seccare–*to dry*
Non mi seccare. *Don't get on my nerves!*

secco–*dry*
fare secco qualcuno–*to kill someone.*
Ha tradito la mafia e l'hanno fatto secco a colpi di lupara. *He betrayed the Mafia and they killed him with a shotgun.*
rimanere a secco–*to be broke.*
Ha fatto un sacco di spese ed è rimasto a secco. *He bought a lot of things and was left broke.*

secchione–*big bucket*
un secchione–*a brownie.*
È un secchione. Lavora dalla mattina alla sera senza alzare la testa dai libri. *He's a brownie. He works from morning to night without even looking up from his books.*

secolo–*country*
da secoli–*a month of Sundays.*
Non lo vedo da secoli; chissà com'è cambiato. *I haven't seen him in a month of Sundays; I wonder how he's changed.*

seconda–*second*
Tutto gli va a seconda. *It's all plain sailing for him.*

segno–*sign*
colpire nel segno–*to hit the nail on the head.*
Questa volta hai proprio colpito nel segno. *This time you really hit the nail on the head.*

segreto–*secret*
cavare un segreto di bocca–*to worm a secret out of.*
Non riusciremo mai a cavargli il segreto di bocca. *We'll never manage to worm the secret out of him.*
il segreto di Pulcinella–*an open secret.*
Nessuno doveva sapere del suo matrimonio, ma è il segreto di Pulcinella. *No one was surprised to know about his wedding, but it's an open secret.*

seguito–*following*
di seguito–*in a row.*
Ha parlato per tre ore di seguito. *He spoke for three hours in a row.*
in seguito–*in the future.*
Mi manderà altri libri in seguito. *He'll send me other books in the future.*
in seguito a–*as a result of.*
I lavoratori vennero licenziati in seguito al fallimento. *The workers were fired as a result of the company going bankrupt.*

seminato–*sown*
uscire dal seminato–*to go off on a tangent.*
Non uscire dal seminato; rispondi esattamente alla mia domanda. *Don't go off on a tangent; reply to my question exactly.*

sempre–*always*
per sempre–*for good.*
Me ne vado per sempre. So che non tornerò mai più in questa città. *I'm going for good. I know I'll never come back to this city.*

senno–*wisdom*
Del senno di poi sono piene le fosse. *Hindsight is better than foresight.*

senso–*sense*
riprendere i sensi–*to recover consciousness.*
Ha ripreso i sensi poco fa, dopo essere stato in coma per due giorni. *He recovered consciousness a short time ago after being in a coma for two days.*

sentire–*to feel*
per sentito dire–*by hearsay.*
Conosco i fatti solo per sentito dire. *I only know the facts by hearsay.*

sentirsela di–*to feel up to.*
Te la senti di uscire? *Do you feel up to going out?*

sera–*evening*
Dura dalla sera alla mattina. *Here today, gone tomorrow.*

serbo–*custody*
mettere in serbo qualcosa–*to put something aside.*
Metterò in serbo un po' di soldi ogni mese. *I'll put aside a little money every month.*

serie–*series*
fuori serie–*custom-built.*
Questo è un modello fuori serie. *This model is custom-built.*

produrre in serie–*to mass-produce.*
Quei mobili sono prodotti in serie. *That furniture is mass-produced.*

serio–*serious*
fare sul serio–*to mean business.*
Non scherzo affatto; faccio sul serio, e ve ne accorgerete. *I'm not joking at all; I mean business, you'll see.*

sul serio–*(1) seriously.*
L'ha detto sul serio. *He said it seriously.*
(2) really.
L'ha detto sul serio. *He really said it.*

serpe–*serpent*
una serpe in seno–*a snake in the grass.*
Sua cognata, in apparenza così cordiale, si è rivelata una serpe in seno. *Her once friendly sister-in-law turned out to be a snake in the grass.*

sesto–*order*
fuori sesto–*out of kilter.*
Che cosa avete fatto alla mia moto? È tutta fuori sesto. *What did you do to my motorcycle? It's all out of kilter.*

rimettere in sesto–*to put one back on one's feet.*
Quella cura mi ha rimesso in sesto; mi sento benissimo. *That cure put me back on my feet; I feel great.*

sete–*thirst*
avere sete di–*to yearn after.*
Magari avesse sete d'amore! Ha solo sete di soldi! *If he only yearned after love! He only yearns after money!*

sette–*seven*
sudare sette camicie–*to work extremely hard.*

Ho finito il lavoro, però per farlo ho sudato sette camicie. *I finished the job, but to do it I had to work extremely hard.*

sfera–*sphere*
le alte sfere–*the powers that be.*
Ha grossi appoggi nelle alte sfere; ecco perchè ha sempre successo! *He has a lot of support from the powers that be; that's why he's always so successful.*

sfidare–*to challenge*
sfido io!–*naturally!*
Sfido io! Ha tanti soldi che si è fatto fare la tesi. Ecco perchè è riuscito a laurearsi. *Naturally! He has lots of money and he had his thesis done for him. That's how he got his degree.*

sfogo–*vent*
dare sfogo a–*to give vent to.*
Ha bisogno di dar sfogo ai suoi guai; per questo lo sto ad ascoltare. *He needs to give vent to his troubles; that's why I'm listening to him.*

sfuggito–*escaped*
di sfuggita–*a glimpse.*
L'ho vista di sfuggita mentre passava. *I caught a glimpse of her as she went by.*

sfruttare–*to exploit*
sfruttare al massimo–*to make the most of.*
Cerca di sfruttare al massimo le abilità che hai. *Try to make the most of your abilities.*

sfuriata–*outburst of rage*
fare una sfuriata–*to give hell.*
Ha fatto una sfuriata perchè abbiamo sciupato troppa acqua per innaffiare i fiori. *He gave us hell because we wasted too much water in watering the flowers.*

sgambetto–*trip*
fare lo sgambetto a qualcuno–*to supplant.*
Al momento di appoggiarlo in facoltà gli ha fatto lo sgambetto e non è più riuscito a farsi rinnovare il contratto. *When it came time to help him in the department, they supplanted him and he wasn't able to renew his contract.*

sgocciolo–*dripping*
essere agli sgoccioli–*to be at the very end of.*
L'estate è agli sgoccioli; cadono già le foglie. *We're at the very end of the summer; the leaves are falling.*

sicuro–*sure*
stare sul sicuro–*to play it safe.*

Gli piace stare sul sicuro; non rischierà mai i suoi soldi. *He likes to play it safe; he'll never risk his own money.*

siepe–*hedge*
far siepe–*to stop.*
Mi ha fatto siepe contro le sue calunnie e sono riuscita a difendermi benissimo. *They stopped his slandering and I was able to defend myself well.*

silenzio–*silence*
silenzio di tomba–*dead silence.*
C'era un silenzio di tomba durante la trasmissione; nessuno osava parlare. *There was dead silence during the show; no one dared to talk.*

sillaba–*syllable*
non dire una sillaba–*not to say a word.*
All'esame non ha detto una sillaba. Come puoi pensare che l'abbiamo promosso? *At the examination he didn't say a word. What makes you think we passed him?*

simile–*like*
Ogni simile ama il proprio simile. *Birds of a feather flock together.*

singhiozzo–*hiccup*
a singhiozzo–*by fits and starts.*
La maachina procedeva a singhiozzo perchè aveva il carburatore sporco. *The car was going by fits and starts because the carburetor was dirty.*

sistemare–*to put*
sistemare qualcuno–*to fix someone.*
Sta' attento o ti sistemo io. *Watch your step or I'll fix you.*

smalto–*enamel*
perdere lo smalto–*to lose one's shine.*
Era ingegnoso e brillante, ma dopo la malattia ha perso tutto il suo smalto. *He was brilliant and ingenious, but after the illness he lost all his shine.*

smania–*craving*
avere la smania di fare qualcosa–*to be eager to do something.*
Ha la smania di far soldi e non smette mai di lavorare. *He's eager to make money and he never stops working.*

sodo–*hardboiled*
dare sode–*to strike someone hard.*
Gliele ho date sode perchè l'aveva fatta troppo grossa. *I struck him hard because he had done something too bad.*

venire al sodo–*to get down to brass tacks.*
Abbiamo chiacchierato abbastanza; ora veniamo al sodo! *We've chatted*

enough; now let's get down to brass tacks!

---

soffio–*puff*
in un soffio–*in an instant.*
Credevo che fosse difficile, ma l'ho fatto in un soffio! *I thought it was difficult, but I finished it in an instant!*
per un soffio–*by the skin of one's teeth.*
Ho preso il treno per un soffio. *I made the train by the skin of my teeth.*

---

soffrire–*to suffer*
non poter soffrire–*not to stand.*
Non lo posso soffrire; si dà troppe arie. *I can't stand him; he puts on too many airs.*

---

soglia–*threshold*
varcare la soglia–*to cross the threshold.*
Non aveva ancora varcato la soglia che già la faceva da padrone. *He had barely crossed the threshold and he began to act like the boss.*

---

sogno–*dream*
manco per sogno–*by no means.*
Non te lo dò, manco per sogno! Mi è costato troppo caro. *I won't give it to you, by any means! It cost me too much.*

---

solco–*furrow*
uscire dal solco–*to go astray.*
Ha incominciato benissimo, poi è uscito dal solco e ha finito la conferenza nel caos. *He started out well, but went astray, and finished the speech chaotically.*

---

soldo–*penny*
al soldo di–*in the pay of.*
È al soldo di quei criminali. *He's in the pay of those crooks.*
essere alto come un soldo di cacio–*to be knee-high to a grasshopper.*
Lo conosco sin da quando era alto come un soldo di cacio. *I've known him since he was knee-high to a grasshopper.*

---

sole–*sun*
vedere il sole a scacchi–*to be in jail.*
Quel poveraccio vedrà il sole a scacchi per un bel po'. *The poor guy will be in jail for a long time.*

---

solfa–*scale*
la solita solfa–*the same old story.*
È sempre la solita solfa! *It's always the same old story!*

---

solito–*same*
come al solito–*as usual.*

Tutto va come al solito. *Everything is going as usual.*

di solito–*usually.*

A quest'ora di solito prendo un caffè. *At this time I usually have a cup of coffee.*

essere alle solite–*to be back in the same old unpleasant situation.*

Siamo alle solite; prometti cose che non puoi mantenere. *We're back in the same old unpleasant situation; you make promises and don't keep them.*

---

solluchero–*rapture*

andare in solluchero–*to go into rapture.*

Alla vista del suo piatto preferito, è andato in solluchero. *At the sight of his favorite dish, he went into rapture.*

---

solo–*alone*

Meglio soli che male accompagnati. *Better alone than in bad company.*

parlare da solo a solo–*to speak in private.*

Potrei parlarti da solo a solo? *Could I speak to you in private?*

solo soletto–*all by oneself.*

Se ne stava solo soletto a guardare il tramonto. *He was all by himself watching the sunset.*

---

somma–*sum*

tirare le somme–*to sum up.*

È ora di tirare le somme e vedere un po' a che punto siamo. *It's time to sum up and see where we stand.*

---

sommare–*to add*

tutto sommato–*on the whole.*

Tutto sommato, non è stata una cattiva idea. *On the whole, it wasn't a bad idea.*

---

sonno–*sleep*

conciliare il sonno–*to make one sleepy.*

La sua musica concilia il sonno; non la direi interessante. *His music makes me sleepy; I wouldn't call it interesting.*

dormire sonni tranquilli–*to have no qualms.*

Puoi dormire sonni tranquilli; hanno accettato il tuo articolo. *Don't have any qualms; they've accepted your article.*

---

soppiatto–*stealthily*

guardare di soppiatto–*to steal a glance at.*

Mi guardava di soppiatto per vedere come reagivo nel leggere la lettera. *He stole a glance at me to see how I reacted as I was reading the letter.*

---

sopravvento–*windward*

prendere il sopravvento–*to get the upper hand.*

La stanchezza ha preso il sopravvento e non ce l'abbiamo più fatta. *Fatigue got the upper hand, and we couldn't make it anymore.*

---

sorbetto–*sherbet*
Non è un sorbetto! *It's no joke!*

---

sorcio–*mouse*
fare la fine del sorcio–*to be caught.*
È scappato nella vecchia miniera ed ha fatto la fine del sorcio. *He ran off to the old mine and was caught.*

far vedere i sorci verdi–*to give a hard time.*
Se ci capitano ancora a tiro, gli faremo vedere i sorci verdi. *If he shows up again, we'll give him a hard time.*

---

sordina–*mute*
in sordina–*softly.*
Si sentiva cantare in sordina; Maia si era già svegliata e stava giocando. *We could hear soft singing; Maia had awakened and was playing.*

---

sordo–*deaf*
Non c'è peggior sordo di chi non vuol sentire. *There's none so deaf as those who don't want to hear.*

sordo come una campana–*deaf as a post (doorknob).*
Devi urlare quando parli con lui; è sordo come una campana. *You have to yell when you talk to him; he's deaf as a post (doorknob).*

---

sorgente–*source*
risalire alla sorgente–*to go back to the source.*
Per capire i suoi discorsi bisogna risalire alla sorgente. *To understand what he says you have to go back to the source.*

---

sorpresa–*surprise*
prendere di sorpresa–*to catch by surprise.*
Mi ha preso di sorpresa e non ho potuto dire di no. *He caught me by surprise and I wasn't able to say no.*

---

sorte–*luck*
come volle la sorte–*as luck would have it.*
E finalmente, come volle la sorte, siamo arrivati. *Finally, as luck would have it, we got there.*

---

sottana–*skirt*
attaccato alle sottane della madre–*tied to one's mother's apron strings.*
Sta sempre attaccato alle sottane di sue madre; come vuoi che maturi? *He's always tied to this mother's apron strings; how do you expect him to mature?*

correre dietro alle sottane–*to chase after skirts.*
Ha settant'anni e corre ancora dietro alle sottane; è ridicolo. *He's seventy years old and still chases after skirts; it's ridiculous.*

sotterra–*underground*
volersi nascondere sotto terra–*to wish that the earth would open and swallow one.*
Avrei voluto nascondermi sotto terra dalla vergogna. *I wished the earth would open and swallow me from the shame.*

sottile–*thin*
guardare troppo per il sottile–*to split hairs.*
Non guardare troppo per il sottile; è una stoffa da poco prezzo, ma è simpatica e serve allo scopo. *Don't split hairs; it's cheap cloth, but it's nice and it'll serve the purpose.*

sottinteso–*understood*
parlare per sottintesi–*to speak in a roundabout way.*
Non si capisce un'acca; parla sempre per sottintesi. *You can't understand a thing; he's always speaking in a roundabout way.*

sotto–*under*
esserci sotto qualcosa–*to be something behind this.*
Qui c'è qualcosa sotto. *There's something behind this.*
mettere sotto qualcuno–*(1) to get someone to work.*
L'ho messo sotto a lavorare e in due mesi si è preparato per quattro esami. *I got him to work, and in two months he was prepared for four exams.*
(2) to run someone over.
Andava ai 100 all'ora e ha messo sotto un cane randagio. *He was doing 100 km. an hour and he ran over a stray dog.*
mettere sottosopra–*inside out.*
Ha messo tutto sottosopra per cercare le sue chiavi. *He turned the house inside out looking for the keys.*
sotto sotto–*deep down.*
Ha detto di sì sorridendo, ma sotto sotto non era convinto. *He said yes and smiled, but deep down he wasn't convinced.*

spaccare–*to split*
o la va o la spacca–*it's all or nothing.*
Preferisco rischiare di perdere tutto il denaro che ho; o la va, o la spacca! *I prefer to risk losing all my money; it's all or nothing!*

spada–*sword*
a spada tratta–*with all one's might.*
Mi ha difeso a spada tratta perchè sapeva che avevo ragione. *He defended me with all his might because he knew I was right.*

spaghetto–*little string*
prendere un bello spaghetto–*to get a good fright.*
Si è preso un bello spaghetto, quando la trave è crollata alle sue spalle. *He got a*

good fright when the beam fell behind him.

spago–*string*
dare spago–*to give someone rope.*
Non dargli spago, sennò non la smetterà più di parlare. *Don't give him any rope, or else he'll never stop talking.*

spalla–*shoulder*
alzare le spalle–*to shrug one's shoulders.*
Non ha risposto; ha semplicemente alzato le spalle. *He didn't answer; he just shrugged his shoulders.*

avere le spalle larghe–*to have broad shoulders.*
Ho le spalle larghe e posso sopportare anche le tue insinuazioni. *I have broad shoulders and can take your insinuations.*

buttare alle spalle–*to put something behind one.*
Mi son buttato il passato alle spalle e ho ricominciato daccapo. *I put my past behind me and started over again.*

dietro le spalle–*behind someone's back.*
Fanno critiche negative dietro le spalle, ma non osano parlare apertamente. *They criticize everyone behind their backs, but they don't dare say anything openly.*

fare da spalla–*to act as a foil.*
Gli fa da spalla tutte le volte che vuol tentare un colpo; prima o poi lo beccheranno. *He acts as his foil every time they try to make a hit; sooner or later they'll catch him.*

mettere con le spalle al muro–*to drive to the wall.*
L'ho messo con le spalle al muro e non ha potuto negare le sue responsabilità. *I drove him to the wall, and he wasn't able to deny his responsibility.*

vivere alle spalle di–*to sponge off.*
Ha sempre vissuto alle spalle di sua moglie. *He's always sponged off his wife.*

voltare le spalle–*to give the cold shoulder.*
Mi ha voltato le spalle da tempo, e non capisco perchè. *He gave me the cold shoulder a long time ago, and I don't understand why.*

spanna–*span*
alto una spanna–*tiny.*
È alto una spanna! Come vuoi che arrivi allo scaffale più alto! *He's tiny! How do you expect him to reach the top shelf!*

spartire–*to share*
avere a che spartire con qualcuno–*to have something in common with.*
Non ha niente da spartire con quel delinquente. *He doesn't have anything in common with that delinquent.*

spasso–*fun*

andare a spasso–*to go for a walk.*
Andiamo a spasso nel parco. *Let's go for a walk in the park.*

mandare a spasso–*to send packing.*
L'hanno mandato a spasso perchè sospettavano che rubasse. *They sent him packing because they suspected him of stealing.*

specchio–*mirror*
camminare sugli specchi–*to skate on thin ice.*
Per provare ciò che afferma cammina sugli specchi, ma prima o poi si tradirà. *To prove what he's saying he's skating on thin ice, but sooner or later he'll betray himself.*

specie–*kind*
far specie–*to surprise.*
Mi fa specie che tu, come amico, non mi abbia difeso. *I'm surprised that you, as a friend, didn't defend me.*

speranza–*hope*
accarezzare la speranza–*to cherish the hope.*
Accarezzava la speranza di costruirsi una casa in montagna. *He cherished the hope of building himself a house in the mountains.*

con la vaga speranza–*on the off chance.*
Aspettavo con la vaga speranza di vederlo arrivare con l'ultimo treno. *I waited on the off chance of seeing him arrive on the last train.*

spesa–*expense*
a proprie spese–*at one's expense.*
La biblioteca di classe l'ho fatto a mie spese. Se aspettavo la scuola a quest'ora ero ancora lì. *The class library was done at my expense. If I waited for the school to pay for it I'd still be waiting.*

fare le spese–*to pay for.*
Ti sei lasciato convincere e ne hai fatto le spese; peggio per te. *You let yourself be convinced and you paid for it; all the worse for you.*

spettro–*specter*
profilarsi lo spettro di–*to rear its ugly head.*
Si profila lo spettro della fame; non abbiamo più una lira. *Hunger is rearing its ugly head; we don't have another cent.*

spiano–*open space*
a tutto spiano–*without interruption.*
Urlava a tutto spiano, ma nessuno le badava. *She was yelling without interruption, but no one paid any attention to her.*

spiccio–*quick*
andare per le spicce–*to be too quick.*

Quel dottore va troppo per le spicce. Non mi pare coscienzioso. *That doctor is too quick with his diagnòsis. He doesn't seem very conscientious to me.*

spicciolato–*in coins*
alla spicciolata–*a few at a time.*
La gente entrava e usciva alla spicciolata. *People came and went a few at a time.*

spicco–*relief*
fare spicco–*to stand out.*
Il tuo vestito rosso faceva spicco di sè. *Your red dress really stood out.*

spigolo–*edge*
smussare gli spigoli–*to patch things up.*
È bravo a smussare gli spigoli; se non fosse per lui bisticceremmo dalla mattina alla sera. *He's good at patching things up; if it hadn't been for him we'd fight all day long.*

spina–*spine*
senza spina dorsale–*spineless, with no backbone.*
È un essere senza spina dorsale; si lascerebbe insultare da chiunque. *He's a spineless individual; he'd let himself be insulted by anyone.*

sulle spina–*on pins and needles.*
Sono stato sulle spine tutto il pomeriggio ad aspettarlo. *I've been on pins and needles all afternoon waiting for him.*

una spina nel fianco–*a thorn in the flesh.*
Quel lavoro è proprio una spina nel fianco; mi occupo troppo e non mi dà soddisfazioni. *That job is really a thorn in the flesh; it keeps me too busy and doesn't give me much satisfaction.*

spiraglio–*air hole*
aprire uno spiraglio–*to shed some light.*
La sua idea geniale ha aperto uno spiraglio alla discussione. *His ingenious idea shed some light on the discussion.*

spirito–*spirit*
calmare i bollenti spiriti–*to calm down.*
Calma i bollenti spiriti e vedrai tutto più chiaro. *Calm down and you'll see everything more clearly.*

fare dello spirito–*to be witty.*
Questo non è il momento di fare dello spirito. *This is not the right moment to be witty.*

spizzico–*bit*
a spizzichi–*in bits and snatches.*
Mangio sempre a spizzichi e mi rovino lo stomaco. *I always eat in bits and*

snatches and I'm ruining my stomach.

spola–*spool*
fare la spola–*to commute.*
Fa la spola tra Torino e Trieste per tenere il posto all'Università. *He commutes from Turin to Triest to keep his job at the University.*

spolveratina–*a little brushing*
dare una spolveratina–*to brush up on.*
Vuole dare una spolveratina al suo francese. *He wants to brush up on his French.*

sport–*sport*
per sport–*for fun.*
Non lo fa sul serio, solo per sport. *He's not doing it seriously, just for fun.*

sprone–*spur*
a spron battuto–*in a great hurry.*
Sono arrivati a spron battuto appena ho chiamato aiuto. *They arrived in a great hurry as soon as I called for help.*

sproposito–*blunder*
costare uno sproposito–*to cost a mint.*
È una bella macchina ma costa uno sproposito. *It's a nice car but it costs a mint.*

parlare a sproposito–*to put one's foot in one's mouth.*
Parla sempre a sproposito; è meglio che stia zitto se vogliamo ottenere qualcosa. *He always puts his foot in his mouth; he better keep quiet if we want to get anywhere.*

sprovvisto–*destitute*
prendere alla sprovvista–*to catch off guard.*
Mi ha preso alla sprovvista e non ho saputo dire di no. *He caught me off guard and I wasn't able to say no.*

spugna–*sponge*
bere come una spugna–*to drink like a fish.*
Beve come una spugna e prima o poi si ammalerà di cirrosi. *He drinks like a fish and sooner or later he'll get cirrhosis.*

gettare la spugna–*to throw in the sponge.*
Quando si è accorto che nessuno gli credeva più, ha gettato la spugna e si è dato per vinto. *When he realized that no one believed him anymore, he threw in the sponge and gave up.*

passare la spugna su qualcosa–*to say no more about.*
Passiamo la spugna su quanto è successo, e non ne parliamo più. *We'll say no more about what happened.*

squadra–*team*
uscire fuori squadra–*to be out of sorts.*
S'è tanto arrabbiato che è uscito fuori squadra. Io non lo capisco più. *He got so angry that he's out of sorts. I don't understand him anymore.*

squagliare–*to melt*
squagliarsela–*to duck out.*
Se l'è squagliata perchè aveva una gran fifa! *He ducked out because he was so afraid!*

squarciagola–*out loud*
gridare e squarciagola–*at the top of one's voice.*
Gridava a squarciagola, ma nessuno lo stava a sentire. *He yelled at the top of his voice, but no one listened to him.*

staffa–*stirrup*
perdere le staffe–*to fly off the handle (to lose one's temper).*
Quando si arrabbia perde le staffe. *When he gets angry he flies off the handle (loses his temper).*

stalla–*stable*
chiudere la stalla quando sono scappati i buoi–*to shut the barn door after the horse has bolted.*
È inutile che chiuda la stalla quando i buoi sono scappati; doveva pensarci prima e non dargli manco un soldo. *It's useless to shut the barn door after the horse has bolted; he should have thought first and not given him a cent.*

stampo–*mold*
dello stesso stampo–*of the same kind.*
Sono proprio della stesso stampo quei due: due villani rifatti. *They're two of the same kind: two upstart louts.*

di vecchio stampo–*of the old school.*
È una donna di vecchio stampo e non sopporta le parolacce. *She's a lady of the old school and can't stand swearing.*

stanco–*tired*
stanco morto–*dead tired.*
Ho lavorato per tre ore di vanga e zappa; sono stanco morto. *I worked for three hours with the spade and hoe; I'm dead tired.*

stecchetto–*small stick*
a stecchetto–*on short rations.*
Mi ha tenuta a stecchetto un mese, col pretesto che dovevo dimagrire. *He kept me on short rations for a month, with the pretext that I had to reduce.*

stella–*star*
alle stelle–*sky high.*

I prezzi sono andati alle stelle; non so come ce la caveremo. *Prices have gone sky high; I don't know how we'll make out.*

È facile passare dalle stelle alle stalle. *Easy come easy go.*

stento–*effort*
vivere di stenti–*to lead a hard life.*
Ha vissuto di stenti per anni; è giusto che ora viva meglio. *He led a hard life for years; it's right that he's better off now.*

stesso–*same*
fa lo stesso–*to be all the same.*
Thè o caffè? Fa lo stesso. *Tea or coffee? It's all the same.*

stinco–*shin bone*
essere uno stinco di santo–*to be a saint.*
Non è uno stinco di santo, ma è un gran lavoratore. *He's no saint, but he's a hard worker.*

stivale–*boot*
dei miei stivali–*third-rate.*
Scrittore dei miei stivali. Faresti meglio a cambiar mestiere! *Third-rate writer! You'd do better to change jobs!*

stoffa–*cloth*
avere la stoffa–*to have the stuff.*
Ha la stoffa dell'avvocato, ma bisogna che studi ancora molto. *He has the stuff to be a lawyer, but he still needs to study a lot.*

stomaco–*stomach*
avere qualcuno sullo stomaco–*not to stand.*
Quel tale l'ho sullo stomaco da quando mi ha ingannato. *I can't stand him since he deceived me.*

dare allo stomaco–*to turn one's stomach.*
Quell'odore mi dà allo stomaco. *That smell turns my stomach.*

rimanere sullo stomaco–*not to agree with.*
Quel suo discorso mi è rimasto sulle stomaco; c'è sotto qualcosa che non capisco. *What he said doesn't agree with me; there's something to it that I don't understand.*

storia–*story*
Basta con queste storie! *Enough of all this!*
fare delle storie–*to kick up a fuss.*
A far compere con lui non ci vado più; fa tante di quelle storie! *I'm not going shopping with him any more; he kicks up such a fuss!*

straccio–*rag*
ridursi come uno straccio–*to wear oneself out.*
A forza di lavorare a quel modo si è ridotto come uno straccio. *By working so hard he's worn himself out.*

strada–*street*
cambiare strada–*to change one's ways.*
È meglio che tu cambi strada, se vuoi combinare qualcosa di buono. *You'd better change your ways if you want to make something of yourself.*
divorare la strada–*to eat up the road.*
È arrivato in meno di tre ore; ha divorato la strada. *He got here in less than three hours; he ate up the road.*
fare molta strada–*to go far.*
Ha fatto molta strada da quando studiavamo insieme all'università; è arrivato dove voleva. *He's gone far since we studied together at the university; he's gotten where he wants to be.*
fare strada–*to lead the way.*
Faccio strada se permetti. *I'll lead the way if it's all right with you.*
farsi strada–*to nose one's way.*
Si è fatto strada all'università grazie allo zio. *He nosed his way into the university thanks to his uncle.*
mettere fuori strada–*to throw someone off the track.*
Le sue informazioni non mi hanno aiutato affatto; anzi, mi hanno messo fuori strada completamente. *His information didn't help me at all; as a matter of fact it threw me off the track completely.*
spianare la strada–*to pave the way.*
Gli ha sempre spianato la strada e lui non sa affrontare le difficoltà. *His way has always been paved for him, and he doesn't know how to face difficulties.*
tagliare la strada–*to stand in someone's way.*
Non è facile fare carriera qui dentro. C'è sempre qualcuno che ti taglia la strada. *It's not easy to get ahead here. There's always someone standing in your way.*
trovare la propria strada–*to find oneself.*
Ha finalmente trovato la sua strada. È felice! *He finally found himself. He's happy!*

strappo–*tear*
fare uno strappo alla regola–*to make an exception.*
Non accetto mai inviti e cena, ma per te faccio uno strappo alla regola. *I never accept dinner invitations, but for you I'll make an exception.*

stregua–*rate*
alla stessa stregua–*just like.*
Mi tratta alla stessa stregua di sua figlia, ma non lo sopporto. *He treats me just*

like his daughter, but I can't stand him.

stretta–*grasp*
trovarsi in una stretta–*to be in a predicament.*
Quando ha dovuto stendere la relazione si è trovato nelle strette, perchè non lo sapeva fare. *When he had to write the report he was in a predicament, because he didn't know how to do it.*

stretto–*narrow*
alle strette–*in a tight spot.*
L'imputato, messo alle strette, confessò tutto. *The accused, put in a tight spot, confessed everything.*

stringere–*to squeeze*
stringi, stringi–*to sum up.*
Stringi, stringi, non ha detto niente di nuovo. *To sum up, he didn't say anything.*

stucco–*stucco*
di stucco–*dumbfounded.*
Altro che sorpreso; sono rimasto di stucco. *I was more than surprised; I was dumbfounded.*

su–*up*
su per giù–*more or less.*
Sono su per giù due chilometri fino alla stazione. *It's more or less two kilometers to the station.*

succedere–*to succeed*
succeda quel che succeda–*let the chips fall where they may.*
Proverò a parlargli anche se è un duro; succeda quel che succeda. *I'll try to talk to him even if he's a tough guy; let the chips fall where they may.*

succo–*juice*
il succo del . . . –*the crux of the . . .*
Questo è il succo del discorso; voleva più soldi. *This is the crux of the matter; he wanted more money.*

sugo–*sauce*
spremere il sugo da–*to get the substance out of.*
Bisogna spremere il sugo dal racconto che ci ha fatto; può darsi che se ne possa trarre qualcosa di buono. *You have to get the substance out of the story he told us; maybe you can get something good out of it.*

suolo–*ground*
radere al suolo–*to raze to the ground.*
Durante la battaglia la città fu rasa al suolo. *During the battle the city was razed to the ground.*

suonare–*to ring*
suonarle a qualcuno–*to give someone a good thrashing.*
Gliele ha suonate perchè non ha obbedito. *He gave him a good thrashing because he was disobedient.*

T

tabula rasa–*a clean slate*
essere tabula rasa–*to cancel out.*
Ho fatto tabula rasa di tutto perchè era un pasticcio; è meglio ricominciare da capo. *I cancelled out everything because it was a mess; it's better to start from scratch.*

---

tacca–*notch*
di mezza tacca–*shoddy.*
È un personaggio di mezza tacca: molto, molto mediocre. *He's a shoddy person: very, very mediocre.*

---

tacco–*heel*
battere i tacchi–*to take to one's heels.*
Aveva paura e decise di battere i tacchi. *He was afraid and took to his heels.*

---

tacere–*to be silent*
Chi tace acconsente. *Silence gives consent.*

mettere a tacere–*to hush up.*
La cosa è stata messa a tacere, altrimenti lo avrebbero rovinato finanziariamente. *The thing was hushed up or they would have ruined him financially.*

---

tagliare–*to cut*
tagliato per–*to be cut out for.*
È tagliato per fare l'architetto. *He's cut out to be an architect.*

---

taglio–*cut*
dare un taglio–*to cut short.*
È troppo lungo questo discorso; diamogli un taglio. *This speech is too long; let's cut it short.*

venire a taglio–*to come in handy.*
La tua abilità nel cucinare è proprio venuta a taglio; non so come avrei fatto senza il tuo aiuto. *Your cooking ability has come in handy; I don't know how I could have managed without your help.*

---

talpa–*mole*
cieco come una talpa–*blind as a bat.*

È cieco come una talpa senza occhiali. *He's blind as a bat without his glasses.*

tamburo–*drum*
a tamburo battente–*at once.*
La sua richiesta fu esaurita a tamburo battente. *His request was granted immediately.*

tandem–*tandem*
fare qualcosa in tandem–*to work together.*
Fanno sempre tutto in tandem; quando uno è stanco si fa sotto l'altro. *They always work together; when one's tired the other one pitches in.*

tanto–*much*
di tanto in tanto–*now and then.*
Anch'io vado in campagna di tanto in tanto. *I go to the country now and then, too.*
dirne tante–*to talk a lot of nonsense.*
Oggi era proprio svanito; ne ha dette tante! *Today he was really out of it; he talked a lot of nonsense!*
dirne tante e poi tante–*to tell someone where to get off.*
Gliene ha dette tante e poi tante! *He really told him where to get off!*
ogni tanto–*every now and then.*
Ci vediamo ogni tanto. *We see each other every now and then.*

tappa–*stopping place*
bruciare le tappe–*to make lightning progress.*
Sta bruciando le tappe; ha veramente una brillante carriera di fronte a sè. *He's making lightning progress; he really has a brilliant career ahead of him.*

tappeto–*carpet*
mettere sul tappeto–*to bring into the open.*
Ha messo il problema sul tappeto. *He brought the question into the open.*

tappezzeria–*wallpaper*
far tappezzeria–*to be a wallflower.*
Faceva pena; ha fatto tappezzeria tutta la sera. Nessuno l'ha invitata a ballare o ha parlato con lei. *She was pitiful; she was a wallflower all evening. No one invited her to dance or spoke with her.*

tara–*tare*
fare la tara–*to take a story with a grain of salt.*
Il tuo resoconto è interessante, ma se permetti ci faccio un po' di tara. *Your report is interesting, but if you don't mind I'll take it with a grain of salt.*

tardi–*late*
Meglio tardi che mai. *Better late than never.*

tasca–*pocket*
avere le tasche piene–*to be fed up with.*
Ne ho le tasche piene di questa storia; o la smetti o ti denuncio. *I'm fed up with this story; stop it or I'll report you.*
conoscere come le proprie tasche–*to know like the back of one's hand.*
Conosco la città come le mie tasche. *I know this city like the back of my hand.*

tasto–*key*
battere lo stesso tasto–*to harp on.*
Batte sempre lo stesso tasto. Non ha capito che è controproducente? *He's always harping. Doesn't he understand that it's worse that way?*
toccare un tasto delicato–*to touch on a sore subject.*
Quando ha parlato della suocera ha toccato un tasto delicato. *When he talked about his mother-in-law he touched on a sore subject.*

tastoni–*gropingly*
procedere a tastoni–*to inch along.*
Procedeva a tastoni nel buio. *He inched along in the dark.*

tavolino–*little table*
vincere a tavolino–*to win by appeal.*
Ha vinto il match, ma a tavolino, per decisione degli arbitri. *He won the match by appeal, by decision of the judges.*

tela–*cloth*
far tela (telare)–*to skip out.*
Stamani ho fatto tela (telato) perchè avevo paura che mi interrogasse di fisica. *This morning I skipped out because I was afraid of being tested in physics.*

tema–*theme*
fuori tema–*beside the point.*
Hai scritto quattro magnifiche pagine, ma sei andato fuori tema. *You wrote four beautiful pages, but it's all beside the point.*

tempesta–*storm*
una tempesta in un bicchier d'acqua–*a tempest in a teapot.*
Fu una tempesta in un bicchier d'acqua. *It was a tempest in a teapot.*

tempo–*time*
a tempo perso–*in one's spare time.*
A tempo perso prendo lezioni d'inglese. *In my spare time I take English lessons.*
anticipare i tempi–*to speed up.*
Bisogna anticipare i tempi, altrimenti arriveranno le piogge appena finita la semina. *We have to speed up; otherwise the rainy season will come as soon as the planting is done.*

aver fatto il proprio tempo–*to have seen one's day.*
Ormai queste gomme hanno fatto il proprio tempo. *These tires have seen their day.*

Chi ha tempo non aspetti tempo. *A stitch in time saves nine.*

Col tempo e con la paglia maturano le sorbe (nespole). *Everything comes to him who waits.*

con i tempi che corrono–*nowadays.*
Non è il caso di spendere tanto con i tempi che corrono. *It's better not to spend too much nowadays.*

darsi al bel tempo–*to relax.*
Ha lavorato sodo e adesso si dà al bel tempo. *He worked hard and now he can relax.*

fare a tempo e luogo–*in due time.*
Faremo pulizia a fondo a tempo e luogo, non ora. *We'll do spring housecleaning in due time, not now.*

fare il bello e il cattivo tempo–*to do what one pleases.*
Che cosa bella sarebbe essere imperatori e fare il bello e il cattivo tempo per un giorno. *How great it would be to be king for a day and do what one pleases.*

in tempo utile–*by the deadline.*
Devo finire in tempo utile. *I have to finish by the deadline.*

lasciare il tempo che trova–*without results.*
Predica sempre, ma lascia il tempo che trova. Nessuno lo ascolta. *He's always preaching, but without results. No one listens to him.*

tempi magri–*hard times.*
Son tempi magri, questi! Non puoi pretendere di guadagnare di più. *These are hard times! You can't expect to earn more.*

volere il suo bravo tempo–*to take one's own sweet time.*
Non aspettarlo presto; ci vorrà il suo bravo tempo prima che arrivi. *Don't expect him early; he'll take his own sweet time before he gets here.*

---

tenda–*curtain*
levar le tende–*to leave a place.*
Mi sembra di essere di peso qui; è ora di levar le tende. Andiamocene. *It seems we're unwanted here; it's time to leave. Let's go.*

---

termine–*end*
portare a termine–*to pull off.*
Non riesce a portare a termine il lavoro da sola. *She doesn't seem able to pull that job off by herself.*

---

terno–*set of three numbers*
vincere un terno secco–*to have a windfall.*
Ha vinto un terno secco. Credeva di aver perso tutti i suoi soldi e invece ha

fatto fortuna. *He had a windfall. He thought he'd lost everything but instead he won a fortune.*

---

terra–*land*
essere a terra–*to be down.*
Sono proprio a terra; mi va tutto storto oggi. *I'm really down; everything's going wrong today.*

essere molto terra terra–*of very little consequence.*
È un discorso molto terra terra; non vale un gran che. *It's a speech of very little consequence; it's not worth much.*

far mancare la terra sotti i piedi–*to cut the ground from under one's feet.*
• Qualcuno ci penserà a fargli mancar la terra sotti i piedi, a quello sbruffone. *Someone will take care of cutting the ground from under his feet, that braggart.*

raso terra–*low along the ground.*
Ha tirato un sasso raso terra e lo ha colpito alle gambe. *He threw a stone low along the ground and hit him in the legs.*

---

terreno–*land*
acquistar terreno–*to gain ground (acceptance).*
Quelle idee stanno acquistando terreno tra i giovani. *Those ideas are gaining ground (acceptance) among young people.*

preparare il terreno–*to prepare things.*
Bisogna preparare il terreno prima di dargli la notizia. *You have to prepare things before telling him the news.*

sentirsi mancare il terreno sotto i piedi–*to feel insecure.*
Quando non ho soldi mi sento mancare il terreno sotto i piedi. *When I'm short of cash I feel insecure.*

tastare il terreno–*to sound someone out (to see how the land lies).*
Sarà meglio tastare il terreno prima di prendere una decisione così importante. *It'll be better to sound him out (to see how the land lies) before making such an important decision.*

---

terzo–*third*
fare da terzo incomodo–*to be the odd man out.*
Ne ho abbastanza di far da terzo incomodo per i suoi incontri con questo e con quello. *I've had enough of being the odd man out in his meetings with this person and that.*

---

testa–*head*
alzata di testa–*a reaction.*
Ha avuto un'alzata di testa una volta, poi si è rassegnato. *He had a reaction once, then he resigned himself.*

avere la testa fra le nuvole–*to have one's head in the clouds.*

He sempre la testa fra le nuvole. È innamorato? *He's always got his head in the clouds. Is he in love?*

avere la testa sulle spalle (sul collo)–*to have a head on one's shoulders.*
È giovane, ma ha la testa sulle spalle (sul collo), e sa benissimo il fatto suo. *He's young, but he has a head on his shoulders, and he knows what he's doing.*

con la testa nel sacco–*haphazardly.*
Ragioni sempre con la testa nel succo; sta' attento, per favore! *You always reason haphazardly; be careful please!*

far girare la testa–*(1) to cause to turn around and look at.*
È così carina che fa girar la testa a tutti. *She's so cute that she causes everyone to turn around and look at her.*
(2) to make one's head reel.
Questo vino mi fa girare la testa. *This wine makes my head reel.*

in testa–*in the lead.*
È in testa alla classifica. *He's in the lead in the line-up.*

mettere in testa–*to put into one's head.*
Chi te l'ha messa in testa un'idea simile? *Who put an idea like that into your head?*

mettere la testa a partito–*to settle down.*
Mio fratello ha finalmente messo la testa a partito ed ha cominciato a lavorare. *My brother has finally settled down and started to work.*

mettersi in testa qualcosa–*to get something into one's head.*
S'è messa in testa che è brutta e nessuno riesce a convincerla altrimenti. *She's gotten it into her head that she's ugly, and no one can convince her that she's not.*

montarsi la testa–*to get a swelled head.*
Non montarti la testa. Ci vuol altro che un articolo pubblicato per diventare scrittore! *Don't get a swelled head. You need to publish more than one article to become a writer!*

non saper dove battere la testa–*to be at one's wits' end.*
Da quando la sua ragazza l'ha lasciato, non sa più dove sbattere la testa. *Since his girlfriend left him he's at his wits' end.*

picchiare in testa–*to miss.*
Il motore picchia in testa; bisogna regolare l'accensione. *The motor is missing; we'll have to check the ignition.*

piegare la testa–*to give in.*
Suo padre è molto autoritario ed è riuscito a fargli piegare la testa; ora obbedisce sempre. *His father is very authoritarian and has managed to make him give in; now he's always obedient.*

tagliare la testa al toro–*to settle the question once and for all.*
Non rinnoviamogli il contratto; così tagliamo la testa al toro. *Let's not renew*

his contract; that way we'll settle the question once and for all.
tenere la testa a posto–*to keep one's head.*
Saprai tenere la testa a posto, spero, malgrado i soldi che ti ritrovi in tasca!
You'll know how to keep your head, I hope, no matter how much money you find in your pocket!
tenere testa–*to hold one's own.*
Tiene sempre testa a tutti con la parlantina che ha. *He always holds his own with his gift of gab.*
una testa di cavolo (rapa)–*a blockhead.*
Che testa di cavolo (rapa) quel ragazzo! Non ne fa mai una buona. *What a blockhead that boy is! He never does anything right.*

testardo–*stubborn*
testardo come un asino–*as stubborn as a mule.*
Non gli farai mai cambiare idea. È testardo come un asino. *You'll never change his mind. He's as stubborn as a mule.*

testo–*text*
far testo–*to be authoritative.*
Le tue parole non fanno testo. Mi dispiace, dobbiamo sentire i testimoni. *Your words are not authoritative. I'm sorry but we have to hear the witnesses.*

ticchio–*tic*
saltare (venire) il ticchio di–*to take into one's head.*
Gli è saltato (venuto) il ticchio di mettersi a suonare il flauto. *He took it into his head to start playing the flute.*

timone–*tiller*
essere al timone–*to be at the helm.*
È lui che è al timone della barca; è un ottimo organizzatore. *He's at the helm of the ship; he's a great organizer.*

tinta–*shade*
dipingere a tinte dorate–*to paint in glowing colors.*
È inutile dipingere il futuro a tinte dorate; sarà duro. *It's useless to paint the future in glowing colors; it's going to be rough.*

tirare–*to pull*
fare a tira e molla–*to argue back and forth.*
Fanno a tira e molla per un po', ma poi lei cede. *They argue it back and forth for a while, then she gives in.*
tirare a campare–*to get along.*
Hanno tirato a campare per un po' con la pensione della madre; poi i ragazzi hanno trovato lavoro. *They got along for a while with their mother's pension; then the boys found jobs.*

tiro–*throw*

abbassare il tiro–*to lower one's sights.*
Abbassa il tiro, o nessuno capirà i tuoi discorsi; sono tutti principianti. *Lower your sights or no one will understand you; they're all beginners.*

capitare a tiro–*to show up.*
Se mi capita a tiro me la pagherà una volta per tutte. *If he shows up I'll fix him once and for all.*

giocare un brutto tiro–*to play a mean trick.*
Nascondergli i libri prima dell'esame è stato proprio un brutto tiro. *Hiding his books before the exam was a mean trick indeed.*

un tiro di schioppo–*within a stone's throw.*
Mia sorella abita a un tiro di schioppo. *My sister lives within a stone's throw.*

tizio–*chap*

Tizio, Caio e Sempronio–*Tom, Dick and Harry.*
Hanno fatto finta di conoscere Tizio, Caio e Sempronio, ma in realtà non conoscevano nessuno. *They pretended to know every Tom, Dick and Harry, but they really didn't know anyone.*

tomba–*tomb*

essere una tomba–*not to tell a soul.*
Puoi confidarmi il tuo segreto; sarò una tomba. *You can confide your secret in me; I won't tell a soul.*

tondo–*round*

impagliare i tondi–*to slip out.*
Sono passati per la finestra, hanno dormito qui e alle cinque hanno impagliato i tondi senza che nessuno se ne accorgesse. *They came in through the window, slept here, and at five o'clock they slipped out without anyone noticing.*

tono–*tone*

cambiare tono–*to change one's tone.*
Cambia tono per favore; non otterrai niente con quel fare de padrone. *Change your tone please; you won't get anything with that bossy attitude.*

rispondere a tono–*to answer to the point.*
Rispondi a tono; non sfuggire alle mie domande. *Answer to the point; don't avoid my questions.*

tonto–*dumb*

fare il finto tonto–*to play dumb.*
Non fare il finto tonto; sai benissimo di che cosa sto parlando. *Don't play dumb; you know very well what I'm talking about.*

torchio–*press*

essere sotto il torchio–*to be under pressure.*
È sotto il torchio adesso. Quando avranno finito di interrogarlo sapremo qual-

cosa di più. *He's under pressure. When they've finished questioning him we'll know more.*

---

torno–*round*
levarsi di torno qualcuno–*to get rid of someone.*
Levami di torno quel bell'imbusto, o lo denuncio per molestia. *Get rid of that dandy or I'll report him as a public nuisance.*

---

toro–*bull*
forte come un toro–*strong as an ox.*
È forte come un toro; riesce a sollevare il baule da solo. *He's as strong as an ox; he can lift a trunk by himself.*

prendere il toro per le corna–*to take the bull by the horns.*
Se non prendiamo il toro per le corna non riusciremo mai a ottenere niente. *If we don't take the bull by the horns we'll never get anywhere.*

---

torta–*cake*
spartirsi la torta–*to split the loot.*
Si spartiranno la torta dopo aver fatto il colpo. *They'll split the loot after making the hit.*

---

torto–*wrong*
avere torto marcio–*to be utterly wrong.*
In genere mi fido della sua opinione, ma questa volta ha torto marcio. *I usually trust his opinion, but this time he's utterly wrong.*

dare torto a–*to say someone is wrong.*
Mi dà sempre torto. *He always says I'm wrong.*

non avere tutti i torti–*to have a point.*
Non ha mica tutti i torti. È meglio arrivare un po' prima per evitare il traffico. *He's got a point. It's better to arrive a little early to avoid the traffic.*

---

trainare–*to tow*
farsi trainare–*to get oneself taken around.*
È un peso morto; si fa trainare in continuazione. Non prende mai l'iniziativa. *He's a dead weight; he gets himself taken around all the time. He never takes the initiative.*

---

tramontana–*north*
perdere la tramontana–*not to know whether one's coming or going.*
Da quando si è innamorato ha perduto la tramontana. *Since he fell in love he doesn't know whether he's coming or going.*

---

trampolo–*stilt*
camminare sui trampoli–*to proceed unsteadily.*
È così buffa con quell'andatura. Cammina sui trampoli, come se stesse per cascare da un momento all'altro. *She's so funny walking like that. She proceeds*

unsteadily as if she were about to fall any minute.

reggersi sui trampoli–*to be shaky.*
La sua situazione finanziaria non è mica tanto buona; si regge sui trampoli. *His economic situation isn't very good; he's shaky.*

---

trampolino–*trampoline*
far da trampolino–*to be a launching pad.*
L'intervista gli servirà da trampolino di lancio; molta gente comincerà a conoscerlo. *The interview will be his launching pad; people will get to know him.*

tran-tran–*routine*
il solito tran-tran–*the same old rut.*
Non facciamo niente di interessante; è il solito tran-tran di tutti i giorni. *We don't do anything interesting; it's the same old day-to-day rut.*

tratto–*feature*
ad un tratto–*all of a sudden.*
Ad un tratto scomparve, come se non fosse mai esistito. *All of a sudden he disappeared, as if he'd never existed.*

traverso–*across*
andare di traverso–*to go down the wrong way (pipe).*
Quel boccone mi è andato di traverso. *Something I swallowed went down the wrong way (pipe).*
guardare di traverso–*to look angrily.*
Non guardarmi di traverso solo perchè ti ho fatto un'osservazione. *Don't look at me angrily just because I criticized you.*

tredici–*thirteen*
lavorare tredici mesi l'anno–*to work like a dog.*
Lavoro tredici mesi l'anno e mi pagano per sei. *I work like a dog and they pay me peanuts.*

treno–*train*
un treno di vita–*a high standard of living.*
Il loro treno di vita non è così alto come vogliono far credere. *Their high standard of living isn't as high as they make it out to be.*

trenta–*thirty*
Chi ha fatto trenta può fare trentuno. *You might as well go whole hog.*

tromba–*trumpet*
partire in tromba–*to rush off.*
È partito in tromba dopo la telefonata. Chissà che cosa è successo! *He rushed off after the telephone call. Who knows what happened!*

trovare–*to find*

trovare da ridire–*to find fault with.*
Trova sempre da ridire su quel che dico. *He always finds fault with what I say.*

tu–*you*
a tu per tu–*face-to-face.*
Voglio parlarle a tu per tu; forse con me si confida. *I want to talk to her face-to-face; maybe she'll confide in me.*

turco–*Turk*
bestemmiare come un turco–*to swear like a trooper.*
È un vecchietto simpatico; peccato che bestemmi come un turco. *He's a nice old man; too bad he swears like a trooper.*

fumare come un turco–*to smoke like a chimney.*
Fuma come un turco; si ammalerà! *He smokes like a chimney; he'll get sick!*

tutto–*all*
tutti quanti–*everyone.*
C'è lavoro per tutti quanti. *There's work for everyone.*

tutto quanto–*everything.*
Questo è tutto quanto mi resta. *This is everything I have left.*

U

uccello–*bird*
uccel di bosco–*on the loose (at large).*
Sebbene tutta la polizia lo cerchi, il bandito rimane ancora uccel di bosco. *In spite of the police search, the bandit is still on the loose (at large).*

ufo–*(only in the phrase)*
mangiare ad ufo–*to sponge.*
Lo stipendio gli basta perchè mangia ad ufo dagli amici. *His salary lasts him because he sponges off his friends.*

uggia–*boredom*
avere in uggia–*to dislike.*
Quel tizio l'ho in uggia; è troppo noioso. *I dislike that guy; he's too boring.*

ugola–*uvula*
bagnarsi l'ugola–*to wet one's whistle.*
Non ho bevuto molto; mi sono appena bagnata l'ugola. *I didn't drink much; I just wet my whistle.*

unghia–*fingernail*
difendersi con le unghie e con i denti–*to defend tooth and nail.*
Mi è costato talmente che lo difenderò con le unghie e con i denti. *It cost me so much that I'll defend it tooth and nail.*

mordersi (rodersi) le unghie–*to kick oneself.*
Mi mordo (rodo) le unghie a pensare al buon affare che ho mancato. *I'm kicking myself when I think of that good deal I missed.*

unico–*unique*
più unico che raro–*really rare.*
Una persona così onesta è più unico che raro. *A person that honest is really rare.*

unione–*union*
L'unione fa la forza. *United we stand, divided we fall.*

uno–*one*
un po' per uno–*some for each.*
Un po' per uno fa male a nessuno. *Some for each is good for all.*
uno sì e uno no–*every other.*
Per ottenere questo effetto all'uncinetto devi fare una maglia sì e una no. *To do this crocheting you have to skip every other stitch.*

uomo–*man*
l'uomo della strada–*the man in the street.*
Deve essere una pubblicità semplice che colpisca l'immaginazione dell'uomo della strada. *It has to be a simple ad that will strike the imagination of the man in the street.*
un uomo di mondo–*a man of the world.*
È un uomo di mondo e sa come ci si comporta ad un pranzo ufficiale. *He's a man of the world and knows how to behave at an official dinner.*

uovo–*egg*
È l'uovo di Colombo. *It's as plain as the nose on your face.*
Meglio un uovo oggi che una gallina domani. *A bird in the hand is worth two in the bush.*
rompere le uova nel paniere–*to upset the applecart.*
Non rompermi le uova nel paniere con le tue chiacchiere. *Don't upset the applecart with all your talk.*

urto–*push*
mettersi in urto–*to go against.*
Si è messo in urto con suo zio e non erediterà niente. *He went against his uncle and won't inherit anything.*

usare–*to use*
Quel che si usa non fa scusa. *Custom is no excuse.*

uscio–*doorway*
Non si trovano ad ogni uscio. *They don't grow on trees.*

usignolo–*nightingale*
cantare come un usignolo–*to sing like a lark.*
È un soprano in gambissima; canta come un usignolo. *She's a really good soprano; she sings like a lark.*

V

vaglio–*sieve*
passare al vaglio–*to go over with a fine-tooth comb.*
Ho passato al vaglio tutte le possibilità e questa mi sembra la soluzione migliore. *I went over all the possibilities with a fine-tooth comb and this seems to me the best solution.*

---

vago–*vague*
tenersi nel vago–*not to commit oneself.*
Non essere troppo preciso; resta nel vago se vuoi avere la possibilità di fare dei cambiamenti. *Don't be too precise; don't commit yourself if you want to keep open the possibility of making changes.*

---

valere–*to be worth*
tanto vale che–*one might as well.*
Tanto vale che andiamo. *We might as well go.*

vale a dire–*that is to say.*
Dice che verrà quando avrà tempo. Vale a dire mai. *He says he'll come when he has time. That is to say never.*

---

valigia–*suitcase*
fare le valige–*to pack up.*
Quando ha capito che non era gradito ha fatto le valige ed è partito. *When he realized he wasn't wanted he packed up and left.*

---

valle–*valley*
a valle–*farther down the road.*
La casa si trova più a valle, verso la chiesa. *The house is farther down the road, near the church.*

---

vantaggio–*advantage*
tornare a tutto vantaggio di–*to be worth it for one.*
Per ora può sembrarti una posizione poco importante, ma torna a tutto tuo vantaggio, se pensi alla grossa responsabilità che avresti. *At first it might seem like an unimportant position, but it's worth it for you to think about the great responsibility you'd have.*

---

vantare–*to praise*
Chi si vanta si spianta. *Pride goes before a fall.*

vanvera–*failure*
parlare a vanvera–*to talk through one's hat.*
Non conosci l'argomento e parli a vanvera. *You don't know the subject and you're talking through your hat.*

varco–*way*
aprirsi un varco–*to fight (elbow) one's way through.*
Si è aperto un varco tra la folla ed è riuscito a entrare. *He fought (elbowed) his way through the crowd and managed to get in.*
aspettare al varco–*to be out to get one.*
Sta' in campana. Ti aspetterà al varco, quando meno te lo aspetti. *Beware. He's out to get you when you least expect it.*

vaso–*vase*
portare i vasi a Samo–*to carry coals to Newcastle.*
Parlargli di ricette di cucina è come portare vasi a Samo; è un ottimo cuoco. *Talking to him about recipes is like carrying coals to Newcastle; he's an excellent cook.*

vecchio–*old*
vecchio come il cucco–*as old as the hills.*
Non è un'idea nuova; è vecchia come il cucco. *It's not a new idea; it's as old as the hills.*

vedere–*to see*
avere a che vedere–*to do with.*
Non ha niente a che vedere con gli esperimenti di cui parlavamo prima. *It doesn't have anything to do with those experiments we were talking about before.*
vedere come va a finire–*to end up.*
Si è messo nei pasticci con le sue promesse; voglio vedere come va a finire adesso. *He has gotten into trouble with all his promises; I want to see how it ends up now.*

vela–*sail*
ammainare la vela–*to give up.*
Siamo a buon punto, non ammainiamo la vela adesso! *We're a good way along, let's not give up now!*
andare a gonfie vele–*to go at full tilt (to be sailing).*
I suoi affari vanno a gonfie vele. *His business is going at full tilt (is sailing).*

veleno–*prison*
masticare veleno–*to eat one's heart out.*
Dice che non gliene importa, ma mastica veleno. Sta morendo d'invidia. *He says he doesn't care, but he's eating his heart out. He's dying of envy.*

schizzar veleno–*to vent one's spleen.*
Schizza veleno da tutti i pori. *He's venting his spleen right and left.*

veloce–*fast*
veloce come un razzo–*as fast as a bullet.*
Ha solo un motorino, ma è veloce come un razzo. *He only has a motorbike, but it's as fast as a bullet.*

vena–*vein*
in vena–*in the mood.*
Stasera non sono proprio in vena; è meglio che suoni tu. *I'm not in the mood tonight; you'd better play.*

vendere–*to sell*
Questa non me la vendi! *You can't make me believe that!*

venditore–*seller*
venditore di fumo–*fake.*
Sta' attento, è un venditore di fumo. *Watch out, he's a fake.*

venerdì–*Friday*
mancare un venerdì–*not to be all there.*
Ne ha fatte troppe. A quello gli manca un venerdì. *He's overdone it. He's not all there.*

vento–*wind*
andare con vento in poppa–*to have smooth sailing.*
Credevamo che fosse difficile organizzarci, ma stiamo andando col vento in poppa. *We thought it would be difficult to organize things, but we're having smooth sailing.*

gridare ai quattro venti–*spread the story around.*
Voglio che lo sappiano tutti; lo griderò ai quattro venti. *I want everyone to know it; I'll spread the story around.*

navigare secondo il vento–*to swim with the tide.*
Seguiamo i suoi consigli. È meglio navigare secondo il vento e non prendere iniziative che lo possano contrariare. *We're following your advice. It's better to swim with the tide and not take initiatives that could anger him.*

predicare al vento–*to waste one's words.*
Non ti stanno neanche a sentire; predichi al vento. *They're not even listening to you; you're wasting your words.*

spiare cattivo vento–*not to look good.*
Se fossi in voi non gli parlerei ancora; spira cattivo vento stamattina. *If I were you I wouldn't talk to him yet; things don't look good this morning.*

verde–*green*
al verde–*in the red (broke).*

Non chiedermi soldi; sono al verde. *Don't ask me for money; I'm in the red (broke)*.

diventare verde–*to get angry*.
È diventato verde dalla rabbia quando ha saputo che ci avevano offerto il contratto. *He got angry when he learned that they'd offered us the contract*.

---

verme–*worm*
nudo come un verme–*stark naked*.
Andava a dormire nudo come un verme, senza pigiama. *He went to sleep stark naked, without pajamas*.

---

verso–*verse*
fare il verso a–*to mimic*.
Aveva una voce così chioccia che i ragazzini gli facevano il verso. *He had such a raspy voice that the children mimicked him*.

non esserci verso–*no way*.
Non c'è verso di convincerlo. *There is no way of convincing him*.

---

vetrina–*shop window*
mettersi in vetrina–*to show off*.
Una che si veste così ha semplicemente voglia di mettersi in vetrina. *Someone who dresses like that is just trying to show off*.

---

vetro–*glass*
arrampicarsi sui vetri–*to try anything*.
Si arrampica sui vetri per convincerci, ma non ci riesce. *He'll try anything to convince us, but he won't succeed*.

---

via–*pathway*
e così via–*and so on*.
Gli ho raccontato della casa, del fulmine e dell'incendio, e così via. *I told him about the house, the lightning, the fire, and so on*.

e via di questo passo–*and so on*.
Possiamo elencargli tutte le bellezze del posto: il paesaggio, le rovine antiche e via di questo passo. *We can list all the beauties of the place for him: the countryside, the ancient ruins, and so on*.

in via confidenziale–*off the record*.
In via del tutto confidenziale le dirò che il suo progetto è stato approvato. *Strictly off the record I'll tell you that the project was approved*.

in via di guarigione–*on the mend*.
È in via di guarigione ma ha ancora bisogno di cure. *He's on the mend but he still needs a doctor's care*.

per via di–*because of*.
Mi sono decisa a venire per via di quella lettera che dovevo portarti. *I decided to come because of the letter I had to bring you*.

schizzar via–*to dart away.*
Ho visto il pesce per un attimo ma è subito schizzato via. *I saw the fish for an instant but it darted away immediately.*

sulla retta via–*straight and narrow path.*
Se vuol essere veramente un onesto cittadino dovrà decidersi a tornare sulla retta via. *If he really wants to be an honest citizen he'll have to come back to the straight and narrow path.*

una via di mezzo–*(1) alternative.*
Non c'è una via di mezzo. *We have no alternative.*
(2) compromise.
Dobbiamo trovare una via di mezzo tra picchiarlo e lasciar correre. *We have to find a compromise between spanking him and letting him get his way.*

---

vigna–*vineyard*
Questa vigna non fa uva! *There's nothing to be gotten out of him!*

---

vinto–*won*
darsi per vinto–*to give up.*
Il campione perdeva ma rifiutò di darsi per vinto. *The champion was losing but he refused to give up.*

---

violino–*violin*
un violino–*a brownie.*
Che violino! Non fa che adulare! *What a brownie! He's always praising everything!*

---

virgola–*comma*
guardare tutte le virgole–*to go over with a fine-tooth comb.*
È di una pignoleria paurosa. Guarda tutte le virgole, finchè tutto non è come vuole lui. *He's really fastidious. He goes over everything with a fine-tooth comb until it's just the way he wants it.*

---

viso–*face*
Far buon viso a cattivo gioco. *Make the best of a bad matter.*

fare il viso lungo–*(1) to get thin.*
Ha fatto il viso lungo tanto è dimagrita. *She's gotten thin; she's taken off so much weight.*
(2) to pout.
Faceva un viso lungo perchè non le andava di partire. *She pouted because she didn't want to leave.*

---

vista–*sight*
a prima vista–*at first glance.*
A prima vista si direbbe che non sia capace, poi invece ce la fa. *At first glance one would say he's not able, but then he makes it.*

a vista d'occhio–*before one's very eyes.*
Questa pianta cresce a vista d'occhio. *This plant grows before your very eyes.*
aguzzare la vista–*to strain to see.*
C'è una luce così fiaca che devo aguzzare la vista per cucire. *There's so little light that I have to strain to see my sewing.*
in vista–*in view.*
Siamo quasi arrivati; la cupola di S. Anastasio è in vista. *We're almost there; the dome of St. Anastasius is in view.*
mettersi in vista–*to show off.*
Le piace mettersi in vista. Che cosa ci vuoi fare! *She likes to show off. What are you going to do?*
perdere di vista–*to lose touch with.*
L'ho perso di vista; non so che fine abbia fatto. *I lost touch with him; I don't know where he ended up.*

visto–*seen*
che s'è visto s'è visto–*that's final!*
Si è preso il premio e chi s'è visto s'è visto. Un bel maleducato. *He took the prize and went off. What bad manners.*

vita–*life*
cambiare vita–*to turn over a new leaf.*
Da quando ha cambiato vita, è un marito modello! *Since he turned over a new leaf, he's been a model husband!*
conoscere vita, morte, e miracoli di qualcuno–*to know everything there is to know about someone.*
Chiedilo a lui; conosce vita, morte, e miracoli di tutti. *Ask him; he knows everything there is to know about everybody.*
darsi alla bella vita–*to live it up.*
Appena finiti gli esami si dà alla bella vita. *As soon as he finishes his exams he lives it up.*
fare una vita da galera–*to lead a dog's life.*
Luggiù non ci torno per tutto l'oro del mondo; mi hanno fatto fare una vita da galera. *I wouldn't go back there for anything; they made me lead a dog's life.*
la vita di Michelaccio–*the life of Riley.*
Non vedo l'ora di andare in pensione e fare la vita di Michelaccio. *I can't wait to retire and live the life of Riley.*
mettersi una vita–*to take forever.*
Che barba! Ci mette una vita a scrivere una paginetta. *What a bore! It takes him forever to write a page.*
stare su con la vita–*to keep one's chin up.*
Sta' su con la vita, andrà tutto bene; vedrai! *Keep your chin up, everything will be okay; you'll see!*

vivere–*to live*
   sul chi vive–*on one's guard.*
È meglio stare sul chi vive. Non si sa mai che cosa gli passa per la testa. *You'd better stay on your guard. You never know what's going on in his head.*

vivo–*alive*
   mangiare qualcuno vivo–*to bite someone's head off.*
Se non la smetti, piccolo mostro, ti mangio vivo. *If you don't stop it, you little monster, I'm going to bite your head off.*
   pungere sul vivo–*to sting to the quick.*
Quando le ho detto che non era stata gentile si è sentita punta sul vivo. *When I told her she hadn't been nice, she felt stung to the quick.*
   vivo e vegeta–*alive and kicking.*
Macchè scomparso. È vivo e vegeta e fa un sacco di soldi. *What do you mean disappeared. He's alive and kicking and he's making lots of money.*

voce–*voice*
   ascoltare la voce della ragione–*to listen to reason.*
Sarebbe ora che ascoltasse la voce della ragione. *It's about time he listened to reason.*
   avere voce in capitolo–*to have a say in the matter.*
Non fidarti delle sue promesse; non ha nessuna voce in capitolo. *Don't believe his promises; he has no say in the matter.*
   chiedere a gran voce–*to ask all together.*
Hanno chiesto a gran voce di aggiornare la seduta. *They all asked together to adjourn the meeting.*
   correre voce–*to be rumored.*
Corre voce che tu stia per sposarti. *It's rumored that you're about to be married.*
   dare una voce–*to call for.*
Dammi una voce quando arrivi; il citofono non funziona. *Call for me when you arrive; the buzzer doesn't work.*
   fare la voce grossa–*to act tough.*
Fa la voce grossa ma non è arrabbiato sul serio. *He acts tough but he's not really angry.*
   la voce vellutata–*persuasive voice.*
Con quella voce vellutata, ottiene ciò che vuole. *With that persuasive voice he gets what he wants.*
   sotto voce–*in a low voice.*
Parliamo sotto voce perchè la mamma sta dormendo. *Let's talk in a low voice because mother is sleeping.*

voglia–*will*

aver voglia di–*to feel like.*
Hai voglia di fare quattro passi? *Do you feel like taking a walk?*
morire dalla voglia di–*to be dying to.*
Muoio dalla voglia di andare in acqua ma ho appena mangiato. *I'm dying to go in the water but I just ate.*

---

volente–*willing*
volente o nolente–*whether one wants to or not.*
Devi farlo, volente o nolente; è compito tuo oggi pulire casa. *You have to do it whether you want to or not; it's your job to clean the house today.*

---

volere–*to want*
quello che si vuole–*just what the doctor ordered.*
Una bella birra ghiacciata: ecco quello che ci vuole per calmare la sete. *A nice cold beer: just what the doctor ordered to quench my thirst.*
Volere è potere. *Where there's a will there's a way.*
Volere o volare! *There's no getting away from it.*

---

volo–*flight*
capire al volo–*to catch on immediately.*
Credevo che fosse troppo difficile per lei, ma ha capito al volo. *I thought it was too difficult for her, but she caught on immediately.*
prendere il volo per altri lidi–*to set out for foreign parts.*
S'è stufato del suo lavoro e ha preso il volo per altri lidi. *He got tired of his job and set out for foreign parts.*
spiccare il volo–*to go places.*
È pronta per spiccare il volo, ora che ha preso la laurea e ha tovato un posto. *She's ready to go places, now that she's graduated and gotten a job.*

---

volontà–*will*
con un po' di buona volontà–*with a little commitment.*
Con un po' di buona volontà fineremo prima delle vacanze di Natale. *With a little commitment, we'll finish by Christmas vacation.*

---

volta–*time*
dare di volta il cervello–*to be out of one's senses (to take leave of one's senses).*
Spegni quel fiammifero, scemo. Ti dà di volta il cervello? Se c'è una fuga di gas saltiamo per aria. *Put out that match, stupid. Are you out of (have you taken leave of) your senses? If there's a gas leak we'll all blow up.*
una buona volta–*once and for all.*
Finiscila una buona volta! *Stop it once and for all!*

---

voto–*vow*
sciogliere un voto–*to fulfill a vow.*
Non sarò in pace con me stesso finchè non avrò sciolto il mio voto. *I won't be*

at peace with myself until I've fulfilled my vow.

---

vulcano–*volcano*
un vero vulcano–*a wealth.*
È un vero vulcano di idee; ci aiuterà senz'altro. *He's really a wealth of ideas; he'll surely help us.*

---

vuoto–*empty, emptiness*
cadere nel vuoto–*to fall flat.*
La sua proposta è caduta nel vuoto; nessuno ne ha capito l'importanza. *His proposal fell flat; no one understood its importance.*

Z

zampino–*little paw*
mettere lo zampino–*to have a hand in.*
Suo padre ci ha messo lo zampino; non ce l'avrebbe fatta da solo. *His father had a hand in it; he couldn't have done it by himself.*

---

zappa–*hoe*
darsi la zappa sui piedi–*to ruin things for oneself.*
Ci ha traditi, ma si è dato la zappa sui piedi e ha perso tanto quanto noi. *He betrayed us, but he ruined things for himself and lost as much as we did.*

---

zecca–*mint*
nuovo di zecca–*brand new.*
Queste scarpe sono nuove di zecca e mi fanno male ai piedi. *These are brand new shoes and they hurt my feet.*

---

zero–*zero*
rasare a zero–*to shave one's head.*
Era una spia nazista e i partigiani l'hanno rasato a zero. *He was a Nazi spy and the partisans shaved his head.*

---

zonzo–*(only in the phrase)*
andare a zonzo–*to walk around.*
Appena disfatte le valige, sono andata a zonzo per il paese. *As soon as I unpacked my bag, I walked around the town.*

---

zoppicare–*limp*
zoppicare–*to be halting.*
Il suo inglese zoppica. *His English is halting.*

---

zuppa–*soup*
Se non è zuppa è pan bagnato. *It's six of one and half a dozen of the other.*

Indice Italiano (Italian Index)

A

B

D

E

F

G

L

M

N

O

P

INDICE ITALIANO · INGLESE

S

T

U

V

PART II
ENGLISH-ITALIAN

PARTE II
INGLESE-ITALIANO

Preface

This volume has been written primarily for two groups of people: English-speakers with an interest in Italian language and culture, and Italian-speakers with a similar interest in English. It is specifically intended to be used as a reference book by students of both languages who already have some knowledge of the target language, but who are still confronted at times with "unfamiliar" phrases in print and conversation. But the book can also be a source of insight into the target language and culture if one browses through it and notes the recurring theme words which reflect values, important events, and national traditions.

Both the English and Italian sections contain over 2000 idioms, which appear in alphabetical order according to their key words. Each entry consists of four parts: first, an idiom in boldface, followed by its meaning or translation in the other language, in italics; thirdly, a sentence which exemplifies its use in context, and finally, a translation of that sentence into the other language, in italics. For English, American English idioms are presented; for Italian, standard Italian has been considered. In both languages, the authors attempt to present idiomatic phrases which are most commonly found in current standard usage, rather than expressions found in narrower regional or dialectal usage. Nonstandard, vulgar, obsolete, or rare idioms are not included. For purposes of definition, an "idiom" is intended as a practical term to mean a phrase of two or more words whose meaning could be unclear to a student or different from the translation of its individual words.

Sources for this dictionary included standard American, English, and Italian dictionaries, English-Italian and Italian-English bilingual dictionaries, as well as idiom lists, idiom dictionaries, current newspapers and magazines, lectures, TV and radio programs, and friendly conversations in both languages.

In conclusion, the authors wish to thank numerous friends, but especially, to remember the late Frances Adkins Hall, who was a wonderful organizer, knowledgeable and efficient co-worker, and who initiated and remained the inspiration for this volume; and finally, Maria Grazia Calasso and Piero Garau for help, advice, and precious time given throughout the preparation of this text.

English Idioms (Locuzioni Inglesi)

A

about–*intorno*
to be about to–*stare per.*
We are about to buy a house. *Stiamo per comprare una casa.*
to do an about-face–*fare dietro front.*
They did an about-face on that subject. *Hanno fatto un dietro front su quell'argomento.*

above–*sopra*
above-board–*aperto.*
He has always been above-board in his dealings with me. *È sempre stato aperto nei suoi rapporti con me.*

accord–*l'accordo*
of one's own accord–*spontaneamente.*
He apologized of his own accord. *Si è scusato spontaneamente.*

account–*il conto*
by all accounts–*a detta di tutti.*
By all accounts his life was a sad one. *A detta di tutti la sua fu una vita triste.*
of no account–*senza importanza.*
Don't worry; it's of no account. *Non ti preoccupare; è una cosa senza importanza.*
on account of–*a causa di.*
The flight was cancelled on account of bad weather. *Il volo fu annullato a causa del maltempo.*
to account for–*spiegare.*
That accounts for John's absence. *Ciò spiega l'assenza di Giovanni.*
to take into account–*tener conto di.*
We'll have to take the children into account too. *Dovremo tener conto anche dei bambini.*

ace–*l'asso*
ace in the hole–*un asso nella manica.*
I should have known he'd have an ace in the hole. `Dovevo immaginarmi che avrebbe avuto un asso nella manica.*
within an ace of–*a un pelo da.*
The child came within an ace of being hit by the truck. *Il bambino è stato a un pelo dall'essere investito da un camion.*

to acquaint–*informare*
  to get acquainted with–*familiarizzarsi con.*
  I should get better acquainted with the subject. *Dovrei familiarizzarmi meglio con la materia.*

acquaintance–*la conoscenza*
  to strike up an acquaintance with–*fare la conoscenza di.*
  I'd like to strike up an acquaintance with those pretty girls. *Vorrei fare la conoscenza di quelle belle ragazze.*

across–*attraverso*
  to get something across–*fare capire.*
  It's difficult to get a joke across in another language. *È difficile fare capire una barzelletta in un'altra lingua.*

action–*l'azione*
  Actions speak louder than words. *I fatti contano più delle parole.*

to add–*sommare*
  to add up–*avere senso.*
  It all adds up now. *Tutto ha senso ora.*

age–*l'età*
  for ages–*da secoli.*
  We haven't seen them for ages. *Non li vediamo da secoli.*
  to act one's age–*comportarsi da uomo.*
  Act your age. *Comportati da uomo.*
  to come of age–*diventare maggiorenne.*
  He'll receive his inheritance when he comes of age next year. *Riceverà la sua eredità quando diventerà maggiorenne l'anno prossimo.*

air–*l'aria*
  on the air–*in onda.*
  The news goes on the air at noon. *Il notiziario va in onda a mezzogiorno.*
  to clear the air–*chiarire le cose.*
  A frank discussion of the situation will help clear the air. *Una discussione franca sulla situazione aiuterà a chiarire le cose.*
  to vanish into thin air–*sparire.*
  He's vanished into thin air. *È sparito.*
  up in the air–*per aria.*
  I've got so much work to finish that my travel plans are still up in the air. *Ho tanto lavoro da finire che i miei progetti di viaggio sono ancora per aria.*

alley–*il vicolo*
  right up one's alley–*il proprio forte.*
  Computers are right up his alley. *I calcolatori elettronici sono il suo forte.*

alone–*solo*
to leave alone–*lasciar stare*.
Leave the cat alone. *Lascia stare il gatto*.
Leave me alone. *Lasciami stare*.

along–*lungo*
to get along with–*andare d'accordo*.
He doesn't get along with his mother-in-law. *Non va d'accordo con la suocera*.

amiss–*errato*
to take amiss–*offendersi*.
Don't take our criticism amiss. *Non ti offendere per le nostre critiche*.

ant–*la formica*
get ants in one's pants–*perdere la pazienza*.
The children will get ants in their pants if we keep them at the museum any longer. *I bambini perderanno la pazienza se li teniamo ancora al museo*.

anything–*qualcosa*
anything but–*tutt'altro*.
He's anything but stupid. *È tutt'altro che stupido*.
like anything–*come un matto*.
He wrote like anything. *Scriveva come un matto*.

apple–*la mela*
apple of one's eye–*la pupilla degli occhi*.
She's the apple of my eye. *Lei è la pupilla dei miei occhi*.

apple polisher–*leccapiedi*.
That boy is a real apple polisher. *Quel ragazzo è un vero leccapiedi*.

in apple pie order–*in perfetto ordine*.
The house was in apple pie order. *La casa era in perfetto ordine*.

applecart–*il carretto del fruttivendolo*
to upset the applecart–*mandare tutto all'aria*.
We had almost reached an agreement when his inopportune statement upset the applecart. *Avevamo quasi raggiunto un accordo quando una sua dichiarazione inopportuna mandò tutto all'aria*.

apron–*il grembiule*
tied to someone's apron strings–*attaccato alle sottane*.
No one thought he would marry; he was so firmly tied to his mother's apron strings. *Nessuno avrebbe pensato che si sarebbe sposato; era così attaccato alle sottane della madre*.

arm–*il braccio*
arm in arm–*a braccetto*.

They walked down the street arm in arm. *Passeggiavano a braccetto per la strada.*

to give one's right arm–*dare un occhio della testa.*
I'd give my right arm to be able to go to that concert. *Darei un occhio della testa per poter andare a quel concerto.*

to keep at arm's length–*trattare con freddezza.*
He was kept at arm's length throughout the interview. *È stato trattato con freddezza per tutta l'intervista.*

to twist someone's arm–*insistere.*
If we twist your arm will you come to dinner with us? *Se insistiamo verrai a cena con noi?*

with open arms–*a braccia aperte.*
They welcomed the visitors with open arms. *Hanno ricevuto gli ospiti a braccia aperte.*

arms–*le armi*
up in arms–*indignato.*
Everybody was up in arms about the political scandal. *Erano tutti indignati per lo scandalo politico.*

around–*intorno*
to have been around–*saperla lunga.*
He's been around. *La sa lunga.*

to ask–*chiedere*
to ask out–*invitare.*
I asked her out to the restaurant. *L'ho invitata al ristorante.*

asleep–*addormentato*
to be asleep at the switch–*non stare attento.*
He missed his turn because he was asleep at the switch. *Ha saltato il turno perchè non stava attento.*

avail–*il profitto*
to no avail–*inutilmente.*
They searched for him but to no avail. *L'hanno cercato inutilmente.*

away–*via*
right away–*subito.*
I'm coming right away. *Vengo subito.*

to do away with–*eliminare.*
They've done away with textbooks in the elementary school. *Hanno eliminato i libri di testo nella scuola elementare.*

to get away with–*passarla liscia.*
He won't get away with that. *Non la passerà liscia.*

awe–*il rispetto*
to stand in awe of–*aver soggezione.*
Nowadays children no longer stand in awe of their teachers. *Oggigiorno i bambini non hanno più soggezione dei loro insegnanti.*

axe–*l'ascia*
to get the axe–*essere licenziato.*
He always came late for work so they gave him the axe. *Veniva sempre in ritardo al lavoro e lo hanno licenziato.*

to have an axe to grind–*tirare l'acqua al proprio mulino.*
He has an axe to grind. *Tira l'acqua al proprio mulino.*

B

babe–*il bambino*
a babe in the woods–*un principiante.*
When it comes to gardening I'm just a babe in the woods. *Nel giardinaggio sono un principiante.*

back–*la schiena*
behind one's back–*dietro le spalle.*
They talked about her behind her back. *Hanno parlato di lei dietro le spalle.*

to get off one's back–*lasciare in pace.*
Get off my back! *Lasciami in pace!*

to get one's back up–*irritarsi, andare sulle furie.*
He really got his back up when he found out. *Si è veramente irritato (è andato sulle furie) quando l'ha saputo.*

to have one's back against the wall–*avere le spalle al muro.*
If you ask me for this you'll have me with my back against the wall. *Se mi chiedi questo mi metti con le spalle al muro.*

to pat oneself on the back–*lodarsi da solo.*
He's always patting himself on the back. *Si loda sempre da solo.*

to turn one's back on–*volgere le spalle a.*
A good friend will never turn his back on you. *Un buon amico non ti volgerà mai le spalle.*

backward–*indietro*
to bend over backward–*mettercela tutta.*
The family bent over backward to help him. *La famiglia ce l'ha messa tutta per aiutarlo.*

bacon–*la pancetta*
to bring home the bacon–*guadagnarsi il pane.*
It's not easy to bring home the bacon. *Non è facile guadagnarsi il pane.*

bag–*il sacco*
holding the bag–*nei guai.*
They left him holding the bag. *L'hanno lasciato nei guai.*

in the bag–*nel sacco (cosa fatta).*
His election is in the bag. *La sua elezione è nel sacco (cosa fatta).*

---

to bake–*cuocere*
half-baked–*non bene definito.*
He has a lot of half-baked ideas that nobody accepts. *Ha molte idee non ben definite che nessuno accetta.*

---

ball–*la palla*
on the ball–*in gamba.*
The new clerk is really on the ball. *Il nuovo impiegato è veramente in gamba.*

to carry the ball–*essere responsabile.*
George is carrying the ball on the project. *Giorgio è responsabile del progetto.*

to keep one's eye on the ball–*tenere gli occhi bene aperti.*
Keep your eye on the ball. *Tieni gli occhi bene aperti.*

to keep the ball rolling–*tener viva la conversazione.*
They need someone to keep the ball rolling. *Hanno bisogno di qualcuno che tenga viva la conversazione.*

to set the ball rolling–*rompere il ghiaccio, mettere le cose in moto.*
I set the ball rolling by asking the first question. *Ho rotto il ghiaccio (ho messo le cose in moto) facendo la prima domanda.*

---

ball–*il ballo*
to have a ball–*spassarsela.*
We really had a ball. *Ce la siamo proprio spassata.*

---

band–*la banda*
to beat the band–*a tutta forza.*
Susan is working to beat the band because she wants to meet her deadline. *Susanna lavora a tutta forza perchè vuole rispettare la scadenza.*

---

bandwagon–*il carro della banda*
on the bandwagon–*dalla maggioranza.*
After he won the election many people got on his bandwagon. *Dopo aver vinto le elezioni è stato seguito dalla maggioranza.*

---

bang–*la botta*
with a bang–*con entusiasmo.*
Your idea went over with a bang. *La tua idea è stata accolta con entusiasmo.*

---

to bank–*incassare*
to bank on–*contare su.*
He's the type you can bank on. *Lui è il tipo su cui puoi contare.*

bargain–*l'affare*
to bargain for–*aspettarsi.*
Those kids give her more work than she bargained for. *Quei ragazzi le danno più lavoro di quello che si aspettasse.*
to strike a bargain–*concludere un affare.*
He really didn't want to sell his land, but we were finally able to strike a bargain. *Non voleva vendere il suo terreno, ma finalmente siamo riusciti a concludere l'affare.*

---

bark–*latrato*
His bark is worse than his bite. *Can che abbaia non morde.*

---

barrel–*il barile*
over a barrel–*in difficoltà.*
They had us over a barrel. *Ci hanno messo in difficoltà.*
to have more fun than a barrel of monkeys–*divertirsi come pazzi.*
At your party we had more fun than a barrel of monkeys. *Alla tua festa ci siamo divertiti come pazzi.*
to scrape the bottom of the barrel–*toccare il fondo.*
In coming up with that stupid idea he really scraped the bottom of the barrel. *Nel trovare quella stupida idea ha veramente toccato il fondo.*

---

base–*la base*
not to get to first base–*non concludere nulla.*
You can't get to first base with that director. *Con quel direttore non si conclude nulla.*

---

bat–*il bastone*
right off the bat–*di punto in bianco.*
I can never think of witty remarks right off the bat. *Non riesco ad essere spiritoso di punto in bianco.*

---

bat–*il pipistrello*
as blind as a bat–*cieco come una talpa.*
Without his glasses he's as blind as a bat. *Senza occhiali è cieco come una talpa.*
bats in the belfry–*matto.*
Anyone who believes his story has bats in the belfry. *Chiunque creda alla sua storia è matto.*

---

to bat–*battere*
to go to bat–*aiutare.*
I will always go to bat for you when you need it. *Ti aiuterò sempre quando ne avrai bisogno.*

---

battle–*la battaglia*

half the battle-*alla metà dell'opera.*
Getting started is half the battle. *Chi ben comincia è alla metà dell'opera.*

---

bean-*il fagiolo*
full of beans-*pieno di energia.*
You're full of beans today. *Sei pieno di energia oggi.*
not to know beans about-*non sapere nulla di nulla su.*
He doesn't know beans about skiing. *Non sa nulla di nulla sullo sci.*
to spill the beans-*rivelare un segreto.*
It was a secret until you spilled the beans. *Era un segreto finchè tu non l'hai rivelato.*

---

bearing-*l'orientamento*
to get one's bearings-*orientarsi.*
I read through the index to get my bearings. *Ho guardato l'indice per orientarmi.*

---

beat-*la ronda*
off one's beat-*un lavoro in cui non si è abituati.*
He's really off his beat working in the garden. *Il giardinaggio è un lavoro in cui non è proprio abituato.*

---

to beat-*battere*
to beat it-*darsela a gambe.*
The children beat it after breaking the window. *I bambini se la sono data a gambe dopo aver rotto la finestra.*
to beat up-*sonarle (darle di santa ragione).*
That boy always beats up on everyone. *Quel ragazzo le suona sempre (dà sempre di santa ragione) a tutti.*
That beats me!-*Non ci capisco nulla!*

---

beating-*le botte*
to take a beating-*prendere una batosta.*
Our basketball team really took a beating last night. *La nostra squadra di pallacanestro ha preso una vera batosta ieri sera.*

---

beaver-*il castoro*
to work like a beaver-*sgobbare come un matto.*
He worked like a beaver to buy that car. *Ha sgobbato come un matto per poter comprare quella macchina.*

---

beck-*il cenno*
at one's beck and call-*a completa disposizione.*
My boss wants me to be at his beck and call. *Il mio principale mi vuole a sua completa disposizione.*

---

bed-*il letto*

a bed of roses–*una semplice passeggiata, una cosa facile, piacevole.*
Being President is not just a bed of roses. *Essere presidente non è una semplice passeggiata (una cosa facile, piacevole).*

to get up on the wrong side of the bed–*alzarsi di cattivo umore.*
He got up on the wrong side of the bed this morning. *Si è alzato di cattivo umore stamattina.*

to make one's bed and have to lie in it–*agire di testa propria e dovere sopportare le conseguenze.*
You made your own bed and now you'll have to lie in it. *Hai agito di testa tua ed ora devi sopportare le conseguenze.*

bee–*l'ape*
a bee in one's bonnet–*un'idea fissa.*
She's had that bee in her bonnet for some time. *Ha quell'idea fissa da tempo.*

to beef–*protestare*
to beef about–*lamentarsi.*
He is always beefing about his job. *Non fa che lamentarsi del suo lavoro.*

beeline–*una linea d'aria*
to make a beeline for–*andare dritto a.*
The children made a beeline for the cake. *I bambini sono andati dritti alla torta.*

beggar–*il mendicante*
Beggars can't be choosers. *O mangiare questa minestra o saltare dalla finestra.*

bell–*la campana*
sound as a bell–*sano come un pesce.*
The doctor examined him and found him sound as a bell. *Il dottore lo visitò e lo trovò sano come un pesce.*

to ring a bell–*dire qualcosa (far ricordare qualcosa).*
That name rings a bell; I think I know him. *Quel nome mi dice qualcosa (mi fa ricordare qualcosa); credo di conoscerlo.*

belt–*la cintura*
to hit below the belt–*infliggere colpi bassi.*
An honest man won't hit below the belt. *Un uomo onesto non infligge colpi bassi.*

bench–*la panca*
to warm the bench–*restare in panchina.*
He's a good player but often warms the bench. *È un buon giocatore ma spesso resta in panchina.*

benefit–*il beneficio*
the benefit of the doubt–*il beneficio del dubbio.*

We weren't sure so we gave him the benefit of the doubt. *Non eravamo sicuri, gli abbiamo concesso il beneficio del dubbio.*

berth–*l'ormeggio*
to give a wide berth–*tenersi alla larga da.*
I always give a wide berth to people of his type. *Mi tengo sempre alla larga da gente come lui.*

beside–*accanto*
to be beside oneself–*essere fuori di sè.*
I was beside myself with fear. *Ero fuori di me dalla paura.*

best–*il meglio*
to do one's best–*fare del proprio meglio.*
I'll do my best to get it for you. *Farò del mio meglio per procurartelo.*

to make the best of–*arrangiarsi.*
There's nobody to help us so we'll have to make the best of it. *Non c'è nessuno che ci possa aiutare, dovremo arrangiarci.*

better–*meglio*
to think better of–*ripensarci.*
We had planned to go, but we thought better of it. *Avevamo deciso di andare ma ci abbiamo ripensato.*

bill–*il conto*
to fill the bill–*quello che ci vuole.*
That red scarf will fill the bill. *Quella sciarpa rossa è quello che ci vuole.*

to foot the bill–*pagare le spese.*
It is the custom that it's up to the father of the bride to foot the bill for the wedding. *È costume che spetti al padre della sposa pagare le spese del matrimonio.*

to sell someone a bill of goods–*imbrogliare qualcuno.*
They really sold him a bill of goods on that deal. *L'hanno veramente imbrogliato in quell'affare.*

bind–*la legatura*
in a bind–*molto impegnato.*
I'm in a bind trying to get the house ready for the tenants. *Sono molto impegnato a preparare la casa per gli inquilini.*

bird–*l'uccello*
A bird in the hand is worth two in the bush. *Meglio un uovo oggi che una gallina domani.*
Birds of a feather flock together. *Ognuno va col proprio simile.*
The early bird catches the worm. *Le ore del mattino hanno l'oro in bocca.*
for the birds–*non vale nulla.*

This film is for the birds. *Questo film non vale nulla.*

to kill two birds with one stone–*prendere due piccioni con una fava.*
Good idea! That way we can kill two birds with one stone. *Buon'idea! Così prendiamo due piccioni con una fava.*

birth–*la nascita*
to give birth to–*dare alla luce.*
She gave birth to twins. *Diede alla luce due gemelli.*
to give birth to–*causare (fare nascere).*
His words gave birth to misunderstandings. *Le sue parole causarono (fecero nascere) malintesi.*

bit–*il boccone*
in bits and pieces–*a pezzi e bocconi.*
She finished the work in bits and pieces. *Ha finito il lavoro a pezzi e bocconi.*

bit–*il morso*
to champ at the bit–*mordere il freno.*
All these delays make them champ at the bit. *Tutti questi ritardi fanno loro mordere il freno.*

to bite–*mordere*
to bite off more than one can chew–*fare il passo più lungo della gamba.*
This time she bit off more than she could chew. *Questa volta ha fatto il passo più lungo della gamba.*

black–*nero*
in black and white–*per iscritto, nero su bianco.*
I want to see it in black and white. *Lo voglio vedere per iscritto. (Voglio vedere nero su bianco.)*
to blackball–*votare contro.*
They blackballed him. *Hanno votato contro di lui.*

blame–*la colpa*
to shift the blame–*addossare la colpa a.*
After the accident he tried to shift the blame onto the other driver. *Dopo l'incidente ha provato di addossare la colpa all'altro autista.*

blank–*una salva*
to draw a blank–*non approdare a niente.*
I always draw a blank when I ask him for help. *Non approdo mai a niente quando gli chiedo aiuto.*

blanket–*la còperta*
wet blanket–*un guastafeste.*
She's such a wet blanket that they didn't invite her on the trip. *È una tale gua-*

stafeste che non l'hanno invitata.

blessing–*la benedizione*
a blessing in disguise–*un beneficio inaspettato.*
Having his car stolen was a blessing in disguise. *Che la sua macchina fosse rubata è stato un beneficio inaspettato.*
a mixed blessing–*solo in parte una benedizione.*
His new job is a mixed blessing: the pay is good but the hours are long. *Il suo nuovo lavoro è solo in parte una benedizione: la paga è buona ma l'orario è pesante.*

blind–*cieco*
blind date–*un appuntamento combinato da amici.*
She met him on a blind date. *Lei l'ha incontrato a un appuntamento combinato da amici.*

blood–*il sangue*
bad blood–*ostilità.*
There's a lot of bad blood between them. *C'è molta ostilità tra loro.*
Blood runs thicker than water. *Il sangue non è acqua.*
to be like getting (squeezing) blood from a stone–*cavare sangue da una rapa.*
You can't get (squeeze) blood from a stone. *Non si può cavar sangue da una rapa.*
to draw blood–*provocare ira.*
His false accusations drew blood. *Le sue accuse false hanno provocato molta ira.*

blot–*la macchia*
a blot on–*una macchia sull'onore, una vergogna.*
His arrest was a blot on the family escutcheon. *Il suo arresto è stata una macchia sull'onore della (una vergogna per la) famiglia.*

blow–*il colpo*
a blow-by-blow description–*una descrizione in tutti i particolari.*
He gave me a blow-by-blow description of the party. *Mi ha raccontato tutti i particolari della festa.*
to come to blows–*venire alle mani.*
They were so angry they came to blows. *Erano così arrabbiati che sono venuti alle mani.*

to blow–*soffiare*
to be blowed if–*sia maledetto se.*
I'll be blowed if I do. *Che io sia maledetto se lo faccio.*
to blow up–*(1) uscire fuori dai gangheri.*
He'll blow up when he realizes we've gone. *Uscirà fuori dai gangheri quando si renderà conto che ce ne siamo andati.*

(2) ingrandire.

The photographer blew up the picture. *Il fotografo ha ingrandito la foto.*

(3) far saltare.

The enemy blew up the bridge. *Il nemico fece saltare il ponte.*

to blow over–*placarsi (passare).*

Children's quarrels blow over quickly. *Le liti dei bambini si placano (passano) presto.*

blue–*blu*

blue in the face–*fino alla nausea.*

I've repeated it to him until I'm blue in the face. *Gliel'ho ripetuto fino alla nausea.*

the blues–*la malinconia.*

When it rains I always have the blues. *Quando piove ho sempre la malinconia.*

out of the blue–*all'improvviso.*

He appeared out of the blue. *È apparso all'improvviso.*

bluff–*inganno*

to call one's bluff–*sfidare.*

If he does it that way they are certain to call his bluff. *Se lui fa così, sarà certamente sfidato.*

board–*l'asse*

across-the-board–*generale.*

Because of the poor financial situation there will be no across-the-board raises this year. *A causa della cattiva situazione finanziaria quest'anno non ci sarà alcun aumento generale dei salari.*

to go by the board–*andare a monte.*

Because of his illness our vacation plans went by the board. *A causa della sua malattia i nostri progetti per le vacanze andarono a monte.*

boat–*la barca*

in the same boat–*nella stessa situazione.*

Don't complain about this contract: we're all in the same boat. *Non lamentarti di questo contratto: siamo tutti nella stessa situazione.*

to rock the boat–*cambiare la situazione.*

Let's leave things as they are and not rock the boat. *Lasciamo le cose come stanno senza cambiare la situazione.*

body–*il corpo*

over one's dead body–*sul proprio cadavere.*

If you cut down that tree it will be over my dead body. *Taglierai quell'albero solo passando sul mio cadavere.*

to boil–*bollire*

to boil down to–*essere la conclusione.*

What it all boils down to is this. *La conclusione è questa.*

boiled–*bollito*
  hard-boiled–*duro.*
  He's a hard-boiled character; watch out for him. *È duro; sta'attento a lui.*

bolt–*il fulmine*
  a bolt out of the blue–*un fulmine a ciel sereno.*
  Their proposal was a bolt out of the blue. *La loro proposta è stata un fulmine a ciel sereno.*

bolt–*la freccia*
  to shoot one's bolt–*sparare tutte le cartucce.*
  I can't offer anything else on that subject; I've already shot my bolt. *Non ho più niente da dire su quell'argomento; ho già sparato tutte le mie cartucce.*

bone–*l'osso*
  a bone of contention–*il pomo della discordia.*
  The poor wages are a bone of contention. *Lo stipendio basso è il pomo della discordia.*

  a bone to pick–*una gatta da pelare.*
  She had a bone to pick with him. *Ha una gatta da pelare con lui.*

  to make no bones–*non fare mistero.*
  He makes no bones about his political preferences. *Non fa mistero delle sue preferenze politiche.*

  to the bone–*al midollo.*
  He got soaked to the bone. *Si è bagnato fino al midollo.*

to bone–*disossare*
  to bone up on–*studiare a fondo.*
  He has to bone up on math before the exam. *Deve studiare a fondo la matematica prima dell'esame.*

book–*il libro*
  by the book–*secondo le regole.*
  By the book the guard shouldn't have let us into that room. *Secondo le regole, la guardia non avrebbe dovuto farci entrare in quella stanza.*

  in one's black book–*non essere nelle grazie di, essere sul libro nero.*
  I'm in his black book. *Non sono nelle sue grazie. (Sono sul suo libro nero.)*

  in one's book–*secondo qualcuno.*
  In my book cheating is dishonest. *Secondo me barare è disonesto.*

  to crack a book–*aprire libro.*
  He didn't crack a book before the test. *Non ha aperto un libro prima dell'esame.*

  to hit the books–*studiare.*

I have to hit the books tonight. *Devo studiare stasera.*

to know like a book–*conoscere a menadito.*
I know Paris like a book. *Io conosco Parigi a menadito.*

to speak like a book–*parlare come un libro stampato.*
George speaks like a book. *Giorgio parla come un libro stampato.*

to throw the book at–*punire severamente.*
The judge threw the book at him. *Il giudice l'ha punito severamente.*

boot–*lo stivale*
to bet one's boots–*contarci.*
You can bet your boots on it. *Ci puoi contare.*

to boot–*cacciare*
to boot someone out–*cacciare fuori.*
If you aren't careful the teacher will boot you out of class. *Se non sta' attento l'insegnante ti caccerà fuori dalla classe.*

bottom–*il fondo*
Bottoms up! *Cin cin!*

to get to the bottom of–*andare a fondo di.*
We've got to get to the bottom of the matter. *Dobbiamo andare a fondo della questione.*

bound–*destinato*
bound to–*inevitabile.*
An accident was bound to happen to him sooner or later. *Era inevitabile che gli accadesse un incidente prima o poi.*

bound–*obbligato*
to feel bound–*sentire il dovere.*
I felt bound to say it. *Ho sentito il dovere di dirlo.*

to bowl–*rotolare*
to bowl one over–*sconvolgere.*
The news that she was getting married bowled me over. *La notizia che lei si sposava mi ha sconvolto.*

boy–*il ragazzo*
someone's fair-haired boy–*il cocco.*
He's the teacher's fair-haired boy. *È il cocco dell'insegnante.*

brain–*il cervello*
hare-brained–*scervellato.*
That's a hare-brained girl if you ask me. *Quella è una scervellata secondo me.*

to beat one's brains out (to rack one's brain)–*scervellarsi.*
I'm beating my brains out (racking my brain) trying to find a way to do it. *Mi*

sto scervellando per trovare il modo di farlo.

to beat someone's brains out–*accoppare qualcuno.*
When the gang found him they beat his brains out. *Quando la banda l'ha trovato lo ha accoppato.*

to blow one's brains out–*far saltare le cervella.*
Blowing one's brains out is not the nicest way to go. *Farsi saltare le cervella non è la maniera più piacevole per dire addio al mondo.*

brass–*l'ottone*
bold as brass–*la faccia tosta.*
Those kids are bold as brass. *Quei ragazzi hanno una bella faccia tosta.*

to get down to brass tacks–*venire al sodo.*
We've talked enough; let's get down to brass tacks. *Abbiamo chiacchierato abbastanza; veniamo al sodo.*

the top brass–*gli alti papaveri.*
That's something for the top brass to decide. *È una cosa che devono decidere gli alti papaveri.*

bread–*il pane*
to know which side one's bread is buttered on–*saper fare il proprio interesse.*
He knows which side his bread is buttered on. *Sa fare il proprio interesse.*

break–*l'intervallo*
to take a break–*fare un intervallo.*
We took a break for lunch. *Abbiamo fatto un intervallo per pranzare.*

break–*rompere*
flat broke–*completamente al verde.*
I'm flat broke. *Sono completamente al verde.*

to break down–*(1) guastarsi.*
The truck broke down. *Il camion si è guastato.*

(2) scoppiare in lacrime.
She broke down and cried. *È scoppiata in lacrime.*

to break in–*(1) interrompere.*
He broke in in the middle of the story. *Ha interrotto la storia a metà.*

(2) fare irruzione.
They broke in before dawn. *Hanno fatto irruzione prima dell'alba.*

to break it up–*fare circolare.*
Break it up! *Circolate!*

to break out–*scoppiare.*
He broke out in laughter. *È scoppiato in una risata.*

breast–*il petto*
to make a clean breast of–*vuotare il sacco.*

You'd better make a clean breast of it, Mr. Lupin. *Fareste bene a vuotare il sacco, Signor Lupin.*

breath–*il fiato*
  to catch one's breath–*pigliare fiato.*
Let me catch my breath before going on. *Fammi pigliare fiato prima di continuare.*

  under one's breath–*sotto voce.*
He mumbled under his breath. *Ha mormorato sotto voce.*

breeches–*i pantaloni*
  to get too big for one's breeches–*montarsi la testa.*
Robert has gotten too big for his breeches since his guide told him he's a good mountain climber. *Roberto si è montato la testa da quando la guida gli ha detto che è un buon scalatore.*

bridge–*il ponte*
  to burn one's bridges behind one–*tagliare i ponti con il proprio passato.*
I've burned my bridges behind me. *Ho tagliato i ponti con il mio passato.*

  to cross a bridge when one comes to it–*affrontare il problema quando è ora.*
We'll cross that bridge when we come to it. *Affronteremo quel problema quando sarà ora.*

to bring–*portare*
  to bring to–*far rinvenire.*
They brought him to with a bucket of cold water. *L'hanno fatto rinvenire con un secchio d'acqua fredda.*

  to bring up–*sollevare, allevare.*
He brought up a problem I hadn't considered. *Ha sollevato un argomento che non avevo considerato.*
She brought up three children. *Ha allevato tre figli.*

broom–*la scopa*
  A new broom sweeps clean. *Scopa nuova scopa bene.*

brush–*la spazzola*
  to give the brush-off–*respingere qualcuno malamente.*
When he realized we were of no use to him he really gave us the brush-off. *Quando ha capito che noi non gli potevamo servire, ci ha respinti malamente.*

to brush–*spazzare*
  to brush up on–*dare una spolveratina.*
I must brush up on my German. *Devo dare una spolveratina al mio tedesco.*

buck–*la pedina*
  to pass the buck–*scaricare la responsabilità sugli altri.*
Stop passing the buck for your mistakes. *Smetti di scaricare sugli altri la re-*

sponsabilità dei tuoi errori.

bucket–*il secchio*
to kick the bucket–*tirare le cuoia.*
He's so old he could kick the bucket anytime. *È così vecchio che potrebbe tirare le cuoia da un momento all'altro.*

buckle–*affibbiare*
to buckle down to–*mettersi sotto a.*
If you want to pass your exams you'd better buckle down to studying. *Se vuoi essere promosso agli esami, faresti bene a metterti sotto a studiare.*

bud–*il boccio*
to nip in the bud–*arrestare all'inizio (distruggere in germe).*
It's always best to nip misunderstanding in the bud. *È sempre meglio arrestare all'inizio (distruggere in germe) il malinteso.*

bull–*il toro*
a bull in a china shop–*maldestro.*
He's as clumsy as a bull in a china shop. *È una persona maldestra.*

take the bull by the horns–*prendere il toro per le corna.*
Let's take the bull by the horns and get this work finished. *Prendiamo il toro per la corna e finiamo questo lavoro.*

to hit the bull's eye–*fare centro.*
He hit the bull's eye with that idea. *Ha fatto centro con quell'idea.*

bullet–*la pallottola*
to bite the bullet–*stringere la cinghia.*
If they can be convinced that sacrifice is necessary, the public will bite the bullet. *Se si può convincerli che il sacrificio è necessario, il pubblico stringerà la cinghia.*

to bump–*battere*
to bump off–*fare fuori.*
His enemies bumped him off. *I suoi nemici lo fecero fuori.*

to burn–*bruciare*
to have something to burn–*essere pieno di.*
That fellow has money to burn. *Quello è pieno di soldi.*

bush–*il cespuglio*
to beat around the bush–*menare il can per l'aia.*
Don't beat around the bush. *Non menare il can per l'aia.*

business–*gli affari*
to mean business–*fare sul serio.*
That man means business. *Quell'uomo fa sul serio.*

to mind one's own business–*fare gli affari propri.*
Mind your own business. *Fatti gli affari tuoi.*

to send someone about his business–*mandare fuori dai piedi.*
We sent him about his business. *L'abbiamo mandato fuori dai piedi.*

butter–*il burro*
 butter wouldn't melt in one's mouth–*fare il santarellino, la santarellina.*
 Butter wouldn't melt in her mouth. *Fa la santarellina.*

buttonhole–*l'occhiello, l'asola*
 to buttonhole–*attaccare un bottone.*
 I couldn't get away earlier because a friend buttonholed me. *Non ho potuto partire prima perchè un amico mi ha attaccato un bottone.*

to buy–*comprare*
 to buy that–*d'accordo.*
 I'll buy that. *D'accordo.*

by–*presso, per, di, su*
 by and by–*fra poco.*
 By and by we'll take a walk. *Fra poco andiamo a fare una passeggiata.*

 by and large–*nel complesso.*
 By and large it's been a good summer. *Nel complesso è stata una buona estate.*

bygone–*il passato*
 to let bygones be bygones–*metterci una pietra su.*
 Let's look to the future and let bygones be bygones. *Mettiamoci una pietra sul passato e guardiamo al futuro.*

C

Cain–*Caino*
 to raise Cain–*scatenare un pandemonio.*
 Every time the teacher left the room the class would raise Cain. *Ogni volta che l'insegnante usciva dall'aula, la classe scatenava un pandemonio.*

cake–*la torta*
 to take the cake–*essere il colmo.*
 I knew he had strange ideas, but this one takes the cake! *Sapevo che aveva idee strane, ma questa è il colmo!*

 You can't have your cake and eat it too. *Non puoi avere la botte piena e la moglie ubriaca.*

call–*la chiamata*
 to have a close call–*scamparla bella.*

We had a close call; we almost ran off the road. *L'abbiamo scampata bella; siamo quasi andati fuori strada.*

to have no call to complain–*non avere il diritto.*
You have no call to complain. *Non hai il diritto di lagnarti.*

candle–*la candela*
    not to be able to hold a candle to–*essere palesemente inferiore a.*
    He can't hold a candle to her. *È palesemente inferiore a lei.*
    to burn the candle at both ends–*strafare.*
    He'll be a nervous wreck if he keeps burning the candle at both ends. *Diventerà nevrastenico se continuerà a strafare.*

cap–*il berretto*
    to set one's cap for–*prendere di mira.*
    He's set his cap for that position, and you can be sure he'll get it. *Ha preso di mira quella posizione, e puoi stare sicuro che l'otterrà.*

card–*la carta*
    to have the cards stacked against–*avere tutto contro.*
    The cards were stacked against him from the beginning. *Aveva tutto contro fin dall'inizio.*
    to put one's cards on the table–*mettere le carte in tavola.*
    Now that he's put his cards on the table we know what to expect. *Ora che ha messo le carte in tavola, sappiamo che cosa aspettarci.*

career–*la carriera*
    a checkered career–*una carriera movimentata.*
    He has had a checkered career. *La sua è stata una carriera movementata.*

carpet–*il tappeto*
    to give the red carpet treatment (roll out the red carpet)–*offrire un trattamento coi fiocchi.*
    They gave him the red carpet treatment. (They rolled out the red carpet for him.) *Gli hanno offerto un trattamento coi fiocchi.*

cart–*il carrello*
    to put the cart before the horse–*mettere il carro davanti ai buoi.*
    Learning to dive before learning to swim is putting the cart before the horse. *Imparare a tuffarsi prima di sapere nuotare vuol dire mettere il carro davanti ai buoi.*

cash–*i contanti*
    in hard cash–*denaro sonante.*
    He wants to be paid in hard cash. *Vuol essere pagato in denaro sonante.*
    ready cash–*denaro liquido.*
    They don't have enough ready cash to cover the amount. *Non hanno abba-*

stanza denaro liquido per coprire la somma.

cat–*il gatto*

like a cat on hot bricks–*sulle spine.*
He's like a cat on hot bricks today. *È sulle spine oggi.*

There are more ways than one to skin a cat. *C'è più di un modo per risolvere un problema.*

to let the cat out of the bag–*scoprire gli altarini.*
You let the cat out of the bag when you told them we were leaving. *Hai scoperto gli altarini quando hai detto loro che partiamo.*

to look like the cat that swallowed the canary–*avere un'aria molto colpevole.*
I know you did it, you look just like the cat that swallowed the canary. *So che l'hai fatto; hai un'aria molto colpevole.*

to rain cats and dogs–*piovare a catinelle.*
We couldn't go out because it was raining cats and dogs. *Non potemmo uscire perchè pioveva a catinelle.*

to see which way the cat jumps–*aspettare di vedere come si mettono le cose.*
We'll have to wait and see which way the cat jumps. *Dovremo aspettare e vedere come si mettono le cose.*

catch–*la presa*

a good catch–*un buon partito.*
That last man is a good catch. *Quell'uomo è un buon partito.*

to catch–*prendere*

catch as catch can–*alla meglio.*
It was catch as catch can. *Abbiamo fatto alla meglio.*

to catch up with–*raggiungere, mettersi in pari.*
Go ahead with the others; I'll catch up with you in a few minutes. *Va' avanti con gli altri; vi raggiungerò tra pochi minuti.*

I want to catch up with my work this weekend. *Mi voglio mettere in pari con il mio lavoro questa fine settimana.*

ceiling–*il soffitto*

to hit the ceiling–*andare su tutte le furie.*
Father hits the ceiling when the boys come in late. *Papà va su tutte le furie quando i ragazzi arrivano in ritardo.*

cent–*il centesimo*

a red cent–*il becco di un quattrino.*
I haven't got a red cent. *Non ho il becco di un quattrino.*

ceremony–*la cerimonia*

to stand on ceremony–*fare complimenti.*
Don't stand on ceremony; come whenever you want. *Non fare complimenti;*

vieni quando vuoi.

chance–*la probabilità*
  fat chance–*non esserci alcuna probabilità.*
  Since he disapproves of the bride, fat chance he'll attend the wedding. *Poichè disapprova la scelta della sposa, non c'è alcuna probabilità che venga al matrimonio.*

  on the off chance–*con la vaga speranza.*
  I'll go on the off chance of seeing him. *Ci andrò con la vaga speranza di vederlo.*

  to stand a chance–*avere una probabilità.*
  He stands a good chance of getting a scholarship. *Ha buone probabilità di avere una borsa di studio.*

chase–*l'inseguimento*
  to lead someone a merry chase–*tenere qualcuno sulla corda.*
  She's leading her boyfriend a merry chase. *Sa tenere il suo ragazzo sulla corda.*

cheek–*la guancia*
  a lot of cheek–*una bella faccia tosta.*
  He has a lot of cheek to get in line ahead of me. *Ha una bella faccia tosta a mettersi in fila davanti a me.*

  to have the cheek to–*avere la sfrontatezza di.*
  She had the cheek to tell me I was wrong. *Ha avuto la sfrontatezza di dirmi che avevo torto.*

chest–*il torace*
  to get off one's chest–*sfogarsi (levarsi un peso dallo stomaco).*
  It'll be good for him to get it off his chest. *Gli farà bene sfogarsi (levarsi un peso dallo stomaco).*

chestnut–*la castagna*
  to pull someone's chestnuts out of the fire–*cavare le castagne dal fuoco.*
  He can do it alone if he wishes; I'm not going to pull his chestnuts out of the fire. *Può farlo da solo se vuole; io non gli cavo le castagne dal fuoco.*

chew–*masticare*
  to chew out–*sgridare.*
  My father chewed me out for losing the keys. *Mio padre mi ha sgridato per avere perso le chiavi.*

chicken–*il pollo*
  Don't count your chickens before they're hatched. *Non dire quattro se no l'hai nel sacco.*

  one's chickens come home to roost–*i guai che ricadono sul proprio capo.*
  At first they would not cooperate and now their chickens are coming home to roost. *Non volevano cooperare prima ed ora i guai ricadono sul loro capo.*

to chime–*scampanare*
to chime in–*interrompere.*
He chimed in with a crazy idea. *Ha interrotto con un'osservazione ridicola.*

chin–*il mento*
to keep one's chin up–*stare su con la vita.*
Keep your chin up; things aren't so bad. *Sta' su con la vita; le cose non vanno così male.*

up to one's chin–*fino al collo.*
He's in this up to his chin. *È dentro fino al collo.*

chip–*la scheggia*
a chip off the old block–*il degno figlio del proprio padre.*
Henry, with his liking for trains, is a chip off the old block. *Con la sua passione per i treni, Enrico è degno figlio di suo padre.*

a chip on one's shoulder–*la mosca al naso.*
He's hard to get along with; he always has a chip on his shoulder. *È difficile andare d'accordo con lui; ha sempre la mosca al naso.*

to let the chips fall where they may–*succeda quel che succeda.*
We're going to do what's right, and let the chips fall where they may. *Faremo quel che è giusto, succeda quel che succeda.*

to chip–*scheggiare*
to chip in for–*contribuire.*
Let's all chip in for a wedding present. *Contribuiamo tutti al regalo di nozze.*

chop–*la mascella*
to lick one's chops–*leccarsi i baffi.*
When we saw the wonderful lobsters we all licked our chops. *Quando abbiamo visto quelle splendide aragoste ci siamo leccati i baffi.*

circle–*il cerchio*
to run around in circles–*darsi un gran da fare con scarsi risultati.*
His wife is always running around in circles. *Sua moglie si dà un gran da fare con scarsi risultati.*

to run circles around–*essere migliore di (battere di gran lunga).*
When it comes to tennis I run circles around him. *In quanto al tennis, sono migliore di lui (lo batta di gran lunga).*

to square the circle–*tentare l'impossibile.*
It's no use trying to square the circle. *È inutile tentare l'impossibile.*

vicious circle–*circolo vizioso.*
It's a vicious circle. *È un circolo vizioso.*

citizen–*il cittadino*
second-class citizen–*figlio della serva.*

He treated our friends as if they were second-class citizens. *Ha trattato i nostri amici come se fossero figli della serva.*

claim–*la rivendicazione*
to stake out a claim–*fare una richiesta di prenotazione.*
I've staked out a claim to the third-floor office. *Ho fatto una richiesta di prenotazione per l'ufficio al terzo piano.*

class–*la classe*
to cut class–*marinare la scuola.*
Don't cut class if you want to pass. *Non marinare la scuola se vuoi essere promosso.*

cleaner's–*tintoria*
to be sent to the cleaner's–*essere mandato al fresco.*
He was found guilty and sent to the cleaner's. *È stato trovato colpevole e mandato al fresco.*

clear–*chiaro*
to see one's way clear to–*vedere la possibilità di.*
I can't see my way clear to lending you $100. *Non vedo proprio la possibilità di prestarti cento dollari.*
to steer clear of–*girare al largo.*
Steer clear of men who wear short socks. *Gira al largo dagli uomini che portano calzini corti.*

clip–*un buon passo (andatura sostenuta)*
at a good clip–*di buon passo.*
If we want to get there on time, we'll have to go at a good clip. *Se vogliamo arrivare in tempo, dobbiamo camminare di buon passo.*

clock–*l'orologio*
around the clock–*giorno e notte.*
The gas station is open around the clock. *Questa stazione di servizio è aperta giorno e notte.*

to close–*chiudere*
to close in on–*circondare.*
The enemy is closing in on us. *Il nemico ci sta circondando.*

to closet–*chiudere*
to be closeted with–*essere in riunione privata con.*
The secretary was closeted with the personnel manager. *Il segretario era in riunione privata con il capo del personale.*

cloud–*una nuvola*
a cloud of smoke–*sfumare nel nulla.*
Our plans went up in a cloud of smoke. *I nostri piani sono sfumati nel nulla.*

Every cloud has a silver lining. *Ogni cosa ha il suo lato buono.*

on cloud nine–*nel settimo cielo.*
He's on cloud nine since he won the prize. *È nel settimo cielo da quando ha vinto il premio.*

to be in the clouds–*vivere nelle nuvole.*
She's always got her head in the clouds. *Vive sempre nelle nuvole.*

under a cloud–*oggetto di sospetti.*
Ever since she was caught shoplifting, she's been under a cloud. *Da quando è stata scoperta a rubare in un negozio, è oggetto di sospetti.*

coal–*il carbone*
to carry coals to Newcastle–*portare vasi a Samo.*
I'm sorry, but that wouldn't help at all; it would only be carrying coals to Newcastle. *Mi dispiace, ma quello non servirebbe affatto; sarebbe come portare vasi a Samo.*

coast–*la costa*
a clear coast–*una via libera.*
The burglars knew the coast was clear to rob the house. *I ladri hanno capito che la via era libera per svaligiare la casa.*

cock–*il gallo*
cock and bull story–*un racconto inverosimile.*
When he returned he told us a cock and bull story. *Quando tornò ci narrò un racconto inverosimile.*

the cock of the walk–*il gallo della Checca.*
Just because he got all those compliments he needn't think he's the cock of the walk. *Solo perchè ha ricevuto tutti quei complimenti non si deve credere il gallo della Checca.*

cog–*l'ingranaggio*
a cog in the wheel–*una rotella nell'ingranaggio.*
At the office he's only a cog in the wheel. *In ufficio lui è solo una rotella dell'ingranaggio.*

to coin–*coniare*
to coin money–*fare denaro a palate.*
He's really coining money with his new patent. *Sta facendo denaro a palate col suo brevetto.*

cold–*freddo*
to be knocked cold–*privo di sensi.*
The champion was knocked cold in the third round. *Il campione è stato mandato al tappeto privo di sensi al terzo round.*

to be left out in the cold–*essere trascurato.*
The family has left him out in the cold. *È stato trascurato dalla famiglia.*

to get something down cold–*sapere a menadito*.
He's got Roman history down cold. *Sa a menadito la storia di Roma.*

color–*il colore*
to paint in glowing colors–*dipingere a tinte dorate*.
The Chamber of Commerce literature paints our town in glowing colors. *Le pubblicazioni della Camera del commercio dipingono la nostra città a tinte dorate.*
with flying colors–*con tutti gli onori*.
He passed the exam with flying colors. *Ha superato l'esame con tutti gli onori.*

comb–*il pettine*
a fine-tooth comb–*passare al vaglio*.
They went over my work with a fine-tooth comb. *Hanno passato al vaglio il mio lavoro.*

to come–*venire*
come what may–*avvenga quel che avvenga*.
We'll go tomorrow, come what may. *Andremo domani, avvenga quel che avvenga.*

to come about–*succedere*.
I wonder how that came about. *Mi chiedo come è successo.*

to come across–*(1) trovare per caso*.
I came across an old letter of his. *Ho trovato per caso una sua vecchia lettera.*
(2) cogliere nel segno.
His speech didn't come across. *Il suo discorso non ha colto nel segno.*

to come to–*riprendere conoscenza*.
She fainted, but came to shortly afterward. *È svenuta, ma ha ripreso conoscenza poco dopo.*

to come up with–*riuscire a trovare*.
I'll see what I can come up with for you. *Vedrò che cosa riuscirò a trovare per te.*

commission–*la commissione*
out of commission–*guasto*.
My typewriter is out of commission. *La mia macchina da scrivere è guasta.*

company–*la compagnia*
to part company–*dividersi, non poter essere d'accordo*.
That's the issue over which we parted company. *È per quella questione che ci siamo divisi (non possiamo essere d'accordo).*

complaint–*la protesta*
to lodge a complaint–*sporgere querela*.
The tenants lodged a complaint against the landlord. *Gli inquilini hanno sposto querela contro il padrone di casa.*

compliment–*un complimento*

left-handed compliment–*un complimento ambiguo (ironico)*.
He paid me a left-handed compliment saying I could sing better than I could paint. *Mi ha fatto un complimento ambiguo (ironico) dicendo che canto meglio di quanto dipinga*.

concern–*l'affare*
a going concern–*un'impresa redditizia*.
Since he's taken over the newspaper it's become a going concern. *Da quando lui lo dirige, il giornale è diventato un'impresa redditizia*.

to be no concern of–*non riguardare*.
This is no concern of mine. *Questo non mi riguarda*.

conclusion–*la conclusione*
to jump to conclusions–*giungere a una conclusione affrettata*.
Now, let's not jump to conclusions. *Ora, non giungiamo a conclusioni affrettate*.

consequence–*la conseguenza*
of no consequence–*di poca importanza*.
It was a matter of no consequence. *È stata una cosa di poca importanza*.

conspicuous–*cospicuo*
conspicuous by one's absence–*notevole per la sua assenza*.
Peter was conspicuous by his absence. *Piero fu notevole per la sua assenza*.

to make onself conspicuous–*mettersi in mostra*.
She always manages to make herself conspicuous. *Riesce sempre a mettersi in mostra*.

to contain–*contenere*
to contain oneself–*dominarsi*.
The poor woman was so happy she could hardly contain herself. *La povera donna era così felice che riusciva appena a dominarsi*.

content–*la contentezza*
to one's heart's content–*a volontà*.
The child was eating ice cream to his heart's content. *Il bambino mangiava gelato a volontà*.

cook–*il cuoco*
Too many cooks spoil the broth. *Troppi cuochi guastano il pranzo*.

to cook–*cucinare*
to cook up–*combinare*.
Let's cook up a plan for our vacation. *Combiniamo qualcosa per le nostre vacanze*.

cool–*fresco*
to play it cool–*dare l'impressione di essere distaccato*.

He played it cool and no one knew how deeply he felt about it. *Ha dato l'impressione di essere distaccato e nessuno ha capito quanto gli stesse a cuore.*

to cool–*rinfrescare*
to cool down–*calmarsi.*
He was so angry, but when he learned the facts he cooled down. *Era arrabbiatissimo, ma si è calmato quando ha sentito tutti i fatti.*

corner–*l'angolo*
a tight corner–*con le spalle al muro (in difficoltà).*
His requests have put me in a tight corner. *Le sue richieste mi hanno messo con le spalle al muro (in difficoltà).*
just around the corner–*in arrivo.*
Spring is just around the corner. *La primavera è in arrivo.*
the four corners of the earth–*i quattro angoli della terra.*
Relatives came to the reunion from the four corners of the earth. *I parenti sono venuti alla riunione dai quattro angoli della terra.*
to cut corners–*risparmiare.*
We'll have to cut corners to afford that new car. *Dovremo risparmiare per poterci permettere quella macchina nuova.*

to cough–*tossire*
to cough up–*tirare fuori.*
His father coughed up the money for the trip. *Suo padre tirò fuori i soldi per il viaggio.*

counsel–*il consiglio*
to keep one's counsel–*mantenere il segreto.*
He kept his counsel and spoke to no one. *Mantenne il segreto, e non parlò a nessuno.*

to count–*contare*
to count someone out–*escludere.*
You can count me out; I'm not coming. *Puoi escludermi; non vengo.*

courage–*il coraggio*
to get up one's courage–*prende il coraggio a due mani.*
Sooner or later he'll get up his courage. *Prima o poi prenderà il coraggio a due mani.*

course–*il corso*
in due course–*a tempo debito.*
The books will arrive in due course. *I libri arriveranno a tempo debito.*
to run its course–*lasciare correre l'acqua alla sua china.*
We have to let things run their course. *Dobbiamo lasciare correre l'acqua alla sua china.*

cover–*il coperchio, la copertina, la busta*
from cover to cover–*da cima a fondo*.
I read the book from cover to cover. *Ho letto il libro da cima a fondo.*
under separate cover–*in un plico a parte*.
I'm sending you my article under separate cover. *Ti mando il mio articolo in un plico a parte.*

---

crack–*lo scoppio*
to take a crack at–*provarci*.
Let me take a crack at it. *Fammici provare.*

---

to crack–*schioccare*
to be cracked up to be–*come si dice*.
He's not as great as he's cracked up to be. *Non è poi così grande come si dice.*
to crack down–*prendere misure severe*.
Airlines have cracked down on hijackers. *Le compagnie aeree hanno preso misure severe contro i dirottatori.*
to crack up–*(1) avere un esaurimento nervoso*.
If he keeps working so hard he's going to crack up. *Se continua a lavorare così tanto avrà un esaurimento nervoso.*
(2) crepare dalle risate.
His jokes really made us crack up. *Le sue barzellette ci hanno fatto crepare dalle risate.*
to get cracking–*darsi da fare*.
If you want to be prepared, you'd better get cracking. *Se vuoi essere preparato, faresti bene a darti da fare.*

---

crazy–*pazzo*
to drive someone crazy–*fare impazzire*.
His constant whistling drives me crazy. *Il suo continuo fischiettare mi fa impazzire.*

---

cream–*la crema*
the cream of the crop–*il fior fiore*.
The new nurses are the cream of the crop from the training course. *Le nuove infermiere sono il fior fiore del loro corso di addestramento.*

---

credit–*il credito*
to do someone credit–*tornare a proprio onore*.
That book does him credit. *Quel libro torna a suo onore.*

---

creeps–*la pelle d'oca*
to give someone the creeps (to make someone's flesh creep)–*far venire i brividi*.
That film gave me the creeps (made my flesh creep). *Quel film mi ha fatto venire i brividi.*

crocodile–*il coccodrillo*
crocodile tears–*lacrime di coccodrillo.*
He was only crying crocodile tears. *Ha pianto solo lacrime di coccodrillo.*

crow–*il corvo*
as the crow flies–*in linea d'aria.*
It's only ten miles away as the crow flies. *In linea d'aria dista solo dieci miglia.*
to eat crow–*inghiottire il rospo.*
He had to eat crow. *Ha dovuto inghiottire il rospo.*

crust–*la crosta*
upper crust–*la crema.*
She's in the upper crust of society. *È nella crema della società.*

cry–*il grido*
to be a far cry from–*tutt'altra cosa.*
He's a far cry from a real professional. *È tutt'altra cosa che un vero professionista.*

cucumber–*il cetriolo*
as cool as a cucumber–*impassibile.*
In the midst of all the confusion, he's as cool as a cucumber. *In mezzo alla confusione, è impassibile.*

cuff–*il polsino*
off the cuff–*(parlare) improvvisando.*
He spoke off the cuff about the economic situation. *Parlò improvvisando sulla situazione economica.*

cup–*la tazza*
one's cup of tea–*cosa che fa per uno.*
Driving a bus is not my cup of tea. *Guidare un autobus non fa per me.*
to be quite another cup of tea–*essere un altro paio di maniche.*
That's quite another cup of tea. *È un altro paio di maniche.*

cure–*la cura*
What can't be cured must be endured. *Quello che non si può curare si deve sopportare.*

curse–*la maledizione*
Curses come home to roost. *Le maledizioni ricadono sul capo di chi le scaglia.*

customer–*il cliente*
an ugly customer–*un brutto tipo.*
He looks like an ugly customer. *Sembra un brutto tipo.*

cut–*tagliato*
cut and dried–*ovvio.*

He has a cut and dried case of hay fever. *Ha un ovvio caso di febbre del fieno.*

to be cut out for–*essere tagliato per.*
He's cut out for this job. *E proprio tagliato per questo lavoro.*

to cut–*tagliare*
  to cut back on–*ridurre.*
  The work will be delayed because the city cut back on our funds. *I lavori subiranno ritardi perchè il comune ci ha ridotto i fondi.*

  to cut in–*interrompere.*
  He cut in while I was speaking. *Ha interrotto mentre parlavo.*

  to cut it out–*smetterla.*
  Cut it out! *Smettila!*

  to cut off–*interrompere.*
  He cut me off before I could finish. *Mi ha interrotto prima di finire.*

  to cut out–*smettere.*
  I cut out smoking a year ago. *Ho smesso di fumare un anno fa.*

D

damn–*la maledizione*
  to give a damn–*importarsene.*
  I don't give a damn. *Non me ne importa niente.*

damper–*la sordina*
  to put a damper on–*smorzare l'allegria.*
  The rain put a damper on our spirits. *La pioggia smorzò la nostra allegria.*

danger–*il pericolo*
  to court danger–*cercare pericoli.*
  When you drive like that you are courting danger. *Quando guidi così vai in cerca di pericoli.*

dark–*il buio*
  in the dark–*all'oscuro.*
  They kept him in the dark about his illness. *L'hanno tenuto all'oscuro della sua malattia.*

date–*la data*
  out of date–*fuori moda.*
  This kind of music is out of date now. *Questo tipo di musica è ormai fuori moda.*

  to bring up to date–*aggiornare.*
  I must bring my file up to date. *Devo aggiornare il mio schedario.*

day–*il giorno*

a rainy day–*i tempi difficili (duri).*
We have put aside a good sum for a rainy day. *Abbiamo risparmiato una bella sommetta per i tempi difficili (duri).*

as plain (clear) as day–*chiaro come il sole.*
His real intentions were as plain (clear) as day. *Le sue vere intenzioni erano chiare come il sole.*

day in and day out–*ogni giorno (tutti i santi giorni).*
He walks to the office day in and day out. *Ogni giorno (tutti i santi giorni) va in ufficio a piedi.*

day-to-day–*giornaliero.*
Nothing is more boring than day-to-day routine. *Nulla è più noioso del trantran giornaliero.*

to call it a day–*smettere di lavorare (dopo aver fatto una giornata di lavoro).*
We've done enough; let's call it a day. *Abbiamo fatto abbastanza; smettiamo di lavorare per oggi.*

to carry the day–*portare alla vittoria.*
David's field goal carried the day. *Il gol di Davide portò alla vittoria.*

to have had one's day–*aver fatto il proprio tempo.*
The miniskirt has had its day. *La minigonna ha fatto il suo tempo.*

to have one's day–*essere in auge.*
That singer is really having his day. *Quel cantante è in auge.*

to have one's days numbered–*avere i giorni contati.*
The cook has his days numbered after last night's soufflé. *Il cuoco ha i giorni contati, dopo il soufflè di ieri sera.*

to have seen better days–*aver conosciuto giorni migliori.*
This coat has seen better days. *Questo cappotto ha conosciuto giorni migliori.*

daylight–*la luce del giorno*

in broad daylight–*in pieno giorno.*
The robbery was carried out in broad daylight. *Il furto è avvenuto in pieno giorno.*

to knock the daylights out of–*conciare per le feste.*
If he cheats me again I'll knock the daylights out of him. *Se mi imbroglia ancora, lo concio per le feste.*

to scare the daylights out of–*spaventare, far prendere un colpo.*
That loud noise scared the daylights out of me. *Quel rumore forte mi ha spaventato (fatto prendere un colpo).*

to see daylight–*vederci chiaro.*
I'm just beginning to see daylight. *Comincio solo ora a vederci chiaro.*

dead–*morto*

a dead give-away–*un avvertimento.*
The squeaking of the floorboards was a dead give-away that someone was in the hall. *Lo scricchiolio del pavimento fu un avvertimento che qualcuno si trovava nel corridoio.*

as dead as a doornail–*morto e sotterrato.*
That issue is as dead as a doornail. *Quell'argomento è morto e sotterrato.*

dead beat (tired)–*stanco morto.*
I'm dead beat (tired) after that long walk. *Sono stanco morto dopo quella lunga passeggiata.*

dead to the world–*profondamente addormentato.*
At nine o'clock the next morning he was still dead to the world. *Alle nove del giorno dopo era ancora profondamente addormentato.*

in the dead of night–*nel cuore della notte.*
The police came in the dead of night to arrest him. *La polizia è arrivata ad arrestarlo nel cuore della notte.*

to be dead set against–*fermamente contrario.*
I'm dead set against your going. *Sono fermamente contrario alla tua partenza.*

to stop dead–*fermarsi di colpo.*
When he saw me coming he stopped dead. *Quando mi ha visto arrivare si è fermato di colpo.*

---

deaf–*sordo*

stone deaf–*sordo come una campana.*
He's stone deaf so you'll have to shout. *È sordo come una campana, perciò dovrai gridare.*

---

deal–*il trattamento*

good deal–*un buon affare.*
That bicycle was a good deal. *Quella bicicletta è stato un buon affare.*

raw deal–*trattamento ingiusto.*
I'm surprised he went back there after the raw deal they gave him. *Mi stupisce che sia tornato lì dopo che gli hanno usato un trattamento così ingiusto.*

square deal–*un trattamento onesto.*
In that store one is sure of getting a square deal. *In quel negozio si può essere sicuri di avere un trattamento onesto.*

to swing a deal–*concludere un affare.*
We don't have the money to swing a deal like that. *Non abbiamo i soldi per concludere un affare così.*

---

deck–*il ponte*

to clear the decks–*prepararsi all'azione.*
Let's clear the decks so we can start on the new project. *Prepariamoci*

all'azione per poter iniziare il nuovo progetto.

---

to deck–*adornare*
to deck oneself out–*agghindarsi.*
When you deck yourself out like that you look as if you were going to a masquerade. *Quando ti agghindi così, sembri pronta per andare ad una festa in maschera.*

---

degree–*il grado*
the third degree–*interrogatorio di terzo grado.*
They really gave him the third degree. *Gli hanno fatto un interrogatorio di terzo grado.*

---

depth–*la profondità*
out of one's depth–*in alto mare.*
Mathematics is really out of my depth. *Con la matematica sono in alto mare.*

---

deserts–*i meriti*
just deserts–*quello che uno merita.*
They gave him his just deserts. *Gli hanno dato quello che si meritava.*

---

devil–*il diavolo*
between the devil and the deep blue sea–*tra Scilla e Cariddi.*
In my present situation I'm between the devil and the deep blue sea. *Nella mia attuale situazione mi trovo tra Scilla e Cariddi.*

Speak of the devil. *"Lupus in fabula."*

to give the devil his due–*rendere giustizia (riconoscere i meriti).*
I know you don't like Paul, but you've got to give the devil his due. *Lo so che non ti piace Paolo, ma gli devi rendere giustizia (riconoscere i meriti).*

to have the devil to pay–*guai a.*
If you lose that book you'll have the devil to pay. *Se perdi quel libro, guai a te.*

to raise the devil–*fare il diavolo a quattro.*
The children really raised the devil at the party. *I bambini hanno fatto il diavolo a quattro alla festa.*

---

diamond–*il diamante*
a diamond in the rough–*buono ma rozzo.*
Although he has lots of ability, he's still very much a diamond in the rough. *Benché sia molto capace, rimane sempre una persona buona ma rozza.*

---

dice–*i dadi*
no dice–*niente da fare.*
We tried to sell our house, but no dice. *Abbiamo provato a vendere la casa, ma niente da fare.*

to load the dice–*tirar fuori un imbroglio.*
Watch out for him, he'll load the dice whenever he gets a chance. *Attento a lui,*

tirerà fuori un imbroglio non appena ne avrà l'occasione.

die–*il dado*
as straight as a die–*assolutamente onesto e sincero.*
He has a reputation for being as straight as a die. *Ha la fama di essere assolutamente onesto e sincero.*

to cast the die–*trarre il dado.*
The die is cast and I'm taking a new job. *Il dado è tratto ed io inizio un lavoro nuovo.*

to die–*morire*
to be dying–*morire dalla voglia di.*
I'm dying to see that film. *Muoio dalla voglia di vedere quel film.*

to die hard–*essere duro a morire.*
The idea that a woman's place is in the kitchen dies hard. *L'idea che il posto della donna è in cucina è dura a morire.*

to die out–*scomparire.*
Even up in the mountains the old customs are dying out. *Persino in montagna i vecchi costumi vanno scomparendo.*

dig–*lo scavo*
to take a dig at–*fare un'osservazione sarcastica.*
He took another dig at me. *Mi ha fatto un'altra osservazione sarcastica.*

to dig–*scavare*
to dig in–*darci dentro.*
We'd better dig in and get this finished. *Ci conviene darci dentro e finire questo lavoro.*

to dig up–*scoprire.*
The reporters dug up some interesting facts about him. *I giornalisti hanno scoperto dei fatti interessanti sul suo conto.*

dime–*una moneta statunitense da dieci centesimi*
a dime a dozen–*di poco valore.*
Those plates are pretty but they're a dime a dozen. *Quei piatti sono graziosi, ma di poco valore.*

dint–*lo sforzo*
by dint of–*a forza di.*
By dint of hard work he got through the university. *A forza di lavorare sodo, ha finito l'università.*

to dip–*immergere*
to dip into–*attingere a.*
In order to pay for it I'll have to dip into my savings. *Per pagarlo dovrò attingere ai miei risparmi.*

dirt–*la sporcizia*
dirt cheap–*a buon mercato.*
I bought this dirt cheap. *Questo l'ho comprato a buon mercato.*

to hit pay dirt–*una miniera d'oro.*
He's hit pay dirt with that idea. *Quell'idea è stata per lui una vera miniera d'oro.*

ditch–*la fossa*
to fight to the last ditch–*resistere sino all'ultimo.*
The rebels fought to the last ditch. *I ribelli hanno resistito sino all'ultimo.*

to do–*fare*
How do you do? *Come sta?*

to be done in–*essere fuori combattimento.*
After that trip I was done in for a week. *Dopo quel viaggio sono stato fuori combattimento per una settimana.*

to do (to be enough)–*bastare.*
This will do (be enough) for today. *Questo basta per oggi.*

to do away with–*sbarazzarsi di.*
They've done away with the textbooks. *Si sono sbarazzati dei libri di testo.*

to do out of–*defraudare.*
The family tried to do him out of his inheritance. *La famiglia cercò di defraudarlo dell'eredità.*

to do well by–*servire bene.*
We've done well by this car and intend to buy another one just like it. *Questa macchina ci ha servito bene e intendiamo comprarne un'altra uguale.*

to do with–*avere a che vedere.*
I want nothing to do with that man. *Non voglio avere niente a che vedere con quell'uomo.*

to do without–*fare a meno di.*
The secretary's not here so we'll have to do without the report. *La segretaria non c'è e così dovremo fare a meno del rapporto.*

doctor–*il dottore*
just what the doctor ordered–*quello che ci vuole.*
This glass of wine is just what the doctor ordered. *Un bicchiere di vino è quello che ci vuole.*

to doctor–*addottorare*
to doctor up–*falsificare.*
The results of the test were doctored up. *I risultati dell'esame sono stati falsificati.*

dog–*il cane*
a dog in the manger–*come il cane nella mangiatoia.*

Don't be a dog in the manger; let him have one or the other. *Non essere come il cane nella mangiatoia; lasciagli scegliere o l'uno o l'altro.*

Dog does not eat dog. *Fra cani grossi non ci si morde.*

Every dog has his day. *Per tutti, prima o poi, viene il giorno della fortuna.*

Let sleeping dogs lie. *Non svegliare il cane che dorme.*

a dog's age–*da tanto tempo.*
It's been a dog's age since I saw my cousin. *È da tanto tempo che non vedo mio cugino.*

to go to the dogs–*andare a finir male.*
Many people go to the dogs after they start drinking heavily. *Molte persone vanno a finir male quando cominciano a bere troppo.*

to lead a dog's life–*fare una vita da cani.*
Poor Arnold leads a dog's life with that family of his. *Povero Arnoldo, fa una vita da cani con quella sua famiglia.*

You can't teach an old dog new tricks. *È impossibile far abbandonare le vecchie idee ai vecchi.*

doghouse–*il canile*
in the doghouse–*in disgrazia.*
He's been in the doghouse ever since he forgot his wife's birthday. *È in disgrazia da quando ha dimenticato il compleanno di sua moglie.*

doll–*la bambola*
all dolled up–*vestito tutto elegante.*
She's all dolled up for the party. *S'è vestita tutta elegante per la festa.*

dollar–*il dollaro*
bottom dollar–*l'ultimo centesimo.*
You can bet your bottom dollar on it. *Ci puoi scommettere l'ultimo centesimo.*

door–*la porta*
to lock the barn door after the horse has been stolen–*chiudere la stalla dopo che i buoi sono scappati.*
That's about as useful as locking the barn door after the horse has been stolen. *Quello serve come chiudere la stalla dopo che i buoi sono scappati.*

to open a door to–*aprire la strada a.*
The treaty will open a door to trade. *Il trattato aprirà la strada al commercio.*

to slam the door in one's face–*sbattere la porta in faccia.*
He slammed the door in my face. *Mi ha sbattuto la porta in faccia.*

dope–*la droga*
to get the dope–*informarsi.*
We'll have to get the dope on them. *Dovremo informarci su di loro.*

to dope–*drogare*
  to dope out–*scoprire*.
  It's hard to dope out the real meaning of this letter. *È difficile scoprire il vero significato di questa lettera.*

dot–*il punto*
  on the dot–*in punto*.
  Henry arrived at eleven on the dot. *Enrico è arrivato alle undici in punto.*

double–*doppio*
  double talk–*intenzionalmente confuso*.
  Everything he said was double talk. *Tutto quello che ha detto era intenzionalmente confuso.*

  on the double–*subito*.
  John, come here on the double! *Giovanni, vieni qua subito!*

  to double-cross–*fare il doppio gioco*.
  He double-crossed his partners. *Ha fatto il doppio gioco con i colleghi.*

to double–*raddoppiare*
  to double up–*(1) mettersi due a due*.
  There weren't enough sleds, so we had to double up. *Non c'erano abbastanza slitte, e così abbiamo dovuto metterci due a due.*

  (2) piegarsi in due.
  He doubled up from laughter. *Si è piegato in due dalle risate.*

doubt–*il dubbio*
  no doubt–*senza dubbio*.
  No doubt he'll be late again this time. *Senza dubbio sarà in ritardo anche questa volta.*

down–*giù*
  down and out–*a terra*.
  If you want help from them you must really be down and out. *Se vuoi aiuto da loro devi essere veramente a terra.*

  to be down on–*avercela con*.
  He never gets to play in the big games because the coach is down on him. *Non riesce mai a giocare nelle partite importanti perchè l'allenatore ce l'ha con lui.*

  to come down in the world–*decadere*.
  Their family has really come down in the world as a result of bad investments. *La loro famiglia è decaduta in seguito a speculazioni errate.*

  to come right down to it–*venire al dunque*.
  When you come right down to it, that's a simple matter. *Quando vieni al dunque, è semplice.*

  to take (bring) someone down a notch (peg)–*abbassare la cresta (ridimensionare)*.

He was so arrogant that his friends had to take (bring) him down a peg (notch). *Era così arrogante che gli amici hanno dovuto fargli abbassare la cresta (ridimensionare).*

---

downhill–*in discesa*
to be downhill all the way–*un gioco da ragazzi.*
With James helping us this work will be downhill all the way. *Con Giacomo a aiutarci questo lavoro sarà un gioco da ragazzi.*

to go downhill–*peggiorare.*
His work has been going downhill. *Il suo lavoro sta peggiorando.*

---

to drag–*trascinare*
to drag on–*continuare tra la noia generale (protrarsi in modo noioso).*
The speech dragged on. *Il discorso continuava tra la noia generale (si protraeva in modo noioso).*

---

drain–*la fogna*
down the drain–*sprecato, inutile.*
All my hard work went down the drain. *Tutto il mio lavoro è andato sprecato (è stato inutile).*

---

to draw–*tirare*
to draw near to–*arrivare nei pressi.*
I'll tell you when we draw near to the station. *Ti avvertirò quando arriveremo nei pressi della stazione.*

to draw someone out–*far parlare.*
By asking a few questions she was able to draw him out. *Facendogli delle domande è riuscita a fargli parlare.*

---

to drive–*guidare*
to drive at–*alludere, voler arrivare a.*
I don't understand what you're driving at. *Non capisco a che cosa alludi (dove vuoi arrivare).*

---

drop–*la caduta*
at the drop of a hat–*subito.*
Wait for me; I can be ready at the drop of a hat *Aspettami, posso essere pronto subito.*

---

drop–*la goccia*
a drop in the bucket–*una goccia nel mare.*
We've collected several hundred signatures but it's only a drop in the bucket. *Abbiamo raccolto parecchie centinaia di firme, ma sono solo una goccia nel mare.*

---

to drop–*lasciar cadere*
to drop in on–*fare un salto da.*

Drop in on us when you can. *Fa' un salto da noi quando puoi.*

drug–*la droga*
 a drug on the market–*articolo poco richiesto.*
 Those products are a drug on the market. *Quegli articoli sono poco richiesti.*

to dry–*seccare*
 to dry up–*stare zitto.*
 You talk too much; why don't you dry up? *Parli troppo; perchè non sta' un po' zitto?*

to duck–*evitare*
 to duck out–*squagliarsela.*
 Let's duck out before it's over. *Squagliamocela prima della fine.*

duckling–*l'anatroccolo*
 ugly duckling–*brutto.*
 And to think she was such an ugly duckling as a child! *E pensare che da bambina era così brutta!*

dump–*il luogo di scarico dei rifiuti*
 down in the dumps–*giù.*
 He was down in the dumps after failing the exam. *Era giù dopo essere stato bocciato all'esame.*

dust–*la polvere*
 to bite the dust (dirt)–*mordere la polvere.*
 Bang! Another outlaw bites the dust (dirt). *Bang! Un altro fuorilegge morde la polvere.*

Dutch–*olandese*
 in Dutch–*nei guai.*
 She's in Dutch with her parents after having forgotten to tell them where she was going. *È nei guai coi genitori per aver dimenticato di dire dove andava.*

 to go Dutch–*fare alla romana.*
 Let's go Dutch. *Facciamo alla romana.*

E

ear–*l'orecchio*
 a word in one's ear–*a quattr'occhi.*
 A word in your ear! *Voglio dirti due parole a quattr'occhi!*
 for one's ears to burn–*fischiare le orecchie.*
 My ears are burning—someone's talking about me. *Mi fischiano le orecchie-qualcuno parla di me.*

 to be all ears–*essere tutt'orecchi.*
 I'm all ears; tell me about your trip. *Sono tutt'orecchi; parlami del tuo viaggio.*

to be up to one's ears–*fino al collo.*
He's up to his ears in work. *È sommerso nel lavoro fino al collo.*

to box one's ears–*schiaffeggiare.*
Grandfather used to box our ears when we misbehaved. *Il nonno usava schiaffeggiarci quando disubbidivamo.*

to get an earful–*sentire una quantità di pettegolezzi.*
I really got an earful from those two ladies gossiping on the bus. *Ho davvero sentito una quantità di pettegolezzi da quelle due signore che chiacchieravano sull'autobus.*

to go in one ear and out the other–*non lasciare impressione.*
What he said went in one ear and out the other. *Quello che ha detto non lasciò alcuna impressione.*

to have someone's ear–*essere influente.*
He has the boss's ear. *È influente con il capo.*

to keep an ear to the ground–*tenere le orecchie aperte.*
Keep an ear to the ground so we'll know what's going on. *Tieni le orecchie ben aperte per sapere cosa sta succedendo.*

to lend an ear–*prestare orecchio a.*
I lent an ear to Maria because she wanted to talk over her problems. *Ho prestato orecchio a Maria perchè voleva parlare dei suoi problemi.*

to pin someone's ears back–*dare una tirata d'orecchio a qualcuno.*
When grandmother caught us picking flowers in her garden she really pinned our ears back. *Quando la nonna ci ha sorpreso a cogliere i fiori nel giardino, ci ha dato una tirata d'orecchi.*

to play by ear–*vedere come va a finire.*
Let's play it by ear. *Vediamo come va a finire.*

to talk one's ear off–*non farla più finita (quando uno parla).*
She really talked my ear off yesterday afternoon. *Ieri pomeriggio quando parlava non la faceva più finita.*

to turn a deaf ear–*fare orecchio da mercante.*
When I asked my uncle for a loan he turned a deaf ear. *Quando chiesi un prestito a mio zio mi fece orecchio da mercante.*

---

earth–*la terra*
down to earth–*pratico.*
Paula is down to earth when it comes to organizing the group. *Paola è pratica quando si tratta di organizzare un gruppo.*

to run to earth–*risalire all'origine.*
They ran the rumor to earth only after a frank discussion. *Riuscirono a risalire all'origine della diceria soltanto dopo una franca discussione.*

---

ease–*l'agio*
ill at ease–*a disagio.*

He felt ill at ease all alone in such a big house. *Si sentiva a disagio tutto solo in una casa così grande.*

---

easy–*facile*
Easy come easy go. *È facile passare dalle stelle alle stalle.*
easy-going–*uno che non se la prende.*
He's been on edge lately. *Ha i nervi tesi ultimamente.*
to get off easy–*passarla liscia.*
The boy got off easy; he could have landed in jail for what he did. *Quel ragazzo l'ha passata liscia; poteva finire in prigione per quello che ha fatto.*
to take it easy–*prendersela con calma.*
I told him to take it easy. *Gli ho detto di prendersela con calma.*

---

to eat–*mangiare*
to be eaten by something–*essere tormentato da qualcosa.*
What's eating you? *Cos'è che ti tormenta?*

---

edge–*il margine*
to be on edge–*avere i nervi tesi.*
He's been on edge lately. *Ha i nervi tesi ultimamente.*
to have the edge on someone–*avere un piccolo vantaggio su.*
For the next soccer game Italy has the edge on England. *Per la prossima partita di calcio l'Italia ha un piccolo vantaggio sull'Inghilterra.*
to take the edge off–*smussare gli angoli.*
We had a frank discussion which took the edge off our misunderstanding. *Abbiamo avuto una conversazione franca, che ha smussato gli angoli del nostro malinteso.*

---

egg–*l'uovo*
a good (bad) egg–*un brav'uomo (poco di buono).*
William is a good (bad) egg. *Guglielmo è un brav'uomo (poco di buono).*
to egg on–*incitare.*
All the children were egging him on. *Tutti i bambini lo incitavano.*
to put all one's eggs in one basket–*puntare su una carta sola.*
Don't put all your eggs in one basket. *Non puntare su una carta sola.*

---

eight–*otto*
behind the eight ball–*svantaggiato.*
He's behind the eight ball when it comes to getting a job. *È svantaggiato nel trovare lavoro.*

---

elbow–*il gomito*
elbow grease–*olio di gomito.*
Give it a little elbow grease. *Mettici un po' di olio di gomito.*
elbow room–*spazio per muoversi.*

It's a nice big apartment with plenty of elbow room for the children. *È un appartamento bello grande con molto spazio per muoversi per i bambini.*

to rub elbows with–*avere a che fare con.*
You have to learn how to rub elbows with all kinds of people. *Devi imparare ad aver a che fare con persone di ogni tipo.*

element–*l'elemento*
in one's element–*trovarsi nel proprio elemento.*
Here in the Dolomites Frank is really in his element. *Qui sulle Dolomiti Francesco si trova proprio nel suo elemento.*

out of one's element–*come un pesce fuor d'acqua.*
He's out of his element with that group of people. *È come un pesce fuor d'acqua con quel gruppo di persone.*

elephant–*l'elefante*
a white elephant–*una cosa che da più ingombro di quello che vale.*
That trunk is a real white elephant. *Quel baule è veramente una cosa che dà più ingombro di quello che vale.*

embarrassed–*imbarazzato*
financially embarrassed–*a corto di fondi.*
His wife's extravaganzas made him financially embarrassed. *Le stravaganze della moglie lo hanno ridotto a corto di fondi.*

end–*la fine*
at the end of nowhere–*in capo al mondo.*
Claire and her husband live out at the end of nowhere. *Clara e suo marito abitano in capo al mondo.*

dead end–*punto morto.*
We've come to a dead end on the disarmament talks. *Siamo arrivati a un punto morto nelle trattative per il disarmo.*

end to end–*in fila.*
Place the batteries end to end. *Metti in fila le batterie.*

on end–*di seguito.*
He talks for hours on end. *Parla per ore di seguito.*

the bitter end–*fino in fondo.*
We waited until the bitter end. *Abbiamo aspettato fino in fondo.*

to be at loose ends–*non sapere più cosa fare.*
Now that school is out Charles is at loose ends. *Ora che è finita la scuola Carlo non sa più cosa fare.*

to make both ends meet–*sbarcare il lunario.*
On his salary he can barely make both ends meet. *Con il suo stipendio riesce appena a sbarcare il lunario.*

enough–*abbastanza*
enough to go around–*abbastanza per tutti.*
He got enough sweets to go around. *Ha preso abbastanza dolci per tutti.*

escape–*l'evasione*
to have a narrow escape–*scamparla bella.*
He had a narrow escape in that accident. *L'ha scampata bella in quell'incidente.*

eve–*la vigilia*
on the eve of–*nell'imminenza di.*
We're on the eve of disaster. *Siamo nell'imminenza di un disastro.*

even–*pari*
to break even–*andare in pari.*
I managed to break even on that deal. *Sono riuscito ad andare in pari con quell'affare.*

to get even with someone–*rendere pan per focaccia.*
I'll get even with him for wasting my time. *Gli renderò pan per focaccia per avermi fatto sprecare il mio tempo.*

event–*l'evento*
in any event–*in ogni caso.*
In any event, we'll see you there tomorrow. *In ogni caso, ci vediamo lì domani.*

exception–*l'eccezione*
The exception proves the rule. *L'eccezione conferma la regola.*

eye–*l'occhio*
An eye for an eye. *Occhio per occhio.*
in the public eye–*avere una posizione ufficiale.*
He has to be careful of what he says now that he's in the public eye. *Deve stare attento a quello che dice ora che ha una posizione ufficiale.*
in the twinkling of an eye–*in un batter d'occhio.*
I'm going out to buy matches; I'll be back in the twinkling of an eye. *Vado fuori a comprare i fiammiferi; tornerò in un batter d'occhio.*
more than meets the eye–*più di quanto non salti agli occhi.*
There is more to it than meets the eye. *Ce n'è di più di quanto non salti agli occhi.*
to bat an eye–*batter ciglio.*
When he heard the news he didn't bat an eye. *Quando ha sentito la notizia non ha battuto ciglio.*
to get someone's eye–*attirare l'attenzione.*
He tried to get the waiter's eye. *Ha cercato di attirare l'attenzione del cameriere.*

to have an (a good) eye for–*avere un buon occhio.*
She has an (a good) eye for colors. *Ha un buon occhio per i colori.*

to have eyes bigger than one's stomach–*avere gli occhi più grandi della pancia.*
He has eyes bigger than his stomach. *Ha gli occhi più grandi della pancia.*

to keep an eye on–*tener d'occhio.*
I'll keep an eye on the children while you're out. *Ti terrò d'occhio i bambini mentre stai fuori.*

to keep an eye out–*attendere.*
I'm keeping an eye out for his new book. *Attendo con interesse il suo ultimo libro.*

to keep one's eyes peeled–*fare attenzione.*
Keep your eyes peeled for the turnpike sign. *Fa'attenzione al segnale dell'autostrada.*

to lay (set) eyes on–*guardare.*
I knew it was love from the first time I laid (set) eyes on her. *Ho capito che era amore dal primo momento che l'ho guardata.*

to make one's eyes water–*far lacrimare gli occhi.*
This smoke is making my eyes water. *Questo fumo mi fa lacrimare gli occhi.*

to make (sheep's) eyes at someone–*fare il cascamorto.*
He's making (sheep's) eyes at that girl. *Fa il cascamorto con quella ragazza.*

to see eye-to-eye–*andare d'accordo.*
My brother and I don't see eye-to-eye. *Io e mio fratello non andiamo d'accordo.*

to turn a blind eye–*far finta di niente.*
The museum guard turned a blind eye as we entered at closing time. *La guardia del museo ha fatto finta di niente quando siamo entrati all'ora della chiusura.*

to wink an eye at–*chiudere un occhio.*
They wink an eye when we come late on Monday mornings. *Chiudono un occhio quando arriviamo in ritardo il lunedì matttina.*

with an eye to–*tenendo conto di.*
I planted those trees with an eye to both fruit and shade. *Ho piantato quegli alberi tenendo conto sia della frutta che dell'ombra.*

F

face–*la faccia*
   about-face–*fare dietro front.*
When the mayor saw he was losing support he did an about-face. *Quando il sindaco capì che perdeva i suoi appoggi, fece dietro front.*
   face-to-face–*faccia a faccia.*
I'd like to see him face-to-face. *Vorrei vederlo faccia a faccia.*

flat on one's face–*cadere lungo disteso.*
I tripped and fell flat on my face. *Inciampai e caddi lungo disteso.*

in the face of–*nonostante.*
In the face of criticism he kept the same policy. *Nonostante le critiche non mutò la sua politica.*

on the face of–*a prima vista.*
On the face of it, that might be a good idea. *A prima vista, potrebbe essere una buon'idea.*

to keep a straight face–*stare serio.*
I don't know how he managed to keep a straight face when we were all laughing. *Non so come sia riuscito a star serio mentre noi tutti ridevamo.*

to lose face–*fare una brutta figura.*
He wouldn't admit he was wrong for fear of losing face. *Non voleva ammettere di avere torto per paura di fare una brutta figura.*

to make a face–*imbronciarsi (fare il muso).*
When I proposed leaving, my wife made a face. *Quando proposi di andare via mia moglie si imbronciò (fece il muso).*

to one's face–*in faccia.*
I told her so to her face. *Gliel'ho detto in faccia.*

to save face–*salvare la faccia.*
He had to do something to save face. *Ha dovuto fare qualcosa per salvare la faccia.*

two-faced–*falsa.*
I don't trust that two-faced woman. *Non mi fido di quella donna falsa.*

to face–*affrontare*
to face up to–*far fronte a.*
He couldn't face up to his responsibilities. *Non era in grado di far fronte alle proprie responsabilità.*

fair–*buono*
fair and square–*lealmente (onestamente).*
He won fair and square. *Ha vinto lealmente (onestamente).*

to bid fair–*promettere di.*
His book bids fair to becoming a best-seller. *Il suo libro promette di diventare un grande successo.*

fair–*la fiera*
a day after the fair–*a festa finita.*
You've come in a day after the fair. *Sei arrivato a festa finita.*

faith–*la fede*
to pin one's faith on–*prestare fede a.*
I wouldn't pin my faith on him if I were you. *Non gli presterei fede se fossi te.*

fall–*la caduta*
  falling out–*litigare.*
  They've had a falling out recently. *Hanno litigato recentemente.*

  to ride for a fall–*andare incontro a guai.*
  If he takes that high-handed attitude he's riding for a fall. *Se assume quell'atteggiamento prepotente va incontro a guai.*

to fall–*cadere*
  to fall all over someone–*stare addosso a qualcuno.*
  She was falling all over him at the dance. *Lei gli stava tutta addosso durante il ballo.*

  to fall apart–*disintegrarsi.*
  The family is falling apart. *La famiglia si sta disintegrando.*

  to fall for–*prendere una cotta per.*
  She fell for him. *Ha preso una cotta per lui.*

  to fall off–*subire un calo.*
  The sales fell off after the holidays. *Le vendite subirono un calo dopo le feste.*

  to fall through–*andare a monte.*
  He couldn't put up the money so the project fell through. *Non ha potuto finanziare il progetto e l'affare è andato a monte.*

family–*la famiglia*
  to run in the family–*di famiglia.*
  Red hair runs in the family. *I capelli rossi sono di famiglia.*

fancy–*l'immaginazione*
  to strike one's fancy–*colpire favorevolmente.*
  I bought that lamp because it struck my fancy. *Ho comprato quella lampada perchè mi ha colpito favorevolmente.*

  to take a fancy to something (to someone)–*prendere in simpatia qualcosa o qualcuno.*
  She's taken a fancy to knitting. *Le ha preso la passione per il lavoro a maglia.*

to fancy–*immaginare*
  to fancy oneself–*piccarsi, vantarsi.*
  She fancies herself a good cook. *Si picca (vanta) di essere una brava cuoca.*

far–*lontano*
  as far as I can see–*per quanto è dato di vedere, a mio avviso, secondo me.*
  As far as I can see, Helen is right. *Per quanto è dato di vedere (a mio avviso, secondo me), Elena ha ragione.*

  by far–*di gran lunga.*
  Ours is by far the oldest school in town. *La nostra è di gran lunga la scuola più antica in città.*

from far and wide–*da tutte le parti.*
They came from far and wide. *Venivano da tutte le parti.*

to go far–*fare molta strada.*
That young man will go far. *Quel giovane farà molta strada.*

fashion–*la moda*
after a fashion–*bene o male.*
Angela can speak Italian after a fashion. *Bene o male, Angela riesce a parlare italiano.*

to be out of fashion–*essere fuori moda, non esser più di moda.*
These old pointed shoes are out of fashion. *Queste vecchie scarpe a punta sono fuori moda (non sono più di moda).*

fast–*veloce*
fast and loose–*sconsiderato.*
She played fast and loose with her husband's money. *È stata sconsiderata con i soldi del marito.*

to pull a fast one–*ingannare.*
He pulled a fast one on us. *Ci ha ingannato.*

fat–*il grasso*
the fat is in the fire–*essere seriamente ingarbugliato.*
When he refused to testify, the fat was in the fire. *Quando si è rifiutato di testimoniare la situazione si è seriamente ingarbugliata.*

to chew the fat–*chiacchierare.*
My wife is over at her friend's chewing the fat. *Mia moglie è da una amica a chiacchierare.*

to live off the fat of the land–*passarsela bene.*
Now that he has a good job, they're living off the fat of the land. *Ora che ha un buon lavoro, se la passano bene.*

fault–*la colpa*
to a fault–*fin troppo.*
He is meticulous to a fault. *È fin troppo meticoloso.*

to find fault with–*trovare da ridire.*
She's always finding fault with everything. *Trova sempre da ridire su tutto.*

favor–*il favore*
to curry favor–*ingraziarsi.*
That's his way of trying to curry favor with the teacher. *È il suo modo di cercare di ingraziarsi l'insegnante.*

feast–*il banchetto*
either a feast or a famine–*andare benissimo o malissimo.*
In this unpredictable business it's either a feast or a famine. *In questo lavoro*

imprevedibile può andare benissimo o malissimo.

feather–*la piuma*
a feather in one's cap–*tornare a proprio onore.*
Getting that grant was quite a feather in his cap. *Il conseguimento di quella borsa di studio tornò a suo onore.*

to feed–*nutrire*
to be fed up with–*averne fin sopra i capelli.*
I'm fed up with this bad weather. *Ne ho fin sopra i capelli di questo brutto tempo.*

to feel–*sentire*
to feel like–*aver voglia di.*
I feel like going out. *Ho voglia di andare fuori.*

to feel one's way–*esaminare con cura (con attenzione).*
He's feeling his way on his new position. *Sta esaminando con cura (con attenzione) la sua nuova posizione.*

feeling–*il sentimento*
hard feelings–*rancore.*
I don't have any hard feelings about it. *Non ne serbo alcun rancore.*

mixed feelings–*indecisione.*
I have mixed feelings about going. *Sono indeciso se andare o no.*

to hurt one's feelings–*offendere qualcuno.*
You'll hurt her feelings by telling her that. *L'offenderai se glielo dirai.*

fence–*il recinto*
on the fence–*indeciso.*
I'm on the fence as to which way to vote. *Sono indeciso per chi votare.*

to mend one's fences–*mantenere i buoni rapporti.*
A good politician always mends his fences with his electorate. *Un bravo uomo politico mantiene sempre i buoni rapporti con i suoi elettori.*

fiddle–*il violino*
fit as a fiddle–*sano come un pesce.*
The doctors found grandfather fit as a fiddle. *I medici hanno trovato il nonno sano come un pesce.*

to play second fiddle–*essere in secondo piano rispetto a.*
James has always played second fiddle to his brother. *Giacomo è sempre stato in secondo piano rispetto al fratello.*

to fiddle–*suonare il violino*
to fiddle around–*gingillarsi.*
The boys were just fiddling around. *I ragazzi si gingillavano.*

field–*il campo*
to play the field–*fare il galletto.*
George likes to play the field. *A Giorgio piace fare il galletto.*

fifty–*cinquanta*
fifty-fifty–*dividere a metà.*
We spent our summer vacation together and went fifty-fifty on the expenses.
Abbiamo passato le vacanze estive insieme e abbiamo diviso a metà le spese.

fight–*la lotta*
to be spoiling for a fight–*fare di tutto per venire alle mani.*
Those two are just spoiling for a fight. *Quei due stanno facendo di tutto per venire alle mani.*

to fight–*combattere*
to fight it out–*vedersela.*
You girls will have to fight it out as to who gets the best seats at the opera. *Voi
ragazze dovrete vedervela fra voi su chi prenderà i posti migliori all'opera.*

to fight one's way through–*aprirsi un varco.*
To get to the train we had to fight our way through the crowd. *Per arrivare al
treno abbiamo dovuto aprirci un varco nella folla.*

figure–*la figura*
figure of speech–*modo di dire.*
What he said was only meant as a figure of speech. *Quello che ha detto lo intendeva solo come modo di dire.*

to cut a poor figure–*fare una brutta figura.*
She cut a poor figure. *Ha fatto una brutta figura.*

to figure–*figurare*
to figure–*quadrare.*
It figures! *La cosa quadra!*

to figure on–*calcolare.*
We figure on 50 people at the party. *Calcoliamo che 50 persone vengano alla
festa.*

to figure out–*capire.*
I finally figured out what he meant. *Finalmente ho capito quello che intendeva.*

file–*la fila*
single file–*in fila.*
Please get into single file. *Per favore mettetevi in fila.*

fill–*la sazietà*
to have one's fill of–*averne abbastanza.*
We've had our fill of violence. *Ne abbiamo avuto abbastanza della violenza.*

to fill–*riempire*
  to fill in for–*sostituire*.
I have to fill in for my colleague at the office. *Devo sostituire il mio collega in ufficio.*

---

finger–*il dito*
  at one's fingertips–*a portata di mano*.
He always has the data at his fingertips. *Ha sempre i dati a portata di mano.*
  itchy fingers–*impaziente*.
He's got itchy fingers. *È impaziente.*
  to cross one's fingers–*incrociare le dita (toccare ferro)*.
Let's cross our fingers and hope we'll make it. *Incrociamo le dita (tocchiamo ferro) e speriamo di farcela.*
  to have a finger in the pie–*avere le mani in pasta*.
Although he has retired he still has a finger in the pie in the business. *Benchè sia ormai in pensione ha ancora le mani in pasta negli affari.*
  to have sticky fingers–*far sparire le cose*.
I think our new maid has sticky fingers. *Credo che la nostra nuova donna di servizio faccia sparire le cose.*
  to lay a finger on–*toccare con un dito*.
The kidnappers didn't lay a finger on their hostage. *I rapitori non hanno toccato il loro ostaggio neanche con un dito.*
  to lift a finger–*alzare un dito*.
She didn't even lift a finger to help him. *Non ha alzato neanche un dito per aiutarlo.*
  to put the finger on–*designare (per uccidere)*.
They say the underworld put the finger on him. *Si dice che la malavita l'abbia designato (per ucciderlo).*
  to put one's finger on–*riuscire ad afferrare*.
There's something wrong with his story, but I can't put my finger on it. *C'è qualcosa che non va nel suo racconto, ma non riesco ad afferrarla.*
  to slip through one's fingers–*sfuggire di mano*.
Money slips through his fingers. *Il denaro gli sfugge di mano.*
  to snap one's finger at–*infischiarsene*.
He snapped his fingers at the taunts. *Se ne è infischiato delle provocazioni.*
  to twist around one's little finger–*far fare a qualcuno quello che si vuole*.
Mary can twist her father around her little finger. *Maria fa fare a suo padre quello che vuole.*

---

fire–*il fuoco*
  a ball of fire–*un vero vulcano*.

When it comes to getting advertising for the paper he's a ball of fire. *Quando si tratta di raccogliere pubblicità per il giornale, è un vero vulcano.*

first—*primo*
First come first served. *Chi primo arriva meglio alloggia.*
not to know the first thing about—*non sapere l'ABC di.*
She doesn't know the first thing about skiing. *Non sa neppure l'ABC dello sci.*

fish—*il pesce*
a queer fish—*un tipo strano.*
John's a queer fish to insist on walking now that it's raining. *Giovanni è un tipo strano ad insistere ad andare a piedi ora che piove.*
neither fish nor fowl—*nè carne nè pesce.*
His position on the matter is neither fish nor fowl. *La sua posizione a proposito non è nè carne nè pesce.*
to feel like a fish out of water—*sentirsi come un pesce fuor d'acqua.*
I felt like a fish out of water with his friends. *Mi sono sentito come un pesce fuor d'acqua con i suoi amici.*
to have other fish to fry—*avere altre gatte da pelare.*
He won't be at the party tonight because he has other fish to fry. *Non verrà alla festa stasera, perchè ha altre gatte da pelare.*

fishy—*di pesce*
a fishy story—*una storia inverosimile.*
He came up with a fishy story. *Ci ha raccontato una storia inverosimile.*

fit—*adatto*
fit to be tied—*essere fuori di sè.*
After his insults I was fit to be tied. *Ero fuori di me per i suoi insulti.*
fit to kill—*molto elegante.*
He looked fit to kill in his new suit. *Era molto elegante nel vestito nuovo.*

fit—*la convulsione*
by fits and starts—*a sbalzi.*
My watch goes by fits and starts. *Il mio orologio va a sbalzi.*
to throw a fit—*uscire dai gangheri.*
Father will throw a fit when he sees this bill. *Papà uscirà dai gangheri quando vedrà questo conto.*

fit—*l'addattamento*
a good fit—*andare a pennello.*
These gloves of mine are a good fit. *Questi guanti mi vanno a pennello.*

to fit—*andare*
to fit in with—*coincidere.*

We'll plan our visit to fit in with your vacation. *Faremo in modo che la nostra visita coincida con le tue vacanze.*

fix–*la difficoltà*
in a bad fix–*nei guai.*
After the accident he was in a bad fix. *Dopo l'incidente si è trovato nei guai.*

flame–*la fiamma*
old flame–*una vecchia fiamma.*
She is an old flame of mine. *È una mia vecchia fiamma.*

flash–*il lampo*
a flash in the pan–*un fuoco di paglia.*
His seeming great genius was only a flash in the pan. *Il suo genio apparente era in realtà solo un fuoco di paglia.*

in a flash–*in un baleno.*
He got the meaning in a flash. *Ha capito il significato in un baleno.*

flat–*piatto*
to fall flat–*essere un fiasco.*
He fell flat as a comedian. *È stato un fiasco come comico.*

flea–*la pulce*
a flea in one's ear–*una pulce nell'orecchio.*
I sent him away with a flea in his ear. *L'ho mandato via dopo avergli messo una pulce nell'orecchio.*

flesh–*la carne*
in the flesh–*in carne ed ossa.*
After all those telephone conversations it's good to meet you in the flesh. *Dopo tutte le nostre conversazioni telefoniche mi fa piacere incontrarla in carne ed ossa.*

to make one's flesh creep–*far accapponare la pelle.*
That eerie music makes my flesh creep. *Quella musica lugubre mi fa accapponare la pelle.*

floor–*il pavimento*
to have the floor–*avere la parola.*
The gentleman on the right has the floor. *Il signore a destra ha la parola.*

to mop the floor with–*far polpette di.*
Our team mopped the floor with the opponents. *La nostra squadra ha fatto polpette degli avversari.*

to take the floor–*prendere la parola.*
It's time for the opposition to take the floor. *Ora tocca all'opposizione prendere la parola.*

to floor –*pavimentare*
  to floor someone–*lasciare sbigottiti.*
  She floored us with her bad manners. *Ci ha lasciato sbigottiti con le sue cattive maniere.*

fly –*la mosca*
  a fly in the ointment–*una cosa che non va in una situazione.*
  He always manages to put a fly in the ointment. *Riesce sempre a trovare qualche cosa che non va in ogni situazione.*
  to have no flies on–*non avere niente da ridire.*
  Robert is full of energy; there are no flies on him. *Roberto è pieno di energia; non c'è niente da ridire sul suo conto.*

food –*il cibo*
  food for thought–*motivo di riflessione.*
  That's food for thought. *Questo è motivo di riflessione.*

fool –*lo sciocco*
  A fool and his money are soon parted. *Lo sciocco getta i soldi dalla finestra.*
  Fools rush in where angels fear to tread. *Gli stolti si avventurano là dove i saggi temono di andare.*
  There's no fool like an old fool. *Non v'è sciocco peggiore di un vecchio sciocco.*
  to live in a fool's paradise–*vivere tra le nuvole.*
  to live in a fool'd paradise–*vivere tra le nuvole.*
  He's living in a fool's paradise if he thinks he can do business in that town. *Vive tra le nuvole se crede di poter far affari in quella città.*
  to make a fool of oneself–*rendersi ridicolo.*
  She made a fool of herself behaving like that. *Si è resa ridicola comportandosi in quella maniera.*

fool –*gingillarsi*
  to fool around–*perdere tempo in sciocchezze.*
  Stop fooling around and get to work. *Smetti di perdere tempo in sciocchezze e mettiti a lavorare.*
  to fool around with–*giocare con.*
  Don't fool around with the television. *Non giocare con il televisore.*
  to fool away one's time–*perdere tempo.*
  She fools away her time looking at television. *Perde il suo tempo guardando la televisione.*

foot –*il piede*
  one foot in the grave–*un piede nella fossa.*
  The old cowboy already had one foot in the grave. *Il vecchio cowboy aveva già un piede nella fossa.*

to be swept off one's feet–*essere sopraffatto dall'emozione*.

She was swept off her feet by his attention. *Era sopraffatta dall'emozione per la sua attenzione*.

to catch one flat-footed–*cogliere sul fatto*.

They caught the boys flat-footed in the supermarket after hours. *Hanno colto i ragazzi sul fatto dentro il supermercato dopo la chiusura*.

to drag one's feet–*essere titubante*.

Don't drag your feet; decide what you're going to do. *Non essere titubante; decidi cosa fare*.

to get cold feet–*mancare il coraggio*.

I'm getting cold feet about asking him. *Mi manca il coraggio di chiederglielo*.

to get off on the wrong foot–*cominciare con il piede sbagliato*.

He got off on the wrong foot. *Ha cominciato con il piede sbagliato*.

to put one's best foot forward–*mostrare il meglio di*.

When you go for the interview, put your best foot forward. *Quando andrai al colloquio, mostra il meglio di te*.

to put one's foot down–*dire di no*.

I wanted to go but Dad put his foot down. *Volevo andare ma papà ha detto di no*.

to put one's foot in–*dirla grossa*.

As soon as he said that he realized he'd put his foot in it. *Appena pronunciate quelle parole si rese conto di averla detta grossa*.

to put one's foot in one's mouth–*dirla grossa*.

He really put his foot in his mouth that time. *L'ha detta proprio grossa quella volta*.

to stand on one's own (two) feet–*essere indipendente*.

That experience taught Mark to stand on his own (two) feet. *Quella esperienza ha insegnato a Marco ad essere indipendente*.

to walk one's feet off–*avere le gambe a pezzi*.

I walked my feet off this afternoon. *Ho le gambe a pezzi per il troppo camminare oggi pomeriggio*.

---

forest–*la foresta*

not to see the forest for the trees–*non discernere le cose importanti*.

I've so much to do I can't see the forest for the trees. *Ho tanto da fare che non discerno più le cose importanti*.

---

four–*quattro*

on all fours–*carponi*.

They got down on all fours to look for John's contact lens. *Si misero carponi per cercare la lente a contatto di Giovanni*.

---

free–*libero*

free and easy–*sereno e tranquillo.*
He's one of those free and easy people who never get nervous. *È una di quelle persone serene e tranquille che non si innervosiscono mai.*

to feel free to–*non esitare a.*
Feel free to come and see me any time. *Non esitare a venire a trovarmi quando vuoi.*

to get off scot free–*passarla liscia.*
Though everyone thought him guilty, he got off scot free. *Nonostante tutti lo credessero colpevole la passò liscia.*

French–*francese*
to take French leave–*svignarsela all'Inglese.*
He took French leave from boarding school. *Se l'è svignata all'inglese dal collegio.*

---

friend–*l'amico*
fairweather friend–*amico nella buona sorte.*
I didn't realize he was just a fairweather friend. *Non mi ero accorto che mi era amico solo nella buona sorte.*

---

to fritter–*sminuzzare*
to fritter away–*riuscire a sprecare.*
You fritter away more time than anyone I know. *Tu riesci a sprecare più tempo di qualsiasi altra persona che io conosca.*

---

frog–*la rana*
a frog in one's throat–*la voce rauca.*
I have a frog in my throat. *Ho la voce rauca.*

---

to frown–*accigliarsi*
to frown on–*essere contrario a.*
My parents always frowned on smoking. *I miei genitori sono sempre stati contrari al fumo.*

---

fun–*l'allegria*
fun and games–*molto divertente.*
I don't think it will be fun and games to spend a weekend with my in-laws. *Non credo che sarà molto divertente passare un fine-settimana dai miei suoceri.*

to make fun of (poke fun at)–*prendere in giro.*
Don't make fun of (poke fun at) that poor old man. *Non prendere in giro quel povero vecchio.*

---

fur–*la pelle*
to make the fur fly–*fare scalpore.*
His comments really made the fur fly. *I suoi commenti fecero proprio scalpore.*

fuss–*la confusione*
fuss and feathers–*festeggiamenti.*
When I get my degree I don't want any fuss and feathers. *Quando mi laurerò non voglio festeggiamenti.*

G

gall–*l'amarezza*
to have the gall–*la faccia tosta.*
He had the gall to insinuate I had been responsible for the oversight. *Ha avuto la faccia tosta di insinuare che ero io il responsabile della mancanza.*

game–*il gioco*
The game is up. *La partita è persa.*
to be game–*essere disponibile per.*
He is game for any deviltry. *È sempre disponibile per qualsiasi diavoleria.*

gap–*la breccia*
to fill the gap–*riempire il vuoto.*
We need a man to fill the gap left by his resignation. *Abbiamo bisogna di un uomo che riempia il vuoto creatosi in seguito alle sue dimissioni.*

gate–*il cancello*
gate crasher–*qualcuno che non è stato invitato.*
At this party we don't want any gate crashers. *A questa festa non vogliamo gente che non è stata invitata.*

gauntlet–*il guanto*
to run the gauntlet–*passare sotto le Forche Caudine.*
The latecomers had to run the guantlet of the ushers' displeasure. *I ritardatari hanno dovuto passare sotto le Forche Caudine degli sguardi di disapprovazione delle maschere.*

to get–*prendere*
to get ahead–*farsi strada.*
If you want to get ahead, do as I tell you. *Se vuoi farti strada, fai come ti dico io.*
to get along–*(1) andare d'amore e d'accordo.*
We get along fine together. *Andiamo d'amore e d'accordo.*
(2) cavarsela.
We got along fine without a car. *Ce la siamo cavata benissimo anche senza macchina.*
to get around–*andare in giro.*
You certainly manage to get around. *Certo che tu riesci ad andare in giro parecchio.*

to get around something–*aggirare.*
There are lots of ways to get around the problem. *Ci sono molti modi per aggirare il problema.*

to get away with–*farla franca.*
He stole the money but didn't get away with it. *Ha rubato i soldi ma non l'ha fatta franca.*

to get back–*recuperare.*
He got back all that he lost. *Ha recuperato tutto quello che aveva perduto.*

to get back at–*rendere pan per focaccia.*
He'll get back at us for insulting him. *Ci renderà pan per focaccia per averlo insultato.*

to get by–*farcela.*
We'll get by somehow. *Ce la faremo in qualche modo.*

to get into–*prendere (a qualcuno).*
I don't know what's gotten into him lately. *Non capisco che cosa gli abbia preso ultimamente.*

to get it–*capire.*
At first I didn't get it but now I understand. *Sulle prime non capivo, ma ora sì.*

to get over–*(1) superare, uscire da.*
Martha is just getting over an illness and is still weak. *Marta sta superando (uscendo da) una malattia ed è ancora debole.*

(2) capacitarsi.
I can't get over his doing that. *Non riesco a capacitarmi di quello che ha fatto.*

ghost–*il fantasma*
a ghost of a chance–*una minima speranza.*
He hasn't a ghost of a chance of getting any work done with all the family around. *Con tutta la famiglia intorno, non ha una minima speranza di riuscire a lavorare.*

to give up the ghost–*rendere l'anima.*
My grandfather gave up the ghost at the age of 96. *Mio nonno rese l'anima all'età di 96 anni.*

gift–*il dono*
gift of gab–*il dono della parlantina.*
Theresa really has the gift of gab. *Teresa ha proprio il dono della parlantina.*

give–*il cedimento*
give or take–*più o meno.*
It cost about two hundred dollars, give or take a few. *È costato sui duecento dollari, più o meno.*

to give–*dare*
give and take–*scendere a compromessi.*

You can't leave too much give and take in money matters. *Non si può scendere a troppi compromessi nelle questioni di soldi.*

to give away–*rivelare.*
He gave away the secret by mistake. *Ha rivelato il segreto per sbaglio.*

to give in–*darsi per vinto.*
He'll never give in. *Non si darà mai per vinto.*

to give oneself away–*tradirsi.*
When he said that he gave himself away. *Dicendo ciò si è tradito.*

to give out–*finire.*
The ice gave out and we had to serve the whiskey straight. *Il ghiaccio era finito e abbiamo dovuto servire il whiskey liscio.*

to give up–*(1) arrendersi (darsi per vinto, rinunciare).*
I don't know, I give up. *No lo so, mi arrendo (mi do per vinto, ci rinuncio).*
(2) smettere.
I should give up smoking. *Dovrei smettere di fumare.*

glance–*l'occhiata*
to steal a glance at–*guardare di soppiatto (sbirciare).*
She stole a glance to see if he was still watching her. *Guardò di soppiatto (sbirciò) verso di lui per vedere se la guardava ancora.*

glimpse–*l'occhiata*
to catch a glimpse of–*scorgere.*
From the ship we caught a glimpse of the island. *Dalla nave scorgemmo l'isola.*

to gloss–*lustrare*
to gloss over something–*sottrarsi all'evidenza.*
Don't try to gloss over the fact that you were wrong. *Non cercare di sottrarti all'evidenza del tuo torto.*

glove–*il guanto*
to handle with kid gloves–*trattare con molto tatto.*
He's likely to get mad, so handle him with kid gloves. *È probabile che si arrabbierà, perciò trattalo con molto tatto.*

go–*l'andare*
from the word go–*sin dal primo momento.*
He was wrong from the word go. *Aveva torto sin dal primo momento.*

go–*il movimento*
on the go–*indaffarato.*
You can't ever find her, she's always on the go. *Non la si trova mai, è sempre indaffarata.*

to have a go at–*provarci.*
I'm not sure I can solve your problem, but I'll have a go at it. *Non sono sicuro*

di poter risolvere il tuo problema, ma ci proverò.

to make a go of–*mandare avanti.*
He's having a hard time making a go of that store. *Trova difficoltà a mandare avanti il suo negozio.*

---

to go–*andare*
far gone–*spacciato.*
The poor old fellow was too far gone when help came. *Il poveretto era ormai spacciato quando arrivarono i soccorsi.*

Oh, go on! *Ma va!*

something to go on–*qualcosa su cui basarsi.*
If we want to prove it, we'll need some evidence to go on. *Se vogliamo dimostrarlo, ci occorrerà qualche prova su cui basarci.*

to go ahead–*proseguire.*
They're going ahead with the interviews even though one member of the commission is absent. *Stanno proseguendo i colloqui anche se un membro della comissione è assente.*

to go all out–*farsi in quattro.*
He went all out for us. *Si è fatto in quattro per noi.*

to go along with–*assecondare.*
We'll go along with him to make him happy. *Assecondiamolo per farlo contento.*

to go around–*girare.*
Mark goes around in an old jalopy. *Marco gira in un vecchio catenaccio.*

to go on–*continuare (andare avanti).*
I'm listening to you, so go on. *Ti sto ascoltando, continua (va avanti).*

to go through–*essere approvato.*
The proposal went through at the last meeting. *La proposta è stata approvata durante l'ultima riunione.*

---

goat–*la capra*
to get someone's goat–*far uscire dai gangheri.*
It gets my goat when he doesn't listen to me. *Mi fa uscire dai gangheri quando non mi ascolta.*

---

gold–*l'oro*
All that glitters is not gold. *Non è oro tutto quel che luce.*

---

good–*buono*
as good as (new)–*come (nuovo).*
Since it was fixed, our radio is as good as new. *Da quando è stata aggiustata, la nostra radio è come nuova.*

as good as one's word–*di parola.*
He's as good as his word. *È di parola.*

for good–*per sempre*.
He won't be back; he's gone for good. *Non tornerà; è andato via per sempre.*

good and something–*ben . . .*
I'd like my tea good and hot. *Mi piacerebbe il mio tè ben caldo.*

good as gold–*un angelo*.
That child is as good as gold. *Quel bambino è un angelo.*

good for nothing–*buono a nulla*.
He's just a good for nothing. *È un buono a nulla.*

never to have had it so good–*non essere mai andata così bene*.
Don't complain, you never had it so good. *Non lamentarti, non ti è mai andata così bene.*

no good–*inutile*.
It's no good saying that; we all know the story. *È inutile dirlo; conosciamo tutti la storia.*

to get the goods on–*smascherare*.
They've got the goods on the gang that robbed the bank. *Hanno smascherato la gang che ha rapinato la banca.*

to make good–*risarcire*.
The company made good the defective parts. *La ditta risarcì il costo dei pezzi difettosi.*

goose–*l'oca*
a wild-goose chase–*una pista sbagliata*.
That false tip sent the police on a wild-goose chase. *Quell'informazione falsa portò la polizia su una pista sbagliata.*

They killed the goose that laid the golden eggs. *Hanno ammazzato la gallina dalle uova d'oro.*

to cook one's goose–*rovinare tutto*.
He cooked his goose when he failed to come to the meeting. *Ha rovinato tutto non presentandosi all'appuntamento.*

What's sauce for the goose is sauce for the gander. *Mangia quel che passa il convento.*

grade–*il grado*
to make the grade–*rivelarsi all'altezza*.
He didn't make the grade with Elsie's family; they considered him a boor. *Non si è rivelato all'altezza della famiglia di Elsa; lo considerarono un maleducato.*

grain–*il grano*
not a grain of truth–*non una briciola di verità*.
There's not a grain of truth in what you said. *Non c'è una briciola di verità in quello che hai detto.*

to go against the grain–*urtare*.

His behavior goes against the grain with me. *Il suo comportamento mi urta.*

to grant–*concedere*
  to take for granted–*dare per scontato.*
  I took it for granted that you'd be there. *Ho dato per scontato che tu ci saresti stato.*

grape–*l'uva*
  sour grapes–*la volpe e l'uva.*
  She's glad now she didn't win, and it's not just sour grapes. *Ora è contenta di non aver vinto; e non lo dice solo come la volpe e l'uva.*

grapevine–*la vite*
  through the grapevine–*dicerie.*
  Don't believe everything you hear through the grapevine. *Non devi credere a tutte le dicerie che senti.*

grass–*l'erba*
  The grass is always greener on the other side of the fence. *L'erba del vicino è sempre più verde.*

  not to let the grass grow under one's feet–*non stare fermo un minuto.*
  He has such energy that he'll never let the grass grow under his feet. *Ha una tale energia che non sta fermo un minuto.*

grief–*il dolore*
  to come to grief–*finire male.*
  From the reckless way he rode that motorcycle, it's not surprising he came to grief. *Con il suo modo spericolato di andare in motocicletta, non è strano che sia finito male.*
  Be careful, Maria, or you'll come to grief! *Guarda, Maria, che se non sta' attenta va a finir male per te!*

to grin–*sogghignare*
  to grin and bear it–*far buon viso a cattiva sorte.*
  He doesn't get along with his mother-in-law but he's learned to grin and bear it. *Non va d'accordo con la suocera, ma ha imparato a far buon viso a cattiva sorte.*

grip–*la presa*
  to come to grips with–*venire alle prese con.*
  Sooner or later you'll have to come to grips with that question. *Prima o poi dovrai venire alle prese con quel problema.*

  to get a grip on–*controllarsi.*
  He's got to calm down and get a grip on himself. *Deve calmarsi e controllarsi.*

grist–*il grano da macinare*
  grist to one's mill–*tutta acqua al proprio mulino.*

He'll be happy to help you; it's all grist to his mill. *Sarà lieto di aiutarti; è tutta acqua al suo mulino.*

ground–*il terreno*

to cut the ground from under one's feet–*far mancare la terra sotti i piedi.*
Theirs was a move to cut the ground from under his feet. *La loro è stata una mossa per fargli mancare la terra sotto i piedi.*

to shift one's ground–*cambiare le carte in tavola.*
You can't win an argument with him; he's always shifting his ground. *Non puoi aver la meglio in una discussione con lui; ti cambia sempre le carte in tavola.*

to stand one's ground–*stare fermo.*
They tried to bribe the witness but he stood his ground and told the truth. *Hanno cercato di corrompere il testimone ma egli è stato fermo e ha detto la verità.*

to grow–*crescere*

to grow on one–*piacere sempre più.*
Tennis really grows on you; the more you play the more fun it is. *Il tennis piace sempre di più; più giochi più ti diverti.*

to grow out of a habit–*perdere l'abitudine di.*
I've grown out of the habit of getting up late in the morning. *Ho preso l'abitudine di svegliarmi tardi al mattino.*

grudge–*rancore*

to bear a grudge–*serbare rancore.*
My father could never bear a grudge for very long. *Mio padre non era capace di serbare rancore a lungo.*

guard–*la guardia*

to catch off guard–*prendere alla sprovvista.*
They caught me off guard and I almost gave away the secret. *Mi hanno preso alla sprovvista e ho quasi rivelato il segreto.*

gun–*il fucile*

to jump the gun–*anticipare i tempi.*
They really jumped the gun this time—they were supposed to wait until summer. *Hanno veramente anticipato i tempi questa volta–dovevano aspettare l'estate.*

to stick to one's guns–*tener duro.*
No matter how hard they press him he always sticks to his guns. *Qualunque pressione si faccia su di lui, tiene duro.*

gut–*il budello*

to have guts–*aver fegato.*
You have to have guts to play football. *Per giocare al football americano ci vuole fegato.*

H

hair–*i capelli*
   hair's breadth difference–*una minima differenza.*
   They're exactly the same; there's not a hair's breadth difference. *Sono esattamente uguali; non c'è la minima differenza tra di loro.*
   hair's breadth escape–*salvarsi per un pelo (per miracolo).*
   He had a hair's breadth escape from a mountain climbing accident. *Si è salvato per un pelo (per miracolo) da un incidente di aplinismo.*
   not to turn a hair–*non battere ciglio.*
   When the police questioned him he didn't turn a hair. *Quando la polizia lo interrogò non battè ciglio.*
   to get into one's hair–*dare fastidio.*
   When we lived in the same building she was always getting into my hair. *Quando abitavamo nello stesso edificio mi dava sempre fastidio.*
   to have one's hair stand on end–*rizzarsi i capelli.*
   When he saw the bear outside his tent his hair stood on end. *Quando vide l'orso fuori della sua tenda gli si rizzarono i capelli in testa.*
   to let down one's hair–*mettere le carte in tavola.*
   Last night we had a frank talk and we both let our hair down. *Ieri sera abbiamo avuto una franca discussione e abbiamo messo le carte in tavola.*
   to split hairs–*cercare il pelo nell'uovo.*
   Let's not split hairs over it. *Non cerchiamo il pelo nell'uovo.*

to hail–*salutare*
   to hail from–*venire da.*
   The new doctor hails from my home town. *Il nuovo medico viene dal mio paese.*

half–*mezzo*
   to meet half-way–*raggiungere un compromesso.*
   I'll try to meet him half-way and close the deal. *Cercherò di raggiungere un compromesso e chiudere l'affare.*

hammer–*il martello*
   to go at something with hammer and tongs–*agire con troppa energia.*
   Take it easy, don't go at it with hammer and tongs. *Piano, non agire con troppa energia.*

hand–*la mano*
   a show of hands–*votare per alzata di mano.*
   Let's have a show of hands. *Votiamo per alzata di mano.*

an old hand–*esperto.*
I'm an old hand as a woodchopper. *Sono un esperto sul tagliar legna.*

close at hand–*a due passi.*
The post office is close at hand. *L'ufficio postale è a due passi da qui.*

first-hand–*di prima mano.*
I have first-hand experience in that field. *Ho esperienza di prima mano in quel campo.*

hand in glove–*pappa e ciccia.*
He's hand in glove with our family. *È pappa e ciccia con la nostra famiglia.*

hands down–*con facilità.*
He plays golf well, but I can beat him hands down at tennis. *Gioca bene a golf ma io lo batto con facilità a tennis.*

high-handed–*prepotente.*
That was a high-handed maneuver. *È stata una mossa prepotente.*

on hand–*a disposizione.*
I'll be on hand to help out. *Sarò a disposizione per aiutare.*

on one's hands–*sulle spalle.*
I have the old family house on my hands, too. *Ho anche la vecchia casa di famiglia sulle spalle.*

on the other hand–*d'altro canto.*
We could do that, but on the other hand it would take more time. *Si potrebbe fare così, ma d'altro canto ci vorrebbe più tempo.*

red-handed–*con le mani nel sacco.*
The thief was caught red-handed. *Il ladro fu preso con le mani nel sacco.*

second hand–*di seconda mano.*
I bought my skis second hand. *Ho comprato gli sci di seconda mano.*

to change hands–*cambiare proprietario.*
That restaurant has changed hands several times. *Quel ristorante ha cambiato proprietario parecchie volte.*

to get out of hand–*sfuggire di mano.*
The teacher let the class get out of hand and now she can't control them. *L'insegnante ha lasciato che la classe le sfuggisse di mano, e ora non la sa più controllare.*

to get the upper hand–*prendere il sopravvento.*
In that struggle for power, the army got the upper hand. *Nella lotta per il potere l'esercito prese il sopravvento.*

to give a hand–*dare una mano.*
She comes in the afternoons to give me a hand with the children. *Viene il pomeriggio per darmi una mano con i bambini.*

to have one's hands full–*tenersi occupato.*
With the children home for vacation she has her hands full. *Con i bambini a*

casa per le vacanze ha di che tenersi occupata.

to keep one's hand in—*non perdere la mano.*
She does substitute teaching sometimes just to keep her hand in it. *Ogni tanto fa le supplenze per non perdere la mano.*

to lay hands on—*fare vedere a qualcuno.*
Just wait until I lay hands on you! *Aspetta solo un po', e te la farò vedere!*

to live from hand to mouth—*vivere alla giornata.*
He doesn't have a steady job, so they live from hand to mouth. *Non ha un lavoro sicuro, e così vivono alla gironata.*

to play into the hands of—*tornare a tutto vantaggio di.*
The new law plays into the hands of the tax evaders. *La nuova legge torna a tutto vantaggio degli evasori fiscali.*

to show (tip) one's hand—*mostrare il proprio gioco.*
He showed (tipped) his hand when he said that. *Ha mostrato il suo gioco quando ha detto quello.*

to take a hand in—*partecipare.*
He took a hand in reorganizing the council. *Ha partecipato nella riorganizzazione del consiglio.*

to take off someone's hands—*occuparsi di.*
Can you take that shipment off my hands? *Ti puoi occupare tu di questa spedizione?*

to throw up one's hands—*mettersi le mani nei capelli.*
My mother threw up her hands in horror when she saw the state of my room. *Mia madre si mise le mani nei capelli quando vide in che stato era ridotta la mia stanza.*

to try one's hand—*provarci.*
I've never gone waterskiing; I'd like to try my hand at it. *Non ho mai fatto lo sci d'acqua; vorrei provarci.*

to turn one's hand to—*provare a fare.*
Jimmy is successful at anything he turns his hand to. *Giacomino ha successo in tutto quello che prova a fare.*

to wait on someone hand and foot—*trattare qualcuno come un principe.*
He wants to be waited on hand and foot. *Vuole essere trattato come un principe.*

to wash one's hands of—*lavarsi le mani di.*
I'm glad you washed your hands of that deal. *Sono contento che ti sia lavato le mani di quell'affare.*

to win hands down—*vincere a mani basse.*
We should win the match hands down. *Dovremmo vincere l'incontro a mani basse.*

handle–*il manico*
  to fly off the handle–*perdere le staffe.*
  I flew off the handle when they sent the wrong merchandise. *Ho perso le staffe quando hanno mandato la merce sbagliata.*

handwriting–*la scrittura*
  to see the handwriting on the wall–*avere un presentimento.*
  He saw the handwriting on the wall and decided to postpone his departure. *Ebbe un presentimento e decise di rimandare la partenza.*

handy–*comodo*
  to come in handy–*tornare utile.*
  A flashlight may come in handy. *Forse una torcia elettrica tornerà utile.*

to hang–*appendere*
  to hang back–*esitare, fare complimenti.*
  Don't hang back, help yourself. *Non esitare (fare complimenti), serviti.*
  to hang onto–*tenere.*
  If we can hang onto the farm for a few years we'll be glad we did. *Se riusciamo a tenere la fattoria per un paio d'anni saremo contenti di averlo fatto.*
  to hang together–*essere coerente.*
  His story didn't hang together. *Il suo racconto non era coerente.*

hard–*duro*
  hard up–*al verde.*
  He comes around to ask for money when he's hard up. *Viene a chiedere soldi quando si trova al verde.*
  to be hard put–*in difficoltà.*
  I was hard put to give him an honest answer. *Ero in difficoltà nel dargli una risposta onesta.*

to harp–*arpeggiare*
  to harp on–*toccare sullo stesso tasto.*
  He keeps harping on the fact. *Tocca sempre lo stesso tasto.*

hash–*un piatto di carne tritata*
  to settle someone's hash–*sistemare qualcuno a dovere.*
  He tried to intimidate us, but we settled his hash. *Ha cercato di farci paura ma lo abbiamo sistemato a dovere.*

hat–*il cappello*
  to pass the hat–*fare la colletta.*
  We haven't much money in the treasury so we'll have to pass the hat again. *Non abbiamo molti soldi in cassa, così dovremo fare di nuovo una colletta.*
  to take one's hat off to–*far tanto di cappello a qualcuno.*
  I take off my hat to him; he's done a good job. *Gli faccio tanto di cappello; ha fatto un buon lavoro.*

to talk through one's hat–*parlare a vanvera.*
Don't pay attention to him; he's just talking through his hat. *Non ascoltarlo; parla a vanvera.*

hatchet–*l'ascia*
to bury the hatchet–*riconciliarsi (mettere una pietra su).*
After a long feud they decided to bury the hatchet. *Dopo un lungo antagonismo, decisero di mettere una pietra sul passato (riconciliarsi).*

to have–*avere*
to be had–*essere ingannato.*
I think we've been had. *Credo che ci abbiano ingannato.*

to have had it–*chiudere con, non poterne più.*
I've had it with his family. *Ho chiuso con la sua famiglia.*
I've really had it. *Non ne posso più.*

to have it in for–*avercela con.*
He has it in for us because we treated him badly. *Ce l'ha con noi perchè lo abbiamo trattato male.*

to have it out–*discutere a fondo per un chiarimento.*
I feel there's some misunderstanding between us and want to have it out with him. *Sento che c'è un'incomprensione fra di noi e voglio discutere a fondo con lui per un chiarimento.*

to have nothing to do with–*aver nulla a che vedere con.*
This has nothing to do with you. *Questo non ha nulla a che vedere con te.*

havoc–*la devastazione*
to play havoc with–*rovinare.*
The wind played havoc with the television antenna. *Il vento ha rovinato l'antenna della televisione.*

hay–*il fieno*
Make hay while the sun shines. *Non rimandare a domani quello che puoi fare oggi.*

head–*testa*
hard-headed–*pratico (realista).*
Frank is a hard-headed businessman. *Franco è un pratico (realista) uomo d'affari.*

head and shoulders–*di gran lunga.*
Fred is head and shoulders above any other boy in the class. *Federico è di gran lunga superiore a qualsiasi altro ragazzo della classe.*

head over heels–*(1) a rotoloni.*
She fell head over heels. *È caduta a rotoloni.*

(2) inammorato cotto.
He's head over heels in love with her. *È innamorato cotto di lei.*

(3) completamente.
He's dedicated himself head over heels to the new project. *Si è dedicato completamente al nuovo progetto.*

(to make) heads or tails (out) of–*raccapezzarsi.*
I can't make heads or tails (out) of that book. *Non riesco a raccapezzarmi con quel libro.*

off the top of one's head–*a memoria.*
He quoted the figures off the top of his head. *Ha riportato i dati a memoria.*

to bite one's head off–*mangiare qualcuno vivo.*
When I started to answer he almost bit my head off. *Quando ho cominciato a rispondere mi ha quasi mangiato vivo.*

to bring to a head–*far venire a galla.*
Her illness brought all their problems to a head. *La sua malattia ha fatto venire a galla tutti i loro problemi.*

to bury one's head in the sand–*chiudere gli occhi alla realtà.*
She's no help; she always buries her head in the sand. *Lei non è di aiuto; chiude sempre gli occhi alla realtà.*

to come to a head–*sistemarsi (venire a capo).*
We hope the difficulties will come to a head soon. *Speriamo che tutte le difficoltà si sistemino (vengono a capo) presto.*

to get it into (through) one's head–*mettersi in testa.*
Get it into (through) your head that we're not going. *Metti bene in testa che non andiamo.*

to go to one's head–*dare alla testa.*
Success has gone to his head. *Il successo gli ha dato alla testa.*

to hang one's head–*vergognarsi.*
He's hanging his head for causing his team to lose. *Si vergogna per aver causato la sconfitta della sua squadra.*

to have a head on one's shoulders–*avere la testa sulle spalle.*
That boy has a good head on his shoulders. *Quel ragazzo ha una buona testa sulle spalle.*

to have a level head–*mantenere la calma.*
He has a level head in an emergency. *È uno che mantiene la calma in casi di emergenza.*

to have a swelled head–*montarsi la testa.*
Since he's been made director he's had a swelled head. *Da quando lo hanno fatto direttore si è montato la testa.*

to have one's head in the clouds–*avere la testa fra le nuvole.*
William's had his head in the clouds lately. *Guglielmo ha la testa fra le nuvole ultimamente.*

to keep one's head–*non perdere la testa (tenere la testa a posto).*

During the fire John kept his head and gave clear orders to the crowd. *Durante l'incendio Giovanni non ha perduto la testa (ha tenuto la testa a posto) e ha dato ordini precisi alla folla.*

to keep one's head above water–*tenersi a galla.*
With high costs and low wages we can hardly keep our heads above water. *Con i costi alti e salari bassi riusciamo a malapena a tenerci a galla.*

to make one's head swim (reel)–*far girare la testa.*
All these details make my head swim (reel). *Tutti questi dettagli mi fanno girare la testa.*

to put heads together–*riflettere insieme (consultarsi).*
If we put our heads together we ought to come up with some good ideas. *Se riflettiamo insieme (ci consultiamo) dovremmo trovare qualche buona idea.*

to rear its ugly head–*profilarsi lo spettro.*
After the long drought, famine reared its ugly head. *Dopo la lunga siccità si è profilato lo spettro della fame.*

to take into one's head–*saltare il ticchio di.*
Every so often he would take it into his head to play practical jokes. *Ogni tanto gli saltava il ticchio di fare degli scherzi.*

to talk someone's head off–*frastornare con le parole di qualcuno.*
He talked our heads off. *Ci ha frastornati con le sue parole.*

---

to hear–*sentire*
to hear from–*avere notizie.*
I heard from him at Christmas. *Ho avuto sue notizie a Natale.*

---

heart–*il cuore*
after one's own heart–*come piace a qualcuno.*
He's a boy after my own heart. *È un ragazzo come piace a me.*

at heart–*in fondo.*
Despite his gruff manner he's a very kind person at heart. *Nonostante le sue maniere brusche in fondo è una persona molto gentile.*

by heart–*a memoria.*
Learn these dialogues by heart. *Imparate questi dialoghi a memoria.*

for one's heart to sink–*sentirsi morire.*
When I realized I had forgotten my passport my heart sank. *Quando mi sono accorto che avevo dimenticato il passaporto, mi sono sentito morire.*

half-hearted–*senza convinzione.*
He gave a half-hearted push as if he knew the gate wouldn't open. *Spinse il cancello senza convinzione, come se avesse saputo che non si sarebbe aperto.*

to break one's heart–*spezzare il cuore.*
It broke his heart not to be able to come. *Gli si è spezzato il cuore per non essere potuto venire.*

to eat one's heart out–*struggersi*.
She's eating her heart out because she's not heard from him in two months. *Si sta struggendo perchè non ha notizie di lui da due mesi*.

to get to the heart of the problem–*andare al fondo del problema*.
After paying the conventional compliments we got to the heart of the problem. *Dopo i convenevoli siamo andati al fondo del problema*.

not to have one's heart in it–*pensare ad altro*.
He came along with us but didn't have his heart in it. *Ci ha accompagnato ma pensava ad altro*.

to have one's heart in the right place–*avere buone intenzioni*.
He may be rough at times but he has his heart in the right place. *Può essere brusco alle volte ma ha buone intenzioni*.

to have one's heart set on (to set one's heart on)– *avere proprio una gran voglia, contare*.
She had her heart set on (set her heart on) going to Europe this summer. *Aveva proprio una gran voglia (contava) di andare in Europa quest'estate*.

heaven–*il cielo*
seventh heaven–*il settimo cielo*.
She was in seventh heaven when she heard the good news. *Era al settimo cielo quando ha appreso la buona notizia*.

to move heaven and earth–*smuovere mare e monti*.
I'll have to move heaven and earth to do that. *Dovrò smuovere mare e monti per farlo*.

heel–*il tacco*
down at the heel–*rovinato*.
This used to be a nice part of town but now it's pretty down at the heel. *Una volta questo era un bel quartiere ma ora è molto rovinato*.

to be at one's heels–*stare dietro a qualcuno*.
The reporters are at his heels for a report on the situation. *I giornalisti gli stanno dietro perchè vogliono un resoconto della situazione*.

to cool one's heels–*essere costretto ad aspettare*.
We sat there cooling our heels until the inspector finally came. *Fummo costretti ad aspettare lì finchè non arrivò l'ispettore*.

to take to one's heels–*darsela a gambe*.
When they heard the police sirens the thieves took to their heels. *Quando sentirono le sirene della polizia, i ladri se la diedero a gambe*.

well heeled–*ricco*.
The passengers on the cruise were all well heeled. *I passeggeri in crociera erano tutti ricchi*.

hell–*l'inferno*

come hell or high water–*costi quel che costi.*
He's determined to move to California come hell or high water. *È deciso a trasferirsi in California costi quel che costi.*

to give hell–*fare una sfuriata.*
The boss gave his secretary hell for forgetting to make an important phone call. *Il principale ha fatto una sfuriata alla segretaria che aveva dimenticato di fare una telefonata importante.*

to work like hell–*sgobbare.*
He worked like hell to get the job finished the same day. *Ha sgobbato per finire il lavoro quello stesso giorno.*

when hell freezes over–*quando voleranno gli asini.*
You'll get back the money you lent him when hell freezes over. *Riavrai i soldi che gli hai prestato quando voleranno gli asini.*

---

to help–*aiutare*
not to be able to help–*non poter fare a meno di.*
I can't help telling the truth. *Non posso fare a meno di dire la verità.*

to help oneself–*servirsi.*
Help yourself to the cake. *Serviti della torta.*

---

hen–*la gallina*
a hen party–*una riunione di sole donne.*
Let's have a hen party while our husbands are away. *Facciamo una riunione di sole donne mentre i nostri mariti stanno via.*

---

herd–*il gregge*
to ride herd on–*insistere perchè.*
The coach had to ride herd on the team so they would play their best. *L'allenatore dovette insistere perchè la squadra facesse del suo meglio.*

---

here–*qui*
neither here nor there–*nessuna differenza, irrilevante.*
Whether we go directly or make some stops is neither here nor there. *Non fa nessuna differenza (è irrilevante) se andiamo direttamente o se facciamo qualche fermata.*

---

herring–*l'aringa*
a red herring–*una pista falsa.*
In that discussion on democracy, racism was a red herring. *In quella discussione sulla democrazia, il razzismo era una pista falsa.*

---

hide–*la pelle*
not to see hide nor hair of–*non vedere neanche l'ombra.*
I haven't seen hide nor hair of the children all afternoon. *Non ho visto neanche l'ombra dei bambini per tutto il pomeriggio.*

high–*alto*
high and dry–*solo e senza aiuto.*
When he pulled out of the firm he left me high and dry. *Andandosene della ditta mi ha lasciato solo e senza aiuto.*

high and mighty–*arrogante.*
What's so great about him to make him feel so high and mighty? *Che cosa ha di speciale per sentirsi così arrogante?*

to look high and low for–*cercare dappertutto.*
I've looked high and low for my pen but it's nowhere to be found. *Ho cercato la mia penna dappertutto ma non si trova.*

---

hill–*la collina*
as old as the hills–*vecchio come il cucco.*
This coat is as old as the hills. *Questo cappotto è vecchio come il cucco.*

---

hint–*l'accenno*
to drop a hint–*far capire i propri desideri.*
The children dropped hints as to what they wanted for Christmas presents. *I ragazzi facevano capire i loro desideri per i regali di natale.*

to take the hint–*capire al volo.*
He took the hint and left us alone. *Capì al volo e ci lasciò soli.*

---

hit–*colpito*
hard hit–*ricevere un colpo duro.*
We were hard hit by the recession. *Abbiamo ricevuto un colpo duro dalla recessione.*

---

hit–*il colpo*
hit or miss–*a casaccio.*
He didn't know the rules and played his cards hit or miss. *Non sapeva le regole, e giocava le sue carte a casaccio.*

to make a (big) hit–*avere un (gran) successo.*
That song made a (big) hit and sold a million copies. *Quella canzone ha avuto un gran successo ed ha venduto un milione di copie.*

---

to hit–*colpire*
to hit it off–*andare d'accordo.*
Those two really hit it off. *Quei due vanno molto d'accordo.*

---

hog–*il maiale*
to go the whole hog–*andare fino in fondo.*
No halfway measure for him, he always goes the whole hog. *Non lascia mai le cose a metà, va sempre fino in fondo.*

to live high on the hog–*nuotare nell'oro (passarsela bene).*
Now that he has a good job they're living high on the hog. *Ora che lui ha un buon lavoro nuotano nell'oro (se la passano bene).*

to hold–*mantenere*
to hold one's own–*tenere duro*.
Despite two defeats the team is holding its own. *Malgrado due sconfitte la squadra tiene duro.*

to take hold of oneself–*riprendere il controllo di sè stesso*.
You've got to take hold of yourself and stop thinking about the past. *Devi riprendere il controllo di te stesso e smettere di pensare al passato.*

---

hole–*il buco*
to burn a hole in one's pocket–*avere le mani bucate*.
From the way he spends money you'd think it burns a hole in his pocket. *Da come spende i soldi diresti che ha le mani bucate.*

to pick holes in–*trovare da ridire*.
The lawyer picked holes in his opponent's argument. *L'avvocato ha trovato da ridire sulle argomentazioni del suo avversario.*

---

hollow–*vuoto*
to beat someone hollow–*superare di gran lunga*.
He beat us hollow in the cross-country race. *Ci ha superato di gran lunga sulla corsa campestre.*

---

home–*la casa*
in the home stretch–*in porto*.
He's been working hard on his thesis and now he's in the home stretch. *Sta lavorando sodo alla tesi ed è ormai quasi in porto.*

to be nothing to write home about–*niente di eccezionale*.
I had an enjoyable time at the party but it was nothing to write home about. *Mi sono divertito alla festa ma non è stato niente di eccezionale.*

to drive something home–*incalzare un argomento*.
He pounds his fist on the desk when he wants to drive his point home. *Batte il pugno sulla scrivania quando vuole incalzare un argomento.*

to hit (strike) home–*colpire nel segno*.
The speaker hit (struck) home with his remark. *Il conferenziere ha colpito nel segno con la sua osservazione.*

---

hook–*il gancio*
by hook or by crook–*di riffe o di raffe*.
I'll get the money by hook or by crook. *Metterò insieme quel denaro di riffe o di raffe.*

to be hooked on–*avere il pallino di*.
I'm really hooked on knitting. *Ho il pallino di lavorare a maglia.*

to swallow hook, line, and sinker–*bere tutto*.
He swallowed the story hook, line, and sinker. *Ha bevuto tutta la storia.*

---

hooky–*il fannullone*

to play hooky–*marinare la scuola.*
He played hooky whenever he could. *Marinava la scuola tutte le volte che poteva.*

---

hope–*la speranza*
  to dash one's hopes–*frustrare le speranze.*
The letter from the principal dashed his hopes for a scholarship. *La lettera dal preside ha frustrato le sue speranze di ottenere una borsa di studio.*

---

horn–*il corno*
  the horns of a dilemma–*i corni di un dilemma (una scelta difficile).*
We're on the horns of a dilemma. *Abbiamo davanti a noi i corni di un dilemma (una scelta difficile).*

  to blow one's own horn–*farsi pubblicità.*
David blows his own horn so much that everyone knows about his accomplishments. *Davide si fa tanta pubblicità che tutti sono a conoscenza delle sue imprese.*

  to draw in one's horns–*farsi prudente.*
When it comes to spending money you'd better draw in your horns. *Quando si tratta di spendere soldi, faresti meglio a farti prudente.*

---

to horn–*colpire con le corna*
  to horn in–*intromettersi.*
He always tries to horn in on our private conversations. *Prova sempre a intromettersi nelle nostre conversazioni private.*

---

horse–*il cavallo*
  Don't look a gift horse in the mouth. *A caval donato non si guarda in bocca.*
  a horse of another color–*un altro paio di maniche.*
What you say is a horse of a different color. *Quello che dici è un altro paio di maniche.*

  one's high horse–*in cattedra.*
When the boss is on his high horse he won't listen to reason. *Quando il principale sale in cattedra non sente ragioni.*

  straight from the horse's mouth–*da fonti sicure.*
I got the news straight from the horse's mouth so I assume it's true. *Ho avuto la notizia da fonti sicure e quindi ritengo che sia vera.*

  to back the wrong horse–*puntare sul cavallo perdente.*
I backed the wrong horse in that discussion. *Ho puntato sul cavallo perdente in quella discussione.*

  to hold one's horses–*avere un po' di pazienza.*
Hold your horses, dinner is almost ready. *Abbiate un po' di pazienza, la cena è quasi pronta.*

hot–*caldo*
to blow hot and cold–*tentennare*.
She blows hot and cold about our proposed trip to Mexico. *Lei tentenna sulla nostra proposta di un viaggio nel Messico.*
to make it hot–*rendere difficili le cose*.
If you don't hand in your work on time the teacher will make it hot for you. *Se non consegni il tuo lavoro in tempo l'insegnante ti renderà difficili le cose.*

---

hotcakes–*la frittella*
to sell (go) like hotcakes–*andare a ruba*.
Those English sheepskin coats sell (go) like hotcakes. *Quei cappotti di agnello inglese vanno a ruba.*

---

hour–*l'ora*
at all hours–*le ore piccole*.
Henry comes in at all hours. *Enrico fa le ore piccole.*
at the eleventh hour–*all'ultimo momento*.
We decided to go on this trip at the eleventh hour. *Ci siamo decisi di fare questo viaggio all'ultimo momento.*

---

house–*la casa*
on the house–*il locale offre da bere a tutti (offerto dalle ditta)*.
Tonight the drinks are on the house. *Stasera il locale offre da bere a tutti (i drinks sono offerti dalla ditta).*

---

housetops–*i tetti*
to shout from the housetops–*gridare in piazza*.
I'm so happy about my new job I could shout from the housetops. *Sono così contento del mio nuovo lavoro che potrei gridarlo in piazza.*

---

how–*come*
how come–*come mai*.
How come you're late? *Come mai sei in ritardo?*

---

to hum–*ronzare*
to make things hum–*dare impulso alle cose*.
No matter how slow business has been, when John's around he makes things hum. *Non importa quanto gli affari siano andati a rilento, quando c'è Giovanni, egli dà impulso alle cose.*

I

ice–*il ghiaccio*
to break the ice–*rompere il ghiaccio*.

William spoke first to break the ice. *Guglielmo ha parlato per primo per rompere il ghiaccio.*

to cut ice-*cavare un ragno dal buco.*
His arguments didn't cut any ice with the dean. *Nelle sue discussioni col rettore non è riuscito a cavare un ragno dal buco.*

to skate on thin ice-*camminare sugli specchi.*
When you're making such flat statements, you're skating on thin ice. *Quando fai delle affermazioni così recise, stai camminando sugli specchi.*

in-*dentro, in*
to be all in-*essere esausto (sfinito).*
He's all in after a hard day's work. *È esausto (sfinito) dopo una dura giornata di lavoro.*

to be in for-*doversi aspettare il peggio.*
I'm really in for it with my parents for not telling them where I was going. *Devo aspettarmi il peggio dai miei genitori per non aver detto loro dove andavo.*

to have it in for-*avercela con.*
They've had it in for him for some time now. *Ce l'hanno con lui da un po' di tempo.*

to know the ins and outs-*conoscere da cima a fondo.*
Let him drive, he knows the ins and outs of this town. *Lascia guidare lui, conosce questa città da cima a fondo.*

inch-*pollice*
Give him an inch and he'll take a mile. *Se gli dai un dito si prenderà tutto il braccio.*

to come within an inch of-*per un pelo.*
He stayed too late and came within an inch of missing his train. *Si trattenne troppo a lungo e per un pelo non perse il treno.*

to inch-*muovere lentamente*
to inch along-*andare a passo d'uomo.*
The traffic was so heavy we had to inch along for miles. *Il traffico era così intenso che siamo dovuti andare a passo d'uomo per molte miglia.*

Indian-*l'indiano*
Indian giver-*uno che da una cosa e poi la rivuole indietro.*
Don't be an Indian giver; let him keep it. *Non essere uno che dà le cose e poi le rivuole indietro; lasciaglielo tenere.*

Indian Summer-*estate di S. Martino.*
What a beautiful Indian Summer we're having this year. *Che bella estate di S. Martino abbiamo quest'anno.*

inroads-*l'invasione*
to make inroads on-*intaccare gravemente.*

Taxes have made inroads on my savings. *Le tasse hanno intaccato gravemente i miei risparmi.*

inside–*dentro*
inside and out–*a memoria.*
I know that story inside and out. *Conosco quella storia a memoria.*

to turn inside out–*mettere sottosopra.*
I turned the house inside out to find my keys. *Ho messo la casa sottosopra per trovare le mie chiavi.*

insult–*l'insulto*
to add insult to injury–*aggiungere l'offesa al danno.*
By saying that, you're just adding insult to injury. *Dicendo così aggiungi l'offesa al danno.*

intent–*l'intento*
to all intents and purposes–*a tutti gli effetti.*
To all intents and purposes my authority is limited. *La mia autorità è limitata a tutti gli effetti.*

iron–*il ferro*
Strike while the iron is hot. *Batti il ferro finchè è caldo.*

to have many irons in the fire–*avere molta carne al fuoco.*
He has so many irons in the fire that he can never conclude any of his projects. *Ha tanta carne al fuoco che non riesce mai a finire nessuno dei suoi progetti.*

to iron–*stirare*
to iron out–*appianare.*
There are still a lot of problems to iron out. *Ci sono ancora molti problemi da appianare.*

to itch–*prudere*
to be itching to–*non vedere l'ora di.*
He's just itching to get out of the dentist's office. *Non vede l'ora di uscire dal dentista.*

J

jack–*il fante*
a jack of all trades–*factotum (uno che sa fare un po' di tutto).*
My uncle was a jack of all trades. *Mio zio era un factotum (sapeva fare un po' di tutto).*

jackpot–*il piatto di apertura ai jack in poker*
to hit the jackpot–*avere un colpo di fortuna.*

He hit the jackpot with his latest novel. *Ha avuto un colpo di fortuna con il suo ultimo romanzo.*

---

jam–*la marmellata*
in a jam–*nei pasticci.*
I'm in a jam and need some money. *Sono nei pasticci e ho bisogno di soldi.*

---

jam–*l'ammasso*
a traffic jam–*ingorgo stradale.*
I'm late because there was a traffic jam downtown. *Sono in ritardo perchè c'è stato un ingorgo stradale in centro.*

---

jig–*la giga*
the jig is up–*non c'è speranza (il gioco è finito).*
When the police came the thief realized the jig was up for him. *Quando è arrivata la polizia il ladro ha capito che non c'era speranza (il gioco era finito) per lui.*

---

job–*il lavoro*
odd job–*lavoro saltuario.*
He does odd jobs in the neighborhood. *Fa del lavoro saltuario nel quartiere.*

to lie down on the job–*non fare il proprio lavoro.*
Someone in the office must be lying down on the job. *Ci deve essere qualcuno in ufficio che non fa il suo lavoro.*

---

joke–*la barzelletta*
a standing joke–*una fonte permanente d'ilarità.*
That's a standing joke in my family. *Quella è una fonte permanente d'ilarità nella mia famiglia.*

to crack jokes–*raccontare barzellette.*
In his lecture the professor is always cracking jokes. *Nelle sue conferenze il professore racconta sempre barzellette.*

to play a joke on–*fare uno scherzo a.*
The boys played a joke on the teacher. *I ragazzi hanno fatto uno scherzo all'insegnante.*

to take a joke–*stare allo scherzo.*
He's so serious he can never take a joke. *È così serio che non sa stare allo scherzo.*

---

juice–*il succo*
to stew in one's own juice–*cuocere qualcuno nel suo brodo.*
Now let them stew in their own juice. *Ora lasciamoli cuocere nel loro brodo.*

---

jump–*il salto*
to get the jump on–*prendere l'iniziativa anticipando.*
We got the jump on them and presented our proposal first. *Abbiamo preso l'i-*

niziativa anticipandoli e abbiamo presentato la nostra proposta per primi.

to jump–*saltare*
  to jump at–*accettare in fretta.*
  He jumped at the offer even though it wasn't too attractive. *Si è affrettato ad accettare in fretta l'offerta anche se non era molto favorevole.*

justice–*la giustizia*
  to do justice to–*fare onore a.*
  I don't think I can do justice to such a big meal. *Non penso di poter fare onore a un pranzo così abbondante.*

K

kettle–*la pentola*
  a pretty kettle of fish–*un bel pasticcio.*
  That's a pretty kettle of fish! *È un bel pasticcio!*

kick–*il calcio*
  to get a kick out of–*divertirsi.*
  I get a kick out of the way she speaks Italian. *Il suo modo di parlare italiano mi diverte.*

to kick–*calciare*
  to kick oneself–*prendersi a calci.*
  I could kick myself for saying that. *Vorrei prendermi a calci per averlo detto.*
  to kick out–*espellere (cacciare fuori).*
  He was so impudent the teacher kicked him out of the class. *Era così impudente che l'insegnante lo ha espulso (cacciato fuori) dalla classe.*

king–*il re*
  fit for a king–*da re.*
  They served me a meal fit for a king. *Mi servirono un pasto da re.*

kite–*l'aquilone*
  go fly a kite–*sparire dalla circolazione (levarsi di torno).*
  They told the younger boy to go fly a kite. *Dissero al ragazzo più giovane di sparire dalla circolazione (levarsi di torno).*

to knock–*bussare*
  to knock oneself out–*farsi in quattro.*
  Peter knocked himself out for them. *Pietro si è fatto in quattro per loro.*

know–*la conoscenza*
  in the know–*al corrente.*
  For those in the know the news was no surprise. *Per quelli al corrente la notizia non fu una sorpresa.*

to know–*sapere*
to know what's what–*sapere il fatto proprio (avere le idee chiare).*
When it comes to motors, he really knows what's what. *Quando si tratta di motori, sa il fatto suo (ha le idee chiare).*

L

labor–*il lavoro*
to have pains for one's labors–*non avere alcuna ricompensa per le proprie fatiche.*
All I got were pains for my labors. *Non ho avuto nessuna ricompensa per le mie fatiche.*

to lace–*allacciare*
to lace into–*dare una strigliata.*
My mother laced into me for coming home late. *Mia madre mi ha dato una strigliata per essere venuta a casa tardi.*

lady–*la signora*
ladies' man–*un damerino.*
He considers himself quite a ladies' man. *Si considera un damerino.*
lady killer–*dongiovanni.*
He has a reputation of being a ladykiller. *Ha la fama di essere un dongiovanni.*

land–*il terreno*
the lay of the land–*come stanno le cose.*
Before opening a new branch we want to get the lay of the land. *Prima di aprire una nuova succursale vediamo come stanno le cose.*

lap–*il grembo*
in the lap of the gods–*nelle mani di Dio.*
I can't do anything now; the affair is in the lap of the gods. *Non posso farci niente per ora; l'affare è nelle mani di Dio.*

to laugh–*ridere*
He who laughs last laughs best. *Ride bene chi ride ultimo.*

laurel–*l'alloro*
to rest on one's laurels–*dormire sugli allori.*
He's no longer a productive composer; he's just resting on his laurels. *Non è più un compositore prolifico; sta dormendo sugli allori.*

law–*la legge*
to lay down the law–*dettar legge.*
Father laid down the law. *Papà dettò legge.*

leaf–*il foglio*
to take a leaf out of someone's book–*seguire l'esempio di qualcuno.*
If you want to be a good hostess, take a leaf out of your aunt's book. *Se vuoi essere una buona padrona di casa, segui l'esempio di tua zia.*
to turn over a new leaf–*ricominciare da capo.*
Every year I think of turning over a new leaf. *Ogni anno penso di ricominciare da capo.*

---

leak–*la falla*
to leak out–*trapelare.*
The news about her disappearance leaked out. *La notizia della sua scomparsa è trapelata.*

---

leap–*il salto*
by leaps and bounds–*a gonfie vele.*
The project is going ahead by leaps and bounds. *Il progetto va avanti a gonfie vele.*

---

least–*il minimo*
to say the least–*a dir poco.*
The weather's been terrible, to say the least. *Il tempo è stato terribile, a dir poco.*

---

leg–*il gamba*
not to have a leg to stand on–*non avere ragione che tenga.*
The evidence against him is so clear he hasn't a leg to stand on. *Le prove contro di lui sono così chiare che non ha ragioni che tengano.*
on one's last legs–*ridotto al lumicino (a mal partito).*
This coat is on its last legs. *Questo cappotto è ridotto al lumicino (a mal partito).*
to pull someone's leg–*prendere in giro.*
Don't take him seriously; he's just pulling your leg. *Non prenderlo sul serio; ti sta soltanto prendendo in giro.*
to shake a leg–*sbrigarsi.*
Come on, shake a leg! *Da', sbrigati!*
to stand on one's own legs–*essere indipendente.*
If you're ever going to get ahead, you must stand on your own legs. *Se vuoi fare strada, devi essere indipendente.*
to stretch one's legs–*sgranchirsi le gambe.*
I need to stretch my legs after a day in the office. *Devo sgranchirmi le gambe dopo una giornata in ufficio.*

---

leopard–*il gattopardo*
A leopard never changes his spots. *Il lupo perde il pelo ma non il vizio.*

less–*meno*

in less than no time–*in men che non si dica.*
It'll be ready in less than no time. *Sarà pronto in men che non si dica.*

---

to let–*lasciare*

to let down–*deludere.*
I never expected him to let us down that way. *Non mi sarei mai aspettato che ci deludesse così.*

to let on–*far capire.*
Don't let on to the guests that I'm not feeling well. *Non far capire agli ospiti che non mi sento bene.*

to let oneself in for–*esporsi a (andare incontro).*
When I took that job I didn't know what I was letting myself in for. *Quando accettai quel lavoro non sapevo a che cosa mi esponevo (andavo incontro).*

---

level–*il livello*

on the level–*onesto.*
I trust him because he's always on the level with me. *Mi fido di lui perchè è sempre onesto con me.*

---

lick–*la leccata*

a lick and a promise–*superficialmente.*
She cleaned the room with a lick and a promise. *Ha pulito la stanza superficialmente.*

---

lid–*il coperchio*

to clamp on the lid (to put the lid on)–*stringere i freni.*
If I don't get home on time, my parents will clamp on the lid (put the lid on) so I can't go out again. *Se non arrivo a casa in tempo, i miei genitori stringeranno i freni e non potrò più uscire.*

---

lie–*la bugia*

a white lie–*una bugia innocente.*
She told a white lie so as not to offend her hostess. *Ha detto una bugia innocente per non offendere la padrona di casa.*

---

to lie–*sdraiarsi*

to take lying down–*sopportare senza reagire.*
He would never take an injustice lying down. *Non sopporterebbe mai un'ingiustizia senza reagire.*

---

life–*la vita*

as big as life–*in carne ed ossa.*
We hadn't expected to see him but there he was as big as life. *Non ci aspettavamo di vederlo e invece era lì in carne ed ossa.*

for the life of me–*per quanto mi sforzo.*

I can't remember his name for the life of me. *Per quanto mi sforzo non riesco a ricordarmi il suo nome.*

not on your life–*per tutto l'oro nel mondo.*
I'd never take a risk like that, not on your life. *Non rischierei mai così, non per tutto l'oro nel mondo.*

the life of Riley–*la vita di Michelaccio.*
I can't wait to retire and live the life of Riley. *Non vedo l'ora di andare in pensione e fare la vita di Michelaccio.*

to take one's life in one's hands–*rischiare la vita.*
You take your life in your hands trying to cross that street. *Rischi la vita provando di attraversare quella strada.*

lift–*il sollevamento*
to give a lift–*dare un passaggio.*
Can you give me a lift into town? *Puoi darmi un passaggio in città?*

to give a lift to–*rallegrare.*
Those new curtains give a lift to this dingy room. *Quelle tende nuove rallegrano questa camera triste.*

light–*la luce*
out like a light–*addormentarsi in un baleno.*
He was so tired he went out like a light. *Era così stanco che si addormentò in un baleno.*

to give a green light–*approvare.*
They've given us the green light on the construction project, so we're going to begin next week. *Ci hanno approvato il progetto, e così cominceremo a costruire la prossima settimana.*

to see the light–*aprire gli occhi.*
After all those mistakes let's hope he'll see the light and do a better job. *Dopo tanti sbagli speriamo che apra gli occhi e faccia un lavoro migliore.*

light–*leggero*
to make light of–*prendere alla leggera.*
He made light of his studies and never got a degree. *Ha preso alla leggera i suoi studi e non si è mai laureato.*

liking–*la simpatia*
to take a liking to–*prendere gusto a.*
You never know what people will take a liking to. *Non si sa mai a che cosa prenderà gusto la gente.*

limb–*il ramo*
to go out on a limb–*assumersi un rischio.*
I'll go out on a limb and promise it for tomorrow. *Mi assumo un rischio e prometto di farlo per domani.*

limelight–*la luce bianca*
in the limelight–*alla ribalta.*
They say that new actress will be in the limelight for years. *Si dice che quella nuova attrice resterà alla ribalta per anni.*

---

limit–*il limite*
to be the limit–*essere il colmo.*
That's the limit! *È il colmo!*

---

line–*la linea*
to draw the line–*rifiutarsi.*
I draw the line at cheating him. *Mi rifiuto di ingannarlo.*

to drop someone a line–*due righe (mandare una lettera).*
He dropped me a line to let me know he was coming to town. *Mi mandò due righe (una lettera) per farmi sapere che veniva in città.*

to fall (get) into line–*rigar dritto.*
When the students saw that the authorities were serious, they fell (got) into line. *Quando gli studenti hanno capito che le autorità facevano sul serio, hanno rigato dritto.*

to have a line on–*avere delle indicazioni.*
We have a line on two possible candidates. *Abbiamo delle indicazioni su due possibili candidati.*

to read between the lines–*leggere tra le righe.*
Although her letter sounded cheerful I could read between the lines that things were not going well. *Benchè la sua lettera sembrasse allegra, ho letto tra le righe che le cose non andavano bene.*

to sign on the dotted line–*apporre la propria firma.*
When I borrowed that money I had to sign on the dotted line. *Quando ho preso in prestito quei soldi, ho dovuto apporre la mia firma.*

to toe the line–*conformarsi alle regole.*
In that school the students really toe the line on discipline. *In quella scuola gli studenti si conformano alle regole della disciplina.*

---

linen–*il lino*
to wash dirty linen in public–*lavare i panni sporchi in pubblico.*
There's no need to wash our dirty linen in public. *Non c'è alcun bisogno di lavare i nostri panni sporchi in pubblico.*

---

lion–*il leone*
lion's share–*la parte del leone.*
His partner took the lion's share of the earnings. *Il suo collega fece la parte del leone nei guadagni.*

---

lip–*il labbro*
lip service–*riconoscere a parole.*

to keep a stiff upper lip–*non perdersi d'animo.*
When things don't go well you have to keep a stiff upper lip. *Quando le cose vanno male non bisogna perdersi d'animo.*
He pays only lip service to that doctrine, but he does so for his own advantage. *Riconosce solo a parole quella teoria politica, ma lo fa per suo tornaconto.*
to smack (lick) one's lips–*leccarsi i baffi.*
He smacked (licked) his lips at the thought of earning the money. *Si leccò i baffi al pensiero dei soldi che avrebbe guadagnato.*

---

to live–*vivere*
Live and let live! *Vivi e lascia vivere!*
to live down–*far dimenticare.*
He'll never live down that story. *Non riuscirà mai a far dimenticare quella storia.*
to live it up–*passarsela bene.*
He's living it up now that he's gotten a pay raise. *Se la passa bene ora che ha avuto un aumento di stipendio.*

---

living–*il vivere*
for a living–*per guadagnarsi da vivere.*
What does he do for a living? *Che fa per guadagnarsi da vivere?*

---

load–*la carica*
to get a load of–*guardare un po'.*
Get a load of that man in the top hat. *Guarda un po' quel signore con il cilindro.*

---

loaf–*la pagnotta*
Half a loaf is better than none. *Meglio un uovo oggi che una gallina domani.*

---

lock–*la serratura*
lock, stock, and barrel–*armi e bagagli.*
They moved out lock, stock, and barrel. *Si sono trasferiti armi e bagagli.*

---

log–*il tronco d'albero*
as easy as falling off a log–*facilissimo.*
You're so tall that finding you in a crowd is as easy as falling off a log. *Sei così alto che trovarti tra la folla è facilissimo.*
to sleep like a log–*dormire come un ghiro.*
I slept like a log last night. *Ho dormito come un ghiro stanotte.*

---

long–*lungo*
all (day, morning, etc.) long–*tutto il/tutta la (giorno, mattina).*
I waited in line all day long. *Ho aspettato in fila tutto il giorno.*
in the long run–*a lungo andare (alla lunga).*
In the long run you'll save if you buy that car. *Alla lunga (a lungo andare) risparmierai se compri quella automobile.*

the long and the short of it–*il fatto.*
The long and the short of it is that I haven't the money to go. *Il fatto è che non ho i soldi per partire.*

to make a long story short–*per farla breve.*
To make a long story short, we didn't get there until after midnight. *Per farla breve, siamo arrivati soltanto dopo la mezzanotte.*

---

look–*lo sguardo*
a dirty look–*uno sguardo sdegnoso.*
He gave me a dirty look. *Mi ha fatto uno sguardo sdegnoso.*

---

to look–*guardare*
to look after–*badare a (occuparsi di).*
The children look after their kittens. *I ragazzi badano (si occupano dei) loro gattini.*

---

lookout–*la guardia*
on the lookout–*all'erta.*
I'm always on the lookout for nice things to buy. *Sono sempre all'erta per trovare cose belle da comprare.*

---

loose–*sciolto*
on the loose–*libero.*
The children can be on the loose at the park without worrying their mothers. *I bambini possono essere liberi al parco senza impensierire le loro madri.*

to cut loose with–*scatenarsi.*
The demonstrators cut loose with attacks on the capitalist system. *I dimostratori si scatenarono attaccando il sistema capitalista.*

---

to lose–*perdere*
to get lost–*andare a farsi friggere.*
Tell him to get lost. *Digli di andare a farsi friggere.*

---

loss–*la perdita*
a dead loss–*una perdita completa, totale.*
That apartment building has been a dead loss. *Quel palazzo è stato una perdita completa (totale).*

to be at a loss–*non saper da dove cominciare.*
He's at a loss when it comes to choosing wines. *Quando si tratta di scegliere i vini non sa da dove cominciare.*

---

love–*l'amore*
not for love nor money–*non per tutto l'oro del mondo.*
I wouldn't go there for love nor money. *Non ci andrei per tutto l'oro del mondo.*
there is no love lost–*detestarsi a vicenda.*
There's no love lost between those two. *Quei due si detestano a vicenda.*

to fall in love with–*innamorarsi*.
She fell in love with a man she met in Rome. *Si è innamorata di un uomo che ha conosciuto a Roma.*

low–*basso*
to lie low–*stare nascosto*.
The escapee had to lie low while they were searching the neighborhood. *L'evaso ha dovuto stare nascosto mentre perquisivano il quartiere.*

luck–*la fortuna*
a stroke of luck–*un colpo di fortuna*.
I had a stroke of luck. *Ebbi un colpo di fortuna.*
as luck would have it–*come volle la sorte*.
As luck would have it I got a flat tire in the middle of town. *Come volle la sorte mi si sgonfiò una gomma proprio in centro.*
down on one's luck–*sfortunato*.
He's really down on his luck. *È veramente sfortunato.*
hard (tough) luck–*sfortuna*.
They've had hard (tough) luck ever since they were married. *Da quando si sono sposati, hanno sempre avuto sfortuna.*

lump–*il grumo*
a lump in one's throat–*un nodo alla gola*.
I had a lump in my throat when we said goodbye. *Avevo un nodo alla gola quando ci siamo detti addio.*

lung–*il pulmone*
at the top of one's lungs–*a squarciagola*.
He shouted at the top of his lungs. *Ha gridato a squarciagola.*

lurch–*il trabalzo*
to leave in the lurch–*piantare in asso*.
The taxi driver drove off and left us in the lurch. *Il tassista se ne è andato e ci ha piantato in asso.*

M

mad–*arrabbiato*
to be boiling mad–*andare in bestia*.
The unfairness of the exam made him boiling mad. *La parzialità dell'esame lo ha fatto andare in bestia.*

mad–*pazzo*
as mad as a hatter–*matto da legare*.

That man on the bus was as mad as a hatter. *Quel signore sull'autobus era matto da legare.*

like mad–*come un matto.*
When the dog is unleashed he runs like mad. *Quando il cane è sciolto corre come un matto.*

to be mad about–*andare pazzo per.*
My cousin is mad about horses. *Mio cugino va pazzo per i cavalli.*

to drive one mad–*fare impazzire.*
That noise is driving me mad. *Quel rumore mi fa impazzire.*

---

to make–*fare*
to make believe–*fare finta.*
Let's make believe we're rich. *Facciamo finta di essere ricchi.*

to make do–*arrangiarsi.*
I'll have to make do with this old coat this winter. *Dovrò arrangiarmi con questo cappotto vecchio quest'inverno.*

to make for–*dirigersi verso.*
As soon as the meeting was over he made for the door. *Non appena la riunione si è conclusa, si è diretto verso la porta.*

to make it–*farcela.*
I tried to come but I couldn't make it. *Ho provato a venire ma non ce l'ho fatta.*

to make off with–*appropriarsi.*
Someone's made off with my pen. *Qualcuno si è appropriato della mia penna.*

to make out–*capire.*
I can't make out what's written there. *Non riesco a capire cosa c'è scritto lì.*

to make up–*inventare.*
He made up a senseless story. *Ha inventato una storia senza senso.*

to make up for–*recuperare.*
We'll have to make up for lost time some way. *Dobbiamo recuperare il tempo perduto in qualche modo.*

to make up with–*fare la pace.*
I made up with Charles after the argument. *Ho fatto la pace con Carlo dopo la discussione.*

---

man–*l'uomo*
a man about town (of the world)–*un uomo di mondo.*
George is a man about town (of the world) who knows all that's going on. *Giorgio è un uomo di mondo che sa tutto quello che succede.*

a man of means–*ricco (benestante).*
His father is not a man of means. *Suo padre non è ricco (benestante).*

the man in the street–*l'uomo della strada.*
For our statistics we have to interview the man in the street. *Per le nostre*

statistiche dobbiamo intervistare l'uomo della strada.

to a man–*tutti quanti.*
They agreed to a man that the situation required action at once. *Erano tutti quanti d'accordo che la situazione richiedeva subita azione.*

many–*molti*
many's the time–*tante volte.*
Many's the time I've heard my father tell that story. *Ho sentito mio padre raccontare quella storia tante volte.*

march–*la marcia*
to steal a march on–*anticipare.*
He stole a march on his competitors by offering a big discount. *Ha anticipato i suoi concorrenti offrendo un grosso sconto.*

marine–*il marinaio, la fanteria di sbarco*
Tell it to the Marines. *Raccontalo a chi ci crede.*

mark–*il segno*
to make one's mark–*farsi un nome.*
He made his mark in the world as an historian. *Si è fatto un nome come storico.*

market–*il mercato*
in the market for–*desideroso di comprare.*
I'm in the market for a tape recorder. *Sono desideroso di comprare un registratore.*

match–*il pari*
to meet one's match–*trovare pane per i suoi denti.*
He's met his match. *Ha trovato pane per i suoi denti.*

matter–*la materia*
a matter of course–*dare per scontato.*
I took it as a matter of course that you would come. *Ho dato per scontato il fatto che tu saresti venuto.*

no matter what–*qualunque cosa.*
Don't believe him, no matter what he says. *Non credergli, qualunque cosa dica.*

to be the matter–*esserci.*
What's the matter? *Che cosa c'è?*

matter–*il motivo*
as a matter of fact–*in verità.*
As a matter of fact, I intend to go there tomorrow. *In verità, intendo andarci domani.*

matter-of-fact–*concreto.*
He was very matter-of-fact in talking about his problem. *Era molto concreto*

nel discutere del suo problema.

---

meal–*il pasto*
  a square meal–*un pasto sostanzioso.*
  During the expedition they didn't have a square meal for weeks. *Durante la spedizione non mangiarono un pasto sostanzioso per settimane.*

---

means–*il mezzo*
  by no means–*non essere affatto.*
  It is by no means certain that we will go. *Non è affatto certo che andremo.*

---

medicine–*la medicina*
  a dose of one's own medicine–*lo stesso trattamento.*
  If he's always asking you for favors, give him a dose of his own medicine and ask him for one. *Se continua sempre a chiederti favori, riservagli lo stesso trattamento chiedendogliene uno.*

---

medium–*il mezzo*
  a happy medium–*il giusto mezzo.*
  We've finally found the happy medium that satisfies everybody. *Abbiamo finalmente trovato il giusto mezzo che soddisfa tutti.*

---

mend–*il rammendo*
  on the mend–*in via di guarigione.*
  After a serious illness now he's on the mend. *Dopo una grave malattia ora sta in via di guarigione.*

---

merry–*allegro*
  the more the merrier–*più è meglio è.*
  Come to the movies with us; the more the merrier. *Vieni al cinema con noi; più siamo meglio è.*

---

to mess–*guastare*
  to mess up–*mandare a monte.*
  His presence will mess up our plans. *La sua presenza manderà a monte i nostri piani.*

---

method–*il metodo*
  a method in one's madness–*un motivo.*
  There was a method in my madness when I asked you over; I wanted your advice. *Quando ti ho invitato a casa c'era un motivo; volevo il tuo consiglio.*

---

might–*la forza*
  with might and main–*con tutta la propria energia.*
  He was cutting the grass with might and main. *Tagliava l'erba con tutta la sua energia.*

---

mildly–*dolcemente*

to put it mildly–*a dir poco*.
To put it mildly I wish he hadn't come. *A dir poco vorrei che non fosse venuto.*

mile–*il miglio*
a mile a minute–*molto in fretta*.
He talks a mile a minute. *Parla molto in fretta.*

to stick out a mile–*saltare agli occhi*.
His drive for power stuck out a mile. *La sua sete di potere saltava agli occhi.*

milk–*il latte*
It's no use crying over spilt milk. *È inutile piangere sul latte versato.*

mill–*il mulino*
run-of-the-mill–*niente di speciale*.
I hear that's just a run-of-the-mill movie. *Ho sentito che quel film non è niente di speciale.*

to be through the mill–*passarsela brutta*.
He looks as though he's been through the mill. *Ha l'aria di essersela passata brutta.*

to mill–*macinare*
to mill around–*gironzolare*.
The crowd was milling around outside the theater waiting for the show to begin. *La folla gironzolava fuori dal teatro in attesa che cominciasse lo spettacolo.*

millpond–*la gora di mulino*
smooth as a millpond–*liscio come l'olio*.
The sea was as smooth as a millpond. *Il mare era liscio come l'olio.*

mind–*la mente*
in one's right mind–*sano di mente*.
After what he said I wonder if he's in his right mind. *Dopo quello che ha detto mi chiedo se è sano di mente.*

out of one's mind–*matto*.
All this work is driving me out of my mind. *Tutto questo lavoro mi fa diventare matto.*

presence of mind–*presenza di spirito*.
When he smelled smoke he had the presence of mind to call the fire department. *Quando ha sentito l'odore di fumo ha avuto la presenza di spirito di chiamare i pompieri.*

to bear in mind–*tener presente*.
You'll have to bear in mind that grandmother is very forgetful. *Dovrai tener presente che la nonna è molto distratta.*

to change one's mind–*cambiare idea*.
I've changed my mind; I'm not going out. *Ho cambiato idea; non esco.*

to cross one's mind–*venire in mente.*
The thought never crossed my mind. *L'idea non mi è mai venuta in mente.*

to give a piece of one's mind to–*dirne quattro.*
After the boys broke the window I gave their parents a piece of my mind. *Dopo che i ragazzi hanno rotto la finestra ne ho dette quattro ai loro genitori.*

to have a good mind to–*avere una mezza intenzione di.*
I have a good mind to leave him there. *Ho una mezza intenzione di lasciarlo lì.*

to have a one-track mind–*non pensare che ad una sola cosa.*
George has a one-track mind. *Giorgio non pensa che ad una sola cosa.*

to lose one's mind–*impazzire.*
I'm losing my mind over these tax forms. *Sto impazzendo con questi moduli delle tasse.*

to make up one's mind–*decidersi.*
I will have to make up my mind. *Dovrò decidermi.*

to my mind–*a mio avviso.*
To my mind, he's wrong. *A mio avviso, ha torto.*

to prey on one's mind–*rodere l'anima.*
Remorse is preying on his mind. *I suoi rimorsi gli rodono l'anima.*

to set one's mind to–*mettersi di buzzo buono.*
You can do it if you set your mind to it. *Ce la fai se ti ci metti di buzzo buono.*

to set someone's mind at rest–*tranquillizzare.*
The doctor set her mind at rest when he told her that the tests were negative. *Il medico la tranquillizzò quando le disse che le analisi erano negative.*

to slip one's mind–*dimenticarsene.*
I meant to call you but it slipped my mind. *Intendevo chiamarti ma me ne sono dimenticato.*

to speak one's mind–*esprimere chiaramente la propria opinione.*
It was no easy matter to get him to speak his mind. *Non è stato facile convincergli di esprimere chiaramente la sua opinone.*

---

mint–*la zecca*
a mint of money–*un mucchio di quattrini.*
She's marrying a man with a mint of money. *Sposa un uomo che ha un mucchio di quattrini.*

---

miss–*il colpo mancato*
A miss is as good as a mile. *Per un punto Martin perse la cappa.*

---

money–*il danaro*
Money is the root of all evil. *L'ozio è il padre dei vizi.*

to be rolling in (made of) money–*nuotare nell'oro.*
Don't expect us to help you because we're not rolling in (made of) money. *Non aspettare il nostro aiuto perchè non nuotiamo nell'oro.*

to sink money into–*investire danaro.*
He's sunk a lot of money into that project. *Ha investito molto danaro in quel progetto.*

monkey–*la scimmia*
monkey business–*qualcosa di poco chiaro.*
I think there is some monkey business going on. *Mi sembra che ci sia qualcosa di poco chiaro.*

month–*il mese*
a month of Sundays–*da secoli.*
I haven't seen you for a month of Sundays. *Non ti vedo da secoli.*

moon–*la luna*
once in a blue moon–*ogni morte di papa.*
We go out to dinner once in a blue moon. *Andiamo a cena fuori ogni morte di papa.*

most–*il più*
to make the most of–*sfruttare al massimo.*
Try to make the most of what you have. *Cerca di sfruttare al massimo quello che hai.*

motion–*la movimento*
to go through the motions–*fare finta.*
He went through the motions of handling their problem. *Faceva finta di interessarsi del loro problema.*

mountain–*la montagna*
to make a mountain out of a molehill–*ingigantire.*
The neighbors are making a mountain out of a molehill over that incident. *I vicini stanno ingigantendo quell'episodio.*

mouth–*la bocca*
a big mouth–*uno sfacciato.*
He has a big mouth. *È uno sfacciato.*

down in the mouth–*giù.*
He was down in the mouth when he failed the examination. *Era molto giù quando è stato bocciato all'esame.*

to laugh out of the other side of one's mouth–*passare dal riso al pianto.*
He thought it was a joke but soon found himself laughing out of the other side of his mouth. *Pensava che fosse uno scherzo, ma presto passò dal riso al pianto.*

to make one's mouth water–*far venire l'acquolina in bocca.*
His offer made my mouth water. *La sua offerta mi fece venire l'acquolina in bocca.*

to shoot off one's mouth–*parlare continuamente a sproposito.*

He thinks he's so important he's always shooting off his mouth. *Crede di essere così importante che parla continuamente a sproposito.*

---

mouthful–*il boccone*
to say a mouthful–*avere ragione.*
When William told us the hotels would be full, he said a mouthful. *Quando Guglielmo ci disse che gli alberghi sarebbero stati pieni, aveva ragione.*

---

move–*la mossa*
to be one's move–*toccare a.*
It's your move to play. *Tocca a te giocare.*

to get a move on–*muoversi.*
If you don't get a move on you'll be late. *Se non ti muovi sarai in ritardo.*

---

much–*molto*
to make (think) much of–*dare grande importanza a (tenere in grande considerazione).*
I didn't think they'd make so much of my article. *Non pensavo che avrebbero dato una così grande importanza al mio articolo.*
They didn't think much of it. *Non lo tengono in grande considerazione.*

---

mud–*il fango*
a stick-in-the-mud–*un posapiano.*
That stick-in-the-mud is afraid to try anything new. *Quel posapiano ha paura di provare qualcosa di nuovo.*

---

mum–*silenzioso*
Mum's the word! *Acqua in bocca!*

---

murder–*l'assassinio*
to get away with murder–*farla franca anche quando uno è cattivo.*
These children get away with murder. *Questi bambini la fanno franca anche quando sono cattivi.*

---

muscle–*il muscolo*
to muscle in on–*insinuarsi a forza.*
If he thinks he can muscle in on our project, he's mistaken! *Se crede di potersi insinuare a forza nel nostro progetto, si sbaglia!*

---

music–*la musica*
to face the music–*subire la consequenze.*
They caught him and now he'll have to face the music. *L'hanno preso e ora dovrà subire le consequenze.*

---

muster–*l'appello*
to pass muster–*incontrare l'approvazione.*
She hopes her boyfriend will pass muster with her parents. *Spera che il suo ragazzo incontri l'approvazione dei genitori.*

N

nail–*il chiodo*
as hard as nails–*duro come una roccia.*
He has a pleasant manner but when it comes to business he's as hard as nails.
È una persona di buone maniere, ma nei rapporti di affari è duro come una roccia.
to hit the nail on the head–*colpire nel segno.*
His speech on domestic policy hit the nail on the head. *Il suo discorso sulla politica interna ha colpito nel segno.*

---

name–*il nome*
to one's name–*in possesso di.*
I don't have a decent dress to my name. *Non sono in possesso di un vestito decente.*

---

to nap–*fare una dormitina*
to catch someone napping–*prendere qualcuno alla sprovvista.*
They caught him napping this time. *Questa volta l'hanno preso alla sprovvista.*

---

neck–*il collo*
neck and neck–*gomito a gomito.*
The two were neck and neck in the contest. *I due erano gomito a gomito nella gara.*
one's neck of the woods–*dalle proprie parti.*
We were down in your neck of the woods last week. *Eravamo dalle tue parti l'altra settimana.*
to breathe down one's neck–*stare addosso.*
The editor is breathing down my neck so I'll finish the work in time. *L'editore mi sta addosso perchè finisca il lavoro in tempo.*
to get it in the neck–*guai per qualcuno.*
If the teacher catches you cheating you'll get it in the neck. *Se l'insegnante ti sorprende a copiare saranno guai per te.*
to save one's neck–*cavarsela per il rotto della cuffia.*
He just barely saved his neck. *Se l'è cavata per il rotto della cuffia.*
to stick one's neck out–*esporsi a rischi.*
I'm not going to stick my neck out. *Non mi espongo a rischi.*

---

needle–*l'ago*
a needle in a haystack–*un ago nel pagliaio.*
Trying to find the contact lens she dropped is like looking for a needle in a hay-

stack. *Tentare di trovare la lente a contatto che le è caduta è come cercare un ago nel pagliaio.*

---

nerve–*il nervo*
a lot of nerve–*una bella faccia tosta.*
He's got a lot of nerve to get into the middle of the line. *Ha una bella faccia tosta ad inserirsi a metà della fila.*
some nerve!–*un bel coraggio!*
He has some nerve calling at midnight! *He un bel coraggio a chiamare a mezzanotte!*
to jar on one's nerves–*dare ai nervi.*
His singing off-key jars on my nerves. *Quel suo cantare stonato mi dà ai nervi.*

---

nest–*il nido*
nest egg–*gruzzolo.*
He has a nice little nest egg put away for himself. *Si è messo da parte un bel gruzzolo.*
to feather one's nest–*arrotondare il bilancio.*
While he worked at the university he was feathering his nest by doing consulting work. *Mentre lavorava all'università arrotondava il bilancio facendo il consulente.*
to stir up a hornet's nest–*suscitare un vespaio.*
The activists tried to stir up a hornet's nest over the housing situation. *Gli attivisti hanno tentato di suscitare un vespaio sulla questione della casa.*

---

new–*nuovo*
brand new–*nuovo di zecca.*
He's got brand new shoes. *Ha le scarpe nuove di zecca.*

---

news–*la notizia*
to break the news–*comunicare (la notizia).*
We have to break the news of the accident. *Occorre comunicare la notizia dell'incidente.*

---

nick–*la tacca*
in the nick of time–*appena in tempo (all'ultimo momento).*
We got back to the ship in the nick of time. *Siamo tornati alla nave appena in tempo (all'ultimo momento).*

---

night–*la notte*
to make a night of it–*far le ore piccole divertendosi.*
They made a night of it in the night clubs. *Hanno fatto le ore piccole divertendosi nei locali notturni.*

---

nip–*il pizzico*
nip and tuck–*del tutto incerto.*

It was nip and tuck as to who would win the election. *L'esito delle elezioni era del tutto incerto.*

---

nook–*l'angolino*
every nook and cranny–*dappertutto.*
I've looked for it in every nook and cranny. *L'ho cercato dappertutto.*

---

nose–*il naso*
as plain as the nose on one's face–*chiaro come la luce del sole (evidente).*
That he married her for money is as plain as the nose on your face. *Che l'abbia sposata per i suoi soldi è chiaro come la luce del sole (evidente).*

by a nose–*per un pelo.*
He won by a nose. *Ha vinto per un pelo.*

right under one's nose–*proprio sotto il naso.*
He took it from right under my nose. *Me l'ha preso proprio da sotto il naso.*

to cut off one's nose to spite one's face–*darsi la zappa sui piedi.*
By refusing to continue his studies he cut off his nose to spite his face. *Rifiutando di proseguire gli studi si è dato la zappa sui piedi.*

to hit on the nose–*colpire nel segno.*
Your theory hit it right on the nose. *La tua tesi ha colpito nel segno.*

to lead around by the nose–*menare per il naso.*
She's so madly in love that she doesn't realize he's leading her around by the nose. *È talmente innamorata che non capisce che lui la sta menando per il naso.*

to look down one's nose at–*guardare dall'alto in basso.*
She looks down her nose at them because they live in the poor section of town. *Li guarda dall'alto in basso perchè abitano nel quartiere popolare.*

to nose around (into), to stick one's nose into–*ficcare il naso.*
He enjoys nosing around in (into), (sticking his nose into) other people's business. *Gli piace ficcare il naso negli affari degli altri.*

to nose one's way–*farsi strada.*
He nosed his way into our group thanks to our introduction. *Si è fatto strada nel nostro gruppo grazie alla nostra presentazione.*

to nose out–*riuscire a scoprire (fiutare).*
The journalist nosed out the secrets of the politicians. *Il giornalista è riuscito a scoprire (ha fiutato) i segreti degli uomini politici.*

to pay through the nose–*pagare un occhio della testa.*
She had to pay through the nose for those things. *Ha dovuto pagare un occhio della testa per quelle cose.*

to thumb one's nose–*fare "marameo."*
The little boy thumbed his nose at us. *Il ragazzo ci ha fatto "marameo."*

to turn up one's nose–*arricciare il naso.*
He turned up his nose at that offer. *A quell'offerta ha arricciato il naso.*

note–*l'appunto*
to compare notes–*scambiarsi impressioni.*
When we got home we compared notes on our trips. *Quando siamo arrivati a casa ci siamo scambiati impressioni sui nostri viaggi.*

---

nothing–*niente*
next to nothing–*quasi niente.*
They got married on next to nothing but they're happy. *Si sono sposati con quasi niente, ma sono felici.*

nothing doing–*niente da fare.*
I tried to get tickets but there was nothing doing. *Ho provato di prendere i biglietti ma non c'è stato niente da fare.*

---

now–*ora*
every now and then–*ogni tanto.*
I see her every now and then. *Mi vedo con lei ogni tanto.*

from now on–*da ora in poi.*
From now on things will be different. *Da ora in poi le cose cambieranno.*

right now–*subito.*
Bring it to me right now. *Portamelo subito.*

---

number–*il numero*
to have someone's number–*capire i motivi segreti.*
We've got his number. *Abbiamo capito i suoi motivi segreti.*

---

nut–*la noce*
a hard (tough) nut to crack–*un osso duro da rodere.*
Latin has always been for John a hard (tough) nut to crack. *Il latino è sempre stato per Giovanni un osso duro da rodere.*

to be nuts about–*andare pazzo per (avere il pallino di).*
They're nuts about skiing and go to Austria every winter. *Vanno pazzi per lo (hanno il pallino dello) sci e vanno in Austria ogni inverno.*

to go nuts–*scervellarsi (impazzire).*
I'm going nuts trying to do this math problem. *Mi sto scervellando (sto impazzendo) nel tentativo di risolvere questo problema di matematica.*

---

nutshell–*il guscio di noce*
in a nutshell–*in poche parole.*
To put it in a nutshell, we won. *In poche parole, abbiamo vinto.*

---

oar–*il remo*
to put in one's oar–*dire la propria.*

We were doing fine until Thomas put in his oar. *Procedevamo bene finchè Tommaso non disse la sua.*

oat–*l'avena*
   to feel one's oats–*essere arzillo.*
   Paula is feeling her oats today. *Paola è arzilla oggi.*
   to sow one's wild oats–*correre la cavallina.*
   He's a bit old to be sowing his wild oats. *È un po' vecchio per correre la cavallina.*

occasion–*l'occasione*
   to rise to the occasion–*essere all'altezza della situazione.*
   Don't be afraid of the exams because you rise to the occasion. *Non aver paura degli esami poichè sei all'altezza della situazione.*

odds–*la probabilità*
   at odds with–*ai ferri corti.*
   Joseph is always at odds with his classmates. *Giuseppe è sempre ai ferri corti con i suoi compagni di classe.*
   for the odds to be against–*esserci poche probabilità.*
   The odds are against our getting in before midnight. *Ci sono poche probabilità di arrivare prima di mezzanotte.*
   odds and ends–*(1) le cianfrusaglie.*
   He left us the odds and ends to clean up. *Ci ha lasciato le cianfrusaglie da mettere a posto.*
   (2) cosette.
   I must finish a few odds and ends before I go. *Devo sbrigare alcune cosette prima di andare.*

off–*spento*
   off and on–*ad intervalli.*
   It rained off and on all day. *È piovuto ad intervalli tutto il giorno.*

oil–*l'olio*
   to burn the midnight oil–*fare le ore piccole.*
   He had to burn the midnight oil to finish his work. *Ha dovuto fare le ore piccole per finire il lavoro.*
   to pour oil on troubled waters–*calmare la acque.*
   His intervention will help to pour oil on troubled waters. *Il suo intervento servirà a calmare le acque.*

on–*su*
   on and on–*senza sosta.*
   He talked on and on for hours. *Parlò senza sosta per delle ore.*

to be on to someone–*essere consapevole delle intenzioni.*
They're on to him at last. *Finalmente sono consapevoli delle sue intenzioni.*

once–*una volta*
once and for all–*una volta per tutte.*
I've told you once and for all that you can't borrow my clarinet. *Ti ho detto una volta per tutte che non ti presto il clarinetto.*
once in a while–*ogni tanto.*
Once in a while we go there for a visit. *Ogni tanto andiamo lì per fare una visita.*
once upon a time–*c'era una volta.*
Once upon a time there was a king. *C'era una volta un re.*
the once-over–*occhiata superficiale.*
I gave his theme the once-over. *Ho dato un'occhiata superficiale al suo tema.*

one's–*il proprio*
to get one's–*avere quello che si merita.*
He'll get his. *Avrà quello che si merita.*

open–*aperto*
open and above board–*aperto a chiaro.*
With us he's always open and above board. *Nei nostri confronti è sempre stato aperto e chiaro.*
open-and-shut–*evidente.*
It was an open-and-shut case of swindling. *Fu un caso evidente di frode.*
to come into the open–*mettere le carte in tavola.*
He came into the open and told us exactly what he thought. *Ha messo le carte in tavola dicendoci esattamente cosa pensava.*

order–*l'ordine*
a tall order–*un lavoro difficile.*
Writing an article on that subject will be a tall order. *Scrivere un articolo su quell'argomento sarà un lavoro difficile.*
in order to–*per.*
I questioned everyone in order to find out who was responsible. *Ho interrogato tutti per capire chi era responsabile.*
in short order–*in breve tempo (in quattro e quattr'otto).*
It has to be completed in short order. *Dev'essere completato in breve tempo (in quattro e quattr'otto).*

to order–*ordinare*
to be made to order–*fatto su misura.*
That job is made to order for him. *Quel lavoro è fatto su misura per lui.*

other–*altro*
every other something–*uno sì e uno no.*

We go to their house every other Saturday. *Andiamo a casa loro un sabato sì e uno no.*

---

out–*fuori*
on the outs–*in cattivi rapporti.*
George and Frank are on the outs. *Giorgio e Franco sono in cattivi rapporti.*
out-and-out–*bell'e buono.*
That man he trusted turned out to be an out-and-out crook. *L'uomo di cui si fidava era in realtà un truffatore bell'e buono.*
Out with it! *Parla, allora!*
to go all out for–*fare di tutto.*
She goes all out for her children. *Fa di tutto per i suoi figli.*

---

over–*di sopra*
over and above–*in sovrappiù.*
The price was ten dollars over and above what he had quoted us. *Il prezzo era dieci dollari in sovrappiù di quello che ci aveva quotato.*
over and over again–*più volte.*
I've repeated it over and over again. *L'ho ripetuto più volte.*

---

overboard–*fuori bordo*
to go overboard–*esagerare.*
You don't have to go overboard and buy the most expensive camera. *Non è necessario esagerare e comprare la macchina fotografica più cara.*

---

own–*proprio*
on one's own–*per conto proprio.*
He's been on his own since he has quarrelled with George. *Sta per conto proprio da quando ha litigato con Giorgio.*
to hold one's own–*tenere resta.*
I can't hold my own against the competition. *Non riesco a tenere testa a questa concorrenza.*

---

to own–*possedere*
to own up–*ammettere.*
He owns up to his mistakes. *Ammette di aver fatto degli errori.*

---

ox–*il bue*
as strong as an ox–*forte come un toro.*
He's as strong as an ox. *È forte come un toro.*

---

oyster–*l'ostrica*
as closed as an oyster–*muto come un pesce.*
He's as closed as an oyster about what he does. *È muto come un pesce su quello che fa.*

P

p–*p*
to mind one's p's and q's–*stare attenti a quello che si fa.*
Mind your p's and q's. *Sta' attento a quello che fai.*

---

pace–*il passo*
at an easy pace–*con calma.*
We can finish the work with no trouble even if we take it at an easy pace. *Possiamo finire il lavoro senza difficoltà anche se ce la prendiamo con calma.*

to keep pace with–*andare al passo con.*
He works so hard I can barely keep pace with him. *Lavora tanto sodo che non posso andare passo con lui.*

to put through one's paces–*mettere alla prova.*
Put him through his paces and see if he can do all he claims. *Mettilo alla prova e vedi se sa fare tutto quello che dice.*

to set the pace–*fare l'andatura.*
You set the pace and I'll follow. *Fa' l'andatura e io ti seguo.*

---

to pack–*impaccare*
to send someone packing–*togliere dai piedi.*
He disturbed them so they sent him packing. *Li ha disturbati e così se lo sono tolto dai piedi.*

---

to pack–*fare le valige*
to pack off–*mandare via.*
They packed him off to the grandparents. *Lo mandarono via dai nonni.*

---

pain–*la pena*
a pain in the neck–*insopportabile (uno strazio).*
My little brother is a pain in the neck because he always wants to tag along with me. *Il mio fratellino è insopportabile (uno strazio) perchè vuole sempre andare dove vado io.*

to take pains–*darsi pena.*
He always takes pains to come early. *Si dà sempre la pena di venire in anticipo.*

---

palm–*la palma*
in the palm of one's hand–*in mano.*
The mayor has the councilmen in the palm of his hand. *Il sindaco ha i consiglieri in mano.*

to grease someone's palm–*"ungere" (corrompere con denaro, dare la bustarella).*

He certainly had to grease many palms to get where he is today. *Certamente avrà unto molto (corrotto molte persone con denaro, dato tante bustarelle) per arrivare dov'è.*

to have itchy palms–*avido di danaro.*
That man gave the impression of having itchy palms. *Quel tipo mi ha dato l'impressione di essere avido di danaro.*

---

to palm–*nascondere nel palmo della mano*
to palm off–*sbolognare.*
He tried to palm off his old typewriter on me. *Ha cercato di sbolognarmi la sua vecchia macchina da scrivere.*

---

pan–*la padella*
 Out of the frying pan into the fire. *Dalla padella nella brace.*

---

pants–*i pantaloni*
to wear the pants–*comandare.*
Grandma wears the pants in their family. *La nonna è quella che comanda nella loro famiglia.*

---

par–*il pari*
par for the course–*tipico.*
It's par for the course that he was late for the meeting. *È tipico che fosse in ritardo per la riunione.*

up to par–*in forma.*
He still doesn't feel up to par after his illness. *Non si sente ancora in forma dopo la malattia.*

---

part–*la parte*
for the most part–*per lo più.*
I agree with you for the most part. *Sono per lo più d'accordo con te.*

to take part in something–*prendere parte a qualcosa (partecipare).*
We all took part in the game. *Tutti abbiamo preso parte (partecipato) al gioco.*

---

party–*la festa*
to throw a party–*dare una festa.*
We want to throw a party before summer vacation. *Vogliamo dare una festa prima delle vacanze estive.*

---

pass–*il passo*
to a pretty pass–*a un brutto punto.*
Things have come to a pretty pass. *Le cose sono giunte a un brutto punto.*

---

pass–*il passo*
to make passes at–*importunare.*
Someone made a pass at Sarah downtown. *Qualcuno ha importunato Sara in centro.*

---

to pass–*passare*
to pass away–*morire*.
It's ten years since Grandfather passed away. *Son dieci anni da quando è morto il nonno*.

to pass for–*essere conosciuto come (passare per)*.
He passed for an honest man until the scandal broke out. *Era conosciuto come (passava per) un uomo onesto fino a che non scoppiò lo scandalo*.

to pass oneself off as–*farsi passare per*.
He passed himself off as a journalist. *Si fece passare per giornalista*.

to pass out–*(1) svenire*.
He passed out in the hot room. *È svenuto nella stanza calda*.

(2) distribuire.
He passed out the papers to everyone. *Ha distribuito i fogli a tutti*.

to pass someone by–*non curarsi di qualcuno*.
He feels as if the world is passing him by. *Ha la sensazione che il mondo non si curi di lui*.

to pass something on–*passare (trasmettere)*.
Pass the news on to your friends. *Passa (trasmetti) la notizia ai tuoi amici*.

to pass through–*sopportare*.
She's passed through a lot with her family. *Ha sopportato molto dalla sua famiglia*.

to pass up–*rinunciare*.
I passed up the chance to go to the opera. *Ho rinunciato alla possibilità di andare all'opera*.

---

pat–*a punto*
to have down pat–*sapere a menadito*.
I have the Italian irregular verbs down pat. *So a menadito i verbi irregolari italiani*.

to stand pat–*tenere duro*.
He stood pat and wouldn't reconsider. *Teneva duro e non voleva ripensarci*.

---

to pat–*dare un colpetto*
to pat oneself on the back–*compiacersi con se stesso*.
Anthony is the type that pats himself on the back. *Antonio è proprio il tipo che si compiace con se stesso*.

---

pattern–*il modello*
to cut the pattern to fit the cloth–*fare il possibile*.
There aren't enough funds for the whole project so we'll have to cut the pattern to fit the cloth. *Non ci sono abbastanza fondi per finanziare tutto il progetto, ma faremo il possibile*.

---

to pave–*appianare*

to pave the way–*spianare la strada*.
Daniel Boone paved the way for later settlers. *Daniel Boone spianò la strada per i futuri colonizzatori.*

pavement–*il pavimento*
to pound the pavements–*bussare a molte porte*.
Paul is pounding the pavements looking for a job. *Paolo sta bussando a molte porte in cerca di lavoro.*

to pay–*pagare*
to pay for–*pagarla*.
He'll pay for what he said. *La pagherà quello che ha detto.*

pea–*il pisello*
to be like two peas in a pod–*assomigliarsi come due gocce d'acqua*.
They're just like two peas in a pod. *Si assomigliano come due gocce d'acqua.*

peace–*la pace*
peace of mind–*pace d'animo*.
After all these worries I need some peace of mind. *Dopo tutte queste preoccupazioni ho bisogno di un po' di pace d'animo.*

to peep–*guardare*
peeping Tom–*"voyeur"*.
There's a peeping Tom in the neighborhood. *C'è un "voyeur" nel quartiere.*

peg–*la caviglia*
a square peg in a round hole–*un pesce fuor d'acqua*.
It's too bad he took that job; now he's a square peg in a round hole. *Peccato che abbia preso quel lavoro; ora è come un pesce fuor d'acqua.*

to peg–*fissare*
to peg (plug) away at–*sgobbare*.
He's really pegging (plugging) away at his Latin this semester. *Sta veramente sgobbando col latino questo semestre.*

penny–*centesimo*
A penny for your thoughts. *Un "penny" per sapere quello che pensi (a una persona sovrapensiero).*
a pretty penny–*una bella sommetta*.
That camera must have cost a pretty penny. *Quella macchina fotografica deve essere costata una bella sommetta.*
In for a penny, in for a pound. *Quando si è in ballo, bisogna ballare.*
Take care of the pence, the pounds will take care of themselves. A penny saved is a penny earned. *Il risparmio incomincia dal centesimo.*
to earn an honest penny–*guadagnarsi il pane onestamente*.

He never earned an honest penny in his life. *Non si è mai guadagnato il pane onestamente in vita sua.*

to pinch pennies–*fare economia.*

After the devaluation we had to pinch pennies to get along. *Dopo la svalutazione abbiamo dovuto fare economia per tirare avanti.*

pet–*l'animale prediletto*
pet name–*soprannome.*

She was embarrassed to be called by her pet name in public. *Si imbarrazzava di essere chiamata col suo soprannome in pubblico.*

Peter–*Pietro*
to rob Peter to pay Paul–*rubare un altare per vestirne un altro.*

Let's set up an adequate budget so we won't have to rob Peter to pay Paul. *Cerchiamo di stabilire un bilancio adeguato, così non dovremo rubare a un altare per vestirne un altro.*

to pick–*scavare*
to pick on–*criticare.*

Stop picking on me. *Smettila di criticarmi.*

to pick–*cogliere*
to pick over–*esaminare.*

I've picked over all the shirts and like this one the best. *Ho esaminato tutte le camicie e questa mi piace di più.*

to pick–*scegliere*
to pick and choose–*scegliere il meglio.*

Don't pick and choose; take what's offered to you. *Non scegliere il meglio; prendi quello che ti si dà.*

to pick up–*(1) imparare.*

I picked up a little German in Bonn. *Ho imparato un po' di tedesco a Bonn.*

(2) prendere.

I picked up William at the station. *Ho preso Guglielmo alla stazione.*

pickle–*il sottaceto*
in a fine pickle–*in un bel pasticcio.*

She's in a fine pickle; they caught her shoplifting. *È in un bel pasticcio; è stata sorpresa a rubare in un negozio.*

picture–*il quadro*
out of the picture–*non fare più parte di qualcosa.*

He was active in our group, but now he's out of the picture. *Era attivo nel nostro gruppo, ma ora non ne fa più parte.*

to come into the picture–*entrarci.*

Just how does he come into the picture? *Come c'entra lui?*

to get the picture–*capire la situazione.*
Thanks for telling me; I get the picture now. *Grazie di avermelo detto; ora capisco la situazione.*

pie–*la torta*
    as easy as pie–*senza la minima difficoltà.*
    With that map it's as easy as pie to find one's way around. *Con quella carta uno può girare senza la minima difficoltà.*
    to eat humble pie–*chinare il capo (chiedere scusa).*
    After that mistake he had to eat humble pie. *Dopo quell'errore ha dovuto chinare il capo (chiedere scusa).*

piece–*il pezzo*
    all of a piece–*collegato.*
    Even though they claim there is no connection, the disturbances are all of a piece. *Anche se si dice che non ci sono legami, i disordini sono tutti collegati.*
    shot to pieces–*fatto a pezzi (smantellato).*
    That theory has been shot to pieces by more recent discoveries. *Quella teoria è stata fatta a pezzi dalle scoperte più recenti.*
    to go to pieces–*crollare.*
    He's so upset he's going to pieces. *È così preoccupato che sta crollando.*
    to say one's piece–*dire la propria (raccontare).*
    You ought to say your piece about how badly you were treated. *Dovresti dire la tua (raccontare) su come ti hanno trattato male.*

to piece–*attaccare insieme*
    to piece out a story–*ricostruire una storia.*
    From the few things he said we weren't able to piece out the story. *Con le poche cose che ci ha detto non potevamo ricostruire la storia.*

pig–*il maiale*
    a pig in a poke–*la gatta nel sacco.*
    At auctions you have to be careful not to buy a pig in a poke. *Alle aste si deve stare attenti a non comprare la gatta nel sacco.*
    pig-headed–*testardo.*
    She's pig-headed and won't listen to reason. *È testarda e non sente ragione.*

pill–*la pillola*
    a bitter pill–*un boccone amaro.*
    It was a bitter pill for him not to be accepted. *È stato un boccone amaro per lui non essere ammesso.*
    to sugar-coat the pill–*indorare la pillola.*
    They didn't take their child with them on the trip, but to sugar-coat the pill they gave him a new toy. *Non hanno portato il figlio con loro in viaggio, ma per indorare la pillola gli hanno dato un giocattolo nuovo.*

pillar–*il pilastro*
from pillar to post–*a destra e sinistra.*
The refugees have been driven from pillar to post. *I profughi sono stati sballottati a destra e sinistra.*

pin–*lo spillo*
on pins and needles–*sulle spine.*
I've been on pins and needles all afternoon waiting for him. *Sono stata sulle spine tutto il pomeriggio ad aspettarlo.*

to pin–*agganciare*
to pin down–*mettere con le spalle al muro.*
He talks a lot about his travels, but when you pin him down he hasn't been away from home much. *Parla molto dei suoi viaggi, ma quando lo metti con le spalle al muro, scopri che è stato poco all'estero.*

to pinch–*pizzicare*
to pinch hit–*sostituire.*
I don't know much about the subject but I'm willing to pinch hit for you if you need me. *Non so molto sull'argomento, ma sono disposto a sostituirti se hai bisogno di me.*

pink–*rosa*
in the pink–*al massimo della forma.*
The boxer was in the pink of condition for the fight. *Il pugile era al massimo della forma per l'incontro.*
to be tickled pink–*essere felice come una pasqua.*
The children were tickled pink to go to the party. *I bambini erano felici come pasque di andare alla festa.*

to pipe–*suonare il piffero*
to pipe down–*stare zitto.*
Pipe down, you're making too much noise. *Sta' zitto, fai troppo rumore.*

piper–*il pifferaio*
He who pays the piper calls the tune. *Bisogna attaccare l'asino dove vuole il padrone.*

pitch–*la pece*
pitch dark–*buio pesto.*
It was pitch dark when we got home. *Quando siamo tornati a casa era buio pesto.*

to pitch–*rizzare*
to pitch in–*darci dentro.*
If we all pitch in we'll get the job done. *Se ci diamo dentro tutti finiremo il lavoro.*

pitchfork–*il forcone*
to rain pitchforks–*piovere a catinelle.*
It rained pitchforks for an hour. *Piovve a catinelle per un'ora.*

---

place–*il posto*
high places–*le alte sfere.*
People in high places want it that way. *Le alte sfere vogliono così.*
to go places–*aver successo.*
That young man is going places. *Quel giovane sta avendo successo.*

plague–*la peste*
to avoid one like the plague–*evitare qualcuno come la peste.*
She avoided him like the plague. *Lo evitò come la peste.*

play–*il gioco*
foul play–*qualcosa di losco.*
The newspapers think his disappearance is to be attributed to foul play. *I giornali pensano che la sua sparizione si possa attribuire a qualcosa di losco.*

---

to play–*giocare*
to be played out–*essere esausto (non poterne più).*
After a hard week I'm all played out. *Dopo una settimana difficile sono esausto (non ne posso più).*
to play off–*mettere in opposizione.*
They played off the liberals against the conservatives in the hope that both would be hurt. *Hanno messo i liberali in opposizione ai conservatori nella speranza che si danneggiassero entrambi.*
to play up to–*assecondare.*
He plays up to people in the hope that they will do him favors. *Asseconda le persone nella speranza di ricevere favori da loro.*

---

plunge–*il tuffo*
to take the plunge–*saltare il fosso.*
After talking it over with his family, he's ready to take the plunge and go into business for himself. *Dopo averne parlato con la famiglia è pronto a saltare il fosso ed a mettersi per conto proprio.*

---

pocket–*la tasca*
to pay out of pocket–*rimetterci.*
The diplomat had to pay large out of pocket sums for entertaining. *Il diplomatico dovette rimetterci forti somme per i ricevimenti.*

---

point–*il punto*
a case in point–*un esempio calzante.*
Let me explain what I mean by a case in point. *Mi spiego con un esempio calzante.*

beside the point–*fuori tema.*
His remarks were beside the point. *Le sue osservazioni erano fuori tema.*

on the point of–*stare per (essere sul punto di).*
We're on the point of finishing the work. *Stiamo per (siamo sul punto di) finire il lavoro.*

point-blank–*di punto in bianco (a bruciapelo).*
I had to tell him point-blank that his work wasn't good enough. *Ho dovuto dirgli di punto in bianco (a bruciapelo) che il suo lavoro non era soddisfacente.*

strong point–*il forte.*
Singing was never his strong point. *Il canto non è mai stato il suo forte.*

to come to the point–*venire al dunque.*
I follow you, but come to the point. *Ti seguo, ma vieni al dunque.*

to have a point–*non avere tutti i torti.*
I agree, you have a point there. *Sono d'accordo, non hai tutti i torti.*

to make a point of–*farsi un punto d'onore di.*
They make it a point of visiting their aunt during the holidays. *Si fanno un punto d'onore di visitare la zia durante le feste.*

to miss the point–*non capire il punto (non afferrare l'essenziale).*
He missed the point of what I was trying to explain. *Non ha capito il punto (non ha afferrato l'essenziale) di quello che cercavo di speigare.*

to stick to the point–*stare al punto.*
Stick to the point and don't throw in so many side issues. *Sta' al punto e non divagare con altri discorsi.*

to stretch a point–*fare un'eccezione per lasciarlo partire in anticipo.*
They stretched a point and let him leave early. *Hanno fatto un'eccezione per lasciarlo partire in anticipo.*

turning point–*una svolta.*
We're all convinced that things have reached a turning point. *Siamo tutti convinti di essere arrivati ad una svolta.*

---

to point–*appuntare*
to point out–*far precisare.*
Just let me point out the facts. *Fammi solo precisare i fatti.*

---

pole–*il palo*
not to touch with a ten-foot pole–*non volere per tutto l'oro del mondo.*
I wouldn't touch that kind of job with a ten-foot pole. *Non vorrei quel tipo di lavoro per tutto l'oro del mondo.*

---

to polish–*pulire*
to polish off–*spolverare.*
The boy polished off a big dish of ice cream. *Il ragazzo spolverò una gran porzione di gelato.*

---

to pop–*schioccare*
to pop in–*fare una visitina.*
I pop in to see my grandmother every week. *Faccio una visitina a mia nonna tutte le settimane.*

possum–*l'opossum*
to play possum–*fare finta (di dormire).*
We thought he was asleep but he was only playing possum. *Pensavamo che dormisse, ma faceva solo finta.*

to post–*impostare*
to keep one posted–*tenere informato.*
Keep us posted on what you're doing. *Teneteci informati su quello che fate.*

pot–*la pentola*
A watched pot never boils. *Pentola guardata non bolle mai.*

It's the pot calling the kettle black. *Senti da che pulpito viene la predica!*

pot luck–*quello che offre il convento.*
I don't know what we're having for dinner, but come and take pot luck with us. *Non so cosa c'è per cena, ma vieni e mangeremo quello che offre il convento.*

to go to pot–*andare alla malora.*
It used to be a nice house but the owners let it go to pot. *Una volta era una bella casa, ma i proprietari l'hanno lasciata andare alla malora.*

to pour–*versare*
to pour in–*arrivare in gran numero.*
The telegrams are pouring in. *I telegrammi stanno arrivando in gran numero.*

power–*il potere*
everything in one's power–*tutto il possibile.*
I'll do everything in my power to help you. *Farò tutto il possibile per aiutarti.*

more power to one–*buon per qualcuno.*
If you can do it, more power to you. *Se riesci a farlo, buon per te.*

the powers that be–*le alte sfere.*
He wanted his vacation in July, but the powers that be had other plans for him. *Voleva prendersi le vacanze a luglio, ma le alte sfere gli avevano riservato altri programmi.*

practice–*la pratica*
Practice makes perfect. *La pratica vale più della grammatica.*

to practice–*esercitare*
Practice what you preach. *Metti in pratica i principii che predichi.*

premium–*il premio*
at a premium–*sopra la pari.*

We sold our stock at a premium. *Abbiamo venduto le nostre azioni sopra la pari.*

---

to press–*pressare*
to be hard pressed–*avere una necessità urgente (impellente).*
He was hard pressed for cash and had to sell the silver. *Aveva una necessità urgente (impellente) di contanti, e ha dovuto vendere l'argento.*

---

to press–*spingere*
to press on–*affrettarsi.*
We'll have to press on because it's late. *Dobbiamo affrettarci perchè è tardi.*

---

pretty–*bello*
to sit pretty–*essere in una situazione oltremodo favorevole.*
The burglar thought he was sitting pretty until he heard the police sirens. *Il ladro pensava di essere in una situazione oltremodo favorevole finchè non ha sentito le sirene della polizia.*

---

prevention–*la prevenzione*
An ounce of prevention is worth a pound of cure. *E meglio prevenire che curare.*

---

pride–*l'orgoglio*
Pride goes before a fall. *La superbia andò a cavallo e tornò a piedi.*
to swallow (pocket) one's pride–*frenare l'orgoglio (mandar giù il rospo).*
He had to swallow (pocket) his pride and admit he was wrong. *Ha dovuto frenare l'orgoglio (mandar giù il rospo) e ammettere di aver torto.*

---

prime–*il colmo*
in one's prime–*nel pieno rigoglio delle forze.*
They say a man of forty is in his prime. *Si dice che un uomo di quarant'anni sia nel pieno rigoglio delle forze.*

---

print–*la stampa*
out of print–*esaurito.*
The book has been out of print for a year. *Il libro è esaurito da un anno.*

---

program–*il programma*
crash program–*un corso intensivo.*
He's taking a crash program in Spanish. *Segue un corso intensivo di spagnolo.*

---

proof–*la prova*
The proof of the pudding is in the eating. *Quello che conta sono i fatti, non le parole.*

---

proud–*orgoglioso*
to do someone proud–*fare onore a qualcuno.*
James did us proud by winning an award. *Giacomo ci ha fatto onore vincendo un premio.*

to pry–*indagare*
  to pry into–*ficcare il naso in.*
  I dislike people who pry into my affairs. *Non mi piace la gente che ficca il naso nei miei affari.*

---

pull–*la tirata*
  to have pull–*avere ascendente su.*
  He has pull with the boss so he can come and go as he pleases. *Ha ascendente sul capo e così va e viene come vuole.*

---

to pull–*tirare*
  to pull off–*portare a termine.*
  I don't know how he ever pulled off that plan. *Non so come sia riuscito a portare a termine quel piano.*

  to pull oneself together–*farsi coraggio.*
  You'll have to calm down and pull yourself together. *Dovrai calmarti e farti coraggio.*

  to pull out–*uscire.*
  He pulled out of the partnership. *È uscito dalla società.*

  to pull through–*farcela (salvarsi).*
  He's pretty ill, but we're sure he'll pull through. *Sta abbastanza male, ma siamo sicuri che ce la farà (si salverà).*

---

to pump–*pompare*
  to pump someone–*cavare informazioni.*
  He pumped us about our plans for the summer. *Cavava informazioni sui nostri progetti estivi.*

---

punch–*il pugno*
  not to pull punches–*dire la verità nuda e cruda.*
  Don't pull any punches with me. *Dimmi la verità nuda e cruda.*

---

purpose–*il proposito*
  on purpose–*apposta.*
  I think he left us here on purpose. *Credo che ci abbia lasciati qui apposta.*

  to be at cross purposes–*in contrasto (fraintendersi).*
  My mother and I are always at cross purposes. *Io e mia madre siamo sempre in contrasto (ci fraintendiamo sempre).*

  to serve someone's purpose–*tornare utile a qualcuno.*
  He'll only remember the rules if they serve his purpose. *Si ricorderà delle regole solo se gli tornano utili.*

---

to push–*spingere*
  to push around–*fare il prepotente.*
  You can't push me around because I know my rights. *Non può fare il prepotente con me perchè conosco i miei diritti.*

to push off–*partire*.

If we want to be on time we must push off now. *Se vogliamo essere in orario dobbiamo partire ora.*

to push on–*tirare avanti*.

We're tired but we'll have to push on until we're finished. *Siamo stanchi ma dovremo tirare avanti fino a quando non avremo finito.*

---

put–*fermo*

to stay put–*stare fermo*.

That child won't stay put for a moment. *Quel bambino non sta fermo un minuto.*

---

to put–*mettere*

to put off–*rimandare*.

The meeting has been put off until next week. *La riunione è stata rimandata alla prossima settimana.*

to put oneself out–*farsi in quattro*.

I put myself out for him and got not a word of thanks. *Mi sono fatto in quattro per lui e non ho ricevuto nessun ringraziamento.*

to put someone off–*rabbonire qualcuno*.

They didn't put me off with promises. *Non mi rabbonivano con le promesse.*

to put someone up to something–*istigare qualcuno a fare qualcosa*.

Who put the boys up to this mischief? *Chi ha istigato i ragazzi a fare questa bricconeria?*

to put something across (over)–*dare a bere*.

He tried to put one across (over) on me. *Ha cercato di darmela a bere.*

to put something behind one–*gettarsi qualcosa dietro le spalle*.

I've put my worries behind me. *Mi sono gettato le preoccupazioni dietro le spalle.*

to put up–*offrire alloggio*.

He put us up for the night. *Ci ha offerto alloggio per la notte.*

to put up with–*sopportare*.

I don't know how she puts up with his complaining. *Non so come sopporta le sue lamentele.*

Q

quarrel–*la lite*

to patch up a quarrel–*appianare un dissidio*.

They patched up their quarrel when they saw how silly they were acting. *Hanno appianato il dissidio quando hanno capito che il loro comportamento era ridicolo.*

to pick a quarrel–*attaccar briga*.
That man picks a quarrel with everyone he meets. *Quel signore attacca briga con tutta la gente che incontra.*

quarter–*il quartiere*
in close quarters–*stretti*.
We lived in close quarters in the tiny summer house. *Stavamo stretti nella piccola casa estiva.*

question–*la questione*
a burning question–*il problema del momento*.
Right now the real estate tax is a burning question. *Oggi le tasse sulla proprietà sono il problema del momento.*

an open question–*un problema insoluto*.
Unemployment is an open question. *La disoccupazione è un problema insoluto.*

out of the question–*impossibile*.
I know you'd like to go too, but it's out of the question. *Lo so che anche a te piacerebbe andare, ma è impossibile.*

to beg the question–*essere evasivo*.
That's not the reason; he's just begging the question. *Il motivo non è quello; lui è solo evasivo.*

to pop the question–*fare la proposta (di matrimonio)*.
Angela kept hoping her boyfriend would pop the question. *Angela continuava a sperare che il suo ragazzo le facesse la proposta (di matrimonio).*

quick–*il vivo*
to cut (sting) to the quick–*pungere sul vivo*.
They were cut (stung) to the quick by their son's misbehavior. *Sono stato punti sul vivo dal cattivo comportamento del figlio.*

quits–*pari*
to call it quits–*riconoscere che la partita è pari (riconciliarsi)*.
I don't want to argue with you any more so let's call it quits. *Non voglio più discutere con te, e allora risconosciamo che la partita è pari (riconciliamoci).*

R

rack–*la rastrelliera*
to rack and ruin–*andare in rovina*.
The tenants let the garden go to rack and ruin. *Gli inquilini hanno lasciato che il giardino andasse in rovina.*

rage–*il furore*
all the rage–*di moda.*
Her outfits are always all the rage. *I suoi "completi" sono sempre di moda.*
to fly into a rage–*andare su tutte le furie.*
He flies into a rage every time his mother tells him no. *Va su tutte le furie ogni volta che sua madre gli dice di no.*

rain–*la pioggia*
rain or shine–*comunque.*
We'll be there rain or shine. *Saremo lì comunque.*
a raincheck–*(un invito per) la prossima volta.*
I can't accept the invitation for Tuesday but I'd like to take a raincheck on it. *Non posso accettare l'invito per martedì, ma mi piacerebbe farlo la prossima volta.*

to rain–*piovere*
It never rains but it pours. *Non c'è due senza tre. (Piove sul bagnato.)*

range–*il campo*
at close range–*a distanza ravvicinata.*
We won't be able to see any animals in this fog unless we're at close range. *Non riusciremo a vedere nessun animale con questa nebbia se non restiamo a distanza ravvicinata.*

rank–*il rango*
the rank and file–*le masse.*
His ideas appeal to the rank and file. *Le sue idee piacciono alle masse.*
to pull rank–*sfruttare le prerogative della propria posizione.*
The senator tried to pull rank to get a seat on the airplane at the last minute. *Il senatore ha provato di sfruttare le prerogative della sua posizione per prendere un posto sull'aereo all'ultimo momento.*
to rise from the ranks–*venire dalla gavetta.*
The most successful people in this field have risen from the ranks. *Coloro che hanno più successo in questo campo vengono dalla gavetta.*

rap–*il colpetto*
to take the rap–*addossarsi la colpa.*
John took the rap for all of us. *Giovanni s'è addossato la colpa per tutti noi.*

rat–*il topo, il ratto*
rat race–*il ritmo convulso.*
My uncle was glad to retire to a small farm and get away from the rat race of the city. *Mio zio fu contento di andare in pensione in una piccola fattoria e lasciare il ritmo convulso della città.*
to smell a rat–*sentire puzza di bruciato.*

They smelled a rat and refused to let him board the plane. *Sentirono puzza di bruciato e si rifiutarono di lasciarlo salire sull'aereo.*

to rattle–*far risuonare*
to get rattled–*agitarsi.*
My aunt always gets rattled when she has unexpected company. *Mia zia si agita sempre quando riceve degli ospiti inattesi.*

to rattle away–*chiacchierare.*
She rattles away for hours on the phone. *Chiacchiera per delle ore al telefono.*

reach–*la portata*
out of one's reach–*al di sopra delle proprie capacità.*
Those matters are out of her reach. *Quelle questioni sono al di sopra delle sue capacità.*

within reach–*a portata di mano.*
Don't keep medicine within the reach of small children. *Non tenere medicine a portata di mano dei bambini.*

rear–*il didietro*
to bring up the rear–*essere l'ultimo della fila.*
On the hike Emily brought up the rear as usual. *Nella gita Emilia era l'ultima della fila come al solito.*

reason–*la ragione*
to listen to reason–*ascoltare la voce della ragione (lasciarsi persuadere).*
I tried to tell her but she wouldn't listen to reason. *Ho provato a dirglielo, ma non voleva ascoltare la voce della ragione (lasciarsi persuadere).*

to stand to reason–*andare da sè.*
It stands to reason that an efficient public transport system will alleviate traffic congestion. *Va da sè che un sistema di trasporti pubblici efficienti alleggerirà il traffico.*

to reckon–*contare*
to reckon with–*tenere presente.*
The undecided voters are a force to be reckoned with. *Gli elettori indecisi costituiscono una forza che occorre tener presente.*

record–*la documentazione*
off the record–*in via confidenziale.*
I told him about it off the record. *Gliel'ho detto in via confidenziale.*

to go on record–*esprimere pubblicamente le proprie opinioni.*
The candidate has gone on record on unemployment. *Il candidato ha espresso pubblicamente le sue opinioni sulla disoccupazione.*

to keep a record–*prender noto.*
I've kept a record of all his illnesses since he was a child. *Ho preso noto di tutte le sue malattie da quando era bambino.*

record–*il primato*
 to break the record–*migliorare il primato*.
 Three runners broke the record. *Tre corridori hanno migliorato il primato.*

---

red–*rosso*
 a red-letter day–*un giorno importante*.
 It was a red-letter day when I met Charles. *Fu un giorno importante quando incontrai Carlo.*
 in the red–*in deficit*.
 Despite the increase in sales the company is still in the red. *Nonostante l'aumento delle vendite, la ditta è ancora in deficit.*
 red hot–*molto bravo*.
 He's a red hot soccer player. *È un calciatore molto bravo.*
 to paint the town red–*farne di cotte e di crude (fare baldoria)*.
 My brother and his friends painted the town red. *Mio fratello e i suoi amici ne hanno fatte di cotte e di crude (hanno fatto baldoria).*
 to see red–*vedere rosso*.
 His insolence made me see red. *La sua insolenza mi ha fatto vedere rosso.*

---

to reel–*avvolgere*
 to reel off–*sparare*.
 He reeled off the names of a lot of important people he claimed were his friends. *Ha sparato i nomi di persone importanti che diceva erano suoi amici.*

---

rein–*la briglia*
 to give rein to–*dare sfogo (corda)*.
 From time to time we have to give rein to his imagination. *Di tanto in tanto dobbiamo dare sfogo (corda) alla sua fantasia.*
 to keep a tight rein on–*tenere a freno*.
 The babysitter had to keep a tight rein on the children. *La bambinaia doveva tenere a freno i bambini.*

---

relief–*il sussidio*
 on relief–*percepire il sussidio di disoccupazione*.
 One out of five persons in New York is on relief. *Una persona su cinque a New York percepisce il sussidio di disoccupazione.*

---

to remember–*ricordare*
 to remember someone to–*salutare qualcuno da parte di qualcuno*.
 Remember me to the family. *Saluta la famiglia da parte mia.*

---

reputation–*la fama*
 to live up to one's reputation–*non venir meno al proprio buon nome*.
 Now that they trust him he'll have to live up to his reputation. *Ora che si fidano di lui, non dovrà venir meno al suo buon nome.*

resort–*il ricorso*
as a last resort–*come ultima risorsa.*
We turned to Charles as a last resort. *Ci siamo rivolti a Carlo come ultima risorsa.*

respect–*il rispetto*
to pay one's respects–*i propri rispetti.*
Pay my respects to your wife. *I miei rispetti alla sua signora.*

return–*il ritorno*
Many happy returns (of the day)! *Cento di questi giorni!*

rhyme–*la rima*
without rhyme or reason–*senza capo nè coda.*
His idea is without rhyme or reason. *La sua idea è senza capo nè coda.*

riddance–*la liberazione*
Good riddance to bad rubbish. *Ce ne siamo liberati.*

ride–*la gita*
to take for a ride–*(1) darla a bere.*
Don't think you can take me for a ride with that contract. *Non pensare di poter darmela a bere con quel contratto.*
(2) fare fuori.
The gangster feared his enemies would take him for a ride. *Il bandito temeva che i suoi nemici l'avrebbero fatto fuori.*

to ride–*viaggiare*
to let something ride–*lasciare in sospeso.*
We'll let your account ride for a few months. *Lasciamo in sospeso il suo conto per qualche mese.*

right–*la destra*
right and left–*tutti.*
They congratulated him right and left. *Tutti si sono congratulati con lui.*

right–*giusto*
to put to rights–*chiarire la questione.*
We're not leaving here until we've put this issue to rights. *Non usciamo da qui finchè non abbiamo chiarito la questione.*

to serve one right–*stare bene a.*
He got a ticket for driving so fast, but it serves him right. *Ha avuto una contravvenzione per aver guidato così velocemente ma gli sta bene.*

right–*il diritto*
to stand on (for) one's rights–*insistere sui propri diritti.*
The tenants stood on (for) their rights with the landlord. *Gli inquilini hanno insistito sui loro diritti col padrone di casa.*

ring–*lo squillo*
to give a ring–*dare un colpo di telefono.*
Give me a ring after dinner and I'll let you know. *Dammi un colpo di telefono dopo cena e te lo dirò.*

to have a familiar ring–*parere di aver già sentito.*
His story had a familiar ring. *Mi pareva di aver già sentito la sua storia.*

riot–*la sommossa*
to read the riot act–*dare un severo avvertimento.*
After his disobedience his father read him the riot act. *Dopo la sua disobbedienza suo padre gli ha dato un severo avvertimento.*

riot–*il tumulto*
to run riot–*lussureggiare.*
The weeds ran riot until they choked out the flowers. *L'erbaccia ha lussureggiato finchè non ha strangolato i fiori.*

rise–*l'elevazione*
to get a rise out of–*stuzzicare.*
He just said that to get a rise out of us. *L'ha detto solo per stuzzicarci.*

to rise–*levare*
to give rise to–*dare origine a.*
His discoveries gave rise to a new science. *Le sue scoperte diedero origine ad una nuova scienza.*

risk–*il rischio*
to run the risk–*correre il rischio.*
This way we run the risk of losing everything. *In questo modo corriamo il rischio di perdere tutto.*

river–*il fiume*
to sell down the river–*tradire.*
In order to be successful he sold many of his friends down the river. *Per avere successo, ha tradito molti amici.*

road–*la strada*
for the road–*ultimo.*
Let's have a drink for the road. *Beviamo un ultimo bicchiere.*

on the road–*sulla via.*
He's on the road to success. *È sulla via del successo.*

to hit the road–*avviarsi.*
It's late; we'd better hit the road. *È tardi; è meglio che ci avviamo.*

rock–*la roccia*
on the rocks–*(1) col ghiaccio.*
I drink my vodka on the rocks. *Bevo la vodka col ghiaccio.*

(2) a rotoli.
Because of bad management the company is on the rocks. *A causa della cattivā amministrazione la ditta sta andando a rotoli.*

rock bottom–*il fondo.*
The stocks hit rock bottom. *Le azioni hanno taccato il fondo.*

---

rocker–*la sedia a dondolo*
off one's rocker–*svitato.*
Our neighbor was strange, but not really off his rocker. *Il nostro vicino era un tipo strano, ma non proprio svitato.*

---

roll–*l'appello*
to call the roll–*fare l'appello.*
Every morning the teacher calls the roll. *Ogni mattina l'insegnante fa l'appello.*

---

to roll–*rotolare*
to roll up–*accumulare.*
He rolled up a bill at the grocer's. *Ha accumulato un debito dal droghiere.*

Rome–*Roma*
Rome was not built in a day. *Roma non fu fatta in un giorno.*
When in Rome do as the Romans do. *Pease che va', usanza che trovi.*

---

roof–*il tetto*
to raise the roof–*fare il diavolo a quattro.*
The teenagers raised the roof with their music. *I ragazzi facevano il diavolo a quattro con la loro musica.*

---

room–*la stanza*
room and board–*vitto e alloggio.*
I pay room and board by the month. *Pago vitto e alloggio ogni mese.*

---

roost–*il pollaio*
to rule the roost–*spadroneggiare.*
Grandmother rules the roost in our family. *La nonna spadroneggia nella nostra famiglia.*

---

to root–*radicare*
to root for–*fare il tifo per.*
Which team are you rooting for? *Per quale squadra fa' il tifo?*

---

rope–*la corda*
at the end of one's rope–*allo stremo.*
I'm at the end of my rope trying to cope with my family's problems. *Sono allo stremo nel tentativo di far fronte ai problemi della mia famiglia.*

to give someone enough rope to hang himself–*lasciarlo cuocere nel suo brodo.*

Give him enough rope and he'll hang himself. *Lascialo cuocere nel suo brodo.*

to give someone rope–*dare spago.*
Give him some rope and see what he can do. *Dagli spago e vediamo cosa sa fare.*
to know the ropes–*essere pratico del mestiere.*
I suggest you ask someone who knows the ropes. *Ti suggerisco di chiedere a qualcuno che sia pratico del mestiere.*

to rope–*legare con corde*
to be roped in–*trascinare.*
They roped me into working on the project. *Mi hanno trascinato a lavorare sul progetto.*

rose–*rosa*
to see through rose-colored glasses–*vedere rosa.*
He never gets upset because he sees everything through rose-colored glasses. *Non si preoccupa mai perchè vede tutto rosa.*

rotten–*marcio*
Something is rotten in Denmark. *C'è qualcosa di marcio in Danimarca. (C'è qualcosa che non va.)*

rough–*ruvido*
rough-and-tumble–*violento.*
Some girls like to play the same rough-and-tumble games as the boys. *A certe bambine piace giocare agli stessi giochi violenti dei maschi.*
to be rough on–*essere duro.*
My father was rough on those who didn't tell the truth. *Mio padre era duro con chi non diceva la verità.*
to take the rough with the smooth–*prendere il buono con il cattivo.*
You'll have to learn to take the rough with the smooth. *Dovrai imparare a prendere il buono con il cattivo.*

to rough–*rendere ruvido*
to rough it–*vivere alla buona.*
They have a cabin in the mountains where they go every summer to rough it. *Hanno una baita in montagna dove vanno ogni estate a vivere alla buona.*

rough-shod–*ferrato a ghiaccio*
to ride rough-shod over–*fare il prepotente.*
He won't be able to ride rough-shod over us. *Non potrà fare il prepotente con noi.*

round–*il tondo*
to go the rounds–*essere in giro.*
Measles has been going the rounds of the elementary schools this year. *Il*

morbillo è in giro nelle scuole elementari quest'anno.

---

row–*la fila*
a hard row to hoe–*un osso duro (un compito difficile).*
She's got a hard row to hoe with that little boy who misbehaves constantly. *Ha un osso duro (un compito difficile) con quel ragazzino che disobbedisce in continuazione.*

---

row–*il baccano*
to kick up a row–*andare su tutte le furie.*
When his team lost he kicked up a row. *Quando la sua squadra ha perso è andato su tutte le furie.*

---

rub–*il fregamento*
There's the rub. *Questo è il guaio.*

---

to rub–*fregare*
to rub it in–*insistere.*
I know I made a mistake, but you don't have to rub it in. *Lo so che ho sbagliato, ma tu non devi insistere.*

to rub off on–*trasmettersi a.*
The father's good manners never rubbed off on the son. *Le buone maniere del padre non si sono mai trasmesse al figlio.*

to rub the wrong way–*dare fastidio.*
The way he talks rubs me the wrong way. *Il suo modo di parlare mi dà fastidio.*

to rub up against–*incontrare (conoscere).*
As a child she never rubbed up against social discrimination. *Da bambina non aveva mai incontrato (conosciuto) la discriminazione sociale.*

---

run–*la corsa*
a run for one's money–*filo da torcere.*
Although our boys were defeated, they gave the opponents a run for their money. *Benchè abbiano perso, i nostri ragazzi hanno dato filo da torcere agli avversari.*

in the long run–*alla lunga.*
His defeat was a blessing in the long run. *La sua sconfitta alla lunga è stata una benedizione.*

the run of–*libero accesso a.*
He has the run of my house. *Ha libero accesso alla mia casa.*

to give someone the rundown–*dare spiegazioni.*
He gave us the rundown on the meeting. *Ci ha dato spiegazioni sulla riunione.*

---

to run–*correre*
an also ran–*insignificante.*
He was an also ran in the struggle for power. *Era insignificante nella lotta per il potere.*

to be run by–*lasciarsi dominare.*
He lets himself be run by the family. *Si lascia dominare dalla famiglia.*

to run down–*criticare.*
My mother-in-law is always running down my cooking. *Mia suocera critica sempre il mio modo di cucinare.*

to run for office–*presentarsi candidato.*
The first time he ran for office he won by a big majority. *La prima volta che si presentò candidato vinse con una grande maggioranza.*

to run on–*continuare a parlare.*
He can run on for hours about his troubles. *È capce di continuare a parlare per delle ore dei suoi guai.*

to run out of–*finire.*
We've run out of sugar. *Abbiamo finito lo zucchero.*

---

running–*la corsa*
in the running–*in gara.*
He's in the running for that post. *È in gara per quel posto.*

out of the running–*fuori gara.*
He's been out of the running for that post for some time. *È fuori gara per quel posto da parecchio tempo.*

---

runaround–*il giro*
to give the runaround–*menare per il naso senza giungere a nessun risultato.*
The tourist agency gave us the runaround. *L'agenzia di turismo ci ha menato per il naso senza giungere a nessun risultato.*

---

rut–*il solco*
in a rut–*in solito tran-tran.*
After teaching the same subject for several years, she felt she was in a rut. *Dopo aver insegnato la stessa materia per anni, si sentiva di seguire il solito tran-tran.*

S

sack–*il sacco*
to get sacked (the sack)–*essere licenziato.*
He got sacked (the sack) for being late to work. *È stato licenziato perchè veniva sempre tardi al lavoro.*

to hit the sack–*andare a letto.*
I'm so tired I'm going to hit the sack early. *Sono così stanco che vado a letto presto.*

---

to saddle–*sellare*
to be saddled with–*accolare responsabilità a qualcuno.*

After his uncle died he was saddled with the firm. *Dopo che è morto lo zio, gli hanno accolato la responsabilità della fattoria.*

safe–*salvo*
  safe and sound–*sano e salvo.*
  The children arrived home safe and sound. *I bambini sono arrivati a casa sani e salvi.*

safe–*sicuro*
  to play safe (to be on the safe side)–*essere prudente.*
  We'd better play it safe and lock everything. *È meglio essere prudenti e chiudere tutto a chiave.*
  To be on the safe side we'll lock everything. *Per essere prudenti chiudiamo tutto a chiave.*

sail–*la vela*
  to trim one's sails–*ridurre le spese.*
  Now that Frank's retired we have to trim our sails. *Ora che Franco è in pensione dobbiamo ridurre le nostre spese.*

to sail–*navigare*
  to sail into–*sgridare.*
  The policeman sailed into the boys for playing on the grass. *Il vigile ha sgridato i ragazzi perchè giocavano sull'erba.*

sailing–*la navigazione*
  clear sailing–*un compito facile.*
  We'll have clear sailing now that the deadline is past. *Avremo un compito facile ora che è passata la scadenza.*

salad–*l'insalata*
  salad days–*giovinezza (anni verde).*
  In his salad days he went to the theater often. *Nella sua giovinezza (nei suoi anni verdi) andava spesso al teatro.*

salt–*il sale*
  an old salt–*un vecchio lupo di mare.*
  The boys like to hear the old salt tell of his adventures. *Ai ragazzi piace ascoltare il vecchio lupo di mare raccontare le sue avventure.*

  the salt of the earth–*brava gente.*
  Our neighbors were the salt of the earth. *I nostri vicini erano brava gente.*

  to be worth one's salt–*valere qualcosa.*
  The older son has never been worth his salt. *Il figlio maggiore non è mai valso niente.*

  to take with a grain of salt–*prendere con un grano di sale (cum grano salis).*

Take what he says with a grain of salt. *Prendi quello che dice con un grano di sale (cum grano salis).*

---

say–*l'opinione*
to have a say–*avere voce in capitolo.*
He has no say in the matter. *Non ha voce in capitolo.*

---

to say–*dire*
Easier said than done. *Tra il dire e il fare c'è di mezzo il mare.*
No sooner said than done. *Detto fatto.*
to go without saying–*andare da sè (essere ovvio).*
It goes without saying that nobody will be on time. *Va da sè (è ovvio) che nessuno arriverà in orario.*
when all is said and done–*a conti fatti.*
When all is said and done, it wasn't a very good idea. *A conti fatti, non è stata una buon'idea.*
You can say that again! *Altro che! (Puoi dirlo forte! Puoi ben dirlo!)*
You don't say! *Davvero!*

---

saying–*il modo di dire*
as the saying goes–*come si suol dire.*
Come again, as the saying goes. *Tornate ancora, come si suol dire.*

---

scale–*la bilancia*
to tip the scales–*decidere le cose.*
His knowledge of Italian tipped the scales in his favor. *La sua conoscenza dell'italiano ha deciso le cose in suo favore.*

---

scarce–*scarso*
to make oneself scarce–*sparire.*
Make yourself scarce while I talk to your mother. *Sparisci mentre parlo con tua madre.*

---

scared–*spaventato*
to be scared stiff (silly)–*molto spaventato.*
I was scared stiff (silly) when I heard the noise. *Mi sono molto spaventato quando ho sentito il rumore.*

---

scene–*la scena*
to make a scene–*fare una scenata.*
Don't make a scene in front of everybody. *Non fare una scenata davanti a tutti.*

---

school–*la scuola*
of the old school–*di vecchio stampo.*
Grandfather is a gentleman of the old school. *Il nonno è un signore di vecchio stampo.*

the school of hard knocks–*imparare dall'esperienza (venire dalla gavetta).*
He's proud to have been through the school of hard knocks. *È fiero di avere imparato tutto dall'esperienza (essere venuto dalla gavetta).*

score–*il punteggio*
  a score to settle–*un vecchio conto da regolare (un conto in sospeso).*
  We have a score to settle. *Abbiamo un vecchio conto da regolare (un conto in sospeso).*

  on that score–*a questo riguardo.*
  You don't have to worry about it on that score. *Non ti devi preoccupare a questo riguardo.*

  to know the score–*sapere come stanno le cose.*
  You need to get a lawyer who knows the score. *Devi prenderti un avvocato che sappia come stanno le cose.*

scrape–*la scorticatura*
  to get into a scrape–*mettersi nei pasticci.*
  He's always getting himself into a scrape. *Si mette sempre nei pasticci.*

to scrape–*raschiare*
  to scrape through–*cavarsela.*
  Somehow he managed to scrape through the examination. *In qualche modo è riuscito a cavarsela all'esame.*

  to scrape together–*ammucchiare (mettere assieme).*
  By dint of being frugal he managed to scrape together a tidy little sum. *A forza di risparmiare è riuscito ad ammucchiare (a mettere assieme) tanti bei soldini.*

scratch–*il graffio*
  to start from scratch–*ricominciare da capo.*
  He lost the manuscript and had to start again from scratch. *Ha perso il mano-scritto e così ha dovuto ricominciare da capo.*

  up to scratch–*soddisfacente.*
  His essay was not up to scratch so he had to rewrite it. *Il suo tema non era sod-disfacente e così l'ha dovuto riscrivere.*

screw–*la vite*
  to have a screw loose–*avere una rotella che manca.*
  You can't go by what he says because he has a screw loose. *Non puoi fidarti di quello che dice perchè gli manca una rotella.*

  to put the screws on–*insistere.*
  Our friends put the screws on us to go with them to the Bahamas. *I nostri amici hanno insistito molto perchè li accompagnassimo alle Bahama.*

sea–*il mare*
  all at sea–*disorientato.*
  The clerks are all at sea because they haven't been told what to do. *Gli im-*

piegati sono disorientati perchè non è stato detto loro cosa devono fare.

seam–*la cucitura*
  to burst at the seams–*scoppiare.*
Our classrooms are bursting at the seams. *Le nostre aule scoppiano.*

seat–*la sedia*
  to take a back seat–*assumere un ruolo secondario.*
After all those years of leadership it's hard for him to take a back seat. *Dopo tanti anni di supremazia, gli è difficile assumere un ruolo secondario.*

second–*il secondo*
  in a split second–*in un attimo.*
It all happened so fast that it was over in a split second. *Tutto è successo così rapidamente che in un attimo era già finito.*

  to run a close second to–*arrivare immediatemente dopo.*
In the horse race Jet Star ran Spring Maid a close second. *Nella corsa di cavalli Jet Star arrivò secondo immediatemente dopo Spring Maid.*

to see–*vedere*
  as I see it–*a mio modo di vedere (secondo me).*
As I see it, neither side is to blame. *A mio modo di vedere (secondo me) nessuno dei due ha torto.*

  not to see (a number) again–*aver passato da un pezzo.*
He'll never see forty again. *Ha passato da un pezzo la quarantina.*

  to see off–*salutare.*
He came to the station to see us off. *È venuto alla stazione a salutarci.*

  to see through–*capire.*
We saw through his scheme right away. *Abbiamo capito subito il suo intrigo.*

  to see to something–*pensarci.*
I'll see to it. *Ci penso io.*

seed–*il seme*
  to go to seed–*decadere.*
This neighborhood has gone to seed in the last few years. *Questo quartiere è decaduto negli ultimi anni.*

self–*se stesso*
  all by oneself–*tutto solo (solo soletto).*
Maria is there all by herself. *Maria sta lì tutta sola (sola soletta).*

to sell–*vendere*
  to be sold on–*essere entusiasta di (andar matto per).*
He's sold on basketball. *È entusiasta della (va matto per la) pallacanestro.*
  to sell someone out–*tradire.*

I never thought he would sell us out. *Non avrei mai pensato che ci avrebbe traditi.*

---

to send–*mandare*
to send for–*mandare a chiamare.*
They sent for Julie at the last minute. *Hanno mandato a chiamare Giulia all'ultimo momento.*

---

sense–*il senso*
   to come to one's senses–*tornare in sè.*
He finally came to his senses and withdrew his investment. *Finalmente tornò in sè e ritrò il proprio investimento.*

   to make sense–*avere senso.*
That kind of protest doesn't make sense. *Quel genere di protesta non ha senso.*

   to take leave of one's senses (to be out of one's senses)–*dare di volta il cervello.*
He must have taken leave (be out) of his senses if he thinks that will work. *Deve avergli dato di volta il cervello se pensa che ciò possa funzionare.*

---

set–*fermo*
   set in one's ways–*ligio ai sistemi tradizionali.*
The old bookkeeper was too set in his ways to use a computer. *Il vecchio ragioniere era troppo ligio ai sistemi tradizionali per usare un calcolatore elettronico.*

---

to set–*porre*
   to set up–*organizzare.*
I'd like to set up a new language course. *Mi piacerebbe organizzare un nuovo corso di lingue.*

---

to settle–*stabilire*
   to settle down–*(1) calmarsi.*
Things should settle down after the Christmas rush. *Le cose dovrebbero calmarsi dopo il trambusto di Natale.*

   (2) stabilirsi.
After the wedding, they settled down in New York. *Dopo il matrimonio si stabilirono a New York.*

   to settle for–*accontentarsi di scegliere.*
We settled for the smaller basket. *Ci siamo accontentati di scegliere il cestino più piccolo.*

---

to sew–*cucire*
   to have something sewed up–*monopolizzare.*
They've sewed up the coffee imports in the state. *Hanno monopolizzato le importazioni del caffè nello stato.*

---

shadow–*l'ombra*

beyond the shadow of a doubt–*senza ombra di dubbio.*
He was guilty beyond the shadow of a doubt. *Era colpevole senza ombra di dubbio.*

---

shake–*la scossa*
in half a shake (in two shakes)–*in un attimo.*
I'll be back in half a shake (two shakes). *Sarò di ritorno in un attimo.*
no great shakes–*niente di straordinario.*
The performance was no great shakes. *La recita non era niente di straordinario.*

---

shame–*la vergogna*
to put someone to shame–*eclissare.*
His skiing put the rest of us to shame. *Sciava così bene da eclissare noi altri.*

---

shank–*lo stinco*
Shank's mare–*il cavallo di S. Francesco.*
My auto ran out of gas and I had to use Shank's mare. *La mia macchina è rimasta senza benzina e ho dovuto usare il cavallo di S. Francesco.*

---

shape–*la forma*
in bad shape–*giù di corda (male in arnese).*
He's in bad shape since the accident. *È giù di corda (sta male in arnese) da quando ha avuto l'incidente.*
in good shape–*in buona forma.*
Charles is in good shape after his operation. *Carlo è buona forma dopo l'operazione.*
to lick into shape–*rimettere in forma.*
We have to lick the team into shape before the season starts. *Dobbiamo rimettere in forma la squadra prima dell'inizio della stagione.*

---

to shape–*formare*
to shape up well–*prendere una buona piega.*
Things are shaping up well. *Le cose prendono una buona piega.*

---

shave–*la rasatura*
a close shave–*scamparla bella.*
Coming home we had a close shave when a truck bumped into us. *Tornando a casa l'abbiamo scampata bella quando in camion ci ha tamponato.*

---

sheep–*la pecora*
the black sheep–*la pecora nera.*
Susan is the black sheep of the family. *Susanna è la pecora nera della famiglia.*

---

sheet–*il lenzuolo*
three sheets to the wind–*ubriaco fradicio.*

He came out of the bar three sheets to the wind. *E uscito dal bar ubriaco fradicio.*

shelf–*lo scaffale*
to be put on the shelf–*venire messo a riposo.*
Old people dread being put on the shelf. *Le persone anziane temono di venire messe a riposo.*

to shell–*sgusciare*
to shell out–*sborsare.*
His father shelled out a lot of money for his education. *Suo padre ha sborsato tanti soldi per la sua istruzione.*

to shift–*cambiare*
to shift for oneself–*fare da sè.*
I have to shift for myself in the kitchen this week. *Devo fare da me in cucina questa settimana.*

shine–*lo splendore*
to take a shine to–*innamorarsi di.*
My aunt took a shine to that vase so I gave it to her. *Mia zia s'è innamorata di quel vaso, così gliel'ho regalato.*

ship–*la nave*
when one's ship comes in–*quando qualcuno fa fortuna.*
When our ship comes in we'll buy a new house. *Quando faremo fortuna compreremo una nuova casa.*

shirt–*la camicia*
a stuffed shirt–*un pallone gonfiato.*
He's just a stuffed shirt; he has no power. *È solo un pallone gonfiato; non ha alcun potere.*

to give the shirt off one's back–*togliersi il pane di bocca.*
He's so generous he'd give you the shirt off his back. *È così generoso che si toglierebbe il pane di bocca.*

to keep one's shirt on–*non perdere la calma.*
Keep your shirt on and don't get excited. *Non perdere la calma e non ti eccitare.*

to lose one's shirt–*perdere tutto.*
He lost his shirt in the stock market. *Ha perso tutto alla borsa.*

shoe–*la scarpa*
If the shoe fits, wear it. *Se la critica è giusta, accettala.*

in someone's shoes–*nei panni di qualcuno.*
I wouldn't want to be in his shoes. *Non vorrei essere nei panni suoi.*

the shoe pinches–*la cosa non va.*

That's where the shoe pinches. *È qui che la cosa non va.*

to put the shoe on the other foot–*mettere il dito sulla piaga.*
Now he's put the shoe on the other foot. *Ora ha messo il dito sulla piaga.*

---

shoestring–*il laccio da scarpa*
on a shoestring–*con niente.*
He started out on a shoestring but now has a prosperous business. *Ha cominciato con niente ma ora ha una azienda prospera.*

---

shop–*la bottega*
to close up shop–*chiudere bottega.*
Isn't it about time to close up shop for today? *Non sarebbe ora di chiudere bottega per oggi?*

to talk shop–*parlare del lavoro.*
The men are talking shop in the living room. *Gli uomini stanno parlando di lavoro nel salotto.*

---

short–*corto*
to fall short–*essere inferiore.*
Your work falls short of my expectations. *Il tuo lavoro è inferiore alle mie aspettative.*

to sell short–*sottovalutare.*
You ought to get at least ten dollars an hour; don't sell yourself short. *Dovresti guadagnare almeno dieci dollari all'ora; non ti sottovalutare.*

to stop short of–*fermarsi davanti a.*
They won't stop short of anything, including murder. *Non si fermeranno davanti a niente, nemmeno all'omicidio.*

to take someone up short–*interrompere bruscamente.*
She took him up short in the middle of his explanation. *Lo interruppe bruscamente nel bel mezzo della sua spiegazione.*

---

shot–*lo sparo*
a big shot–*un pezzo grosso.*
Now that he has a job he thinks he's a big shot. *Ora che ha un lavoro si crede un pezzo grosso.*

a shot in the arm–*un incoraggiamento.*
We gave him a shot in the arm before he stepped onstage. *Gli abbiamo dato un incoraggiamento prima che salisse sul palcoscenico.*

a shot in the dark–*una risposta alla cieca.*
His answer was a shot in the dark because he didn't know much about the subject. *La sua è stata una risposta alla cieca perchè non sapeva molto sull'argomento.*

off like a shot–*via come un fulmine.*
He came home to change his clothes and was off like a shot. *Tornò a casa a*

cambiarsi e poi, via come un fulmine.

to call the shots–*dirigere.*
Who's calling the shots in this game? *Chi dirige questo gioco?*

to have a shot at–*provare a fare.*
Have a shot at this puzzle. *Prova a fare questo rompicapo.*

---

shoulder–*la spalla*
cold shoulder–*voltare le spalle.*
When I saw her at the market she gave me the cold shoulder. *Quando l'ho vista al mercato mi ha voltato le spalle.*

straight from the shoulder–*con tutta franchezza.*
He told them straight from the shoulder what was wrong with their work. *Ha detto con tutta franchezza che cosa non andava nel loro lavoro.*

to put one's shoulder to the wheel–*mettersi a sgobbare.*
You'll have to put your shoulder to the wheel if you're going to succeed. *Dovrai metterti a sgobbare se vuoi avere successo.*

to rub shoulders with–*trovarsi gomito a gomito con.*
On the streets of Tunis one can rub shoulders with people from all over North Africa. *Nelle strade di Tunisi ci si trova gomito a gomito con gente di tutta l'Africa del Nord.*

---

shouting–*il clamore*
all over but the shouting–*praticamente finito.*
When we got there it was all over but the shouting. *Quando siamo arrivati noi era praticamente finito.*

---

to shove–*spingere*
to shove off–*andare via (avviarsi).*
It's time for us to shove off if we're going to get home by dark. *È ora che andiamo via (ci avviamo) se vogliamo arrivare a casa prima che faccia buio.*

---

show–*lo spettacolo*
to steal the show–*accentrare su di sè tutta l'attenzione.*
The baby stole the show. *Il bambino accentrò su di sè tutta l'attenzione.*

---

to show–*mostrare*
to go to show–*provare.*
It all goes to show that the best man doesn't always win. *Tutto ciò prova che non è sempre il migliore che vince.*

to show off–*mettersi in mostra.*
That child likes to show off in front of adults. *A quel bambino piace mettersi in mostra di fronte agli adulti.*

to show someone up–*surclassare.*
He really showed me up at tennis. *Mi ha veramente surclassato a tennis.*

to show up–*presentarsi.*
She showed up an hour late. *Si è presentata con un'ora di ritardo.*

---

to shut–*chiudere*
to shut up–*chiudere il becco (stare zitto).*
Shut up and let me think. *Chiudi il becco (sta' zitto) e fammi pensare.*

---

shy–*timido*
shy of–*a corto di.*
I'm shy of money and can't go to the movies with you. *Sono a corto di soldi e non posso venire al cinema con voi.*

to shy away–*evitare.*
He will always try to shy away from any responsibility. *Cercherà sempre di evitare ogni responsabilità.*

---

sick–*malato*
sick and tired–*stufo.*
I'm sick and tired of this affair. *Sono stufo di quest'affare.*

---

side–*il lato*
to get on the good side of–*ingraziarsi qualcuno.*
He tried to get on the good side of the boss by taking him out to dinner. *Ha cercato di ingraziarsi il principale invitandolo fuori a cena.*

to split one's sides laughing–*sbellicarsi dalle risate.*
We split our sides laughing at the Laurel and Hardy movie. *Ci siamo sbellicati dalle risate al film di Stanlio e Ollio.*

to take sides (side) against–*schierarsi contro di.*
He'll be sorry he took sides (sided) against us. *Peggio per lui se si è schierato contro di noi.*

---

sight–*la vista*
a sight for sore eyes–*una vera gioia vedere.*
I haven't seen you for so long, you're a sight for sore eyes! *È tanto tempo che non ci vediamo, è una vera gioia vederti!*

Out of sight, out of mind. *Lontano dagli occhi, lontano dal cuore.*

sight unseen–*a scatola chiusa.*
He bought the land sight unseen. *Ha comprato il terreno a scatola chiusa.*

to catch sight of–*intravedere.*
He went by so fast I didn't catch sight of him. *È passato così in fretta che non l'ho neppure intravisto.*

to drop out of sight–*sparire dalla circolazione.*
After they bought their new house the Smiths dropped out of sight. *Da quando hanno comprato la casa nuova, gli Smith sono spariti dalla circolazione.*

---

silence–*il silenzio*

Silence gives consent. *Che tace acconsente.*

Silence is golden. *Il silenzio è d'oro.*

---

to sink–*affondare*
to sink or swim–*o bere o affogare.*
In the business world it's either sink or swim. *Nel mondo degli affari, o bevi o affoghi.*

---

to sit–*sedersi*
to sit up and take notice–*risvegliare l'attenzione.*
When the witness entered, everyone sat up and took notice. *Quando è entrato il testimone si è risvegliata l'attenzione del pubblico.*

---

six–*sei*
at sixes and sevens–*sottosopra.*
The confusion in the office is terrible; everything is at sixes and sevens. *C'è una terribile confusione nell'ufficio; è tutto sottosopra.*
It's six of one and half dozen of the other. *Se non è zuppa è pan bagnato.*

---

size–*la misura*
to cut someone down to size–*ridimensionare.*
He likes to boast so we'll have to cut him down to size. *Gli piace darsi le arie, così dovremo ridimensionarlo.*

---

to size–*misurare*
to size up–*valutare.*
After sizing up the situation he decided not to accept. *Dopo aver valutato la situazione, decise di non accettare.*

---

skeleton–*lo scheletro*
skeleton in the closet–*un segreto di famiglia.*
An uncle in jail is their skeleton in the closet. *Un zio in prigione è il loro segreto di famiglia.*

---

skin–*la pelle*
by the skin of one's teeth–*per un pelo.*
He missed failing by the skin of his teeth. *Ha evitato la bocciatura per un pelo.*
skin and bones–*pelle e ossa.*
After his illness he's all skin and bones. *Dopo la sua malattia è tutto pelle e ossa.*
to get under one's skin–*seccare.*
It got under my skin when the boss accused us of loafing. *Mi ha seccato che il capo ci accusasse di perdere tempo.*
to jump out of one's skin–*gelarsi il sangue nelle vene.*
I was so scared I nearly jumped out of my skin. *Ero così spaventato che mi si gelò il sangue nelle vene.*

---

to skip–*saltare*

to skip it–*lasciar perdere.*

Oh skip it; it wasn't important. *Oh lascia perdere; non era importante.*

to skip out–*squagliarsela.*

He skipped out without paying for his dinner. *Se la squagliò senza pagare la cena.*

to skip over–*passar sopra (sorvolare), non prendere in considerazione.*

They skipped over ten of the best candidates and chose him. *Hanno passato sopra (hanno sorvolato, hanno preso in considerazione) dieci dei candidati migliori e hanno scelto lui.*

---

sky–*il cielo*

out of the clear blue sky–*come un fulmine a ciel sereno.*

His offer came out of the clear blue sky. *La sua offerta è venuta come un fulmine a ciel sereno.*

sky high–*altissimo (alle stelle).*

The prices went sky high after the elections. *I prezzi diventarono altissimi (andarono alle stelle) dopo le elezioni.*

the sky's the limit–*non c'è limite.*

When they shop for the grandchildren the sky's the limit. *Quando fanno compere per i nipoti non c'è limite di spese.*

to praise to the skies–*portare qualcuno ai sette cieli.*

She particularly likes that student and has always praised him to the skies. *Ha un debole per quello studente e lo porta ai sette cieli.*

---

slack–*l'imbando (di una fune o cima)*

to take up the slack–*rimettersi in pari.*

We can take up the slack in the work by hiring another typist. *Possiamo rimetterci in pari col lavoro se assumiamo un'altra dattilografa.*

---

slate–*la lavagna*

a clean slate–*senza debiti.*

We paid all our bills so we can start the year with a clean slate. *Abbiamo pagato tutti i nostri conti, così possiamo iniziare l'anno senza debiti.*

---

to sleep–*dormire*

to sleep on something–*dormirci sopra.*

Maybe after we've slept on the matter we can come up with a better solution. *Forse dopo che ci abbiamo dormito sopra riusciremo a trovare una soluzione migliore.*

---

sleeve–*la manica*

to have something up one's sleeve–*avere un asso nella manica.*

I don't trust him because I think he's got something up his sleeve. *Non mi fido di lui perchè credo che abbia un asso nella manica.*

to laugh up one's sleeve–*ridere sotto i baffi.*
He made a fool of himself and didn't realize we were all laughing up our sleeves. *Si rese ridicolo e non capiva che ridevamo tutti sotti i baffi.*

to roll up one's sleeves–*mettersi al lavoro (rimboccarsi le maniche).*
If I want to finish by the deadline I'll have to roll up my sleeves. *Se voglio finire entro la scadenza dovrò mettermi al lavoro (rimboccarmi le maniche).*

to slide–*scivolare*
to let something slide–*lasciar correre.*
I don't agree with that, but we'll let it slide. *Non sono d'accordo, ma lasciamo correre.*

slip–*la scivolata*
a slip of the tongue–*una parola sfuggita per errore (lapsus).*
There was some truth in that slip of the tongue. *C'era un po' di verità in quella parola sfuggita per errore (in quel lapsus).*

There's many a slip 'twixt the cup and the lip. *Dal dire al fare c'è di mezzo il mare.*

to give the slip to–*sfuggire a qualcuno.*
The escaped convict gave the slip to his pursuers. *L'evaso sfuggì ai suoi inseguitori.*

to slip–*scivolare*
to let something slip–*lasciarsi scappare qualcosa.*
She let something slip about the new job. *Si è lasciata scappare qualcosa a proposito del nuovo impiego.*

sly–*scaltro*
on the sly–*sotto banco.*
When he was inspector he made a lot of money on the sly. *Quando era ispettore fece molti soldi sotto banco.*

smile–*il sorriso*
to crack a smile–*abbozzare un sorriso.*
All the time they were telling jokes he didn't even crack a smile. *Per tutto il tempo in cui hanno raccontato barzellette lui non ha neppure abbozzato un sorriso.*

smoke–*il fumo*
to go up in smoke–*andare in fumo.*
Our plans for the summer went up in smoke when he broke his leg. *I nostri piani per l'estate andarono in fumo quando si ruppe la gamba.*

Where there's smoke there's fire. *Non c'è fumo senza arrosto.*

snag–*l'ostacolo*
to strike (hit) a snag–*incontrare un ostacolo imprevisto.*

When we shipped our luggage home we struck (hit) a snag at customs. *Quando abbiamo spedito il nostro bagaglio a casa abbiamo incontrato un ostacolo imprevisto alla dogana.*

snake–*il serpente*
a snake in the grass–*una serpe in seno.*
Her once-friendly sister-in-law turned out to be a snake in the grass. *Sua cognata, un tempo sua amica, si è rivelata una serpe in seno.*

snappy–*vivace*
to make it snappy–*sbrigarsi.*
I need a hand, so make it snappy. *Ho bisogno di una mano, quindi sbrigati.*

snow–*la neve*
to snow–*colpire.*
She was snowed by his skill. *È stata colpita dalla sua bravura.*

to snow–*nevicare*
snowed under–*sommerso.*
We're snowed under with orders for the holidays. *Siamo sommersi dalle ordinazioni per le feste.*

snowball–*la palla di neve*
to snowball–*svilupparsi a valanga.*
They started off slowly but now their business is really snowballing. *Hanno cominciato lentamente, ma ora i loro affari si sviluppano a valanga.*

snuff–*il tabacco da naso*
up to snuff–*all'altezza.*
His performance was not up to snuff. *La sua prova non è stata all'altezza.*

so–*così*
so-and-so–*tale.*
That so-and-so talks too much. *Quel tale parla troppo.*

soft–*morbido*
a soft spot–*un debole.*
Ever since I visited Sydney I've had a soft spot for Australians. *Da quando ho vistato Sydney ho un debole per gli australiani.*
to soft-pedal–*non parlare.*
You'd better soft-pedal your plans to leave at the end of the year. *Faresti meglio a non parlare dei tuoi progetti di partenza per la fine dell'anno.*
to soft-soap–*lusingare.*
Speak frankly and don't try to soft-soap me. *Parla francamente e non cercare di lusingarmi.*

something–*qualcosa*
to get something for nothing–*avere niente per niente.*

You can't get something for nothing. *Non si può avere niente per niente.*

son–*il figlio*
son of a gun–*figlio d'un cane.*
That son of a gun cheated me. *Quel figlio d'un cane mi ha truffato.*

song–*la canzone*
for a song–*un prezzo irrisorio.*
I bought this chair at an auction for a song. *Ho comprato questa sedia a un' asta per un prezzo irrisorio.*
song and dance–*una lunga spiegazione.*
The salesman went into a song and dance as to why we should buy his product. *Il commesso ci ha dato una lunga spiegazione sui motivi per cui dovevamo comperare il suo prodotto.*

sore–*addolorato*
sore at–*risentito (irritato).*
I was really sore at the way they treated me. *Ero veramente risentito (irritato) con loro per avermi trattato così.*

sorrow–*il dolore*
to drown one's sorrows–*affogare il dolore (l'affanno).*
Let's drown our sorrows in a glass of beer. *Affoghiamo i nostri dolori (affanni) in un bicchiere di birra.*

sort–*il sorta*
out of sorts–*indisposto.*
I've been out of sorts all day. *Sono stato indisposto per tutta la giornata.*

to sound–*suonare*
to sound someone out–*tastare il terreno.*
Before we offer him the job, we ought to sound him out and see if he is interested. *Prima di offrirgli il lavoro, dovremmo tastare il terreno per vedere se gli interessa.*

spade–*la vanga*
to call a spade a spade–*dire pane al pane.*
He's one politician who calls a spade a spade. *È un uomo politico che dice pane al pane.*

to speak–*parlare*
to be spoken for–*prenotato (preso).*
Those dishes are already spoken for. *Quei piatti sono già prenotati (presi).*
to speak up for–*parlare in favore di.*
I'll speak up for him anytime because I think he's a good man. *Parlerò in suo favore ogni volta che sarà necessario perchè penso che sia un brav'uomo.*

speaking–*che parla*
on speaking terms–*in buoni rapporti.*
They're not on speaking terms. *Non sono in buoni rapporti.*

spin–*la rotazione*
to go for a spin–*fare un giro.*
He took me for a spin in his new car. *Mi ha portato a fare un giro nella sua macchina nuova.*

to spit–*sputare*
to spit it out–*parlare (dire quello che uno ha da dire).*
We waited for an hour for him to spit it out. *Abbiamo aspettato un'ora̅ che lui parlasse (dicesse quello che aveva da dire).*

splash–*lo spruzzare*
to make a splash–*fare furore.*
His speech made a splash in the newspapers. *Il suo discorso ha fatto furore sui giornali.*

sponge–*la spugna*
to throw in the sponge–*arrendersi (darsi per vinto, gettare la spugna).*
I never thought he'd throw in the sponge when he was so close to finishing. *Non pensavo mai che si sarebbe arreso (dato per vinto, che avrebbe gettato la spugna) quando era così vicino alla fine.*

to sponge–*assorbire*
to sponge off–*vivere alle spalle di.*
I don't want to sponge off my family so I'm trying to be self-supporting. *Non voglio vivere alle spalle della mia famiglia, e così cerco di essere autosufficiente.*

spoon–*il cucchiaio*
to be born with a silver spoon in one's mouth–*nascere con la camicia.*
He was born with a silver spoon in his mouth. *È nato con la camicia.*

sport–*una persona che sta agli scherzi*
to be a good sport about–*prenderla sportivamente.*
He was a good sport about being left at home. *L'ha presa sportivamente quando lo abbiamo lasciato a casa.*

spot–*la macchia*
on the (in a tight) spot–*alle strette.*
The journalist's questions put him on the (in a tight) spot. *Le domande del giornalista lo hanno messo alle strette.*

to spring–*saltare*
to spring from–*sbucare fuori da.*
Where did you spring from? *Da dove sei sbucato fuori?*

spur–*lo sperone*
  on the spur of the moment–*lì per lì.*
He did it on the spur of the moment, without thinking. *L'ha fatto lì per lì, senza pensare.*

square–*il quadrato*
  to call it square–*essere pari.*
Pay me ten dollars and we'll call it square. *Pagami dieci dollari e siamo pari.*

to square–*quadrare*
  to square with–*accordarsi.*
His practice does not square with his principles. *Le sue azioni non si accordano ai suoi principii.*

squeeze–*lo schiacciamento*
  in a tight squeeze–*in una situazione difficile.*
They were in a tight squeeze until he finished his military service and was able to go back to work. *Si trovavano in una situazione difficile finchè non si è congedato dal servizio militare ed e tornato al lavoro.*

stab–*la pugnalata*
  a stab in the back–*una pugnalata alla schiena.*
What she said about him was a real stab in the back. *Quello che ha detto di lui era una pugnalata alla schiena.*

  to take a stab at–*provare.*
I don't really know much about it, but I'll take a stab at it. *Non ne so molto, ma ci provo.*

stag–*il cervo maschio*
  to go stag–*andare senza la ragazza.*
Several guys are going stag to the dance. *Parecchi ragazzi andranno al ballo senza la ragazza.*

stake–*il palo*
  at stake–*in gioco (andarci di mezzo).*
Take care of that cough because your health is at stake. *Curati quella tosse perchè la tua salute è in gioco (ne va di mezzo la tua salute).*

  to pull up stakes–*lasciare la vita di prima.*
We're pulling up stakes and moving to Alaska. *Lasciamo la vita di prima e ci trasferiamo in Alaska.*

to stake–*delimiṭare con picchetti*
  to stake someone to something–*offrire qualcosa a qualcuno.*
If you help me I'll stake you to a good dinner. *Se mi aiuti ti offrirò un buon pranzo.*

to stamp–*calpestare*

to stamp out–*eliminare (debellare)*.
They've finally stamped out smallpox. *Hanno finalmente eliminato (debellato) il vaiolo.*

stamping–*il calpestio, lo scalpitio*
a **stamping ground**–*il luogo della gioventù*.
Chicago is my old stamping ground. *Chicago è il luogo della mia gioventù.*

stand–*la resistenza*
to take a **stand**–*prendere posizione*.
The union took a stand on the wage increase. *Il sindacato prese posizione sugli aumenti degli stipendi.*

to stand–*stare in piedi*
to know where one **stands**–*conoscere posizione*.
I'd like to know where you stand on the matter. *Vorrei conoscere la tua posizione sulla questione.*

to stand for–*(1) tollerare*.
I won't stand for this behavior. *Non tollererò questo comportamento.*

(2) significare.
What do these initials stand for? *Cosa significano queste iniziali?*

to stand out–*spiccare (risaltare)*.
His yellow jacket really stood out. *La sua giacca gialla spiccava (risaltava) davvero.*

to stand over–*stare a guardare*.
He stood over me while I did it. *Stava a guardarmi mentre lo facevo.*

to stand someone up–*fare il bidone a qualcuno*.
Ann was furious when her boyfriend stood her up. *Anna era furibonda quando il suo ragazzo le ha dato il bidone.*

to stand up against–*resistere*.
This new material stands up against wear. *Questa nuova stoffa resiste all'usura.*

to stand up and be counted–*farsi avanti e dire da che parte uno sta*.
It's time for us to stand up and be counted on this issue. *È ora che ci facciamo avanti e diciamo da che parte stiamo su questa questione.*

to stand up for–*difendere*.
His brother will always stand up for him in an argument. *Suo fratello lo difende sempre in una dicussione.*

standing–*la reputazione*
in good **standing with**–*nelle grazie di*.
She's in good standing with his family. *È nelle grazie della sua famiglia.*

of long **standing**–*di lunga data*.
He has an account of long standing with the bank. *Ha un conto di lunga*

data con la banca.

star–*la stella*
to thank one's lucky stars–*ringraziare la propria buona stella.*
Thank your lucky stars that you weren't hurt in the accident. *Ringrazia la tua buona stella se non ti sei fatto male nell'incidente.*

start–*la partenza*
to get an early start–*partire di buon'ora.*
We must get an early start if we want to arrive by lunchtime. *Dobbiamo partire di buon'ora se vogliamo arrivare per l'ora di pranzo.*

to stave–*fendere*
to stave off–*evitare (scongiurare).*
He hoped his report would stave off an investigation. *Sperava che la sua relazione evitasse (scongiurasse) una indagine.*

stead–*il luogo*
to stand in good stead–*essere di aiuto (utile).*
His advice has stood me in good stead for many years. *Il suo consiglio mi è stato di aiuto (utile) per tanti anni.*

steady–*fisso*
to go steady–*fare coppia fissa.*
John and Martha have been going steady for almost a year. *Giovanni e Marta fanno coppia fissa da quasi un anno.*

steam–*il vapore*
to blow off steam–*scaricarsi (sfogarsi).*
Children need to blow off steam after sitting all day at school. *I bambini hanno bisogno di scaricarsi (sfogarsi) dopo essere stati seduti a scuola tutto il giorno.*

to get up steam–*riprendersi (raccogliere le proprie forze).*
At first he didn't do well in school, but now he's getting up steam. *All'inizio non andava bene a scuola, ma ora si sta riprendendo (sta raccogliendo le proprie forze).*

under one's own steam–*per conto proprio.*
You don't need to come and get me; I can come under my own steam. *Non è necessario che tu mi venga a prendere; posso venire per conto mio.*

steer–*la sterzata*
to give a bum steer–*dare un'indicazione sbagliata.*
I shouldn't have taken his advice; this time he gave me a bum steer. *Non dovevo seguire il suo consiglio; questa volta mi ha dato un'indicazione sbagliata.*

step–*il passo*
a step in the right direction–*un passo avanti.*

You have a long way to go but you've made a step in the right direction. *Hai ancora molta strada da fare ma questo è un passo avanti.*

out of step–*non al passo.*
The youngsters think their parents are out of step with the times. *I giovani pensano che i loro genitori non stiano al passo con i tempi.*

to dog one's steps–*seguire le orme.*
Wherever I go he dogs my steps. *Ovunque io vada lui segue le mie orme.*

(to keep) in step–*(stare) al passo.*
It's impossible to keep in step with our rich neighbors. *È impossibile stare al passo coi nostri vicini ricchi.*

to take steps to–*fare i passi per (prendere le misure necessarie).*
They took steps to recover their stolen car. *Hanno fatto i passi (preso le misure necessarie) per recuperare la macchina rubata.*

to watch one's step–*stare attento.*
Watch your step or you'll be sorry. *Sta' attento o te ne pentirai.*

to step–*fare un passo*
to step up–*aumentare.*
Industry has to step up production to make profits. *L'industria deve aumentare la produzione per realizzare i guadagni.*

stew–*lo stufato*
in a stew–*nei pasticci.*
You've forgotten the keys; now we're in a stew. *Hai dimenticato le chiavi; ora siamo nei pasticci.*

stick–*il bastone*
more than you can shake a stick at–*una grande quantità (tanto che non sa che farne).*
That child has more toys than you can shake a stick at. *Quel bambino ha una grande quantità di giocattoli (tanti giocattoli che non sa che farne).*

to stick–*attaccarsi*
to stick around–*rimanere.*
Stick around and I'll take you out to lunch when I've finished. *Rimani e ti porto fuori a pranzo quando ho finito.*

to stick at nothing–*non fermarsi davanti a nulla (essere senza scrupoli).*
He would stick at nothing to get what he wanted. *Non si fermerebbe davanti a nulla per ottenere quello che vuole. (È senza scrupoli quando vuole ottenere qualcosa.)*

to stick it out–*resistere.*
We stuck it out in Florence for a week after the flood. *Abbiamo resistito a Firenze per una settimana dopo l'alluvione.*

to stick–*conficcare*
Stick 'em up! *Mani in alto!*

to stick to–*attenersi.*
Let's stick to the rules. *Atteniamoci alle regole.*

to stick up for–*prendere le difese di.*
She always sticks up for her friends. *Prende sempre le difese dei suoi amici.*

---

still–*calmo*
stock still–*completamente immobile.*
When the cat saw the dog it stood stock still. *Quando il gatto ha visto il cane è restato completamente immobile.*

---

stink–*la puzza*
to raise a stink–*piantare una grana.*
The customers raised a stink about the poor service. *I clienti piantarono una grana per il servizio scadente.*

---

stitch–*il punto*
A stitch in time saves nine. *Un punto a tempo ne salva cento.*

in stitches–*scoppiare dalle risate.*
His jokes had everyone in stitches. *Le sue barzellette ci fecero scoppiare dalle risate.*

without a stitch on–*tutto nudo.*
The little boy ran down the street without a stitch on. *Il bambino corse tutto nudo lungo la strada.*

---

stock–*l'assortimento*
stock in trade–*la risorsa principale (la migliore risorsa).*
His stock in trade was a pleasant manner. *La sua risorsa principale (la sua migliore risorsa) era il suo modo di fare.*

to take stock–*fare il punto.*
Let's take stock of the situation and decide what to do. *Facciamo il punto della situazione e decidiamo che cosa fare.*

---

to stock–*rifornire*
to stock up–*fare una buona scorta di.*
For the picnic we'll have to stock up on beer. *Per il picnic dovremo fare una buona scorta di birra.*

---

stone–*la pietra*
A rolling stone gathers no moss. *Chi si agita troppo non combina mai niente di buono.*

to leave no stone unturned–*non tralasciare nessuna possibilità intentata.*
When I looked for a job I left no stone unturned. *Quando cercavo lavoro non ho tralasciato nessuna possibilità intentata.*

within a stone's throw–*a tiro di fucile*.
The main office is within a stone's throw of the factory. *L'ufficio principale è a un tiro di fucile dalla fabbrica.*

stop–*la fermata*
  to put a stop to–*mettere fine a*.
  I intend to put a stop to this behavior. *Intendo mettere fine a questo comportamento.*

store–*il negozio*
  in store for–*in serbo*.
  There's something in store for you when you come. *C'è qualcosa in serbo per te quando vieni.*

  to set no great store by–*tenere in scarsa considerazione*.
  He sets no great store by what his critics say. *Tiene in scarsa considerazione quello che dicono i suoi critici.*

  to set store by–*dare peso a (attribuire importanza a)*.
  He sets store by whatever his father says. *Dà peso (attribuisce importanza) a qualunque cosa dica suo padre.*

storm–*la tempesta*
  to take by storm–*conquistare di colpo*.
  The singer took the audience by storm. *Il cantante conquistò di colpo il pubblico.*

  to weather the storm–*superare una crisi*.
  They've weathered the storm and are getting along fine again. *Hanno superato la crisi e ora vanno d'accordo di nuovo.*

story–*la storia*
  a tall story–*un racconto inverosimile (incredibile)*.
  Every time he goes out hunting he comes back with a tall story. *Ogni volta che va a caccia torna con un racconto inverosimile (incredibile).*

  that's another story–*questo è un altro paio di maniche*.
  I agreed to your first idea but this is another story. *Ero d'accordo con la tua prima idea, ma questa è un altro paio di maniche.*

straight–*diritto*
  to get it straight–*capire bene*.
  Now repeat it to me to see if you've got it straight. *Ora ripetimelo per vedere se hai capito bene.*

  to keep to the straight and narrow–*rigare diritto*.
  After his losses at the casino he's tried to keep to the straight and narrow. *Dopo le sue perdite al casinò, ha cercato di rigare diritto.*

straw–*la paglia*

a straw in the wind–*un segno premonitore.*
His resignation was a straw in the wind. *Le sue dimissioni furono un segno premonitore.*
the last straw (the straw that broke the camel's back)–*il colmo (la goccia che fa traboccare il vaso).*
His forgetting our anniversary was the last straw (the straw that broke the camel's back). *Che abbia dimenticato il nostro anniversario è stato il colmo (la goccia che ha fatto traboccare il vaso).*

---

street–*la strada*
   on easy street–*una vita agiata.*
   I'd like nothing better than to win a fortune in the lottery and live on easy street. *Non c'è niente che mi piacerebbe di più che vincere una fortuna alla lotteria e fare una vita agiata.*

---

stride–*il passo lungo*
   to hit one's stride–*trovare il ritmo giusto.*
   At first he didn't do well but this semester he really hit his stride. *All'inizio non andava tanto bene, ma in questo semestre ha trovato il ritmo giusto.*
   to take something in stride–*rassegnarsi.*
   Although he doesn't like to work with computers, he takes it in his stride. *Anche se non gli piace lavorare con i calcolatori, si rassegna.*

---

string–*il filo*
   another string to one's bow–*un'atra freccia al proprio arco.*
   If you learn another language you will have another string to your bow when you look for a job. *Se imparerai un'atlra lingua avrai un'altra freccia al tuo arco quando cercherai lavoro.*
   no strings attached–*senza particolari condizioni.*
   Don't accept that gift until you're sure there are no strings attached. *Non accettare quel regalo prima di accertarti che è senza particolari condizioni.*
   to pull strings–*avere una raccomandazione.*
   In order to get ahead in that organization you have to pull strings. *Per andare avanti in quell'organizzazione devi avere una raccomandazione.*

---

to string–*infilare*
   to string along (to have someone on a string)–*tenere sul filo.*
   He strung her along (He had her on a string) with promises of marriage. *La teneva sul filo con promesse di matrimonio.*

---

strong–*forte*
   still going strong–*stare ancora benone (essere ancora vigoroso).*
   He's ninety and still going strong. *Ha novant'anni e sta ancora benone (ed è ancora vigoroso).*

stuff–*la roba*
　to know one's stuff–*sapere il fatto proprio.*
　Michael really knows his stuff in science. *Nelle scienze Michele sa il fatto suo.*

stuffing–*il ripieno*
　to knock the stuffing out of–*conciare per le feste.*
　Get out of here before I knock the stuffing out of you. *Va' via di qui prima che ti conci per le feste.*

to stumble–*inciampare*
　to stumble on–*(1) trovare per caso.*
　I stumbled on his letter while I was going through some old papers. *Ho trovato per caso la sua lettera mentre stavo guardando delle vecchie carte.*
　(2) imbattersi in.
　I stumbled on Bob while he was standing in line at the post office. *Mi sono imbattuto in Roberto mentre stavo facendo la coda all'ufficio postale.*

style–*lo stile*
　to cramp one's style–*non lasciare libertà di azione.*
　Living at home cramps my style. *Vivere a casa non mi lascia libertà di azione.*

suit–*il vestito*
　in one's birthday suit–*come la mamma l'ha fatto (completamente nudo).*
　The little boy appeared in the doorway in his birthday suit. *Il bambino si è presentato alla porta come la mamma l'ha fatto (completamente nudo).*

suit–*la domanda*
　to follow suit–*seguire l'esempio.*
　One boy started singing and the rest followed suit. *Un ragazzo cominciò a cantare e gli altri seguirono l'esempio.*

to suit–*adattare*
　to suit oneself–*fare come meglio pare.*
　As for now, suit yourself. *Per ora, faccia come meglio le pare.*

sum–*la somma*
　a tidy sum–*una bella sommetta.*
　His latest phonograph record has netted him a tidy sum. *Il suo ultimo disco gli ha procurato una bella sommetta.*

sun–*il sole*
　where under the sun?–*dove diavolo?*
　Where under the sun did you put my glasses? *Dove diavolo hai messo i miei occhiali?*

sunny–*soleggiato*
　to be on the sunny side of–*non avere ancora passato.*

She's still on the sunny side of forty. *Non ha ancora passato i quaranta anni.*

sure–*certo*
to make sure–*accertarsi.*
Look to make sure you haven't forgotten anything. *Guarda per accertarti di non avere dimenticato niente.*

surprise–*la sorpresa*
to take by surprise–*lasciare di stucco (cogliere alla sprovvista).*
The announcement of his resignation took us all by surprise. *L'annuncio delle sue dimissioni ci lasciò tutti di stucco (ci colse alla sprovvista).*

swallow–*la rondine*
One swallow does not make a summer. *Una rondine non fa primavera.*

to swamp–*inondare*
to be swamped–*essere sommerso.*
I've been so swamped with work I haven't seen anybody. *Sono stato così sommerso del lavoro che non ho visto nessuno.*

swan–*il cigno*
swansong–*canto del cigno.*
That performance was his swansong. *Quella recita è stata il suo canto del cigno.*

sweep–*la spazzata*
a clean sweep–*piazza pulita.*
The two brothers made a clean sweep of the prizes. *I due fratelli fecero piazza pulita dei premi.*

swim–*il nuoto*
in the swim–*al corrente di tutto.*
He's in the swim in his field. *È al corrente di tutto nel suo campo.*

swing–*l'altalena*
in full swing–*in pieno svolgimento.*
When we arrived the party was in full swing. *Quando siamo arrivati la festa era in pieno svolgimento.*

swoop–*lo slancio*
in one fell swoop–*di punto in bianco (in un sol colpo).*
They fired twenty workers in one fell swoop. *Licenziarono venti lavoratori di punto in bianco (in un sol colpo).*

T

T–*the letter T*

to suit to a T–*andare a pennello (stare alla perfezione)*.
What you said you intend to do suits me to a T. *Quello che hai detto che intendi fare mi va a pennello (sta alla perfezione)*.

---

tab–*la linguetta*
to keep tabs on–*tenere d'occhio*.
We have to keep tabs on that boy. *Dobbiamo tener d'occhio quel ragazzo*.

to pick up the tab–*assumersi le spese*.
They can't expect us to pick up the tab for such an expensive program. *Non possono aspettarsi che ci assumiamo le spese di un programma così caro*.

---

table–*la tavola*
to turn the tables on–*rovesciare la situazione*.
They were going to fire him, but when his father bought the company the tables were turned. *Stavano per licenziarlo, ma quando suo padre comprò la società la situazione si rovesciò*.

under-the-table–*sotto banco*.
He's not considered very reputable and is known for his under-the-table dealings. *Non ha una buona reputazione ed è noto per i suoi traffici sotto banco*.

---

tail–*la coda*
the tail end–*la fine*.
We had good weather up to the tail end of the trip. *Abbiamo avuto bel tempo fino alla fine del viaggio*.

the tail that wags the dog–*una persona di rango inferiore che comanda*.
In that office the secretary's the tail that wags the dog. *In quell'ufficio comanda la segretaria*.

to turn tail and run–*darsela a gambe*.
When the gangster saw the police he turned tail and ran. *Quando il gangster vide la polizia se la diede a gambe*.

to twist the lion's tail–*tirar la coda al diavolo*.
Going through a red light when a policeman's there is really twisting the lion's tail. *Passare col rosso sotto il naso del vigile vuol proprio dire tirar la coda al diavolo*.

with one's tail between one's legs–*con la coda fra le gambe*.
We scolded him and sent him off with his tail between his legs. *Lo abbiamo sgridato e mandato via con la coda fra le gambe*.

---

to take–*prendere*
to be taken aback–*essere sbigottiti*.
We were taken aback by his behavior. *Eravamo sbigottiti dal suo comportamento*.

to be taken by–*essere attrato da*.
I was taken by his voice. *Era attrato dalla sua voce*.

to be taken in by–*essere ingannati.*
They were taken in by his lies. *Si sono fatti ingannare dalle sue menzogne.*

to take after someone–*prendere da qualcuno.*
The boys take after their father. *I ragazzi prendono dal padre.*

to take back–*ritrattare.*
He took back what he said. *Ha ritrattato quello che ha detto.*

to take down–*prendere nota di.*
He took down everything the professor said. *Ha preso nota di tutto quello che ha detto il professore.*

to take it–*sopportare qualcosa.*
I can't take it any longer. *Non lo posso più sopportare.*

to take it all in–*non perdere una battuta.*
The children took it all in while their parents argued. *I bambini non persero una battuta mentre i genitori bisticciarono.*

to take it from someone–*credere a qualcuno.*
Take it from me; that film can't be worth seeing. *Credimi, non può valere la pena di vedere quel film.*

Take it or leave it. *Prendere o lasciare.*

to take it out of–*stancare.*
This hot weather takes it out of me. *Questo caldo mi stanca.*

to take it out on–*prendersela con.*
Don't take it out on me because it's not my fault. *Non prendertela con me perchè non è colpa mia.*

to take on–*intraprendere.*
I took on too much work. *Ho intrapreso troppo lavoro.*

to take over–*subentrare.*
He took over from Joe in the office. *È subentrato a Giuseppe in ufficio.*

to take someone on–*sfidare.*
He took on both of us at tennis. *Ci ha sfidato intrambi a tennis.*

to take someone up–*accogliere.*
I'd like to take Mark up on his offer. *Vorrei accogliere l'offerta di Marco.*

to take to–*darsi a.*
He has really taken to tennis seriously. *Si è dato seriamente al tennis.*

to take up–*cominciare a.*
Father has taken up playing golf. *Papà ha cominciato a giocare a golf.*

to take up with someone–*frequentare qualcuno.*
He's taken up with a new group of people. *Frequenta un nuovo gruppo di persone.*

---

tale–*racconto*
to tell tales out of school–*gridare ai quattro venti (spifferare tutto).*

You can't trust her with confidential information because she tells tales out of school. *Non puoi confidarle niente perchè va a gridarlo ai quattro venti (spifferare tutto).*

---

talk–*il discorso*
   back talk–*insolenza.*
   I don't want to hear any back talk from you. *Non voglio sentire nessuna insolenza da te.*
   small talk–*convenevoli (chiacchiere).*
   I heard nothing at the party but small talk. *Alla festa ho sentito solo convenevoli (chiacchiere).*
   the talk of the town–*sulla bocca di tutti.*
   The bank robbery is the talk of the town. *La rapina alla banca è sulla bocca di tutti.*
   to be all talk–*parlare e parlare ma non concludere nulla.*
   Joseph is all talk. *Giuseppe parla e parla, ma non conclude nulla.*
   to be all talked out–*sentirsi sfiatato.*
   After that long meeting I'm all talked out. *Dopo quella lunga riunione mi sento completamente sfiatato.*
   to talk big–*dire parole grosse.*
   He talks big but he never carries out his threats. *Dice parole grosse ma non mette mai in pratica le sue minacce.*
   to talk down to–*fare discorsi troppo semplificati a.*
   It's a mistake to talk down to children. *È un errore fare discorsi troppo semplificati ai bambini.*
   to talk someone into–*convincere qualcuno.*
   I'll try to talk my dad into letting me go to Europe. *Proverò di convincere mio padre a lasciarmi andare in Europa.*
   to talk someone out of–*dissuadere qualcuno da.*
   The more conservative members tried to talk the union out of a strike. *I membri più conservatori hanno provato di dissuadere il sindacato dallo sciopero.*

---

tap–*il rubinetto*
   to have on tap–*avere pronto.*
   We have serum on tap in case there's an epidemic. *Abbiamo il siero pronto in caso di epidemia.*

---

tape–*il nastro*
   red tape–*la burocrazia.*
   I had to go through a lot of red tape to get accepted into the course. *Ho avuto molto a che fare con la burocrazia per essere accettato al corso.*

---

task–*il compito*
   to take to task–*rimproverare.*

She took me to task for being late. *Mi ha rimproverato per essere arrivato in ritardo.*

taste-*il gusto*
to leave a bad taste in one's mouth-*lasciare la bocca amara.*
Defeat left a bad taste in his mouth. *La sconfitta l'ha lasciato con la bocca amara.*

tea-*il tè*
for all the tea in China-*per tutto l'oro del mondo.*
I wouldn't drive all the way there for all the tea in China. *Non guiderei fin laggiù per tutto l'oro del mondo.*

tear-*lo strappo*
to go on a tear-*comportarsi da pazzo.*
Her parents are very strict, so every time she gets away from home she goes on a tear. *I suoi genitori sono molto severi, così non appena esce di casa si comporta da pazza.*

tear-*la lacrima*
to shed (weep) bitter tears-*piangere amare lacrime.*
She shed (wept) bitter tears over the loss. *Ha pianto amare lacrime per la sconfitta.*

to tear-*strappare*
to tear oneself away-*doversene andare (purtroppo).*
It's been a wonderful evening but we'll have to tear ourselves away. *È stata una serata meravigliosa, ma purtroppo dobbiamo andarcene.*

to tell-*dire*
to tell someone off-*sgridare.*
She told him off for being so rude. *L'ha sgridato per essere stato così maleducato.*
to tell someone where to get off-*criticare qualcuno dall'alto in basso.*
I don't like his manner; he always tells everyone where to get off. *Non mi piace il suo modo di fare; critica tutti dall'alto in basso.*

temper-*l'umore*
to lose one's temper-*perdere le staffe.*
Driving in heavy traffic makes me lose my temper. *Guidare nel traffico mi fa perdere le staffe.*

tempest-*la tempesta*
a tempest in a teapot-*un gran chiasso per niente.*
All the fuss was just a tempest in a teapot. *Tutta l'agitazione era solo un gran chiasso per niente.*

ten–*dieci*
to be ten to one–*scommettere.*
It's ten to one that he'll be coming home before Saturday. *Scommetto che tornerà a casa prima di sabato.*

term–*il termine*
to come to terms–*accordarsi con.*
After a bitter fight the union has come to terms with the management. *Dopo una lotta aspra il sindacato s'è accordato con la direzione.*

then–*allora*
then and there–*su due piedi (lì per lì).*
I told him to leave right then and there. *Gli ho detto di andarsene su due piedi (lì per lì).*

there–*là*
not to be all there–*mancare un venerdì.*
The poor fellow is not all there. *A quel poveretto manca un venerdì.*

thick–*fitto*
through thick and thin–*nella buona e nella cattiva sorte.*
He was loyal to his friend through thick and thin. *È stato leale con l'amico nella buona e nella cattiva sorte.*

to lay it on thick–*esagerare con i complimenti.*
He was laying it on thick when he told her how pretty she was. *Ha esagerato con i complimenti quando le ha detto che era tanto bella.*

thief–*il ladro*
as thick as thieves–*amici per la pelle.*
After collaborating on that book they became as thick as thieves. *Dopo aver collaborato al libro insieme sono diventati amici per la pelle.*

thing–*la cosa*
quite the thing–*molto di moda.*
This year high boots are quite the thing. *Quest'anno sono molto di moda gli stivali alti.*

to know a thing or two about–*saperne qualcosa.*
I know a thing or two about the matter. *Ne so qualcosa della questione, io.*

thorn–*la spina*
a thorn in one's flesh (side)–*una spina nel fianco.*
Katherine has been a thorn in our flesh (side) since she came to town. *Caterina è stata una spina nel nostro fianco da quando è arrivata in città.*

thought–*il pensiero*
on second thought–*ripensandoci bene.*
On second thought, your solution seems the best. *Ripensandoci bene, la tua*

soluzione sembra la migliore.

perish the thought!–*Dio non voglia!*
If I don't finish this afternoon, I'll have to work this evening, perish the thought. *Se non finisco questo pomeriggio, dovrò lavorare questa sera, Dio non voglia.*

---

throat–*la gola*
to jump down someone's throat–*sgridare qualcuno.*
Dad jumped down my throat because I took out the automobile without permission. *Mio padre mi ha sgridato perchè ho preso la macchina senza chiedere il permesso.*

to ram (thrust) down someone's throat–*far accettare con la forza.*
He tried to ram (thrust) his point of view down my throat. *Ha cercato di farmi accettare il suo punto di vista con la forza.*

---

through–*attraverso*
to be through–*essere un uomo finito (spacciato).*
He's through in this town. *È un uomo finito (spacciato) in questa città.*

to be through with–*(1) non aver più niente a che fare con.*
I'm through with that group. *Io non ho più niente a che fare con quel gruppo.*
(2) aver finito.
I'm through with my exams. *Ho finito i miei esami.*

to go right through one–*tramortire.*
The cold is going right through me; let's go inside. *Il freddo mi tramortisce; rientriamo.*

through and through–*completamente.*
Alice is sincere through and through. *Alice è completamente sincera.*

---

to throw–*gettare*
to throw away–*(1) buttar via.*
I'll throw away all the old newspapers. *Butterò via tutti i vecchi giornali.*
(2) sprecare.
He threw away a chance to go to China. *Ha sprecato un'occasione per andare in Cina.*

to throw out–*(1) buttar via.*
Throw out the old flowers and pick some fresh ones in the garden. *Butta via i vecchi fiori e raccogline di freschi nel giardino.*
(2) buttar fuori.
They threw him out of school for misbehavior. *L'hanno buttato fuori dalla scuola per malcondotta.*

---

thumb–*il pollice*
a thumbnail sketch–*una descrizione assai concisa.*
He gave me a thumbnail sketch of the situation. *Mi fece una descrizione assai*

concisa della situazione.

by rule of thumb–*a lume di naso (ad occhio e croce).*
By rule of thumb, a liter of ice cream will serve six people. *A lume di naso (ad occhio e croce) un litro di gelato basterà per sei persone.*

thumbs down–*bocciare (respingere).*
We got the thumbs down on our project. *Ci hanno bocciato (respinto) il progetto.*

to be all thumbs–*essere veramente maldestro.*
When it comes to mechanical things, I'm all thumbs. *Quando si tratta di cose meccaniche, sono veramente maldestro.*

to have a green thumb–*avere il pollice verde.*
What lovely flowers! You really have a green thumb. *Che bei fiori! Hai davvero il pollice verde!*

to twiddle one's thumbs–*stare con le mani in mano.*
He waited all afternoon twiddling his thumbs. *È stato ad aspettare con le mani in mano tutto il pomeriggio.*

under one's thumb–*in mano.*
The conductor had the orchestra under his thumb. *Il direttore aveva l'orchestra in mano.*

---

to thumb–*voltare col pollice*
to thumb a ride–*fare l'autostop.*
I thumbed a ride to the next town. *Ho fatto l'autostop per andare al paese vicino.*

to thumb through–*sfogliare.*
I've thumbed through the book but I haven't read it yet. *Ho sfogliato il libro ma non l'ho ancora letto.*

---

thunder–*il tuono*
to steal one's thunder–*prendere in contropiede.*
We stole his thunder by making our announcement first. *L'abbiamo preso in contropiede facendo per primi il nostro annuncio.*

---

tide–*la marea*
to stem the tide–*arrestare.*
The financiers tried to stem the tide of inflation. *I finanzieri tentarono di arrestare l'inflazione.*

to turn the tide–*fermare l'ondata.*
His mild manner turned the rising tide of hostility. *Le sue maniere concilianti hanno fermato la crescente ondata di ostilità.*

---

to tide–*navigare con la marea*
to tide someone over–*aiutare (soccorrere).*
I lent him ten dollars to tide him over until payday. *Gli ho prestato dieci dollari*

per aiutarlo (soccorrerlo) fino al giorno della paga.

to tie–*legare*
(to be) tied up–*(essere) impegnato.*
He was tied up at the office until midnight. *Fu impegnato in ufficio fino a mezzanotte.*

tight–*stretto*
to sit tight–*tener duro.*
If we just sit tight he'll come over to our side. *Se teniamo duro verrà dalla nostra parte.*

tilt–*l'inclinazione*
at full tilt–*a tutta velocità.*
The truck came down the street at full tilt. *Il camion veniva giù per la strada a tutta velocità.*

time–*il tempo*
behind the times–*antiquato.*
Old Aunt Sarah is behind the times in her ways. *La vecchia zia Sara è antiquata nei suoi modi.*
behind time–*di ritardo.*
The journal came out a month behind time. *La rivista uscì con un mese di ritardo.*

for the time being–*per il momento (ora).*
This desk will do for the time being. *Questa scrivania è sufficiente per il momento (ora).*

hard times–*tempi duri.*
Hard times are ahead. *Andiamo incontro a tempi duri.*

high time–*ora.*
It's high time we left. *È ora che ce ne andiamo.*

in no time–*in un batter d'occhio.*
I'll be back in no time. *Sarò di ritorno in un batter d'occhio.*

Time is money. *Il tempo è denaro.*

to bide one's time–*aspettare il momento opportuno.*
If you bide your time you'll get a better price. *Se aspetti il momento opportuno otterrai un prezzo migliore.*

to do time–*scontare una pena.*
He's doing time in the penitentiary for robbery. *Sta scontando una pena in prigione per rapina.*

to give someone a rough time–*creare difficoltà a qualcuno.*
The opposition gave them a rough time. *L'opposizione ha creato loro difficoltà.*

to have a bad (hard) time–*passarsela male.*

They're having a bad (hard) time since their father lost his job. *Se la passano male da quando il padre è stato licenziato.*

to have a good time–*divertirsi.*
We had a good time on our vacation. *Ci siamo divertiti durante la nostra vacanza.*

to have the time of one's life–*divertirsi un mondo.*
Anthony had the time of his life in Spain. *Antonio si è divertito un mondo in Spagna.*

to kill (mark) time–*passare (ammazzare) il tempo.*
He plays solitaire to kill (mark) time. *Fa il solitario per passare (ammazzare) il tempo.*

to pass the time of day–*chiacchierare.*
We stopped to pass the time of day with the neighbors. *Ci siamo fermati a chiacchierare con i vicini.*

---

toe–*il dito*

to be on one's toes–*essere in gamba.*
If parents want to keep up with their children, they have to be on their toes. *Se i genitori vogliono tenere dietro ai figli, devono essere in gamba.*

to step (tread) on someone's toes–*pestare i piedi a qualcuno.*
We have to make some changes even if we have to step (tread) on some people's toes. *Dobbiamo fare dei cambiamenti anche a costo di pestare i piedi a certe persone.*

to turn up one's toes–*morire.*
We all have to turn up our toes someday. *Tutti dobbiamo morire un giorno o l'altro.*

Tom–*Maso*

Tom, Dick, and Harry–*Tizio, Caio, e Sempronio.*
He asks advice from every Tom, Dick, and Harry he meets. *Chiede consigli a ogni Tizio, Caio, e Sempronio che incontra.*

---

tongue–*la lingua*

a silver tongue–*eloquente.*
He has a silver tongue. *È molto eloquente.*

on the tip of one's tongue–*sulla punta della lingua.*
His name is on the tip of my tongue, but I just can't remember it. *Ho il suo nome sulla punta della lingua, ma non lo ricordo.*

to be tongue-tied–*ammutolire.*
The little girl is tongue-tied in front of strangers. *La bambina ammutolisce davanti a estranei.*

to hold one's tongue–*stare zitto.*
Hold your tongue and do as I say. *Sta' zitto e fa' come ti dico.*

tongue in cheek–*in chiave ironica.*

From the twinkle in his eye we knew he was telling his story with tongue in cheek. *Dalla strizzata d'occhio abbiamo capito che raccontava la storia in chiave ironica.*

tongue-twister–*scioglilingua.*
Try and repeat this tongue-twister. *Prova a ripetere questo scioglilingua.*

---

to top–*fornire di copertura*
to top it off–*per di più.*
He forgot her present, and to top it off, he even forgot to wish her happy birthday. *Ha dimenticato il suo regalo, e per di più, si è scordato di auguararle buon compleanno.*

to top off–*concludere in bellezza.*
Let's top off the meal with strawberries. *Concludiamo la cena in bellezza con le fragole.*

---

tooth–*il dente*
to be like pulling teeth–*volerci le cannonate.*
It's like pulling teeth to get him to do anything around the house. *Ci vogliono le cannonate per fargli dare una mano in casa.*

to fight tooth and nail–*combattere con le unghie e con i denti.*
He fought tooth and nail to be promoted. *Ha lottato con le unghie e con i denti per essere promosso.*

to get one's teeth into–*avere qualcosa di più concreto.*
All this theory is so abstract that I'd like something I can get my teeth into. *Questa teoria è così astratta che vorrei avere qualcosa di più concreto.*

to put teeth into–*rendere efficace.*
They put teeth into the law by making a jail sentence mandatory. *Hanno reso efficace la legge rendendo obbligatoria la carcerazione.*

to set one's teeth on edge–*dare ai nervi.*
His bad performance on the piano set my teeth on edge. *La sua pessima esecuzione al pianoforte mi ha dato ai nervi.*

sweet tooth–*ghiotto di dolciumi.*
Susan has a sweet tooth. *Susanna è ghiotta di dolciumi.*

---

top–*la cima*
on top of that–*per giunta.*
He ate all the bread and on top of that he finished the bottle of good wine. *Ha mangiato tutto il pane e per giunta ha finito tutta la bottiglia di vino buono.*

to blow one's top–*andare su tutte le furie.*
Mother blew her top when we broke the kitchen window. *La mamma andò su tutte le furie quando rompemmo la finestra della cucina.*

to come out on top–*prevalere.*
In the game our team came out on top. *Nella partita la nostra squadra*

ha prevalso.

top drawer–*importantissimo.*
He's in intelligence and deals with top drawer secrets. *È nel servizio segreto ed ha a che fare con segreti importantissimi.*

top notch–*di prim'ordine.*
Cincinnati has a top notch orchestra. *Cincinnati ha un'orchestra di prim'ordine.*

---

torch–*la fiaccola*
to carry a torch for–*essere innamorato cotto di qualcuno.*
She carries a torch for George. *È innamorata cotta di Giorgio.*

---

touch–*il tocco*
to be out of touch–*perdere i contatti.*
We've been out of touch for years but I still consider her one of my best friends. *Abbiamo perso i contatti da anni ma la considero ancora una delle mie migliori amiche.*

to get in touch–*mettersi in contatto.*
I have to get in touch with him at his office. *Devo mettermi in contatto con lui al suo ufficio.*

to lose one's touch–*perdere la mano.*
He's lost his touch as an athlete. *Ha perso la mano come atleta.*

to make a touch–*chiedere un prestito (batter moneta).*
He tried to make a touch on us again this month. *Ha cercato di nuovo di chiedere un prestito (batter moneta) questo mese.*

---

to touch–*toccare*
touch and go–*molto dubbio.*
It was touch and go whether he would recover. *Era molto dubbio che si sarebbe rimesso.*

to touch at–*fare scalo (a).*
On the way we touched at several Mediterranean ports. *Lungo il viaggio abbiamo fatto scalo in parecchi porti del Mediterraneo.*

to touch off–*provocare (fare esplodere).*
A few innocuous words touched off her violent reaction. *Poche parole innocue hanno provocato (fatto esplodere) la sua reazione violenta.*

---

tow–*il rimorchio*
to take in tow–*badare.*
The older children would take the little ones in tow. *I bambini più grandi badavano ai più piccoli.*

---

towel–*l'asciugamano*
to throw in the towel–*gettare la spugna (darsi per vinto).*

He won't throw in the towel when things get difficult. *Non getterà la spugna (si darà per vinto) quando le cose diventano difficili.*

tower–*la torre*
  a tower of strength–*persona fidata.*
His secretary is his tower of strength. *La sua segretaria è una sua persona fidata.*
  an ivory tower–*torre d'avorio.*
The professor is happy to be left on his own in his ivory tower. *Il professore è contento di essere lasciato in pace nella sua torre d'avorio.*

town–*la città*
  to go to town–*mettercela tutta.*
The women went to town preparing a big dinner. *Le signore ce l'hanno messa tutta a preparare una cena speciale.*

to toy–*giocherellare*
  to toy with the idea–*trastullarsi con l'idea.*
I'm toying with the idea of buying a boat. *Mi trastullo con l'idea di comprare una barca.*

trace–*la traccia*
  to kick over the traces–*scuotersi il giogo di dosso.*
Young people today want to kick over the traces and lead independent lives. *I giovani d'oggi vogliono scuotersi il giogo di dosso per condurre una vita indipendente.*

track–*il sentiero*
  off the beaten track–*poco frequentato.*
We like to visit places off the beaten track. *Ci piace visitare i posti poco frequentati.*
  the wrong side of the tracks–*la parte povera della città.*
His family came from the wrong side of the tracks. *La sua famiglia proveniva dalla parte povera della città.*
  to keep track of–*tenersi al corrente di.*
He likes to keep track of everything that happens in the world of sports. *Gli piace tenersi al corrente di tutto quello che succede nel mondo dello sport.*
  to make tracks–*affrettarsi.*
It was getting dark so we had to make tracks for the nearest town. *Si stava facendo buio e dovemmo affrettarci per raggiungere la città più vicina.*
  to throw someone off the track–*mettere fuori strada (disorientare).*
His explanation threw everyone off the track. *La sua spiegazione mise tutti fuori strada (disorientò tutti).*

trade–*il commercio*

to drum up trade–*aumentare gli affari.*
They hope to drum up trade by giving a big discount. *Sperano di aumentare gli affari praticando grossi sconti.*

tree–*l'albero*
to bark up the wrong tree–*sbagliare indirizzo.*
Anyone who asks me for money is barking up the wrong tree. *Chiunque mi chieda soldi sbaglia indirizzo.*

up a tree–*indeciso (perplesso).*
We're up a tree about whether to sell our car or make a lot of repairs. *Siamo indecisi (perplessi) se vendere la macchina o fare tante riparazioni.*

trick–*il trucco*
not to miss a trick–*non sfuggire a qualcuno.*
When it comes to business he never misses a trick. *Quando si tratta di affari non gli sfugge mai niente.*

to do the trick–*risolvere il problema.*
Tightening that bolt should do the trick. *Se stringiamo quella vite dovremmo risolvere il problema.*

trigger–*il grilletto*
quick on the trigger–*capire al volo una situazione.*
He's intelligent and quick on the trigger. *È intelligente e capisce al volo una situazione.*

trouble–*il guaio*
to ask for trouble–*andare in cerca di guai.*
Don't ask for trouble. *Non andare in cerca di guai.*

true–*vero*
to ring true–*convincere.*
From what I know of the situation his story doesn't ring true. *Da quello che so della situazione la sua storia non mi convince.*

too good to be true–*troppo bello per essere vero.*
The news is too good to be true. *La notizia è troppo bella per essere vera.*

tune–*la melodia*
to sing another (to change one's) tune–*cambiare musica.*
When he learned that his wife was going to divorce him, he sang another (changed his) tune and settled down. *Quando ha capito che la moglie si preparava a divorziarlo, cambiò musica e si calmò.*

to the tune of–*per la somma di.*
The city is in debt to the tune of a million dollars. *La città ha un deficit per la somma di un milione di dollari.*

turkey–*il tacchino*

to talk turkey–*parlare chiaro e tondo.*
The doctor talked turkey about my need to go on a diet. *Il medico mi ha parlato chiaro e tondo della necessità di mettermi a dieta.*

turn–*un giro*
done to a turn–*cotto a puntino.*
This steak is done to a turn. *Questa bistecca è cotta a puntino.*

One good turn deserves another. *Una buona azione merita di essere ricambiata.*

out of turn–*quando tocca a un altro.*
Don't speak out of turn. *Non parlare quando tocca a un altro.*
to miss one's turn–*saltare il turno (perdere il giro).*
You'll miss your turn if you don't pay attention. *Salterai il tuo turno (perderai il giro) se non presti attenzione.*

to turn–*girare*
to turn down–*(1) respingere.*
He turned down our offer. *Ha respinto la nostra proposta.*
(2) abbassare.
Turn down the radio; it's too loud. *Abassa la radio; è troppo forte.*
(3) metter giù.
Let me help you turn your collar down. *Lascia che ti aiuti a metter giù il colletto.*

to turn in–*(1) restituire.*
He turned in his uniform. *Ha restituito l'uniforme.*
(2) ritirarsi.
He turned in at midnight. *Si è ritirato a mezzanotte.*

to turn out–*risultare.*
It turned out to be the wrong number. *È risultato essere il numero sbagliato.*

turtle–*la tartaruga*
to turn turtle–*capovolgersi.*
In the midst of a bad storm the little boat turned turtle. *Durante la tempesta la piccola imbarcazione si capovolse.*

two–*due*
to put two and two together–*trarre le conseguenze logiche.*
He put two and two together when he saw me with Peter and stopped asking me out. *Ha tratto le conseguenze logiche quando mi ha visto con Piero e ha smesso di invitarmi a uscire con lui.*

U

underground–*il sotteraneo*

to go underground–*darsi alla macchia.*
The revolutionaries had to go underground after the coup. *I revoluzionari si sono dovuti dare alla macchia dopo il colpo di stato.*

up–*su*
to be up–*succedere.*
What's up? *Che succede?*
to be up to something–*(1) stare combinando qualcosa.*
Whenever the house is too quiet I know the boys are up to something. *Quando c'è troppo silenzio in casa, so che i ragazzi stanno combinando qualcosa. (2) in grado, sentirsela.*
I'm not up to a long trip. *Non sono in grado (non me la sento) di fare un viaggio lungo.*

up against it–*in difficoltà.*
The chorus is up against it without a place to practice. *Il coro si trova in difficoltà senza un posto dove fare le prove.*

up and about–*ristabilito.*
She's finally up and about after having had the flu. *Si è finalmente ristabilita dopo aver avuto l'influenza.*

up-and-coming–*promettente.*
The award went to an up-and-coming young man. *Il premio andò a un giovane promettente.*

ups and downs–*gli alti e bassi.*
He's had a lot of ups and downs in his business. *Ha avuto molti alti e bassi nei suoi affari.*

upright–*dritto*
to sit bolt upright–*restare irrigidito.*
When he heard the shot he sat bolt upright in bed. *Quando ha sentito lo sparo è rimasto irrigidito nel letto.*

upside–*la parte superiore*
upside down–*capovolto.*
He was holding the newspaper upside down. *Teneva il giornale capovolto.*

V

variety–*la varietà*
Variety is the spice of life. *La varietà dà sapore alla vita.*

view–*la vista*
to take a dim view–*non vedere di buon occhio.*
The administration takes a dim view of all these disturbances. *L'amministrazione non vede di buon occhio tutti questi disordini.*

with a view to–*con lo scopo di.*
I went to the meeting with a view to deciding our work plan. *Sono andato alla riunione con lo scopo di decidere il nostro piano di lavoro.*

virtue–*la virtù*
by virtue of–*in virtù di (a causa di).*
I couldn't go by virtue of the fact that my parents came to visit. *Non ho potuto andare in virtù del (a causa del) fatto che sono venuti a trovarmi i miei genitori.*

vision–*la visione*
to have visions of–*vederselo.*
I have visions of his walking into our meeting just when we're talking about him. *Già me lo vedo che entra nella nostra riunione proprio quando stiamo discutendo di lui.*

voice–*la voce*
at the top of one's voice–*a squarciagola.*
He shouted for his team at the top of his voice. *Ha urlato per la sua squadra a squarciagola.*

to raise one's voice–*alzare la voce.*
Don't raise your voice with me, young lady. *Non alzi la voce con me, signorina.*

volume–*il volume*
to speak volumes–*essere significativo per capire.*
His expression spoke volumes about his feelings. *La sua espressione era significativa per capire i suoi sentimenti.*

W

wagon–*il carro*
on the wagon–*sobrio.*
When he's on the wagon he's an ideal family man, which is not so when he's drunk. *Quando è sobrio è un ideale padre di famiglia, ma non è così quando è ubriaco.*

wait–*l'attesa*
to lie in wait–*tendere un'imboscata.*
The bandits used to lie in wait here for the mail coaches to pass by. *I banditi tendevano un'imboscata qui dove passavano le diligenze con la posta.*

walk–*il cammino*
all walks of life–*ogni ceto.*
People from all walks of life came to pay him their respects. *Gente d'ogni ceto è venuta ad ossequiarlo.*

to walk–*camminare*

  to walk all over someone–*approfittare di qualcuno.*

  Just because he doesn't know the language the shopkeepers walk all over him. *Solo perchè non conosce la lingua i negozianti approfittano di lui.*

  to walk away (off) with–*portarsi via.*

  The boy who walked away (off) with all the music prizes is very talented. *Il ragazzo che si è portato via tutti i premi per la musica è di grande ingegno.*

  to walk out–*andarsene.*

  The boss wouldn't give her a raise so she walked out on him. *Il principale non voleva aumentarle lo stipendio e così se n'è andata.*

walking–*di passeggio*

  to get one's walking papers–*essere licenziato.*

  After I got my walking papers from the bank I applied for a government job. *Dopo che sono stato licenziato dalla banca, ho fatto domanda per un impiego statale.*

wall–*il muro*

  to climb the walls–*diventare frenetico.*

  With all her domestic problems she was climbing the walls. *I suoi problemi domestici la facevano diventare frenetica.*

  to drive to the wall–*mettere con le spalle al muro.*

  The demands of the unions are driving many small businesses to the wall. *Le richieste dei sindacati stanno mettendo molte piccole aziende con le spalle al muro.*

  to see through a brick wall–*essere assai perspicace.*

  She can see through a brick wall. *È assai perspicace.*

  Walls have ears. *I muri hanno orecchi.*

warpath–*il sentiero di guerra*

  on the warpath–*sul sentiero di guerra.*

  Don't walk across their grass because the neighbors are already on the warpath. *Non camminare sulla loro erba perchè i vicini sono già sul sentiero di guerra.*

to wash–*lavare*

  to be washed up–*essere un uomo finito.*

  He flunked all his exams and now he's washed up in school. *È stato bocciato a tutti gli esami e ora è un uomo finito con la scuola.*

water–*l'acqua*

  in deep (hot) water–*in difficoltà.*

  That lawsuit has put him in deep (hot) water. *Quella causa l'ha messo in difficoltà.*

like water off a duck's back–*nè caldo nè freddo*.
Criticism bounces off him like water off a duck's back. *Le critiche non gli fanno nè caldo nè freddo.*

not to hold water–*non reggere*.
That theory will never hold water. *Quella teoria non reggerà mai.*

Still waters run deep. *L'acqua cheta rovina i ponti.*

to throw cold water on–*far sbollire gli entusiasmi*.
John threw cold water on our ideas. *Giovanni fece sbollire gli entusiasmi delle nostre idee.*

watered down–*incompleta*.
He didn't understand because he had only had a watered down version of the event. *Non ha capito perchè aveva sentito solo una versione incompleta dell'evento.*

water over the dam (under the bridge)–*acqua passata*.
That experience cost us a lot of money, but it's water over the dam (under the bridge) now. *Quell'esperienza ci è costata cara, ma ora è acqua passata.*

wavelength–*la lunghezza d'onda*
to be on the same wavelength–*intendersi*.
I don't understand what you mean; we're not on the same wavelength. *Non ti capisco; non ci intendiamo.*

way–*la via*
out-of-the-way–*fuori mano (lontano, remoto)*.
They live in an out-of-the-way street that is hard to find. *Stanno in una strada fuori mano (lontana, remota) che è difficile da trovare.*

to be no two ways about it–*esserci poco da discutere*.
There are no two ways about it. *C'è poco da discutere.*

to have a way with–*saperci fare con*.
The kindergarten teacher has a way with children. *Quella maestra d'asilo ci sa fare con i bambini.*

to mend one's ways–*cambiare il proprio modo di fare*.
If you don't mend your ways you'll get into trouble. *Se non cambi il tuo modo di fare ti metterai nei guai.*

under way–*in corso*.
The work on the underground is under way. *I lavori della metropolitana sono in corso.*

well on the way to–*stare per*.
He's well on the way to becoming a leading authority in his field. *Sta per diventare un'autorità nel suo campo.*

wear–*l'uso*
wear and tear–*logorio*.

The contract says anything beyond normal wear and tear must be paid for. *Il contratto dice che bisogna pagare extra tutto ciò che non è logorio normale.*

weather–*il tempo*
in fair or foul weather–*nella fortuna e nella avversità.*
He'll help his friends in fair or foul weather. *Aiuterà i suoi amici nella fortuna e nella avversità.*
under the weather–*sentirsi male.*
Mother has been under the weather, but she's better now. *La mamma si è sentita un po' male, ma ora sta meglio.*

weight–*il peso*
to pull one's weight–*fare la propria parte (contribuire).*
If the undertaking is going to be successful, everyone must pull his weight. *Se vogliamo che questa impresa abbia successo, ognuno dovrà fare la propria parte (contribuire).*
to throw one's weight around–*dare ordini senza averne il diritto.*
Because his father was a senator, he thought he could throw his weight around. *Dato che suo padre era senatore, pensava di poter dare ordini senza averne il diritto.*

well–*bene*
to stand in well–*godere di prestigio.*
He has a lot of influence because he stands in well with the policy makers. *Ha una notevole influenza perchè gode di prestigio negli ambienti dove si fa politica.*

wet–*bagnato*
to be all wet–*essere matto.*
He's all wet if you ask me. *Secondo me è matto.*

whale–*la balena*
a whale of a something–*coi fiocchi.*
We had a whale of an evening at the reception. *Abbiamo passato una serata coi fiocchi al ricevimento.*

what–*che cosa*
to know what's what–*saper la lunga (avere le mani in pasta).*
He's a philosopher who really knows what's what. *È un filosofo che la sa lunga (ha le mani in pasta).*

wheel–*la ruota*
a big wheel–*un pezzo grosso.*
He's a big wheel in the mayor's office. *È un pezzo grosso nell'ufficio del sindaco.*

whip–*la frusta*
to hold the whip hand–*poter dettare legge*.
With the majority of votes in his favor he will hold the whip hand. *Con la maggiornaza dei voti a suo favore potrà dettare legge.*

whirlwind–*la tromba d'aria*
to reap the whirlwind–*subire le conseguenze*.
The airlines are now reaping the whirlwind of insufficient passenger inspection. *Le compagnie aeree stanno ora subendo le conseguenze degli insufficienti controlli sui passeggeri.*

whistle–*il fischietto*
to wet one's whistle–*bagnarsi la gola*.
I'm so thirsty I need something to wet my whistle. *Ho tanta sete che ho bisogno di qualcosa per bagnarmi la gola.*

whole–*l'intero*
on the whole–*nell'insieme*.
On the whole yours is a good idea. *Nell'insieme la tua idea è buona.*

wig–*la parrucca*
a big wig–*un pezzo grosso*.
His father is a big wig in the auto industry. *Suo padre è un pezzo grosso nell'industria automobilistica.*

wildfire–*il baleno*
to spread like wildfire–*diffondersi in un baleno (un lampo)*.
The story spread like wildfire. *La storia si è diffusa in un baleno (un lampo).*

will–*la volontà*
Where there's a will there's a way. *Volere è potere.*

wind–*il vento*
for there to be something in the wind–*esserci qualcosa nell'aria*.
There's something in the wind. *C'è qualcosa nell'aria.*
It's an ill wind that blows nobody good. *Ogni cosa ha il suo lato buono.*
to get one's second wind–*riprendersi*.
He was tired from studying all day, but got his second wind after dinner. *Era stanco per aver studiato tutto il giorno, ma si è ripreso dopo cena.*
to get the wind up–*mettersi in subbuglio*.
The community got the wind up over the proposed rock festival. *La comunità si mise in subbuglio a causa dell'iminente festival rock.*
to get wind of–*avere sentore*.
The lawyer got wind of the change only at the last moment. *L'avvocato ha avuto sentore del cambiamento solo all'ultimo momento.*
to sail close to the wind–*navigare in cattive acque*.

Before they got that last loan, the company was sailing close to the wind. *Prima di ottenere quell'ultimo prestito, la ditta navigava in cattive acque.*

to take the wind out of–*calmare i bollenti spiriti (ridurre l'energia).*
His failure to win has certainly taken the wind out of his sails. *La sua mancata vittoria gli ha calmato i bollenti spiriti (ridotto l'energia).*

windmill–*il mulino a vento*
to tilt at windmills–*combattere contro i mulini a vento.*
Trying to wipe out cholera where the water supply is contaminated is like tilting at windmills. *Cercare di cancellare il colera dove l'acqua è contaminata è come combattere contro i mulini a vento.*

window–*la finestra*
window shopping–*guardare le vetrine dei negozi.*
I love to go window shopping downtown. *Mi piace guardare le vetrine dei negozi in centro.*

wing–*l'ala*
to clip someone's wings–*tarpare le ali a.*
His parents clipped his wings when he was a child, and he's never been able to make decisions for himself. *I suoi genitori gli hanno tarpato le ali quando era bambino, e non è mai riuscito a prendere le decisioni da solo.*

to try one's wings–*provare.*
I'd like to try my wings at skating. *Vorrei provare il pattinaggio.*

under one's wings–*sotto la propria protezione.*
The parish priest took the basketball team under his wing. *Il parroco ha preso la squadra di pallacanestro sotto la sua protezione.*

wink–*la strizzata d'occhio*
forty winks–*un sonnellino.*
I caught forty winks this afternoon. *Ho fatto un sonnellino oggi pomeriggio.*

not to sleep a wink–*non chiudere occhio.*
The traffic made so much noise I didn't sleep a wink. *Il traffico ha fatto tanto rumore che non ho chiuso occhio.*

quick as a wink–*subito.*
I'll be back quick as a wink. *Torno subito.*

wire–*il filo*
a live wire–*pieno di energia.*
I get tired just watching him, he's such a live wire. *Mi stanco solo a vederlo, perchè è così pieno di energia.*

to pull wires–*avere le raccomandazioni.*
Because he knows a lot of influential people, he can pull wires to get what he wants. *Poichè conosce gente influente, può avere le raccomandazioni per ot-*

tenere quello che vuole.

under the wire–*appena in tempo.*
I got my application in just under the wire. *Ho presentato la mia domanda appena in tempo.*

wise–*saggio*
   to put someone wise to–*mettere al corrente di.*
When we arrived Michael put us wise to the situation. *Quando siamo arrivati Michele ci ha messo al corrente della situazione.*

wish–*il desiderio*
   The wish is father to the thought. *È facile illudersi che ciò che si desidera sia vero.*
   Your wish is my command. *Ogni tuo desiderio è un mio ordine.*

to wish–*desiderare*
   to wish it off on someone else–*scaricare su qualcun altro.*
I'd like to be able to wish this work off on someone else. *Vorrei poter scaricare questo lavoro su qualcun altro.*

wit–*l'intelligenza*
   to be at one's wit's end–*non sapere più dove sbattere la testa.*
My son has gotten into so many scrapes that I'm at my wit's end. *Mio figlio ha combinato tanti guai che non so più dove sbattere la testa.*

   to collect one's wits–*riprendersi.*
I'm all confused; I've not had time to collect my wits. *Sono tutto confuso; non ho ancora avuto il tempo di riprendermi.*

   to keep one's wits about one–*avere prontezza di spirito.*
The nurse has her wits about her in an emergency. *L'infermiera ha prontezza di spirito in una situazione di emergenza.*

   to live by one's wits–*vivere di espedienti.*
Their son lives by his wits. *Il loro figlio vive di espedienti.*

witness–*testimone*
   to bear witness to–*essere la testimonianza di.*
These fires bear witness to people's carelessness. *Questi incendi sono la testimonianza della sbadataggine della gente.*

wolf–*il lupo*
   to cry wolf–*dare un falso allarme.*
We thought the child had hurt himself, but he was only crying wolf. *Pensavamo che si fosse fatto male il bambino, ma era un falso allarme.*

   to keep the wolf from the door–*tenere lontana la miseria.*
With that big family he has to work hard to keep the wolf from the door. *Con una famiglia così grande deve lavorare sodo per tenere lontana la miseria.*

wood–*il legno*
to saw wood–*dormire*.
He was in the living room in front of the television set sawing wood. *Era in salotto davanti alla televisione a dormire*.

woods–*il bosco*
out of the woods–*fuori pericolo*.
The patient is much better but he's still not out of the woods. *Il paziente sta molto meglio, ma non è ancora fuori pericolo*.

wool–*la lana*
dyed-in-the-wool–*inveterato (deciso)*.
He's a dyed-in-the-wool conservative. *È un conservatore inveterato (deciso)*.

to pull the wool over someone's eyes–*gettare fumo negli occhi di qualcuno (ingannare)*.
When shopping at the flea market watch that they don't pull the wool over your eyes. *Quando compri al mercato delle pulci bada che non ti gettino fumo negli occhi (ingannino)*.

word–*la parola*
a man of his word–*un uomo di parola*.
You can trust Frank; he's a man of his word. *Puoi fidarti di Franco; è un uomo di parola*.

A word to the wise is sufficient. *A buon intenditor poche parole*.

beyond words–*senza parole*.
This situation leaves me beyond words. *Questa situazione mi lascia senza parole*.

by word of mouth–*a voce*.
The news went around by word of mouth before it came out in the paper. *La notizia è circolata a voce prima ancora di essere pubblicata sul giornale*.

in other words–*in altri termini*.
In other words I think we ought to do what he says. *In altri termini credo che dovremmo fare come dice lui*.

Kind words go a long way. *Le buone parole possono fare molto*.

not to breathe a word of it–*non dire niente (acqua in bocca!)*.
Don't breathe a word of it to anyone. *Non dire niente a nessuno (Acqua in bocca!)*.

not to mince words–*non avere peli sulla lingua*.
Tell me what my mistakes are and don't mince words. *Dimmi che errori ho fatto e non avere peli sulla lingua*.

to eat one's words–*rimangiarsi tutto*.
After boasting about his team, Gene ate his words when his side lost. *Dopo essersi vantato sulla sua squadra, Gene ha rimangiato tutto quando hanno perso*.

to get a word in edgewise–*riuscire a inserirsi nella conversazione (quando qualcuno parla).*
It's hard to get a word in edgewise when Mary starts talking. *È difficile riuscire a inserirsi nella conversazione quando Maria attacca a parlare.*

to go back on one's word–*rimangiarsi la parola.*
He's not the type to go back on his word. *Non è il tipo da rimangiarsi la parola.*

to have a word with–*dire due parole a.*
I'd like to have a word with you in private. *Vorrei dirti due parole in privato.*

to mark one's word–*stare bene a sentire.*
Mark my word! *Stammi bene a sentire!*

to say the word–*dire una parola.*
I'll help you if you just say the word. *Basta che tu dica una parola e ti aiuterò.*

to take someone at his (her) word–*prendere qualcuno in parola.*
She said she'd help so I took her at her word. *Ha detto che mi avrebbe aiutato, e così l'ho presa in parola.*

to take the words right out of someone's mouth–*togliere la parola di bocca a qualcuno.*
He took the words right out of my mouth. *Mi ha tolto la parola di bocca.*

to weigh one's words–*pesare (misurare) le parole.*
He weighed his words carefully in telling them about the accident. *Pesava (misurava) le parole cautamente nel dir loro dell'incidente.*

Words are but wind. *Le parole volano.*

---

work–*il lavoro*
to get down to work–*mettersi al lavoro.*
Stop fooling around and get down to work. *Smetti di perdere tempo in sciocchezze e mettiti al lavoro.*

to make short work of–*fare piazza pulita di.*
The children will make short work of all these cookies. *I bambini faranno piazza pulita di tutti questi dolci.*

---

works–*il meccanismo*
to gum up the works–*essere un pasticcio per tutti (rovinare tutto).*
It will gum up the works if you leave. *Sarà un pasticcio per tutti (rovinerà tutto) se parti.*

---

world–*il mondo*
a man of the world–*un uomo di mondo.*
He's a real man of the world. *Lui sì che è un uomo di mondo.*

for all the world–*proprio.*
From his voice he seemed for all the world like my old boyfriend. *Dalla voce sembrava proprio il mio ragazzo di un tempo.*

out of this world–*la fine del mondo.*

The dinner she prepared was out of this world. *La cena che ha preparato era la fine del mondo.*

to come down in the world–*non essere più come un tempo.*
His family used to be well-to-do, but they've come down in the world. *La sua famiglia era molto agiata, ma ora non è più come un tempo.*

to give the world–*dare un occhio della testa.*
I would give the world to be able to go with you. *Darei un occhio della testa per poter partire con te.*

to set the world on fire–*diventare famoso.*
He's a good musician, but he'll never set the world on fire. *È un buon musicista ma non sara mai famoso.*

worm–*il verme*
a bucket of worms–*un affare spiacevole.*
That job turned out to be a real bucket of worms. *Quel lavoro è risultato un affare spiacevole.*

Even the worm can turn. *Anche i più umili possono ribellarsi. (La pazienza ha un limite.)*

to worm one's way–*riuscire ad intrufolarsi.*
Although no one was very cordial to him, he wormed his way into the group. *Benchè nessuno sia mai stato molto cordiale con lui, è riuscito ad intrufolarsi nel gruppo.*

worse–*peggio*
the worse for wear–*mal ridotto.*
These old shoes are the worse for wear. *Queste vecchie scarpe sono mal ridotte.*

to worship–*adorare*
to worship the ground–*baciare il terreno.*
She worships the ground he walks on. *Lei bacia il terreno dove lui cammina.*

worth–*il valore*
for all one is worth–*a più non posso.*
He's studying for all he's worth. *Sta studiando a più non posso.*

for what it's worth–*per quel che vale.*
Take it for what it's worth. *Prendilo per quel che vale.*

to be worth one's while–*valere la pena.*
There's so little work it's not worth your while to come in today. *C'è così poco lavoro che non vale la pena che tu venga oggi.*

wrap–*la coperta*
to keep under wraps–*tenere nel cassetto.*
Unfortunately a lot of research is kept under wraps for lack of funds. *Purtroppo*

molte ricerche sono tenute nel cassetto per mancanza di fondi.

to wrap–*coprire*
to be wrapped up in–*vivere per.*
She's wrapped up in her children. *Vive per i suoi bambini.*

wreck–*il relitto*
to be a nervous wreck–*avere i nervi a pezzi.*
She's a nervous wreck since her relatives have moved in. *Ha i nervi a pezzi da quando i parenti si sono trasferiti da lei.*

wrong–*il peccato*
in the wrong–*dalla parte del torto.*
We both said the other was in the wrong. *Entrambi dicevamo che l'altro era dalla parte del torto.*

wrong–*sbagliato*
to get someone wrong–*fraintendere qualcuno.*
Don't get me wrong when I say I can't do it; I mean I haven't the time. *Non fraintendermi quando dico che non posso farlo; voglio dire che non ne ho il tempo.*

to go wrong–*andare a finire male.*
That nice young boy has gone wrong. *Quel simpatico giovane è andato a finire male.*

Y

yarn–*il filo*
to spin a yarn–*tessere un lungo racconto.*
The old man spun a yarn about his adventures as a youth. *Il vecchio tessè un lungo racconto sulle sue avventure da giovane.*

yellow–*giallo*
a yellow streak–*codardo.*
You can't depend on Raymond; there's a yellow streak in him. *Non puoi contare su Raimondo; è un codardo.*

yes–*sì*
yes man–*individuo servile.*
I don't like to be a yes man. *Non mi piace essere un individuo servile.*

Z

zero–*lo zero*
   to zero in–*affrontare (concentrarsi).*
After a general introduction he zeroed in on the main topic. *Dopo una breve introduzione ha affrontato l' (si è concentrato nell') argomento.*

English-Italian Index

A

B

ENGLISH • ITALIAN INDEX

D

G

ENGLISH · ITALIAN INDEX

H

ENGLISH · ITALIAN INDEX

I

J

M

N

O

P

ENGLISH · ITALIAN INDEX

S

ENGLISH · ITALIAN INDEX

ENGLISH · ITALIAN INDEX

T

ENGLISH · ITALIAN INDEX

ENGLISH · ITALIAN INDEX

U

ENGLISH · ITALIAN INDEX

Y

Z